酒店投资与筹建战略
Hotel Investment and Preparation Strategy

陈海明　著

中国·武汉

内 容 简 介

本书主要研究酒店项目的投资与筹备战略问题,主要内容分为酒店投资与酒店筹建两大板块,全书总共十一章。其中,酒店投资板块包含酒店概述、酒店业态、酒店投资决策分析、酒店投资环境分析、酒店投资模式分析、酒店投资战略管理和酒店市场开发战略等内容,酒店筹建板块包括酒店筹建、酒店工程设计与筹建、酒店营业筹备、酒店收益管理等内容。本书结合酒店投资的规律和最新趋势,引用大量酒店投资与并购案例,结合战略分析工具,系统全面地提出了酒店项目投资和筹备战略,是酒店行业人员和高校酒店管理专业师生了解和学习酒店业态、酒店投资分析、酒店决策战略、酒店筹备和酒店投资测算的重要学习资料。

图书在版编目(CIP)数据

酒店投资与筹建战略/陈海明著.—武汉:华中科技大学出版社,2019.5(2022.8重印)
(中国旅游智库学术研究文库)
ISBN 978-7-5680-5130-9

Ⅰ.①酒… Ⅱ.①陈… Ⅲ.①饭店-投资 ②饭店-商业企业管理 Ⅳ.①F719.3

中国版本图书馆 CIP 数据核字(2019)第 093968 号

酒店投资与筹建战略 陈海明 著
Jiudian Touzi yu Choujian Zhanlüe

策划编辑:李家乐
责任编辑:李家乐
封面设计:刘　婷
责任校对:刘　竣
责任监印:徐　露

出版发行:华中科技大学出版社(中国•武汉)　　电话:(027)81321913
　　　　　武汉市东湖新技术开发区华工科技园　　邮编:430223

录　　排:华中科技大学出版社美编室
印　　刷:武汉市洪林印务有限公司
开　　本:710mm×1000mm　1/16
印　　张:21　插页:1
字　　数:396 千字
版　　次:2022 年 8 月第 1 版第 4 次印刷
定　　价:59.80 元

本书若有印装质量问题,请向出版社营销中心调换
全国免费服务热线:400-6679-118　竭诚为您服务
版权所有　侵权必究

前　　言

随着居民消费升级,作为生活消费重要构成的酒店业备受热捧,酒店投资者越来越关注投资的合理性、资产运营效率的合理性、资产运营模式的合理性,科学决策与酒店项目投资成为酒店人的重要要求,酒店开荒也成为酒店人职业生涯的重要平台。

酒店投资与筹备战略成为资本方面的紧缺智慧,有关酒店投资和筹建方面的相关书籍和成果较为缺乏。《酒店投资与筹建战略》一书是在酒店投资和并购不断升温的形势下推出的。

本书采用理论与实践结合的方法,紧密结合酒店的投资和筹建的理论和实际操作,具有理论指导和实践应用双重特点。本书全面介绍了酒店产业的发展现状与发展趋势,系统介绍了酒店住宿、酒店餐饮等方面的业态表现和特征,还详细阐述了当前酒店投资的几种模式,提出了酒店投资的市场调查、市场预测、市场竞争力分析、营销组合等市场开发战略;详细介绍了酒店筹建步骤、空间设计、组织筹建、工程设计、工程管理与实施等方面的筹建知识体系,以及陈述了酒店证照办理、物资采购等方面的营业筹备工作;最后还介绍了酒店收益管理和成本控制等方面的估算知识与方法。本书重点介绍了投资战略方面的内容,并对战略工具做了全面系统的研究和分析,为酒店投资决策提供战略和方法支持。

目录

第一章 酒店概述/1

第一节 酒店及其分类/1

第二节 酒店集团与酒店品牌/10

第三节 酒店业发展趋势/19

第二章 酒店业态/28

第一节 酒店住宿业态/28

第二节 餐饮业态/71

第三节 酒店OTA业态/85

第三章 酒店投资决策分析/104

第一节 酒店投资/104

第二节 酒店投资机遇与趋势/108

第三节 酒店投资决策/112

第四章　酒店投资环境分析/118

第一节　投资环境分析概述/118

第二节　外部环境分析/119

第三节　微观环境分析/124

第四节　行业环境分析/125

第五节　内部环境分析/129

第五章　酒店投资模式分析/136

第一节　产业平衡投资模式/136

第二节　资本运作投资模式/144

第三节　经营成长投资模式/147

第四节　品牌与轻资产战略/149

第五节　地产酒店投资模式/156

第六节　"娱乐+酒店"投资模式/162

第六章　酒店投资战略管理/172

第一节　战略与战略管理/172

第二节　战略分析及其流程/183

第三节　战略分析工具/188

第七章　酒店市场开发战略/201

第一节　市场调查/201

第二节　市场预测/208

第三节　竞争力分析/214

第四节　STP战略/217

第五节　酒店投资区位分析/221

第六节　酒店市场营销组合/224

第八章　酒店筹建/233

　　第一节　酒店筹建步骤/233
　　第二节　酒店功能与空间设计/234
　　第三节　酒店机构与组织筹建/245
　　第四节　酒店筹资/253

第九章　酒店工程设计与筹建/260

　　第一节　酒店工程设计/260
　　第二节　酒店工程筹建管理/263
　　第三节　酒店工程筹建实施/267

第十章　酒店营业筹备/273

　　第一节　酒店管理模式/273
　　第二节　证照办理与物资采购/280
　　第三节　市场推广与品牌拓展/287
　　第四节　营业筹备/293

第十一章　酒店收益管理/303

　　第一节　酒店收益管理概述/303
　　第二节　酒店成本控制/306
　　第三节　酒店投资项目的投资估算/313
　　第四节　酒店投资项目的收益估算/318

参考文献/327

第一章
酒店概述

任何一种投资活动都离不开对投资客体或投资对象特性的分析,因为不同类型的投资客体及其产业活动特点决定了其投资规模的大小、投资回收期的长短,以及投资者对于投资盈利水平等投资决策分析的一些较为基础的因素选择。本章主要讲述酒店、酒店产业及其发展趋势。

第一节 酒店及其分类

了解酒店和酒店业是酒店投资的基本要求,充分了解酒店以及酒店行业的属性或特性可以为酒店投资提供必要的决策依据。

一、酒店及酒店产品

(一)酒店

一般说来,酒店就是给宾客提供歇宿、饮食等接待服务的场所。具体来说,酒店是以它的建筑物为凭证,通过出售住宿、饮食、购物、娱乐及其他服务的综合性、服务性产品,从而获得经济收益的组织和企业。因此,需要从产品功能和企业属性两方面理解酒店的概念。

(二)酒店产品

1.酒店产品概念

酒店产品一般是指用于市场交换、能够满足人们某种需要和欲望的劳动成果,包括实物、场所、服务、设施等。酒店产品是指宾客或社会大众所感受到的,酒店提供的能够满足其需要的有形产品和无形服务的使用价值的总和。

酒店产品主要在酒店内提供,也有可能在酒店之外提供,如送餐、美食节免费品尝等。

酒店产品笼统来讲包括有形的设施与无形的服务,但从不同的层面上分析,又有多种理解。从宾客的角度来看,酒店产品是一种经历与体验;从社会的角度来看,酒店产品代表着一种形象,尤其是高档酒店,是时尚、豪华、高消费的代名词;从酒店自身来看,酒店产品就是酒店赖以生存的基本条件,是酒店经营者精心设计的待售作品。

综合来看,酒店产品的概念包含以下三个方面的含义。

(1)物质形态的商品。

物质形态的商品又被称为核心产品,比如菜品、酒水饮料等商品。其特点是随着顾客的购买,其所有权发生转移。就酒店业的产品而言,物质形态的商品主要在餐饮部、商品部生产和销售。

(2)显性的非实体利益产品。

这类产品又被称为核心产品的辅助品或包装物,比如餐具、家具、棉织品等。它们是以物质形态表现出来的,但其在服务或销售过程中的所有权不发生变化。显性的非实体利益产品是酒店提供服务的基本物质保障,它对服务质量的影响是巨大的,也是酒店产品服务中最需要下功夫的部分。

(3)隐性的非实体利益产品。

它主要是指顾客只能通过到现场接触后才能体验、体察或感知的,满足顾客心理需要的产品。隐性的非实体利益产品的特点是无所有权或所有权不明确,是无形的,一般不可触摸到,但它能被感知或体察到。比如空气是否清新,温度、湿度是否合适,色彩与光线是否协调,空间是否宽敞,服务态度是否具有亲和力等。

2.产品构成

从酒店的角度来讲,酒店产品是酒店有形设施和无形服务的综合。只有优质的产品及其服务保证和运行良好的设施设备有机结合,才能使酒店产品的品质得到体现。酒店产品的构成主要有以下几个方面。

(1)酒店的位置。

它包括与机场、车站的距离,周围的风景,距游览景点和商业中心的远近等。这些是顾客选择酒店的重要因素。酒店位置的好坏还与经营成本密切相关。

(2)酒店的设施。

酒店设施指酒店的建筑规模,即酒店的各类客房,各类别具特色的餐厅、康乐中心、商务中心等;酒店的设施还包括酒店提供服务与管理所必要的其他设施设备,如电梯、扶梯、自动消防系统、自动报警系统、备用发电机、闭路监控系统、必要的停车场等。设施是酒店提供服务、提高顾客满意度的基础保证。

(3)酒店的服务。

服务是酒店产品中重要的组成部分,是顾客选择酒店的主要依据之一。酒店服务通常包括服务项目、服务内容、服务方式、服务速度、服务效率、服务态度等方面。

(4)酒店的形象。

酒店形象是社会及大众对酒店的一种评价或看法。酒店通过销售与公关活动取得在公众中的良好形象。它包含酒店的历史、知名度,酒店的星级、经营思想、经营作风、服务质量与信誉度等诸多因素,是最有影响的活广告。

(5)酒店的价格。

酒店的价格不仅体现酒店产品的价值,还是酒店形象与产品质量的客观反映,价格是顾客选择酒店的重要标准之一。

(6)酒店的气氛。

气氛是顾客对酒店的一种感受。气氛取决于酒店设施的条件,取决于酒店空间与距离感,更取决于员工的服务态度与行为。合理的布局结构、优美的环境、舒畅的音乐、热情的服务等都会使顾客形成对酒店气氛的最佳感受。

3.产品特点

酒店产品不仅不同于一般商品,也与其他服务业产品有较大的不同。酒店产品的特点主要表现为以下几个方面。

(1)酒店产品具有综合性和季节性。

为了满足顾客吃、住、行、游、购、娱等多种需要,酒店产品往往同时具有生存、享受和发展三种功能。因此,酒店产品必须是能够满足顾客多层次消费的综合性商品。此外,因旅游受季节、气候等自然条件和各国休假制度的影响,酒店产品的消费又具有明显的季节性。

(2)酒店产品的价值不能储存。

一般商品的买卖活动会发生商品所有权的转移,而酒店出租客房、会议室和其他综合服务设施,同时提供服务,并不发生实物转让。顾客买到的只是某一段时间的使用权,而不是所有权。以每晚租金80元的酒店客房为例,如果此房当天租不出去,那么这80元的价值就无法实现,也就是说,它的价值具有不可储存性。所以,酒店业的行家把客房比喻为"易坏性最大的商品"、"只有24小时寿命的商品"。这就是为什么酒店业普遍以"顾客第一"为经营信条。

(3)酒店产品的生产与消费同步。

一般商品由生产到消费要经过商业流通环节才能到达消费者手中。商品的生产过程与顾客的消费过程是分离的,一般商品是先生产后消费。酒店产品却不存在这样"独立"的生产过程,其生产过程和消费过程几乎是同步进行的。只有当顾客购买并在现场消费时,酒店的服务和设施相结合才能成为酒店产品。

(4)受人的因素影响很大,具有不可预见性。

首先,酒店服务是无形的,服务质量的好坏不能像其他商品那样用机械或物理的性能指标来衡量。来自不同国家、地区的不同类型的旅游者,由于他们所处的社会经济环境不同,民族习惯、经历、消费水平和结构不同,对服务接待的要求也不尽相同,因此,旅游者对服务质量的感受往往带有较明显的个人色彩和特点。酒店提供的服务质量的好坏在一定程度上取决于旅游者各自的需要和自身的特点。酒店的服务人员和管理人员不能忽视这一点,不能以自己的想象或自己的服务质量标准来对待各国旅游者。其次,一般的商品可以摆在柜台里,让顾客自由选择购买,而酒店产品却具有不可捉摸性。旅游者在购买前对酒店产品看不见、摸不着,通常不可能对这一产品的质量和价值作出准确的判断,往往产生"担风险"的心理,因而不利于酒店产品的销售。酒店服务也不像其他产品那样,做得不好可以重新返工,酒店的任何一个环节和服务人员出了问题,对酒店所造成的损失常常是难以弥补的。

(5)无专利性。

通常情况下,酒店无法为所创新的客房、餐饮以及服务方式申请专利,唯一能申请专利的是酒店的名称及标志。其结果是新产品或服务方式被竞相模仿,使创新者失去优势,各酒店的产品趋于雷同。这样,一般宾客缺乏固定在一家酒店消费的动力。而且,由于宾客具有追新求异的消费心理,换一家新酒店,可能会为宾客带来满足感。因此,大多数酒店产品的品牌忠诚度较低。这种情况就要求酒店管理者充分理解宾客需求,在酒店管理过程中能够不断创新,保持酒店产品的竞争优势,提高宾客的品牌忠诚度。

（6）对信息的依赖性强。

许多酒店的客源主要来自外地，甚至国外，因此要事先向宾客提供各种准确、及时的酒店产品信息，才有可能促进产品销售。这就要求酒店从业人员能够及时了解各种酒店信息，并给宾客以适当的介绍和推荐，从而使更多的宾客了解并购买酒店产品。酒店还应加强宣传，通过提高自己的形象和声誉，给每位来消费的宾客留下美好的回忆，创造良好的口碑。

（7）质量不稳定。

相对于一般产品，酒店产品的质量具有不稳定性。酒店产品的质量很大程度上取决于服务人员为宾客提供的面对面的服务的优劣，而人的个体差别很大，同一项服务，由不同的人提供就会有不同的服务质量。酒店管理者应通过制定并执行严格的质量标准，对员工进行职业培训，推行以人为中心的管理方式，培养良好的企业精神和激励员工士气等，通过这些途径稳定和提高酒店服务质量。

4.产品层次

酒店产品应由核心产品、形式产品、期望产品、延伸产品和潜在产品等五个层面构成。

（1）核心产品。

它是指消费者购买一种酒店产品时所获得的利益或基本效用。这是酒店整体产品概念中最基本、最主要的部分。例如，客人在一家酒店下榻，租住客房是为了得到休息，安于睡眠，购买餐饮产品是为了满足其饥渴需求。

（2）形式产品。

它是核心产品借以实现的形式，即产品实体和服务的形象。例如，酒店的建筑特色、地点位置、客房、餐厅、会议室、各种服务项目及其服务质量等。酒店产品的基本效用必须通过某些具体的形式才能得以实现，酒店形式产品的设计必须以酒店核心产品为指向。

（3）期望产品。

它是指顾客在购买某一酒店产品时随之产生的种种期望。例如，干净的客房和床上用品、安静的环境、安全感、得到关心、受人尊重、优质服务等。

（4）延伸产品。

它是指顾客购买酒店产品时所获得的全部附加服务和利益。延伸产品是一个酒店能同其他酒店区别开来，形成特色，保持竞争优势的重心所在。酒店的商务中心、娱乐设施、免费停车场、质量保证、配有宽带接口的客房等均属于此范畴。

(5)潜在产品。

它是指包括现有酒店产品的所有延伸和演进部分,可能发展成为未来产品的潜在状态的产品,也可指为个别客人提供的个性化服务。

酒店产品在上述五个层面相互独立、各具特点,又紧密相连,共同构成整体产品的全部内容。在五个层面上,确保核心产品、形式产品和期望产品的质量,是使客人满意的前提条件。延伸产品和潜在产品是产品灵活性的具体表现,同时也是该产品在现有价值之外的附加价值,它们能使客人提高满意程度。酒店整体产品的五个层次,十分清晰地体现了以客人为中心的酒店现代营销观念,它说明没有客人的需求就没有酒店产品,酒店产品就是满足客人需求的载体。

酒店产品是以酒店客人利益的实现和需求的满足为核心,指导酒店营销组合策略的制定和实施,指导酒店整个营销管理活动的进行。酒店产品只有在五个层次上进行最佳的组合,才能形成产品的竞争优势,才能确立本酒店产品的市场地位。围绕核心产品,酒店可以在其他四个层面上进行产品的差异化,创造酒店的产品特色。随着现代市场经济的发展和酒店市场竞争的加剧,酒店为客人提供的延伸产品和潜在产品在市场竞争中显得越来越重要。

二、酒店分类

酒店可以根据不同的标准分成不同的类型。主要分类标准有星级标准、规模标准、地理位置标准和经营性质标准。

(一)按照星级标准分类

按照星级标准可以将酒店分为六类,分别是一星级酒店、二星级酒店、三星级酒店、四星级酒店、五星级酒店和白金五星级酒店。这种分类标准主要是依据国家旅游行政部门颁布的酒店星级标准进行分类。

1.一星级酒店

设备简单,具备食、宿两个基本功能,能满足客人最简单的旅行需要,提供基本的服务,属于经济等级,符合经济能力较差的旅游者的需要。

2.二星级酒店

设备一般,除具备客房、餐厅等基本设备外,还有卖品部、邮电、理发等综合服务设施,服务质量较好,属于一般旅行等级,满足旅游者的中下等需要。以法国波尔多市阿加特二星旅馆为例,共有七层楼房148个房间,每个房间有两到三张床,面积13.5平方米(包括一个

2.5平方米的卫生间,有抽水马桶、洗澡盆及淋浴喷头),房内有冷热风设备、地毯、电话,家具较简单,收费低廉,经济实惠。

3.三星级酒店

设备齐全,不仅提供食宿,还有会议室、游艺厅、酒吧间、咖啡厅、美容室等综合服务设施。每间客房面积约20平方米,家具齐全,并有电冰箱、彩色电视机等。服务质量较好,收费标准较高。能满足中产以上旅游者的需要。这种中等水平的酒店在国际上较受欢迎,数量较多。

4.四星级酒店

设备豪华,综合服务设施完善,服务项目多,服务质量优良,讲究室内环境艺术,提供优质服务。客人不仅能够得到高级的物质享受,也能得到很好的精神享受。这种酒店国际上通常称为一流水平的酒店,收费一般很高。主要是满足经济地位较高的上层旅游者和公费旅游者的需要。

5.五星级酒店

这种类型的酒店,除了房间设施豪华外,服务设施齐全。各种各样的餐厅,较大规模的宴会厅、会议厅,综合服务比较齐全,环境优美,服务质量要求很高,是一个亲切快意的小社会。收费标准很高,主要是满足上层资产阶级、政府官员、社会名流、大企业公司的管理人员、工程技术人员、参加国际会议的官员、专家、学者的需要。

6.白金五星级酒店

2003年12月1日颁布的《旅游饭店星级的划分及评定》(现已修订)标准中首次提出白金五星级酒店,并在此后的标准中沿用,2007年第一批试点白金五星酒店在中国内地出现。

白金五星级酒店需要7个必备条件:已具备两年以上五星级酒店资格;地理位置处于城市中心商务区或繁华地带,交通极其便利;建筑主题鲜明,外观造型独具一格,有助于所在地建立旅游目的地形象;除有富丽堂皇的门廊及入口外,饭店整体氛围极其豪华气派;有位置合理、功能齐全、品位高雅、装饰华丽的行政楼层专用服务区,至少对行政楼层提供24小时管家式服务,他们是真正的"英式管家",他们衣着讲究、态度谦和、气质庄严,他们受聘于世袭贵族和亿万富翁,手下管理着一支包括家庭教师、厨师、保镖、花匠、裁缝、保姆、仆人等的庞大家庭服务队伍,他们不仅安排整个家庭的日常事务,更是主人的私人秘书和亲信,他们有着极高的自身素质和丰富的生活知识;饭店内主要区域有温湿度自动控制系统,各类设施设备配备齐全,品质一流;内部功能布局及装修装饰能与所在地历史、文化、自然环境相结合,恰到好处地表现和烘托其主题氛围。

除了7个必备条件之外,另有6项参评硬性条件可以选择(需至少符合5项):① 所有客房面积均在36平方米以上;② 具有一个100平方米以上的室内游泳池;③ 具有层高5米可容纳500人以上、布局合理、装饰豪华、格调高雅、符合国际标准的高级宴会厅,可提供正规的西式正餐和宴会;④ 有位置合理、装饰高雅、气氛浓郁的独立封闭式酒吧;⑤ 国际认知度极高,平均每间可供出租客房的收入连续三年居于所在地五星级饭店前列;⑥ 在建筑方面有独一无二的设施,拥有规模壮观、装潢典雅、出类拔萃的专项配套设施。

(二)按照规模标准分类

这种分类方法主要是依据酒店客房数量和规模进行划分,可以分类为超大型酒店、大型酒店、中大型酒店、中型酒店和小型酒店等。但是这一标准中的数量只是概数,而不是确数。标准中的数量还会随着酒店的发展时代及所在的城市而适当变化。

1.超大型酒店

客房数量通常在2000间以上,且具备非常完善的酒店配套设施和服务。

2.大型酒店

客房数量通常在1000间以上2000间以下,且具备完善的酒店配套设施和服务。

3.中大型酒店

客房数量通常在500间以上1000间以下,且具备较为完善的酒店配套设施和服务。当前,这类酒店在中型及小型城市仍归类为大型酒店。

4.中型酒店

客房数量通常在200间以上500间以下,且具备基本酒店配套设施和服务。

5.小型酒店

客房数量通常在50间以上200间以下,且具备简单酒店配套设施和服务。当前,超过100间客房的酒店在中型及小型城市仍归为中型酒店。

(三)按照地理位置标准分类

这种分类标准主要是按照酒店所处的具体地理位置进行划分,可以分为城市商务酒店、火车站/汽车站酒店、机场酒店、度假酒店、乡村酒店、文化古街道民宿等。

(四)按照经营性质标准分类

这种分类标准主要是依据酒店的定位和产品进行分类,可将酒店分为商务型酒店、度假型酒店、长住型酒店、会议型酒店、经济型酒店、公寓型酒店等类型。

1.商务型酒店

这类酒店主要以接待从事商务活动的客人为主,是为商务活动服务的。这类客人对酒店的地理位置要求较高,要求酒店靠近城区或商业中心区,以方便其开展商务活动。其客流量一般不受季节的影响而产生大的变化。商务型酒店的设施设备齐全、服务功能较为完善,通常配备先进的通信设施、办公设备、宽带上网、无线Wi-Fi、卫星电视、小餐厅、宴会厅、会议室、商务中心等,酒店入住率通常较高。

2.度假型酒店

这类酒店主要以接待旅游、度假、休闲的客人为主,多兴建在海滨、温泉、风景区附近。其经营的季节性较强,通常节假日入住率较高。度假型酒店经营特点不仅要满足旅游者食住的需要,要求有较完善的休闲、度假、康体和娱乐设备,还要有公共服务设施,以满足旅游者休息、娱乐、购物的综合需要,使客人的旅游和度假生活丰富多彩,得到精神上和物质上的享受。

3.长住型酒店

这类酒店主要是为租居者提供较长时间的食宿服务。此类酒店客房多采取家庭式结构,以套房为主,房间大者可供一个家庭使用,小者有仅供一人使用的单人房间。它既提供一般酒店的服务,又提供一般家庭的服务,通常配有洗衣机、厨房、阳台等设施和设备。

4.会议型酒店

这类酒店是以接待会议、展览或者参加其他活动为主要目的的会议客人或会议团体的酒店,会议型酒店通常规模较大,除食宿、娱乐外还为会议代表提供接送站、会议资料打印、录像摄像、旅游等服务。要求有较为完善的会议服务设施(大小会议室、同声传译设备、投影仪等)和功能齐全的娱乐设施,并能为顾客提供会前、会中和会后的组织的整个流程服务。这类酒店通常建于较为繁华的大都市或著名的度假城市。

近年来,其他类型酒店已经开始兼顾酒店设施的建设,并配有各类规格的会议室等设施和设备。

5.经济型酒店

经济型酒店多为旅游出差者准备,其价格低廉,服务方便快捷。通常建于城市,其特点是快来快去,总体节奏较快,只提供标准化的住宿服务,实现住宿者和商家互利的模式。这类酒店基本不提供相关配套设施和服务,既没有酒水食品等服务,也没有宴会设施、健身房和其他娱乐设施。近年来这类酒店多为连锁品牌经营形式。

6.公寓型酒店

这类酒店也称为产权式酒店。酒店式公寓吸引懒人和忙人。酒店式服务公寓,最早始于欧洲,意为"酒店式的服务,公寓式的管理",是当时旅游区内租给游客,供其临时休息的物业,由专门的管理公司进行统一上门管理,既有酒店的性质又相当于个人的"临时住宅"。这些物业就成了酒店式公寓的雏形。在酒店式公寓既能享受酒店提供的殷勤服务,又能享受居家的快乐,住户不仅有独立的卧室、客厅、卫浴间、衣帽间等,还可以在厨房里自己烹饪美味的佳肴。早晨可以在酒店餐厅用早餐;房间由公寓的服务员清扫;需要送餐到房间、出差订机票,只需打电话到服务台便可以解决,很适合又懒又忙的小两口。由于酒店式服务公寓主要集中在市中心的高档住宅区内,集住宅、酒店、会所多功能于一体,因此价格一般都不低。近年来,这类酒店主要建于海滨旅游城市或者风景名胜区,按照间数将产权面向市场出售,交给开发商或者第三方经营者经营住宿业,业主除了享受一定的租金外每年还拥有一定时间的住宿权。

第二节 酒店集团与酒店品牌

酒店行业在较长时间的集团化经营发展中,催生了一大批国际知名的酒店集团,包括知名的国际酒店集团和发展迅速的国内酒店集团。这些酒店集团一方面经营和管理着大批的酒店和客房,同时还拥有众多不同档次的酒店品牌,并拥有一定的市场占有率,发展优势显著。

一、国际酒店集团

国际酒店集团主要是在二战后,随着经济发展和人口增长,以及旅游业和商务蓬勃发展而兴起,并形成了喜达屋、洲际、万豪等国际酒店集团,这些酒店集团实行连锁经营、集团化发展模式和国际化战略,并不断壮大,通过收购兼并形成万豪、希尔顿、洲际、雅高、温德姆、凯悦等超大酒店集团格局。

(一)万豪国际酒店集团

万豪国际酒店集团(The Marriott Hotels & Resorts)是全球首屈一指的酒店管理公司,也是全球最大的酒店集团。公司由威拉德·玛里奥特先生创建于1927年,总部设于美国马里兰州贝塞斯达。2016年9月完成收购喜达屋(Starwood)后,万豪一跃成为全球最大连锁酒店集团,目前超过6700家酒店遍布全球130个国家和地区,包括直接经营酒店、特许经营酒店和授权分时度假酒店,拥有包括JW万豪酒店、万丽酒店、万豪酒店、万怡酒店、喜来登酒店、威斯汀酒店和 W 酒店等 30 个品牌，其中有 8 家奢华酒店品牌，分别为丽思卡尔顿酒店（The Ritz-Carlton）和丽思卡尔顿隐世精品度假酒店（Ritz-Carlton Reserve）、瑞吉酒店（St Regis）、W 酒店、豪华精选酒店（The Luxury Collection）、艾迪逊酒店（Edition）、JW 万豪酒店以及宝格丽酒店（Bulgari）。近年来，万豪国际酒店集团在中国发展迅速，到目前为止，共贯穿 82 个城市、16 个酒店品牌与 300 家酒店。

万豪国际酒店集团一直坚持服务至上的价值理念和卓越不凡的品质，其成功的关键是以员工和顾客为企业的经营之重，并坚持以人为本、追求卓越、拥抱变革、诚信经营和服务世界等五大核心价值。

（二）希尔顿酒店集团

希尔顿全球控股有限公司（Hilton Worldwide Holdings Inc.），前身为希尔顿酒店集团公司（Hilton Hotels Corporation），是一家跨国酒店管理公司，以"微笑服务"为理念，以打造"宾至如归"的奢华舒适体验为目标。旗下酒店遍及 106 个国家和地区，超过 5400 家酒店及度假村，为全球旅客供应近 880000 间客房。包括希尔顿酒店、华尔道夫酒店、康莱德酒店、希尔顿逸林和希尔顿花园酒店等 10 多品牌。

华尔道夫（Waldorf Astoria Hotels & Resorts）起家于纽约，是较负盛名的奢华酒店品牌之一。酒店以定制化的贴身服务闻名，从入住到退房，都会有一名管家全程提供服务。这里曾经住过非常多的历史名人，并见证过美国历史上许多重要事件的发生。康拉德（Conrad Hotel）是以希尔顿集团创始人康拉德希尔顿命名，是希尔顿酒店集团中的奢华酒店品牌，定位比华尔道夫节奏感更强、更现代化，酒店选址也集中于旅游城市和景点。

希尔顿（Hilton）酒店是该酒店集团的旗舰品牌，同样是标准的五星级，超高端的 Full Service 酒店。目标群体兼顾商务和休闲旅客，酒店主要分布于各大城市的市中心、机场、会展中心和一些度假景点。希尔顿是较早进入中国的国际联号酒店之一。希尔顿逸林酒店（Double Tree）是该酒店集团中的高端的 Full Service 酒店。酒店最为人知的就是入住时会免费赠送巧克力曲奇，同时也表现了酒店以"关爱 Care"为核心的品牌诉求和文化。

希尔顿花园酒店（Hilton Garden Inn）是该集团中豪华（Upscale）的连锁酒店，虽然属于优先服务酒店，但仍配备有全套服务的餐厅和酒吧。由于选址大多位于城市近郊和非核心区域，价格相对希尔顿 Full Service 品牌更为亲民，客房数量不多。希尔顿欢朋（Hampton Inn）曾是美国的连锁酒店巨头之一，1999 年被希尔顿集团收购，该酒店定位略高于汽车酒店，主打方便、快捷、高性价比，在全球有超过 2000 家该品牌的酒店，主要以自营和连锁管理为主，大部分位于美国。

希尔顿酒店由于其强大的品牌价值,一度受到资本市场的热捧,2007年,黑石斥资260亿美元收购了希尔顿,并于2013年将其重新上市;2016年,海航集团从黑石的关联公司收购希尔顿约25%的股权,交易总价约65亿美元(约440亿人民币),成为希尔顿的单一最大股东;随后希尔顿拆分为Hilton Worldwide Holdings Inc.、Park Hotels & Resorts和Hilton Grand Vacations Inc.三家公司,在更加易于公司管理的基础上进行价值释放,海航集团也就随之拥有了3家各约25%的股份。不到两年时间,海航集团以84.8亿美元成功出售希尔顿Hilton Worldwide Holdings Inc.(HLT)、Park Hotels & Resorts(PARK)和Hilton Grand Vacation(HGV)的股份,一年半挣了大约20亿美元,浮盈超过30%。

(三)洲际酒店集团

洲际酒店集团(InterContinental Hotels Group PLC,IHG),成立于1946年的英国,是目前全球较大及网络分布较广的专业酒店管理集团之一,在全球100多个国家和地区经营和特许经营着超过5200多家酒店都,同时也是世界上客房拥有量最大的酒店集团,旗下酒店房间高达780000多间。

洲际酒店集团旗下拥有洲际酒店及度假村(InterContinental Hotels & Resorts)、假日酒店及假日度假酒店(Holiday Inn)、皇冠假日酒店(Crowne Plaza Hotels)、智选假日酒店(Holiday Inn Express)、英迪格酒店(Indigo)等多个国际知名酒店品牌和超过60年的国际酒店管理经验。2018年,洲际酒店集团宣布以3900万美元现金(约2.46亿元人民币)收购丽晶酒店及度假村51%的股份,洲际酒店集团拥有在2026年以后分期收购剩余49%股份的权力。

洲际酒店集团拥有世界首个也是最大的酒店忠诚客户计划——IHG®优悦会,目前在全球拥有超过1亿会员。目前,洲际酒店集团在大中华区经营着九大品牌,330多家酒店,超过10万间客房。中国市场是洲际酒店集团在全球的第二大市场,始终是其战略布局的重中之重。洲际酒店集团发布的2018年第一季度财报显示,大中华区RevPAR(平均每间可售客房收益)上涨11%,以绝对优势高居全球首位。

(四)雅高酒店集团

雅高酒店集团成立于1967年,总部设在巴黎,是欧洲最大的酒店集团,是国际领先的旅游及时尚生活集团。到2018年上半年,旗下拥有4530家酒店(75%为集团直营),客房总数达到652939间,在建客房167000间,在建酒店959家,足迹遍及全球140多个国家和地区,员工达到25万余名。雅高酒店集团从经济型到豪华饭店,雅高提供了全系列不同档次的酒店服务,满足了不同需求层次顾客的需要。除核心的酒店业务外,雅高酒店集团成功拓展服务范围,凭借遍布全球的逾10000家优质私人住宅而成为奢华私人住宅租赁的全球领导者。雅高酒店集团还活跃于礼宾服务、联合办公空间、餐饮、活动管理和数字技术解决方案领域。

2018年上半年,全球72%的新开客房都在亚太区,目前亚太区平均每三天就有一家新酒店开业,雅高酒店集团在亚太区取得发展里程碑,酒店数量达到1000家,共计超过200000间客房。目前雅高亚太区酒店客房数在集团全球范围内占比超过30%,在建酒店数量占比为51%。雅高酒店集团目标是到2020年,亚太区每两天开设一家新酒店,在全球范围内每天开设一家新酒店,这充分表明集团的增长策略将继续以亚洲为重点。

雅高酒店集团拥有强劲和高识别度的奢华及高端品牌组合,满足精益求精旅行者的不同需求,并于2018年同时收购了包括澳大利亚Mantra集团、南非的曼缇斯集团和法国的Gekko。雅高集团拥有豪华型酒店、高级酒店、多层中级市场品牌酒店、经济型酒店(Ibis宜必思)、大众化旅馆等多个核心品牌。雅高涵盖从经济型到豪华型的各种档次的酒店,其中,高档占7%,中档占35%,低档占58%。目前雅高在中国经营一系列品牌,包括奢华及高端品牌索菲特传奇、索菲特、铂尔曼、美爵、美憬阁,中档品牌美居、诺富特,经济型品牌宜必思尚品和宜必思,全线覆盖从经济型到奢华型酒店市场。

其中,索菲特是法式"生活艺术"的代表。索菲特将每家酒店的精髓与品牌的法式生活艺术相结合,以充满艺术气息的手法展现"生活无限精彩"的品牌理念。作为纯正奢华品牌,索菲特酒店深谙法式精髓,将为宾客提供极致奢华的环境,与生俱来的法式优雅与当地文化巧妙融合,打造出不同凡响的体验。索菲特在全球各地共设120多家酒店,是唯一一个运营范围覆盖五大洲的法国奢华酒店品牌。铂尔曼是雅高旗下为当今全球旅行者量身定制的现代高端酒店品牌之一,也是旅游接待业较具传奇性的品牌之一,起源于19世纪的铂尔曼奢华列车,这些列车曾被称为"铁轨上的酒店"。这些"宫殿级的车厢"革新了火车旅行,首次为列车旅客提供奢华住宿与餐饮服务。铂尔曼酒店继续革新旅行概念,是适合新一代国际旅行者、千禧一代的环球旅行家和喜爱高雅设计的移动顾客群体的经典国际品牌。品牌提供高端雅致、充满活力且完美呼应国际风潮的酒店体验。目前在中国市场拥有33家铂尔曼品牌酒店,坐落于三亚、丽江、上海和香港等热门城市以及一流休闲目的地,另外还有十几家酒店项目将在重要的目的地开业,包括舟山、长白山、苏州和包头等。美爵是雅高集团专为中国量身打造的。美爵,拥有一双善于发现的锐眼和一颗乐于感悟的心,捕捉顾客对一切新鲜和未知的渴望,感悟到顾客对一次与众不同的旅宿的期待,特将法式浪漫情愫与中国地域文化完美融合,相辅相成,打造全新的住宿体验。

(五)温德姆酒店集团

温德姆酒店集团是全球规模较大、业务较多元化的酒店集团企业之一,总部设于美国新泽西州帕西帕尼,目前在六大洲 80 个国家经营 15 个品牌,近 8400 家酒店,拥有 728200 多间客房。2018 年,温德姆酒店集团在美国纽交所独立分拆上市的消息。

温德姆酒店集团旗下经营品牌从享誉全球的高档酒店品牌温德姆酒店及度假酒店(Wyndham Hotels and Resorts®),到家喻户晓的舒适酒店品牌——华美达酒店(Ramada®)、戴斯酒店(Days Inn®)、速 8 酒店(Super 8®)以及豪生酒店(Howard Johnson®)等,一共有 20 个涵盖生活方式、高端、中端及特色的酒店品牌,为不同消费群体提供多样化的酒店选择和物超所值的优质服务。

温德姆酒店集团经营模式分自主管理和特许经营两种,其中特许经营模式在温德姆酒店集团全球扩张路上发挥着巨大作用,其通过利用集团本身的专有技术和多元化的品牌选择,与酒店业主的资本相结合,在短时间内实现快速市场占领,但"快"并非温德姆酒店集团的制胜法宝,独有的酒店管理方式、坚持全球统一的服务标准,同时也尊重国际标准下的本土化差异,才是温德姆酒店集团的成功之道。

近年来,温德姆酒店集团正以"全星级多品牌新模式"的战略在中国地区市场全面发展。目前,温德姆酒店集团在华已经突破 1400 家酒店及 138737 间客房,引进品牌 11 个。接下来,温德姆会持续重视在中国市场的投入,在战略层面上继续向三、四线城市渗透,同时扩张步伐也会延伸至港澳台地区,进一步完善温德姆酒店集团的在华布局。

(六)凯悦酒店集团

凯悦酒店集团(Hyatt Hotels Corporation),总部位于美国芝加哥,是一家酒店集团,凯悦的创始人是 Jay Pritzker,第一家酒店是他于 1957 年在洛杉矶国际机场附近购买的凯悦旅馆。凯悦酒店集团在世界各地管理、特许经营、拥有和开发凯悦品牌酒店、度假村、住宅和度假性产业。凯悦自 1986 年进入中国市场。

凯悦酒店集团,是一家世界知名的酒店集团,在行业中品牌优越,秉承殷勤待客的传统,致力于为客人提供宾至如归的服务。凯悦酒店集团旗下酒店品牌包括柏悦(Park Hyatt)、安达仕(Andaz)、君悦(Grand Hyatt)、凯悦(Hyatt Regency)、凯悦嘉轩(Hyatt Place)以及凯悦嘉寓(Hyatt House)。

其中,柏悦酒店(Park Hyatt)是专为追求私密性、个性化及高质量服务的旅行者设计的世界级豪华精品酒店品牌,是凯悦酒店集团最高端的支线品牌和奢华酒店,房间数量少于 400 间,定位群体是有钱的个人商旅顾客、名人和社会精英,以及职场的专业人士。酒店基本都只建在纽约、东京、伦敦、上海等国际一线大都市,每家酒店都以本土化的体验为特色。君悦酒店(Grand Hyatt)是专为商务和休闲旅行者以及大规模会议活动服务的豪华酒店品牌,以其规模宏大、设施先进而著称,在中国大陆地区的君悦酒店有北京东方君悦大酒店、上海金茂君悦酒店、深圳君悦酒店、广州富力君悦酒店等。凯悦酒店(Hyatt Regency)是凯悦酒店集团的高档旗舰品牌,是标准的五星酒店,数量最多,市场定位面向商务、休闲游客和各类会议顾客,酒店通常建在各大城市市区、郊区、机场、会展中心、知名度假胜地。

凯悦嘉轩(Hyatt Place)和凯悦嘉寓(Hyatt House)两个品牌则是有限服务酒店品牌,都是普通的高端型酒店,定位和价格都比较平民化。其中凯悦嘉轩酒店品牌一般位于城市非核心区域、机场、交通枢纽、近郊和旅游胜地,是凯悦集团数量最多的直线品牌。而凯悦嘉寓品牌则更强调"Live",而不是"Stay",侧重于家庭出行,所以酒店以套房为主,一般选址在近郊和机场。

二、国内酒店集团

我国民族酒店品牌发展历程只有 20 余年,相较于动辄 50、60 年发展历史的国际酒店品牌仍有一定经验积累差距。但从近三年高端酒店品牌影响力趋势来看,国际高端酒店品牌在深耕中国市场的同时,也间接催化了中国民族品牌的成长。根据中国饭店协会和盈蝶资讯联合发布了《2018 中国酒店连锁发展与投资报告》显示,国内酒店集团房间数排名前五的分别是锦江国际酒店集团、首旅如家酒店集团、华住酒店集团、海航酒店集团、格美酒店集团。以下介绍几种酒店集团。

(一)锦江酒店集团

上海锦江国际酒店(集团)股份有限公司是上海市国资委全资控股的中国规模最大的综合性酒店旅游企业集团,是中国主要酒店服务供应商之一,主要从事全服务酒店及有限服务酒店的投资营运和管理以及餐饮业的投资与经营。

锦江国际酒店集团通过产业资本双轮驱动推进酒店业的"全球布局,跨国经营"战略,近几年,先后战略投资收购法国卢浮集团、铂涛酒店集团、维也纳酒店集团和丽笙酒店集团,跻身全球酒店集团 300 强第 5 位,列亚洲第一。品牌系列覆盖高档、中档、经济型等不同档次,包括经典酒店、豪华酒店、商务酒店和锦江之星旅馆等,有高雅经典的锦江饭店及和平饭店、简约经济的锦江之星旅馆,其中大部分位于中国两大金融和旅游中心——上海和北京,并处于市内的黄金地段,邻近市内旅游区及商业区,与火车站及公交车总站等交通枢纽毗邻,深受顾客欢迎。"锦江"是具有 80 多年历史的中国民族品牌,中国驰名商标、上海市著名商标,获中国商标金奖,品牌价值超过 360 亿元。锦江酒店入选 2018 年中国豪华酒店品牌第一,占国内民族高档品牌酒店市场份额的 14.25%。

此外,锦江酒店集团是中国经济型酒店行业的先驱,自 1997 年起将经济型酒店业务作为独立的业务经营,锦江之星品牌已成为中国主要经济型酒店品牌之一,为国内商务和休闲旅客提供价格合理而整洁舒适的住宿服务。除酒店业务外,集团亦有投资经营多家餐厅,包括高档次中餐厅及肯德基、大家乐及吉野家等大型连锁快餐店。

集团深耕国内,全球布局,跨国经营,加快传统业态创新转型,着力提升品牌、质量、效益,经济总量、产业规模都取得重大突破。自 2015 年、2016 年,集团成功收购法国卢浮酒店集团、铂涛集团、维也纳酒店集团股权并战略投资法国雅高酒店集团,2018 年收购丽笙酒店集团(前身是卡尔森瑞德酒店集团)后,拥有 J、岩花园、锦江、昆仑、郁锦香 Golden Tulip、锦江都城、康铂 Campanile、丽枫、维也纳、丽笙精选、丽笙、丽亭、丽柏、丽怡等高、中档及经济型品牌,其中维也纳酒店、丽枫酒店、喆啡酒店等品牌入选 2018 年中国中档酒店品牌前十强。收购丽笙酒店集团后,锦江酒店集团全球布局拓展到 120 多个国家,酒店数量超过 10000 家,客房 100 万间。品牌体系实现中高端全覆盖,中高端及高端酒店房量增加约 20%,海外房量翻番,达到 30% 以上,进一步提升了国际核心竞争力。

集团还拥有中瑞合作锦江国际理诺士酒店管理学院,从事中高级酒店管理专业人才培训;合资经营肯德基、吉野家等著名餐饮品牌。2017 年,集团按照"基因不变、后台整合、优势互补、共同发展"16 字方针,引入"互联网+共享经济"理念,整合全球行业资源,加快打造"一中心三平台",即锦江酒店全球创新中心和 WeHotel 全球旅行产业共享平台、全球统一采购共享平台。锦江国际酒店集团凭着家喻户晓的品牌、上海市场的领导地位、集酒店投资者及管理公司于一身的地位,以及作为中国首批进入经济型酒店行业的营运商的优势,锦江酒店在未来几年将继续努力,成为国际知名的酒店集团。

(二)首旅如家酒店集团

首旅如家酒店集团是由原首旅酒店集团与如家酒店集团合并后成立的新集团,公司中文全称为北京首旅如家酒店(集团)股份有限公司,英文全称为 BTG HOMEINNS Hotels (Group) Co.,Ltd.。首旅和如家合并始于首旅集团在 2015 年 12 月 6 日发布重组预案,该预案提到首旅酒店、首旅酒店集团(香港)控股有限公司、首旅酒店集团(开曼)控股有限公司及如家酒店集团共同签署了《合并协议》,拟通过现金及发行股份的方式,以 110 亿元购入如家酒店集团100%的股权,实现如家酒店集团的私有化,交易完成后,如家酒店集团作为合并后的存续主体,成为首旅酒店的控股子公司。同时,如家酒店集团的美国存托股份(ADS)已停止在纳斯达克进行交易。

合并后的首旅如家酒店集团成为国内第二大酒店集团,产品覆盖豪华、高档、中档、经济型全系列酒店类型,拥有首旅建国、首旅京伦、雅客e家、欣燕都、南苑、如家、莫泰、云上四季、和颐和如家精选等多个酒店品牌。其中,如家精选酒店、如家商旅酒店品牌入选2018年中国中档酒店品牌前十强。

首旅和如家的合并有助于提升首旅酒店集团和如家酒店集团的市场竞争力。交易完成后将借助首旅集团、首旅酒店集团和如家酒店集团分别在高档、中档和经济型酒店领域的丰富经验以及多元化的服务业态,实现优势互补,开展多领域合作,为消费者提供更加多元的新的服务体验。重组完成后,携程成为首旅酒店集团的战略投资者,各方将进一步推动线上线下业务的融合与提升,积极落实"互联网+"国家战略。

目前,首旅如家酒店集团旗下拥有以住宿为核心的近20个品牌系列、近40个产品。截至2018年6月底,首旅如家酒店集团在国内外近400个城市运营3788余家酒店,客房间数383396间。成为国内覆盖高端、中端、商旅型、休闲度假、社交娱乐、长租公寓、联盟酒店全系列酒店业务的酒店集团。

在首旅如家的"核心菜谱"中,除如家酒店、莫泰酒店外,均属中高端品牌。财报显示,截止到今年上半年,首旅如家拥有中高端酒店573家,占比15.1%,客房间数71862间,占总客房数的18.7%。

(三)华住酒店集团

华住酒店集团由中国连续创业成功的企业家季琦(创立携程旅行网、如家快捷酒店、华住酒店集团这三家著名的中国服务企业,并先后在美国纳斯达克成功上市。成为第一个连续创立三家市值超过10亿美元公司的中国企业家,创造了世界企业史上的奇迹。)创立,2005年汉庭第一家门店昆山火车站店试营业,随后快速经历了全季酒店品牌创立和入股星程酒店,成为国内中端酒店领导品牌。2012年11月汉庭酒店集团正式更名为华住酒店集团。

截至2018年9月30日,华住在全国391座城市中,已开业4055家酒店,包括698家直营店、3139家管理加盟店和218家特许店;客房总数409516间,同比增长9.9%。并且,尚有924家酒店正在筹建中,其中150家为与雅高合作的宜必思、美居、美爵等品牌酒店,137家为桔子精选和桔子水晶酒店,250家为全季酒店,13家为花间堂酒店。

目前,华住运营的酒店品牌已经覆盖多元市场,包括高端市场的美爵、VUE、禧玥、花间堂,中端市场的诺富特、美居、漫心、全季、桔子水晶、桔子精选、CitiGO、星程、宜必思尚品,以及大众市场的宜必思、汉庭优佳、汉庭、怡莱、海友等知名酒店品牌,满足从商务到休闲的个性化需求。其中,全季酒店、星程酒店、桔子精选酒店等品牌入选2018年中国中档酒店品牌前十强。

自2005年创立以来,华住已经完成全国31省市的布局,并重点在长三角、环渤海湾、珠三角和中西部发达城市形成了密布的酒店网络。是国内第一家多品牌酒店集团,全球酒店20强,国内酒店第三强。2010年3月26日,"华住酒店集团"的前身"汉庭酒店集团"(NASDAQ:HTHT)在纳斯达克成功上市。

(四)海航酒店集团

海航酒店集团成立于1997年,是海航旅业旗下酒店业务投资、管理平台,专注于全球化的中高端酒店业务投资和管理,以及分时度假等业务。海航酒店拥有全球性网络,是世界饭店集团300强之一、中国最具竞争力民族酒店品牌之一、中国最佳酒店管理集团公司之一。

截至2018年6月,海航酒店在国内外直接运营及投资项目所涉及酒店近1600家,客房总量逾25万间。其中,国内酒店门店数1349家,客房数218660间,占国内酒店市场6.74%份额,房间数在2018年国内酒店集团中排名第四。

海航酒店平台拥有唐拉雅秀为代表的东方元素高端品牌。唐拉雅秀系列酒店致力于将富有东方神韵和文化风情的系列酒店品牌带给世人,带到世界的每一个角落,将源于自然的美好祝福和现代酒店艺术完美结合,以东方的待客之道,让大家享受到大隐于市的美好酒店体验。

海航酒店曾打出"海航的航线开到哪里,海航的酒店就要建到哪里"的口号,并开始走向国际化扩张道路。2016年,海航集团以大约65亿美元的价格,从黑石手中收购希尔顿酒店25%的股权,成为后者的最大股东。2016年4月,海航旅游集团从Carlson Hospitality手里收购了卡尔森酒店(Carlson Hotels),集团后更名为丽笙酒店集团。丽笙在全球运营或正在建设的酒店超过1400家,共有8个品牌,包括丽笙、丽亭(Park Plaza)、Radisson Hospitality AB等。海航同时还收购了美国和西班牙的区域酒店品牌红狮和NH Hotel。自此,海航全资拥有卡尔森酒店集团(丽笙酒店集团),成为希尔顿酒店集团、NH酒店集团第一大股东,参股红狮酒店集团、南非Tsogo Sun酒店集团,收购大溪地希尔顿酒店和瑞吉酒店;自创自营"唐拉雅秀"这一民族高端酒店品牌。形成了包括高端奢华酒店、商务酒店、度假酒店、快捷酒店、产权酒店等多元化资产组合和全球性网络,不过这些酒店很大程度上都是投资控制,而非实际运营,海航随机遇到了财务危机,海航集团为应对危机,做出剥离非核心资产的决策,并开始一一抛售手上的国际酒店股份。

第三节　酒店业发展趋势

酒店业发展经历了古代客栈时期、大饭店时期、商业饭店时期等阶段,到第二次世界大战后,世界各地随着经济快速发展和旅游业的大众化进程加快,酒店业进入了新型饭店时期,并逐步形成了庞大独立的酒店行业。酒店的规模不断扩大,类型多样化,服务向综合性发展,酒店不但提供食、住,而且提供旅游、通信、商务、康乐、购物等多种服务。近年来,随着互联网技术和移动互联网的广泛运用,以及千禧一代引领的消费新风尚,酒店业务模式发生了重大变化,出现资源整合加剧、轻资产模式盛行、非标住宿和共享住宿迅速抢占传统住宿市场等新发展趋势。

一、经济型酒店向中档酒店转型升级

(一)经济型酒店急需升级转型

由于中产消费群体的崛起,消费升级导致顾客需求发生极大的变化,酒店提供的服务能否满足新型消费者个性化、多元化、移动化、体验化、社群化的需求,对经济型酒店是极大的挑战。另外随着竞争的加剧,酒店行业呈现集团化、巨头化、资本化、品牌化、连锁化的竞争格局;优质酒店物业日益稀缺,人工、租金、能耗成本逐渐上涨,产品老化不能满足消费者需求,使得经济型酒店行业面临不断洗牌和新一轮的转型突破。

经济型酒店经历过高速发展期,存量大,一二线城市品牌连锁化率较高,但REVPAR(单房营业收入)增速放缓,投资回报率偏低,急需升级和寻找新的发展路径,从发展模式上进行变革创新,例如在一二线城市重新定位并专注细分市场,适当进行产品优化升级,或利用酒店共享资源、增加延伸服务链、提供增值服务收入等多途径进行有益探索。三线以下城市品牌连锁化程度相对较低,市场渠道下沉,抓住中国城镇化过程中的酒店品牌产业升级机会,积极面对经济型酒店主战场的决胜之机。

(二)中端酒店百花齐放

据麦肯锡预计:2022年,中国中产阶级数量将从2012年的1.74亿家庭增长至2.71亿家庭。未来,中国中端酒店市场的潜在消费人群有望以年增长率10%左右的速度持续扩大。中产阶级比重提升、消费升级及高端转移推动中端酒店需求增长,中端酒店已成为市场新的投资热点,中端酒店市场的主要品牌运营情况、增长势头良好。全球酒店巨头均经历了逐渐轻资产化、加大加盟占比的过程。相较海外酒店,我国中端酒店及加盟比重仍有提升空间,对标欧美高:中:低占比稳定在2∶5∶3格局,我国中端酒店目前占比不足30%,中端酒店市场仍有较大上升空间,整体规模有望进一步扩大。当然市场竞争将更加激烈,并购合作的趋势预计将会持续,新一轮兼并或重组已在眼前,中端酒店成为企业以及资本角逐的热点。

面对庞大的中产阶级数量、日益丰富的住宿需求,中国本土酒店管理集团逐渐加码中端酒店品牌布局。中国本土酒店管理集团,从经济型酒店领域中崛起,在中端酒店领域也开始呈现百花齐放局面,众多中端酒店知名品牌,在满足客人个性化、移动支付等方面丝毫不逊国外品牌。那些产品有清晰的盈利模式、品牌内涵拥有独特魅力、符合新型消费需求的中端酒店品牌将率先崛起,引领行业潮流,将成为国际酒店品牌竞争的重要参与者。

二、共享住宿服务掀起酒店业风暴

(一)共享住宿发展趋势

近年来,随着共享经济的火热,住宿业也成为共享经济影响较早也较深远的行业之一,共享(co-living)可能成为下一个酒店业的大趋势,co-living的概念强调协作和社区体验。在共享经济的浪潮下,共享住宿业已经走过了初始期,共享住宿已经从简单的剩余房屋和房间的共享,已经逐步形成产业化的共享住宿企业和类似于民宿等专门化产品,胶囊旅馆(pod hotels)、共同生活空间(例如公寓)、共同工作空间(例如联合办公)等新形式不断呈现。共享住宿在线平台也从简单的代理推广,扩展到B2C模式的标准化产品设计与运作。

酒店共享趋势还涌现出包括场景空间共享、内容运营共享、异业联盟合作等多种酒店共享模式。同业整合与异业合作现象会更加明显,同行已经不再是简单的竞争关系,在很多资源上、信息上可以共享,进一步增强了酒店的竞争力。

在共享经济的时代背景下,如何转变思维,做好存量资产现金流价值与资产价值的提升。如何跳出酒店的惯性思维,打破酒店的设施规划与功能布局常态,引入更多跨界业态的有机融合,真正从跨界思维出发实现坪效收益与资产价值的双重提升,这是酒店资产业主们应当细细思量的方向。

(二)中国共享酒店发展特点

随着共享酒店在中国的发展,出现了中国国情的特有共享酒店商业模式。中国房地产热褪去后,各大城市和旅游景点周边出线了大量的空置房。共享住宿业利用闲置资源直接出租,无需投入巨额费用就可以扩展房源,边际成本小,因而价格更低,低价优质的房源当然更具有吸引力,获得消费者的青睐。Airbnb、小猪短租、住百家和途家等在线共享平台的发展,为共享住宿提供在线销售便利。在线共享房源覆盖广、种类多、选择丰富等优势,特色民宿、四合院、花园洋房、绿皮火车房、森林木屋等多样化房源,让用户住宿体验最优化。共享住宿房源通常位于当地社区,客人有机会接触到当地真实的风土人情,增加与社区的互动的机会。共享住宿可以让顾客获得主动参与感和休闲涉入,获得非惯常的交流互动,获得差异化社交、猎取奇异感知,可以让客人觉得他们真的"生活在那里"。有关机构预测,2025年全球共享经济市场规模将达到3350亿美元,年均增长率达到36%。中国共享住宿规模将在未来3—5年达到全球第一。

三、中华区高档酒店市场和品牌蓬勃发展

(一)高档酒店保持优势发展

近年来,高端酒店市场逐步回暖,尤以一、二线城市更为显著。根据2018年各大酒店财报显示,世界著名的国际酒店集团业绩基本均在平稳增长,中国市场成为各大国际酒店集团布局中的主要增长力量。万豪酒店集团2018年二季度净收入6.1亿美元,同比增加24%,过去12个月万豪增加82000间客房,净客房增长率5.7%。洲际酒店集团2018年上半年酒店签约量创10年新高,全球新增322家酒店物业共46000间客房,同比增长46%;洲际的重点市场——大中华区上半年为集团业绩贡献最大,上半年新开业酒店28家,开业酒店总数达到351家,共106794间客房;新签约酒店78家,新增17000间客房,同比增长71%;在建酒店总数336家,共80000间客房。希尔顿酒店及度假村,2018年二季度净收入为2.17亿美元,比2017年同期增长44%;新开客房17100间,去除同期减少的客房数量后净增15800间客房,同比增长18%。

(二)本土高档酒店品牌崛起

曾几何时,国内高端酒店市场都被万豪、希尔顿、洲际、雅高等国际品牌占据,本土高端酒店品牌缺乏,即便还存在几家本土高端酒店品牌,当时也完全不敌海外品牌。然而如今,随着中国酒店市场的发展,越来越多的本土品牌崛起,尤其是万达、绿地等一批业主方已自己成立酒店公司来管理自己的酒店项目,这给国际酒店企业带来了不小的挑战。尽管中国的酒店管理公司在高端市场领域与国际品牌相比存在差距,但中国庞大的市场需求,本土品牌迅猛发展,互联网技术的革新和年轻一代思维的转变,成为本土品牌逐渐崛起的有利因素。

国际管理集团有自己的标准,硬件投入很高,还要收取累计占酒店总收入至少10%—12%的管理费和其他各项费用,且国际酒店品牌雇佣总经理、销售主管、厨师主管等大多使用欧美员工,公司对这类员工还需支付其家人的生活费用、孩子的学费,且需配翻译等,成本非常高。然而这几年高端酒

店普遍入住率和房价下滑,成本却很高,这导致利润下降,国际酒店公司的员工流动率也变高,整体投资回报周期较长。相比之下,本土酒店企业在成本控制方面比较严格,管理费收取比例较低,基本都使用本土员工,对于物业选择也有很大的灵活性。中国酒店人在借鉴外资品牌的先进管理经验的同时,凭借着对本土文化深入的了解以及人性化的管理模式,已经形成了别具特色的经营理念。

从1996年首家万达酒店开业起,万达酒店从国内民族酒店阵营中率先开创品牌制胜战略。万达原本在酒店产业中担当的是业主方角色,仅仅投资物业,并不涉及管理。但在和国际酒店集团的谈判和合作中,让万达明白"要真正做好酒店业务,就得涉及管理"。万达酒店就在国际政策鼓励下,开始着手创建一个本土化知名的豪华酒店管理品牌。在经过慎重分析和战略研究后,2012年万达建立了自己的酒店管理公司,推出奢华酒店品牌——万达瑞华,豪华酒店品牌——万达文华,高端酒店品牌——万达嘉华,高端精选酒店品牌——万达锦华4个自营酒店品牌。

自此,万达在酒店行业发展史上留下了一个又一个独特的烙印:2014年首家万达瑞华酒店在武汉开业;2016年首家万达品牌输出酒店在三亚开业;同年第100家酒店在合肥开业;2017年在伊斯坦布尔签约首家海外品牌输出酒店,成为首家实现向海外输出豪华酒店管理的中国企业。万达酒店集团一举成为打通酒店开发及管理全产业链的公司,涵盖酒店设计、酒店建设、酒店运营三大板块的专业一站式管理服务。

正是万达过硬的品牌价值持续保证万达酒店的品牌知名度。万达还善于在不同的城市融合当地的文化应用于酒店的设计中,酒店空间将功能和文化元素浓缩聚集起来。这些细节不仅吸引外地客人的目光,同时受到许多本地客人的关注。通过酒店设计保留那些正在消亡的城市记忆,让忙于生活的现代都市人,从一间酒店,感知一座城市的独特魅力。

细标准、强执行是实现万达酒店品牌成功的关键。在万达高效的建设模式下,为了达到高品质的标准,万达明确节点,把控每个质量环节,比如从技术标准方面来说,声、光、电等污染都会影响客人睡眠的舒适度。凡是万达旗下的酒店房间窗户上面和侧面都要用建筑封板封住,窗帘必须是两条轨道,保证叠合度,达到不透光的效果。此外,万达还做了许多声学分析,注意声音弱项的规避,在隐蔽工程验收上非常严格。

凭借多年累积的品牌知名度和优秀口碑,多层次、多品牌的酒店体系的建立,使万达酒店及度假村集团从容面对市场消费环境的变化,以及消费者需求的不断升级。

(三)地产类酒店化解金融风险、破茧重生

地产类酒店由于其配套房地产项目的战略定位,通常与地产项目捆绑形成高杠杆高负债局面,同时由于其资产负担较重、市场能力相对薄弱,一度形成经营困境。近年来,地产酒店去杠杆是大势所趋,也是形势所迫,是解决资金空转、遏制资产泡沫、扭转脱实向虚、修复经济结构性失衡的必由之路,也是主动防范化解系统性金融风险的关键一招,更是企业必须面对的新常态。部分地产类高端酒店提出了转型升级、降低杠杆、改善负债结构的目标,出售资产,达到增加现金流、降低财务成本的需要。把降低负债率作为主要工作,同时保留项目的品牌及运营管理权,这也是轻资产、去杠杆的重要途径,将过去不可持续的、消耗资源的生产方式,转变为可持续的、品牌输出的生产方式,力图破茧重生。

2007年,集酒店规划筹建、运营管理于一体的恒大酒店集团便宣告成立,逐渐剥离恒大地产项目和金融杠杆,实行财务独立核算,提出"十年百店"的战略构想和"N+1"功能配套模式,经过十年的蛰伏、积累、整合、蓄势,便在业界崭露头角,恒大酒店已于广州、天津、上海、重庆、成都、武汉、南京、海口、林芝等全国50多个主要城市及旅游目的地布局旅游综合体,同时并购杭州法云安缦、丽江大研安缦、成都瑞吉等著名国际托管项目和百年老字号"大三元酒家"品牌,与旗下自营酒店相得益彰,逐渐实现盈利目标。

四、集团化经营仍是酒店产业的主要特点

与单体酒店相比较,酒店集团在管理、财务、人才、技术、营销、采购等方面具有更大的优势,在20世纪90年代已经发展成为酒店经营的主导现象。进入21世纪以后,越来越多的单体酒店通过各种形式加入酒店集团,酒店集团化经营的趋势进一步加强。在未来的发展中,我国酒店业无疑将进入酒店集团化经营的新阶段。酒店集团经营的优势酒店集团和单体酒店相比较,具有明显的优势,主要有以下几点。

(一)管理优势

酒店集团一般都具有比单体酒店更为先进、完善的管理系统。它为所属酒店制定统一的经营管理方法和程序,为酒店的建筑设计、内部装潢和硬件设施规定严格的标准,为服务和管理订立了统一的操作规程。这些标准和规范被编写成经营手册统一发给各个所属酒店,使各个酒店的经营管理达到集团所要求的水平。同时,根据经营环境的变化,酒店集团还经常修订各种标准和程序,以应对新的竞争形势,确保酒店集团经营管理的先进性。

(二)技术优势

酒店集团有能力向所属酒店提供各种技术上的服务和帮助,这些服务和

帮助通常是根据所属酒店的需要有偿提供的。

例如,酒店集团能为所属酒店提供集中采购服务。一些大酒店集团专门设立负责酒店物资供应的分公司或采购总部,向所属酒店提供统一规格和标准的设备及经营用品。例如,家具、地毯、餐厅和厨房用具等,形成了比较完善的集团物资供应系统,确保所属酒店实现设施设备和经营用品的标准化、规范化。同时,集中大量购买又能获得较大的价格折扣,使酒店经营成本降低。

酒店集团对所属酒店的帮助还包括酒店开发阶段或更新改造阶段所需要的可行性研究等服务上。例如,假日酒店集团有一个建筑公司,拥有自己的建筑师和内部设计专家,专门为所属酒店提供这方面的技术服务。

(三)财务优势

酒店集团和单体酒店相比较,更具有财务管理方面的优势,主要表现在两个方面。一方面,在酒店集团外部,酒店集团公司凭借实力雄厚、不动产资本庞大、融资信誉的优势,更容易得到金融机构的信任,在筹措资金方面会更加方便。能使所属酒店较容易地从金融机构或其他途径得到贷款和集资。在美国,这些以集团形势经营的连锁酒店可以得到利息较低的贷款。另一方面,在酒店集团内部,当某一家所属酒店出现财政困难时,酒店集团总部能够统一调配资金,使用储备资金帮助陷入困境的所属酒店。

可以使用集团的名称和店标,特别是在拓展国际市场时,一个为公众所熟悉的国际酒店集团往往更易使客人对酒店产生信赖感,更能吸引客人。

在广告方面,单体酒店通常缺乏足够的资金来开展广告宣传。而酒店集团可以集合各家酒店的资金进行世界范围的大规模广告宣传,并有能力每年派代表到世界各地参加旅游交易会、展览会,推销各个所属酒店的产品,这种联合广告能大大提高集团中每家酒店的知名度。

同时,酒店集团一般有较为先进的客房预订系统,配备高效率的电脑中心和直通订房电话,可以为集团内部每一家酒店处理客房预订业务,并在各家酒店间互相推荐客源。酒店集团在各个地区设有销售代表和销售队伍,不仅向各个酒店及时提供市场信息,还在各大市场为各个酒店招徕团队和会议业务,有利于酒店开发国际市场。

(四)人才优势

酒店集团和单体酒店相比较更具有人才管理方面的优势。首先,当集团内的某一家所属酒店缺乏人才时,集团可以在内部进行合理的人员调配,不仅解决了该酒店的人才缺乏问题,而且保证了人员的素质。其次,在集团内部,各级管理人员定期在不同成员酒店和岗位间调动,既可以提高员工的适应能力和管理能力,又可以加强各成员酒店之间的沟通和交流,互相学习和吸取彼此的管理经验,共同进步。集团在酒店人员的调动过程中,能及时把一批有才干的人员选拔到合适的管理岗位上去,从而给集团员工更多提升的机会。

(五)采购优势

酒店集团为保证提供给客人优质的酒店产品,要求所属酒店的各种设备和原材料要符合定的规格和标准,如中央空调、电梯设备、家具、客房用品及食品原料等,因此一般采用集团集中采购的方式。集中大批量的采购使得酒店集团比单体酒店能够获得更加优惠的价格,使得酒店集团所属酒店的经营成本大大降低,经营利润获得显著提高。

五、智能化技术促进酒店升级

人工智能常常被错误地理解为仅仅是对人力资源的替代,但实际上更为普遍的是其作为技术辅助的概念。对于酒店业来说,人工智能可以帮助企业创造更大的信任和效率,并帮助酒店转变运营方式和提升客户服务质量。

(一)千禧一代作为消费主力改变着传统消费格局

随着中国与全球经济的不断接轨,"80后"、"90后"逐渐踏上社会的重要岗位,中国新一代的消费主力也已改变了传统的消费格局,他们有着全新的消费观念,更注重生活品质,向往多彩体验。他们对酒店的要求不再仅仅局限于Wi-Fi的全覆盖,全智能化酒店渐渐映入他们眼帘,微信开门、远程操控电视空调、智能音箱、高识别语音操控系统,大量的高科技元素加入酒店行业中,也受到年轻群体的追捧和喜爱,但伴随着科技的飞速发展,不知道未来的智能化酒店到底会发展到什么地步?

(二)人工智能将广泛运用于酒店

拥有一家超出客户期望值的智能酒店是许多现代酒店业领导者和服务合作伙伴的共同策略,酒店企业希望通过人工智能化的关怀、支持和服务来提升住客体验。部分智能科技的使用可以降低酒店的经营成本,但在初期会增加酒店的投入。从用户的体验及对用户隐私、方便性等角度,能够极好地满足用户的需求。目前也有一些连锁酒店品牌在微智能或人工智能领域进行大胆的尝试,将会带领整个行业的快速运用。

未来酒店业将更多地使用AI和物联网技术,把个性化住宿体验提升到一个前几年根本无法想象的水平。现在,客人在办理入住的同时就可以打开客房的播放器,欣赏想看的电视或聆听想听的音乐。床上的传感器会感知你是睡着了还是已经醒来,从而相应地改变房间的温度和灯光。

(三)酒店成为智能化发展的实现场景

近年来,国内人工智能技术日新月异,在酒店方面的应用升级非常迅速。

国内几家互联网大公司如百度、腾讯、阿里巴巴也全面进军酒店人工智能。阿里巴巴、飞猪和万豪集团在三亚海棠湾民生威斯汀酒店推出未来酒店2.0全功能。阿里巴巴 A.I. Labs 出品的"天猫精灵"可以实现刷脸入住、信用消费、免押金,通过语音助手调节室温、开灯关灯、选择电视节目、点餐、买机票等。长隆集团携手腾讯 QQ 宣布珠海长隆企鹅酒店成为全球首家 QQfamily 智能企鹅酒店,首批主题智能化客房将在未来一年内全线亮相,住客可以通过"小 Q 机器人",对房间里的灯光、窗帘等进行多种智能化操控,也可以询问天气、收听 QQ 音乐的歌曲,甚至可以跟朋友视频通话。洲际酒店集团宣布利用百度最新研发的人工智能硬件 Raven H 及在行业内最领先的人工智能软件 DuerOS,打造新一代智能酒店解决方案。

国际酒店集团也十分重视人工智能技术的应用。雅高正在测试一个智能客房,通过语音智能和物联网等技术来提升客房体验,功能包括可以遥控房间光线和音乐、关闭窗帘、倾斜床头板和控制视听设备的平板电脑,带脚踏板运动传感器的 LED 灯,以及配备睡眠助理,如 Dodow(一个帮助客人更快入睡的夜光节拍器)和 Dreem(提升睡眠质量的头带),以及号称全球首款嗅觉闹钟 Sensorwake。凭借上述产品,雅高称这个智能客房可以实现声音智能和嗅觉智能。拉斯维加斯永利度假村(Wynn Las Vegas)近 5000 间客房已经配置了亚马逊提供的 Amazon Echo 智能语音产品。与此同时,希尔顿正在测试其第一个以手机为中心的智能客房,客人可利用手机控制客房的温度、灯光、百叶窗、恒温器和电视。万豪也正与三星联手准备推出"物联网客房"(Internet of Things room)。

(四)大数据技术重塑客户关系管理系统

那些以电话和邮件接受预订的日子已经一去不复返了。如今顾客可以通过多种渠道预订酒店:点评网站、社交媒体、即时通信应用以及 OTA。因此,对于酒店管理者来说,全天候对所有渠道的预订进行及时回应也就显得尤为重要。这也是为什么 2018 年,酒店业将不得不重塑客户关系管理系统——从单纯市场销售部门独用的复杂工具转变为易于每个部门操作的集成器。

一个好的客户关系管理系统必须能够处理来自所有渠道的数据,并清晰地呈现出每个客户的需求、品位和购物习惯。如果酒店不能做到正确整合和利用数据,像"体验式营销"、"定制服务"和"个性化"都只能是过度使用的流行词而已。酒店 B2B 技术供应商,如 Cendyn、Data Vision Tech 和 Experience Hotel 等都在开发这种集中化方式。

(五)关注移动端应用

科幻小说家 Philip K. Dick 曾说,总有一天情况不再是"他们通过你的手机监视你",而是"你的手机在监视你",他的预测似乎完全正确。如今移动设备出现在"预订之旅"的各个细微阶段,从搜索到计划、从预订到分享入住体验,顾客对手机的依赖程度越来越高。他们入住房间的第一件事往往是寻找多孔插座和 USB 接口,他们希望通过手机做更多的事,而不仅仅是打个 Uber 这么简单。

最重要的是,游客越来越依赖手机获得旅行建议。谷歌推出的旅行助手 Trips 就是一个很好的例子:游客只需将邮箱账户绑定 Trips App,Trips 就能够提供有关酒店、餐厅、航班、租车等所有信息,并能够根据以往使用该 App 的用户数据为游客推荐旅游目的地的美食和观光路线。

谷歌表示,它未来将提供更具前瞻性的建议。同时,聊天机器人购物应用 Mezi 也在尝试这一预测性的方法。不过,类似欧盟通用数据保护条例等越来越多地出现在公众视野,不知道游客会不会出于保护隐私的想法而放弃使用这些应用。

(六)聚焦聊天机器人

单是在 Facebook Messenger 就有超过 10 万活跃的聊天机器人。而且机器人背后的技术正变得越来越具有扩展性和普遍性,这就意味着即使是小型酒店也能负担机器人费用。事实上,如今聊天机器人是酒店经营者与客人及潜在客人在预订过程中互动的有效而廉价的方式。

AI 对话营销可能是与客户建立联系的最好方式,因为它能实时为客户提供更具针对性的信息。这就意味着为酒店节约人力成本,同时为客户提供更好的交流体验。举例来说,Tell The Hotel 的聊天机器人可以很容易地集成到任何计算机预订系统中,帮助潜在客户即时得到想要的信息、预订房间或者管理现有预订,省去了与人交流的繁杂程序。

第二章
酒店业态

酒店业态是酒店盈利的主要渠道。近年来,酒店业态更新迅速,不断呈现新的业态组合,为酒店投资增加选择空间。

业态是指商业组织以营业形态为基础的经营形态及企业形态。内容包括企业提供的产品服务及提供方式。业态至少应包括三层含义:第一,我的店是什么店,即业态的选择问题;第二,我的店是给谁开的,即市场定位问题;第三,我的店卖什么,即商品构成问题。

酒店业态是指以住宿、餐饮、商务、会议、娱乐、休闲等基础及附加功能为依托,以服务为核心的酒店产品综合形态及经营模式。

第一节 酒店住宿业态

住宿意思是过夜,从住宿业的角度理解,住宿是一种面向消费者住宿消费需求的产品,有相关企业供给。近年来,随着非标准化住宿的蓬勃发展,市场对整个住宿设施概念的认识越来越到位了,已经由原来"酒店业"的概念,演变为现在的"住宿业",并呈现业态多元化发展的规律。多元住宿业态中,出现了环城市的高档度假+会议酒店、主题酒店、精品酒店、时尚酒店、中端市场的有限服务型商务酒店,另外有一些服务型公寓酒店,或者叫家居酒店,以及民宿客栈、房车营地等等,这些都是新型住宿业态类型。因此,当前业内通常将住宿业分为标准化住宿和非标准化住宿。

标准化住宿指的是传统酒店企业所提供的有一定规模数量的、在服务标准和产品规格方面较为统一的住宿产品。而非标准化住宿,是有别于传统酒店,由个人业主、房源承租者或商业机构为旅游度假、商务出行及其他居住需求消费者提供的除床、卫浴外,更多个性化设施及服务的住宿选择。

一、标准化住宿

(一)标准化住宿概念

所谓标准化住宿,主要指的是传统酒店,是由传统国有经济酒店、国际酒店集团、酒店投资商等投资者为满足消费市场住宿、餐饮等需求所提供的以食宿为核心产品的酒店。

(二)标准化住宿业态

标准化住宿的业态包括星级酒店、城市商务酒店、度假酒店、主题酒店、会议酒店、连锁酒店等。这些业态通常配备较为集中的酒店建筑和标准化装修设计,选址主要集中在城市、度假胜地,酒店提供相对标准化的服务和产品。

(三)标准化住宿特点

标准化住宿具有房源集中、房间量相对较大、客房标准化设计和装修、经营主体以中大型投资商为主、提供标准化设施及服务、销售网络多样化等特征。

1.房源集中

标准化住宿产品通常是房源封闭式经营,即一个酒店的设施和产品通常集中于一处。城市酒店多集中于一幢建筑或者一个建筑群中。

2.房间量相对较大

标准化住宿酒店房源分布较为集中,其数量通常达到五十间及以上。

3.客房标准化设计和装修

标准化住宿通常提供风格设计和装修设备较为统一的房间,主要差别集中在房型上,房型包括套间、双床间和单床间,房型层级通常包括标准间、豪华间、景观房、套房等。

4.经营主体以中大型投资商为主

标准化住宿由于地价成本高,房间数上一定规模,服务配套流程化和体系化,因此酒店投资相对较大,其主要投资商为中大型投资商,基本不存在个体经营情况。

5.提供标准化设施及服务

标准化住宿由于产品数量有一定规模,因此通常提供标准化和流程化的产品和服务。一方面表现在产品设计标准化,比如客房面积、配置和装修风格相对一致,客房主要设施包括卫浴设施、床、对外联络设施、商务办公设施、行李搁置设施等,较少提供洗衣机和厨房等设施设备;另一方面表现在服务集大众化,即酒店提供服务较为标准化,并有严格规范的操作流程,这些服务流程要求统一操作,且分工较为细致。

6.销售网络多样化

标准化住宿经历漫长的发展历史,已经形成较为固定的销售模式和销售渠道。标准化住宿销售模式主要聚焦商务、旅游、度假、会议等市场细分。标准化住宿销售渠道通常包括当地政府定点接待,企事业单位、本地居民、旅游团、会议活动、外地散客订单,OTA 预订等。政府定点接待通常采用公开招投标形式购买服务,要求酒店具备一定的档次和规模;企事业单位订单通常属于大客户集体销售;本地居民订单涉及亲友接待、宴会接待等;旅游团订单通常通过旅行社合作渠道获得;会议活动通常涉及各类社会团体、单位、企业等开展的各类商务会议和会展活动。

(四)中档酒店

中档酒店,是近几年国内酒店业中爆发式增长的酒店业态,通俗来讲是介于高档酒店和经济型酒店之间的档次和级别的酒店。理解中档酒店,要首先对比其与高档酒店和经济型酒店之间的差异:一方面相对于设施完备、服务全面,但价格昂贵的高档酒店而言,中档酒店是对高档酒店剥离非核心功能,用较低价格为消费者提供感知优越的客房服务的酒店;另一方面相对于设施简陋、服务简单,但价格低廉的经济型酒店而言,中档酒店是对经济型酒店设施和服务质量升级的基础上,提升顾客体验品质和品牌认知,并进一步提升产品性价比而不是单纯注重价格优势的酒店。

中档酒店的市场出发点在于,在客房服务的基础上,通过配置或改善消费者比较关注的服务及设施,为商务出行或家庭出游提供性价比及舒适度都相对较高的住宿体验,目前市场上关于中档酒店的标准也没有统一定论,概括地讲,准三星至准四星的酒店,都可以归入中档酒店的范畴。

中档酒店通常也分为全服务和有限服务两种类型。其中,全服务中档酒店基本类似于传统酒店,在食宿核心产品之外提供较为完善的服务配套;优先服务通常是聚焦于食宿核心产品,尤其注重硬件设施的水平。2018 年排名靠前的全服务中档酒店品牌代表有戴斯、假日、华美达、诺富特、福朋、维景、最佳西方、粤海、格兰云天等,有限服务中档酒店品牌排名靠前的有维也纳、全季、亚朵、智选假日、锦江都城、书香世家、美豪、和颐、山水时尚等。

中档酒店已经成为酒店行业继价格竞争之后的又一新的竞争力。一方面,中国酒店消费市场迅速增长,消费者对酒店的要求逐渐增高;另一方面,受国民经济水平限制,大众无法承担过高的住宿消费。因此,以维也纳酒店、星程酒店、亚朵酒店为代表的中国中档酒店品牌自 2010 年前后,开始参与连锁酒店的市场争夺战,成为酒店行业新的竞争力,一举得到市场的青睐和认可。

自中档酒店进入市场以来,各高端酒店品牌就不断压低入住价格,然而由于较高的物业成本始终无法给消费者提供性价比较高的房间。

从整个行业的角度来看,中档酒店的起步时间比较晚,发展还不成熟,全国中档酒店数量和客房总数仍然低于高档酒店。但是,随着大众旅游的兴起,国内中档酒店数量和客房需求在迅速增加,中档酒店必将成为酒店行业新的发展增长点。

二、非标准化住宿

(一)非标准化住宿概念

所谓非标准化住宿,是有别于传统酒店,由个人业主、房源承租者或商业机构为旅游度假、商务出行及其他居住需求消费者提供的除床、卫浴外,更多个性化设施及服务的住宿选择。相同价格情况下,非标准化住宿产品可以为消费者提供更多附加价值,如更大的空间、家用电器、厨房设备、城市导游等。非标准化住宿可以向用户提供更有意思的房间,更符合用户多样化的住房需求,更能满足当下消费者对于个性化的追求。

(二)非标准化住宿业态

非标准化住宿的业态包括客栈、民宿、青年旅社、共享住宿、公寓、度假别墅、小木屋、帐篷、房车、集装箱等。这些业态有别于传统酒店的高楼大厦和标准化装修设计,所选择的环境也超出传统酒店在城市和度假地选址范围,通常给予自身更个性化的设计、更多样化的产品和更情感化的元素等。

(三)非标准化住宿特点

非标准化住宿具有房源更分散、单点房源量较少、单个房间产品更个性化、经营主体多元化、提供个性化设施及服务、依赖互联网+的特征。

1.房源更分散

非标准化住宿产品不完全是封闭式经营,同一经营主体经营的房源可能分散在同一栋楼的不同楼层、同一小区的不同楼、同一区域的不同小区,且房源构造和布局有较多规格。

2.单点房源量较少

非标准化住宿酒店房源分散,并可能分布在不同的区域,但同一区域的房源规模并不大,通常在1—20间。

3.单个房间产品更个性化

非标准化住宿更加注重顾客的个性化需求,因此一般同一装修风格的房间量不多于20间,且每一间房间内都会有不同的装饰。

4.经营主体多元化

非标准化住宿的经营主体不再受限于专业投资商,而是出现更多的新创业主体,包含了房屋业主、承租者等个人经营者及公司化运作的主体,如中介机构等。

5. 提供个性化设施及服务

非标准化住宿通常更加关注顾客的综合生活需求,并配备较为完善的设施,提供较为便利的条件,包括洗衣机、厨房设备、城市导游等。

6. 依赖互联网+

非标准化住宿的兴起一定程度上是顺应互联网+的时代发展趋势,因为这些住宿体通常分布在较为偏远或者郊区,其人流量较少且经营主体综合实力不强,因此其管理方式、运营模式、销售渠道等需要通过互联网+来改变传统方式,通过互联网+途径实现产品和品牌宣传、营销推广、住宿预订、在线服务等,促进行业发展。

(四)帐篷酒店

帐篷酒店是近年来兴起的非标准化酒店,其主要模式就是以"酒店+帐篷露营"组合模式,把野奢的概念引进了酒店,提供更加贴近自然的度假和住宿方式。目前国内较有代表性的帐篷酒店有安吉帐篷客和康藤 Vinetree。

1. 安吉帐篷客

安吉帐篷客度假酒店以"景区+帐篷露营"度假模式,把野奢的概念引入酒店,景区+帐篷的度假模式,是一个全域的概念,把美景、餐饮、景区、观光、休闲旅游、户外运动、露营、野炊等结合,形成了"1+N"的复合型度假产品模式。图 2-1 所示为安吉帐篷客溪龙茶谷度假酒店。

图 2-1 安吉帐篷客溪龙茶谷度假酒店[①]

---

① 图片源自酒店官网.

2.康藤 Vinetree

康藤 Vinetree 主打生态旅游品牌,品牌旗下运营多家精品帐篷营地以及生态旅游线路,这些帐篷酒店致力于打造深度自然与文化体验。康藤团队选择自然环境、人文居所、古村落等世界级的优质旅游资源,并以帐篷营地或古村落为切入点,配套周边生态旅游线路,创造改善终端体验的旅行方式,以形成小型区域旅游目的地。打造有怒江大峡谷帐篷营地、格拉丹帐篷营地(见图2-2)、红河谷帐篷营地、高黎贡帐篷营地(见图2-3)等帐篷酒店。

图 2-2　康藤·格拉丹帐篷营地①

图 2-3　康藤·高黎贡帐篷营地②

(五)胶囊公寓

胶囊公寓诞生于20世纪80年代初的日本,是由注模塑胶或玻璃纤维制成的细小空间,住客可使用的空间局限于一个大约2米×1米×1.25米,空间

---

① 图片源自康藤旅游官网.
② 图片源自康藤旅游官网.

仅够睡眠,空间内通常设有电视等电子娱乐设备。通常还配套有共享的洗手间及淋浴设施。住客的行李需要存放在离单元较远的储物柜中。胶囊酒店内亦设有餐厅和休闲区,也有自动售卖机等设施,方便住客。

胶囊酒店最早是为了解决加班晚了赶不上末班车及酒后不能开车的人临时住宿过夜的一种快节奏的旅宿形式,经过三十多年的发展逐步完善,由于其高度节省空间及运营成本较低,以及低碳、环保的模式,现已被许多国家的商家及人们接受,是繁华大都市中大多数低收入人群及游客的经济旅宿场所。

中国近年来也出现升级的胶囊酒店——太空舱酒店,除公共的设施基本相同外,睡眠空间增加,普通电视机被液晶的电视电脑一体机代替,舱内配有保险箱,还有多重消防设施,安全舒适,休闲便捷,正在被越来越多的人接受。其最大优点是方便及价格相宜,在中国,这种胶囊酒店每人每晚也不过五六十元,是典型的低价高档消费。图2-4至图2-9所示为各地胶囊酒店及胶囊酒店内部环境。

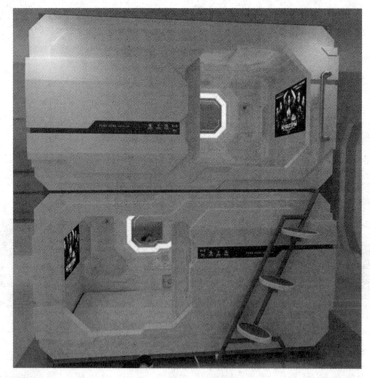

图2-4 日本胶囊酒店①

---

① 图片源自网络.

图 2-5　新加坡胶囊酒店①

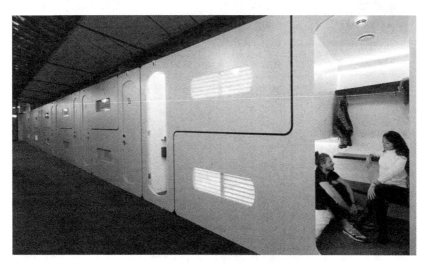

图 2-6　阿姆斯特丹胶囊酒店②

---

① 图片源自网络.
② 图片源自网络.

图 2-7　胶囊酒店洗浴区①

图 2-8　胶囊酒店休闲区②

图 2-9　胶囊酒店房间内部③

---

① 图片源自网络.
② 图片源自网络.
③ 图片源自网络.

(六)房车营地

房车营地是指具有一定自然风光,占有一定面积,可供房车补给和人们露营的娱乐休闲小型社区。房车营地内除了有供水设施、供电设施、污水处理装置等专门针对房车所配置的设施外,还配有帐篷、房车、可租借的木屋、运动游乐设备等露营设施,适合外出旅行或长时间居住,房车露营地是个小型的综合旅游地。

房车露营地突出的是休闲、文化及露营,经营主要面向房车使用者和自驾车者,房车露营地除了可以为房车和自驾车者提供餐饮娱乐、休息住宿外,突出的一点是可以为房车提供全套的供给补给服务。

1.房车营地服务模式

一是房车停靠,为旅途中的房车提供休憩、补养,如房车生活用电、上下水、排污等;二是提供房车出租服务,即配备一定的房车出租给市场,这种出租的房车是可以开走的,出租按天收费,不同大小和款式的房车收费标准各有不同;三是综合型营地,提供营地型房车露营和度假服务,一般每个房车营地都配有一定数量的营地型房车,这些房车一般不移动也不对外出租,像酒店一样直接对外接待住宿和度假的顾客。

随着旅居型旅游方式的兴起,综合型房车是房车营地的发展方向。综合型营地地理位置优越,本身就拥有怡人的景色或是建在湖边、海岸、风景名胜区内,所以,人气很旺。营地内所有的停车区域及夜间所有的步行道都有足够的照明、完善的安全保障系统及消防设备。营地内不仅设置诸如木屋住宿、房车住宿、帐篷区域、餐厅饮食、商店超市,还有供游人使用的野餐区,设置野餐桌椅和烧烤工具。有儿童游乐设施,如秋千(原木扎成的秋千椅)或滑梯等。有运动场所,包括篮球场、羽毛球场、网球场、游泳池等。成人游乐设施齐全,包括钓鱼池、桑拿房、酒吧及其他娱乐设施。有租赁业务(船、钓具、自行车等的租赁)。有加油站、简单维修设施等。有卫生服务设施,如小型医疗站。营地内设有邮电及应急通信设备、办公设施(传真机、复印机)。有紧急预警系统,紧急状况下,可以24小时随时通知到所有的客户。营地可接受信用卡,可享受叫餐服务、洗车服务及旅游信息服务。营地常年组织各种活动,在当地有比较高的知名度,且与传播媒介关系密切。

2.房车营地布局与设施

如同星级酒店与招待所一样,从最简陋的营地到最豪华的营地会有天壤之别。但一般意义上的房车营地都会有下列设施:房车停车位、饮用水、照明电补给、排污及安全防卫等服务。当然房车营地远不止这些。房车营地应该是集景区、娱乐、生活、服务为一体的综合性旅游度假场所。

房车营地通常包括以下几大部分:停车区、生活区、娱乐区、商务区、运动休闲区等。营地内不仅各种设施齐全,还有较为完善的安保系统、独立的饮水和污水处理系统,配备生活用电。生活区域内有现代化的卫生设备,如淋浴、卫生间,并提供洗衣、熨衣、煤气等服务设施,还特别强调营地的环保、低碳减排,充分利用各种可创造性能源,以节约资源。豪华营地内还设有超市、邮局、诊所、酒吧、餐馆、健身房等,完全可以满足游客日常生活的需要。在娱乐和运动区域内,开辟有健身、球类、游泳、高尔夫、儿童游乐园等多种运动场地和多功能厅,供游人使用。图 2-10 至图 2-15 所示为各地房车露营地及房车内部展示。

图 2-10　内蒙古诺干湖房车露营地①

图 2-11　昆明滇池度假区房车酒店②

---

① 图片源自企业官网.
② 图片源自企业官网.

图 2-12 开元集团盐官芳草青青房车营地酒店①

图 2-13 开元集团盐官芳草青青房车营地酒店②

---

① 图片源自企业官网.
② 图片源自企业官网.

图 2-14　房车内部大床①

图 2-15　房车酒店内部②

---

①　图片源自企业官网.
②　图片源自企业官网.

三、住宿业发展趋势

(一)寻求差异化定位

在现有酒店行业格局下,传统酒店市场日趋饱和,高端酒店营业收益出现大面积亏损,新投资酒店再走回传统酒店投资之路面临空前风险,酒店品牌差异化更多是消费升级带来的投资机会,投资者应尽可能在住宿领域寻找还未被满足或新出现的有一定规模的市场需求,根据核心用户的核心需求开发酒店产品,提升用户的消费体验,并围绕核心用户建立品牌和渠道的推广逻辑。

近年来,客栈住宿业态蓬勃发展,出现众多客栈品牌,诗莉莉就是众多客栈品牌之一。诗莉莉从创立开始便努力寻求品牌差异化定位,摆脱传统市场细分思路,选择"深度情感化体验"的"泛蜜月"产品线,把"爱与美"作为品牌价值附加到产品中,主打泛蜜月度假。诗莉莉品牌身上充斥着年轻、创新、有爱等多种基因,他们相信情感是人类最根源的需求,尤其在互联网盛行的背景下,情感体验尤为重要。因此,诗莉莉遴选极具浪漫气息的风景之地,以结合当地人文和以美至上的设计理念,打造一个个场景式的、美的空间,成为爱的容器,将客户的情感不断放大、延续、传递、分享,为情侣、新人、闺蜜等年轻群体提供一个围绕着"爱与美"的优质假期。为此,诗莉莉打造了一系列场景IP,比如用于求婚或告白的不二房、唯美浪漫的星空房、玫瑰花瓣汤池、天空之镜等诸多场景IP。这一打破传统思维的差异化品牌选择和定位使得该品牌迅速完成两轮风投。

截至2018年10月,诗莉莉已经开设有20余家门店,主要集中在云南、广西、徽州、江浙等一线旅游景区,入住率高达90%,OTA评分高达4.8分。诗莉莉之所以能获得投资者和消费者的青睐,并不仅仅是因为诗莉莉处在一片蓝海市场中,还有诗莉莉这份爱的事业以及精神打动了他们。图2-16至图2-23为诗莉莉酒店外景及内景图。

图 2-16 诗莉莉普若瓦蓝酒店外景①

---

① 图片源自企业官网.

图 2-17　诗莉莉晓驻摩梭酒店外景①

图 2-18　诗莉莉里格酒店外景②

---

① 图片源自企业官网.
② 图片源自企业官网.

图 2-19　诗莉莉泸沽湖酒店外景①

图 2-20　诗莉莉漓筑酒店外景②

---

① 图片源自企业官网.
② 图片源自企业官网.

图 2-21　诗莉莉清浅酒店外景①

图 2-22　诗莉莉酒店内景②

---

①　图片源自企业官网.
②　图片源自企业官网.

图 2-23 诗莉莉酒店内景①

（二）重视产品突破

对于非标准化住宿而言，没有太多成熟的产品可供参考，因此产品的突破是很重要的，而且产品直接跟定位、发展、利润及规模化等直接相关，因此在团队中需要一个对产品比较有研究和有实践经验的人，其他环节如酒店运营管理、项目管控及项目拓展等，都需要合理搭配。

如今的旅游市场发生了很多变化：一方面，旅游市场客户群体在细分、在进化，人们不再满足于走马观花式的旅行，而希望能够放慢脚步进行目的地式的旅行，可以深度体验大环境的人文、历史和自然条件；另一方面，环境资源的特性决定了很多区域对差异化旅游产品的发展有很大需求，很多世界级的旅游资源，只能走生态旅游的道路，才能具备可持续性。康藤对接了这两端的需求。康藤旅游从创建伊始就专注于生态旅游领域，这是由现代人对于体验型、自然和文化深度旅游的需求，以及当地自然环境承载能力和当地发展需求所综合决定的。

---

① 图片源自企业官网.

以"康藤"标准进行目的地选择,康藤团队可以发现不同自然环境、人文居所、古村落等世界级的优质旅游资源,并以帐篷营地或古村落为切入点,配套周边生态旅游线路,创造改善终端体验的旅行方式,以形成小型区域旅游目的地。在旅游产品的设计和高端品质资源的把控上面,康藤做到了极致。

(三)注重品牌的文化内涵

新的酒店品牌受到投资者和市场的追捧一定是因其富有超越硬件和服务的文化内涵。这种超越产品本身的文化内涵需要紧贴市场核心需求,并能在市场消费者中得到共鸣。

在万千市场需求中,如何能够迅速找到打动顾客和满足其需求的文化是品牌创新成败的关键。有这么一个酒店品牌,不单纯专心于如何将房间服务做好,而是将社交属性作为自己的核心价值。通过在各个目的地的广泛布局,用以社交为基因的服务及硬件设置来促成酒店品牌与当地人和其他旅行者发生关联。这个品牌就是瓦当瓦舍,它是服务于旅行者的酒店与客栈联盟,即旅行社交型酒店。瓦当瓦舍的旅宿体验,让旅行者在享受标准化酒店服务的同时,也能在丰富社交场景中感受结识伙伴的乐趣。当消费者进入瓦当瓦舍的酒店中,总会遇到一个接一个的有趣的人,甚至结识志同道合的人。

该品牌选择打造旅行社交的定位,倡导以发现与探索为目的的旅行,构建旅行者的实景社交网络,寓交流与娱乐于旅行之中,尊重旅行目的地环境与文化的独立,积极参与目的地环境与文化的保护。瓦当瓦舍品牌产品在这种文化内涵的指引下,除了设计保证顾客私密的客房外,还将公共空间当作生命体考虑,植入人与人的信任,预埋共同话题,创造公共空间的活力。通过轻潮派对、主题座谈、小型音乐会、小型展览等活动,构建旅行信息集散中心,创造客人与他人在旅行中的交流。瓦当瓦舍既是旅行者社交网络,也是目的地文化客厅,致力于作为旅行生活方式品牌存在。

在瓦当瓦舍的空间设置中,为了社交而打造的公共区域平均达到200—500平方米,要知道,即便是五星级酒店,其公共区域一般也就是在400—700平方米,而快捷酒店的一般仅有10—20平方米。瓦当瓦舍巨大且精心设计的公共空间,包含了吧台、公共休息区、用餐区域、活动派对空间、书吧等。

每一家瓦当瓦舍都一定有一个开放的长桌或环抱式沙发的组合。不同于一般酒店中的两人位或四人位的封闭式座位,相连接的有空间延展性的座位让所有在座的人都能更放松地抛开芥蒂,大胆地互相打望。封闭的空间被打破,再配合服务人员的有效组织,旅友之间的交流开始发生,微妙的朋友圈逐渐形成。瓦当瓦舍努力将酒店打造为目的地的文化客厅,巨大的公共区域为丰富的分享会、主题活动和派对市集提供了"天然空间",本地达人与来自天南海北的旅人聚集在同一个空间,以各自的经验,相互激发衍生出对旅行的更新探索,这是那些仅仅有着职业性微笑的酒店所不能给予的体验。图 2-24 展示了瓦当瓦舍酒店的公共空间。

(a)

(b)

图 2-24　瓦当瓦舍酒店的公共空间[①]

---

① 图片源自企业官网.

(c)

(d)

(e)

续图 2-24

(f)

(g)

续图 2-24

旅宿一体的形态,也是瓦当瓦舍的独特所在。瓦当瓦舍品牌尊重每个目的地的差异性,注重对旅行探索的引导,强调探索应该以对当地居民、文化、环境有益的方式进行。在每个瓦当瓦舍酒店,都会有针对性地汇集本地文化名人、户外达人,不定期发起每次数小时至一天的 Citywalk(见图 2-25),原味城市徒步深入本土,和大家一起挖掘每个城市的隐秘通道,探秘城市背后的故事,理解当地的历史与文化,帮助顾客体验真正的"当地感"。瓦当瓦舍还与各电影节、艺术节合作,以多种形式挖掘深度旅行的趣味。

图 2-25 瓦当瓦舍 Citywalk 活动[1]

从你进入瓦当瓦舍酒店开始，你就已经身处一个巨大的旅行社交网络，与众多旅行者一齐共享信息流。与传统意义上的旅、宿的割裂不同，你面对的是关于目的地的一个完整体验。这是一种全新的旅行方式。从目的地到酒店再到人，这就是瓦当瓦舍用房间、公共空间、旅行产品打造的旅宿闭环、实景朋友圈。

瓦当瓦舍以旅行社交文化为基础，为年轻旅行者为主的泛旅游客人提供有当地文化感和交流氛围的旅行住宿体验。截至 2018 年 10 月，全国已有 20 家门店，分布于重庆、成都、西安、大理、阳朔、丽江、桂林、婺源等旅游集散地及区域中心城市，并正在深入拓展西南、华东市场，并向华南、东南亚发展。瓦当瓦舍既是旅行者的社交网络，也是目的地文化客厅。

（四）生活方式酒店兴起

酒店发展到今天已不只是住宿之地，还应该是中产消费者的邻里中心，它是集合住宿、办公、社交三大空间的"在路上"第四空间，有比办公室更开放的头脑风暴，比咖啡馆更正式的社交空间，比酒吧餐馆更高调的聚会胜地，它是实现新中产生活方式的精神驿站。

1.生活方式酒店概念

生活方式酒店（Lifestyle Hotel）是指从单一住宿服务向生活方式跨界，通过酒店住宿空间链接衣食娱行购等服务，为用户打造不同的生活方式体验，将生活中的元素融入酒店的功能化设计以及标准个性化服务中，令客人有更多探索的机会并获得更丰富的住宿体验。

---

[1] 图片源自企业官网。

消费者的消费欲望慢慢从单纯的物质消费变得更加注重精神享受,消费心理也逐步由显性过渡到隐性,人们的消费理念已经朝着追寻生活方式的时代转变。酒店作为人们"在路上"的旅居空间,其定位已不光局限于满足用户的住宿需求,应从二维走向三维,完成从经营房间走向经营空间和人群的进化。当贩卖有品位的生活方式成为新常态时,酒店业需要懂美学,比如禅意美学、简约美学、新东方风格等;还要知音乐,比如新世纪音乐、沙发音乐、冥想音乐等;更要融商业,将新市场商业元素与酒店相互融合。从而缔造出有生活美学、有人文情怀、有灵魂的生活方式品牌。

生活方式酒店从用户出发,基于酒店住宿,整合吃、行、游、购、文化、生活服务等生活场景体验,将不同生活方式的消费纳入酒店场所,从而实现酒店住宿收费之外的生活用品和生活方式的零售,这种模式就是"零售+酒店"的新运营模式。

零售渠道为何如此青睐酒店业态,因为在旅行中,人们1/3的时间停留在酒店,因此,酒店本身具有平台展示和流量属性,客人的各种消费都有体验的过程,因此可以作为日常生活品的大卖场。从趋势看,这股零售业跨界潮流其实还只是开始。住宿早已不再是单一功能,而向书店酒店、生活方式酒店、零售业酒店等多功能发展。"房+"才是充满想象力的,酒店最终要达到的方向,可能是购物、文化,也可能是体育、健康。

无印良品酒店采用了这种模式,酒店从客房到公共空间使用的产品都将来自无印良品,酒店还将引入无印书店和咖啡馆,打造的是一个全方位的"无印良品体验馆"。无印良品(MUJI)深圳店集酒店、旗舰店与餐厅为一体;北京无印良品酒店从地下一层到地上四层共五层的空间,其中二、三层为客房区,共42间客房承载着酒店客人的住宿需求;地下一层为无印良品零售商店,一层有一半的空间做了无印良品餐厅而另一半打造成供客人自由阅览的图书馆,四层是完全对外开放的餐厅。酒店各层布置有"自助购物机",能满足客人"即看即买"的需求。无印良品酒店快速完成集餐饮、住宿、消费、社交需求的场景搭建,不仅能够帮助不同业态发挥"1+1>2"的合力,而且各区域之间流畅合理的活动动线,还能让住店客人轻松达到任何空间而鲜少感受到阻碍。图2-26、图2-27所示分别为深圳MUJI酒店和MUJI酒店餐厅&咖啡店。

除了餐厅、健身房、会议室以外,无印良品还会打造一个Open MUJI的社交空间,住客和全球各地的设计师可以在这里进行交流。除了有新鲜感的MUJI酒店外,无印良品又将手伸向餐饮业。这就是MUJI餐堂(MUJI Diner)(见图2-28)。全球首家MUJI餐堂,2017年6月3日已经在上海淮海755店亮相,以后在MUJI逛累了就可以在店里坐下来,补充体力再接着买买买。

图 2-26　深圳 MUJI 酒店①

图 2-27　MUJI 酒店餐厅 & 咖啡店②

① 图片源自企业官网.
② 图片源自企业官网.

图 2-28 位于上海淮海中路的全球首家 MUJI 餐堂①

这种模式在网易严选和亚朵酒店合作的酒店中也被采用,他们直接将整间酒店变成了严选产品汇聚的线下超级大卖场,而亚朵宁静的人文气质与严选追求品质生活理念之间极高的匹配度,也让双方的跨界合作非常吸引眼球。这是一家"所用即所购"的场景电商酒店,是电商与线下场景消费相结合的新样本。双方精心布置了若干间"网易严选房",寝具、洗护及家居等大部分用品均选自网易严选。用户可以通过亚朵官网、网易严选官网以及主要第三方网站预订网易严选房。亚朵网易严选酒店各参与方在人流、数据流和服务流上实现共通。

亚朵的酒店新零售模式,保证了亚朵单房价格提升的同时,拓展了酒店非客房收入,使其达到了 20% 比例。亚朵原来的非客房收入来自购物、金融,而现阶段又开拓了旅游线路的运营营销,目前已经在西安、杭州通过合作的方式形成了几条个性化的本地化出游线路。据悉,亚朵马上还会在 App 内提供演出资讯、票务、美食等更加丰富的体验项目。

亚朵突破了传统酒店卖房的思维,发掘了酒店的场景价值,为住客搭建了生活体验平台,开启了酒店创新和迈向未来的全新篇章。这种新开拓出来的生态,是一个以住宿驱动的生活体验的生态,也是空间、人群和场景结合的一个新的物种。图 2-29 和图 2-30 所示分别为位于杭州的网易严选酒店和首家严选酒店大堂。

---

① 图片源自企业官网.

图 2-29　位于杭州的网易严选酒店①

图 2-30　首家严选酒店大堂②

---

① 图片源自企业官网.
② 图片源自企业官网.

2.生活方式酒店的优势

在服务方面,生活方式酒店提倡标准化个性服务,酒店员工在保证标准服务技能达标的基础上,针对每一个用户的性格特点提供个性化增值服务。应对紧急事件,一线员工有权秉承"用户第一"的理念,第一时间为用户解决问题。生活方式酒店注重研究人们的生活习惯、喜好,尽可能在酒店内最全面地满足人们的生活需求,不仅提供优质的酒店用品,更直接实现"可用即可购"的功能,用户可先体验,后购买,住酒店的过程也是一次产品体验和购物的过程。与装修奢华的酒店不同,生活方式酒店的设计风格常主打自然、轻奢风格,多以摄影、阅读等日常生活方式作为主题,期待用户能在酒店体验到人文、有品质的生活方式,获得身心共鸣。

生活方式所汇集起来的人流方向,将决定消费态度、未来市场和行业趋势,这个真正有价值的"珍珠链"将带来巨大的想象和现实空间。谁能将战略思考面对消费者市场,与消费者做深入透彻的对话,在纷繁复杂的世界中找寻到生活方式的演变趋势,踩准这个时代的鼓点,准就能赢得未来。

(五)跨界融合

随着市场消费升级,酒店也将进入升级时代,住宿业不再是单一功能,而向多功能发展,从而形成新型业态。在这种情况下,跨界酒店必将在酒店领域占有一席之地。

1.跨界酒店概念

近年来,一些原本属于服装、家具、家私等非酒店行业的品牌纷纷开始开建酒店,这些生活方式品牌进入酒店领域正在成为一种现象,其在新建的酒店内充分利用其原有品牌的设计理念和产品风格,重塑到酒店的消费场景中,利用原有品牌IP打造酒店已经超越了基本的住宿功能形成二次消费,构建全生活的应用场景,形成新的酒店业态,这种行为被业界称为跨界融合。

2.跨界酒店原理与运营模式

跨界酒店是将住宿业带入"新住宿时代",即跨越单一住宿需求,从用户出发,基于房间,整合吃、行、游、购、文化、生活服务等生活场景体验的全新住宿业态。这些原生活方式品牌在跨界新建的酒店中,充满了原有品牌的符号和特征,新建的酒店远超出常规的酒店住宿产品界限,使其融合了原有品牌的符号和功能,形成新的消费场景和综合功能。其根本原理是增加品牌的复合度和延伸了产品使用价值,围绕原有品牌生态圈为消费者提供更丰富的产品,倡导新住宿时代的综合生活场景体验。

跨界酒店中的主导者往往是那些品牌知名度和美誉度较好的时尚品牌和奢侈品品牌,消费者往往比较容易将对原来品牌的情感转嫁到其新建的酒店产品中,并以原有品牌的品质信任感去信任其新建的酒店产品。跨界酒店也为原有品牌开辟了新的领域和战场,他们仅凭着创意便利服务就能号召顾客,因此许多跨界酒店由于其融合了原有品牌和元素,使得新建的酒店纷纷成为网红酒店,直线推升了酒店的单房价格和入住率。

3.跨界酒店盈利方式

传统酒店营收主要依赖住宿部门,而住宿部门的营收主要比拼入住率。跨界酒店通过品牌植入和整合,其承载的不只是住宿功能性的需求,他们都希望在传统酒店的基础上,更多地留住用户的时间,并通过场景延伸,包括大堂再造、场景电商、CITY WALK、周末集市等等,实现非客房的创收。其盈利方式主要是通过酒店作为消费场景,获取消费者除住宿消费外更多的品牌产品的消费和支出,通过场景化实现增量是这些酒店想要达到的盈利目标。

因此,无印良品酒店的一层皆为原木色和白色相搭配,整体感觉就是一个大型的无印良品样板房。餐厅座无虚席,餐厅外面还有不断等位的客人,而地下一层的无印良品商店和图书馆区域也陆续有消费者进行购买、结账。目前亚朵酒店非住宿板块的收入占到总收入的 20%,而铂涛集团旗下的丽枫、希岸、喆啡、潮漫等中端酒店品牌,均在酒店内设置消费场景,使得其非住宿的业务,同样能够赚取收益。例如位于一线城市的丽枫酒店平均每间可供租出客房产生的平均实际营业收入为 380 元左右,而增益产品例如床上用品,迄今为止销售突破 6000 件,自在拖鞋 10 万双,胶囊香水 3000 套,洗护用品高达百万营收。

4.跨界酒店案例

(1)茑屋书店公寓———一家可以过夜的书店。

当传统书店还在坚守单一业态时,茑屋书店创始人增田宗昭一直思考的是如何获得工作和生活的幸福感?他最早就提出了"书店+"概念,加入音像店、咖啡店、文具店、家电卖场,甚至是胶囊旅馆的概念,并在东京新宿低调推出茑屋书店公寓(TSUTAYA BOOK APARTMENT),它占了一栋楼的 4—6 层,24 小时开放,以一个"放松的空间"的定义,来提供书店、咖啡馆、工作室、女性聚会地等各种体验——当然,重头戏当然还是书。四楼提供各种文具和啤酒,有时还有联合办公的空间——当中配备了电源、打印机、iMac 等,如果需要开会还可以租用空间内的会议室。五楼和六楼都需要脱鞋进入,这里提供了储物柜和沐浴间,如果需要存放行李或者想简单梳洗都没有问题。五楼是男女共用的放松空间,以自然与露营为主题,这里没有太多规矩:躺着、趴着、睡着、盘腿打坐都没有问题,一边晒太阳一边观察城市,怎么舒服怎么来。六楼则是女性专用的空间——软柔的沙发、陈列的书籍风格以及梳妆台、按摩椅等都特色鲜明,还有一个粉色房间和一个可以容纳 12 人的榻榻米小阁楼。如果晚上太晚的话,可以在沙发上休息,盖上店内提供的毛毯保暖。公寓允许外带食物,这样你可以在三楼的星巴克买了咖啡带上去——而本身这家星巴克也是新宿区域较大的咖啡馆之一。此外同一栋楼的负一层是和茑屋书店合作的小酒馆。不管是看书、喝酒还是喝咖啡,乃至办公……你可以在这栋楼里面待上一整天或者更久的时间。最让人心动的还是这里的价格,按小时收费:30元/小时。连续入住6小时,还能优惠到169元。

(2) Hotel Koé 服装酒店。

2018年2月,一家名为 Hotel Koé 的新酒店在东京的涩谷区开业。司空见惯的酒店开业,似乎也不是什么新鲜事儿。但 Koé 本身就是日本服装企业 Stripe International 旗下的一个服装品牌,Hotel Koé 的出现,代表了日本服装行业对"新零售"的一次尝试。在闹市区一栋三层的建筑里,koé 把这里做成了一个综合了生活方式各个层面的复合型空间。一楼是烘焙面包房、餐厅和公共空间"koé lobby"和"koé space",二楼是服装和生活杂货商店"koé Shibuya",三楼才是酒店和休息酒廊。其中,一楼的烘焙坊,请到的是热门法国餐厅"ATA"的主厨挂川哲司主理,在音乐方面则请到了 Maison Kitsuné 的创始人之一黑木理也来坐镇,为店铺挑选背景音乐和定期举办音乐演出。二楼是 Koe 品牌的男女装陈列和生活杂货。营业时间至每日23点,但21—23点时段是自助购物时段,无店员值守,顾客自行选取商品和结账。三楼的酒店,房型按照衣服的编码命名,"S"到"XL"房间共十间,价格从36000日元每晚起。设计风格借鉴了日本茶室的禅风,达到"不用昂贵材料也能有高级质感"的效果。公共休息室免费提供小吃和饮品,并有与 TEA COMPANY 合作的茶味鸡尾酒供应。公司的创始人石川康晴认为,有 H&M、ZARA 这样的国际快时尚品牌在前,想要实现全球化不能仅仅依靠服装本身,而是要让消费者变成品牌的"粉丝",增加他们的访问次数和停留时间。"消费者一年购买服装顶多四次,但是通过住宿、食物和举办活动,就可以加深品牌和消费者之间的关系"。

(3) 25 hours Hotel by Levi's Frankfurt。

Levi's 的牛仔服广受欢迎,很多人都拥有不止一件。但 Levi's 绝不仅仅满足于此,也开始从事酒店设计,当然是在其设计的酒店中刮起牛仔风。法兰克福的 25 hours Hotel by Levi's Frankfurt 就是其中的代表。

25 hours Hotel 的酒店都个性鲜明,整个酒店就像是在演绎着 Levi's 的前世今生,红旗标、弧形车花,甚至是不常见的古董级牛仔裤都应有尽有,绝对一饱眼福。就像进入了 Levi's 牛仔博物馆。当消费者沉浸其中时,还可以在隔壁的 Levi's 店买上一条穿上。

Levi's 并不参与这家店的经营,而仅仅专注在设计。这里的客房按照"尺码"区分——S,M,L,XL。在客房里不仅能看到曾经的美国流行文化,还能时不时找到法兰克福风格的小惊喜。25 hours Hotel 酒店给 Levi's 的众多粉丝找到了品牌喜好的归宿。图 2-31 至图 2-33 分别为 25 hours Hotel 酒店内景、法式餐厅和房间内景图。

(a)

(b)

图 2-31　25 hours Hotel 酒店内景①

---

① 图片源自企业官网．

图 2-32　25 hours Hotel 酒店法式餐厅①

图 2-33　25 hours Hotel 酒店房间内景②

---

① 图片源自企业官网.
② 图片源自企业官网.

(4)Mini 的游牧酒店。

Mini 的游牧酒店，这是全球第一间 SUV 帐篷酒店。其基本设计是在 MINI COUNTRYMAN 车盖上增加了一个移动帐篷，就成了一间能睡遍世界风景的酒店。其广告语充满了对自然的憧憬——"追寻自然的召唤，也热衷品味都市；坚信冒险是生活的刚需，不信苦旅才能换回精彩故事。"

MINI 在 2018 年 4 月刚对外公开第一批免费入住者的招募，还列明了对入住者的"无厘头"要求：你必须忍耐有人服侍你，虽然我们都知道你是一个很独立的人；你必须习惯二人世界，我是说，只要你喊一声，山那边就会传来回声；你必须是一个敢于"坦诚相见"的人，在雪山或草场，管家会为你准备好浴缸泡个热水澡，实在多此一举；你必须容忍多得数不清和亮得烦人的星星……

Mini 的游牧酒店配备精致的洗护用品和寝具、私厨、管家和户外向导，提供户外烛光野餐、户外浴缸泡澡和户外旅行线路，让顾客自驾到哪里就住在那风景里，并把旅行者的户外旅程变得与日常生活一样贴心和便利。图 2-34 至图 2-37 所示为 Mini 游牧酒店的各种图片展示。

图 2-34　Mini 游牧酒店[①]

---

① 图片源自企业官网.

图 2-35　Mini 游牧酒店私厨①

图 2-36　Mini 游牧酒店户外泡澡②

图 2-37　Mini 游牧酒店海报③

---

① 图片源自企业官网.
② 图片源自企业官网.
③ 图片源自企业官网.

(5)宜家酒店:打造新情景化体验渠道。

全球第一家宜家酒店项目即将落户中国长沙。宜家透露,宜家酒店业务的定位是中档精品酒店,在注重品质的同时兼顾性价比,服务商务和家庭旅客;50平方米左右的精品公寓将主要面向资金不足但有住房刚需的年轻人群,满足他们拎包入住的需求;办公楼也将增加服务性设计,如集中的大型共享会议中心和敞开式聚会的服务区环境等。图 2-38 所示为宜家与万豪携手打造的第一家酒店 Moxy。

图 2-38　宜家与万豪携手打造的第一家酒店 Moxy[①]

宜家认为,到 2050 年,世界上 70% 的人口将居住在城市。投资更多城市中心的零售业务,是为了满足不断增长的城市人口需求,让宜家对这些人群来说更触手可及。而关键的战略是,相比于早前宜家与万豪联手打造的第一家酒店 Moxy,宜家这次在新酒店业态中使用的是宜家自己的产品,这无疑有了更大的自主性,更是一种很好的品牌传播和推广方式,或将成为其延伸和巩固品牌的新途径。而对消费者来说,不论是在宜家酒店、宜家餐厅,守在旁边的宜家家居就是最现成的生活方式背景。在使用那些隔壁搬来的沙发,成套的咖啡杯时,消费者真正地进行着情景化体验。作为体验式营销先驱,宜家将消费者对生活方式的期待融进各类场景,以拉近产品与消费者距离一直是其所擅长的。

---

① 图片源自企业官网.

(6)奢侈品跨界酒店。

奢侈品跨界做酒店早已经不是新鲜新闻,2006 年,LV 旗下第一家白马酒店低调落户阿尔卑斯山滑雪胜地法国高雪维尔,最大的标志是门口形似特洛伊战争里的巨大雕塑马(见图 2-39)。

图 2-39　阿尔卑斯山白马酒店①

阿玛尼酒店也成为成都人耳熟能详的名字,世界上第一家阿玛尼酒店位于世界最高的建筑——迪拜标志性地标建筑哈利法迪拜塔的内部。

(六)酒店 IP 盛行

亚朵酒店是业内最早提出酒店 IP 概念的酒店,并按照其所设计的 IP 之路坚持发展,开创了"新住宿时代"。此类"酒店+IP"的合作模式,逻辑在于通过主题房的方式,为 IP 开辟线下场景的同时,将 IP 自带的流量向亚朵品牌上迁移。亚朵看中的是成熟 IP 带来的流量与品牌认知。

亚朵酒店 IP 的发展之路可以归纳为两个阶段,第一阶段是酒店自身 IP 塑造阶段,在这个阶段亚朵通过差异化路线将亚朵定位为"人文酒店"IP,并不断充实和深化;第二个阶段是联合 IP 之路,这个阶段亚朵联合其他品牌在自身原有酒店 IP 的基础上,延伸和充实 IP 内涵,衍生新 IP。亚朵酒店 IP 之路无疑是非常成功的,亚朵生活创立于 2013 年,截至 2018 年 11 月 4 日,开业 252 家,签约 625 家,分布 141 个城市,一方面在市场上牢固树立了自身的"人文酒店"和"生活方式"酒店的独特 IP,另一方面成功打造包括"睡音

---

① 图片源自企业官网.

乐"酒店（网易云音乐）、网易严选酒店、吴晓波酒店、HUPU 酒店、THE DRAMA 酒店，知乎酒店、腾讯 VIP 等六个酒店联合 IP，同时仍有多个 IP 联合中。

1. 亚朵自身 IP 打造逻辑

亚朵之名来自云南怒江边中缅边境的一个小村庄，居住着以傈僳族为主的一群淳朴的居民，这里自然、静谧、温暖、朴实。这里让亚朵人找到了与自然相契合的人文精神，这是亚朵酒店 IP 文化之源和产品之魂。

自此，亚朵酒店提倡人文、温暖、有趣的"在路上"第四空间生活方式（第一空间是家，第二空间是工作场所，第三空间是休闲的地方，第四空间是对前三个空间的融合）。亚朵致力于创造一个住宿品牌并形成一种生活方式，定位中高端商旅人士打造理想的住宿体验。能够使旅途客人在紧张、疲惫的差旅途中，通过高品质的酒店设施、书籍、音乐、照片及感悟，获得舒适的住宿环境，放松的居停空间，能够在这里休憩、充电，得到心灵上的放松及人生感悟的共鸣。这便是亚朵自身酒店 IP 内涵。

为了打造高品质人文酒店和"在路上"的第四空间生活方式，亚朵从经营和服务内涵入手，给予其人文 IP 诸多的举措。

一是设置流动的图书馆，每座亚朵都设有藏书千册的竹居，只有经过亚朵的爱书人亲自阅读、鉴定品质的书才能出现在竹居的书架上，不辜负你难得的闲暇时光。每个顾客或者会员，都可以在那里去阅读，可把它借走然后在任何一家店归还。同时这也是一个社区友好的一个免费图书馆，所有社区的朋友都可以到酒店里面去阅读，去使用这个空间来办公、聊天，甚至有一些人带着孩子到酒店写作业。

二是开设属地人文摄影，每座亚朵都由于其地理位置的不同，拥有各自的摄影主题。驻足浏览亚朵各个区域陈列的照片，即可领略当地风土人情。亚朵照片全部来自世界各地爱摄影、爱旅行的生活家们的投稿，给每个顾客 365 天不落幕的摄影展览馆。

三是开展生活家社群沙龙活动，亚朵定期举办阅读、摄影、人文讲座，每次相聚都是一段值得回忆的温暖时光；亚朵还为生活家们开发了各种创意小物，让亚朵的惬意氛围也能在家中蔓延。

四是打造一系列独特关爱的服务特色，这些特色服务有：奉欢迎茶——冬暖夏凉的欢迎茶，一解旅途的疲惫，安抚烦躁的心神；无抵押借阅——喜欢亚朵的书，借去看吧，无需花费，无需抵押，亚朵相信每个爱书的人；无停留离店——亚朵理解客人的归心似箭，办理退房时，只需要把房卡交给前台，即可离店；全员授权——亚朵酒店向每个酒店员工授权，亚朵人将第一时间发现你的需求，解决你的困扰；免费升舱——当酒店仍有未预订的更高一级的房间为客人免费升级;一张便签——为每一位住客手写一张祝福和欢迎便签;别有甘泉——免费送矿泉水和口罩;品蒙路早——为赶早(7点前)的客人免费赠送早餐;夜驿膳暖——亚朵的铂金会员是可以享用免费夜宵的。

通过打造亚朵自身的IP,奠定了人文酒店和"在路上"第四空间生活方式的形象地位和场景,并提供一个线上的入口,为接入其他品牌合作提供新的载体和可能。

2. 亚朵联合IP打造逻辑

当亚朵奠定自身人文和生活方式酒店IP地位之后,亚朵在思考品牌的延伸和拓展。此时,亚朵看到了互联网时代要学会借力营销,尤其是新品牌,可以借助其他品牌的资源和优势。找到那些理念相通的品牌伙伴,以用户为核心与时间为友,共同实现自己的品牌。于是亚朵开始了停不下来的联合IP之路。

到2018年,亚朵已经开有6家IP酒店,包括"睡音乐"酒店(网易云音乐)、网易严选酒店、吴晓波酒店、HUPU篮球酒店、THE DRAMA酒店、知乎酒店、QQ超级会员酒店,取得极好的市场反响和收益。并计划联合同道大叔、日食记、果壳网、差评、穷游、花加、网易漫画等品牌,打造亚朵全新联合品牌。

联合IP可以提高酒店空间内容的生长性和流动性,更好地丰富住宿体验,让亚朵酒店更有竞争力。联合网易云音乐这个IP,直接和超过4亿人的用户群体对话,持续长期地更新内容。线下可以开见面会和交流会。再比如,线上可以打通主题房间内音响与用户的网易云音乐账户,让用户进入房间就能听到自己喜欢的音乐,从而获得他们的品牌认同和好感。

在品牌联合中,除了IP的内容融合,亚朵也很关心品牌的调性和理念。很容易发现,合作对象从网易严选到知乎,再到网易云音乐,亚朵都和它们有着一致的基因。这种志同道合,让品牌双方都走得更舒服。同时,在这些IP的内容加持下,亚朵酒店也从经营一种生活方式发展到更丰富的内容运营。这个空间里承载着特有的元素、情绪和主题等等,这让亚朵已经从众多酒店品牌中脱颖而出了。

3. 亚朵联合IP战略路径

截止到2018年,亚朵已经与近10个IP达成合作,一一向用户呈现亚朵联合IP产品。但联合的方式是灵活的,其中既有模式较重的IP酒店,即双方开展深度合作,从酒店的选址、设计到运营,联合品牌的IP都参与其中;也有更加轻量化的跨界合作,以快闪酒店、主题房间等方式呈现。自此,亚朵IP酒店覆盖了知识社群、新零售、戏剧、科技、生活服务、文娱、体育等各个领域。亚朵IP矩阵,从一个到现在的十几个,未来可能更多。

联合战略一方面使得亚朵和联合品牌覆盖更加广泛的人群,不论是亚朵顾客还是联合 IP 方的用户,都能在亚朵的住宿空间中找到与其喜好相契合的内容,这些内容将极大地丰富、优化用户的住宿体验。另一方面,亚朵与合作伙伴也将逐步实现服务融合,实现服务聚集和增值效应。再者,有了更多 IP 的赋能,亚朵的酒店空间也将得到延伸,覆盖更多的生活服务,出行、旅游、演出、美食甚至是家政、快递等服务,都可以连接到亚朵。

亚朵的联合 IP 之路始于与吴晓波的合作,亚朵之所以将联合目标瞄准了财经作家吴晓波的粉丝,与吴晓波共同在杭州西湖畔建设"亚朵·吴酒店",实际上看中的是背后非常强大的影响力和庞大的书友粉丝,打造一个社群酒店,实现一种新型商业探索。

初试成功之后,亚朵引进的一个叫《Sleep No More》的默剧,这个默剧是依据莎士比亚的《麦克白》改编的浸入式的戏剧。在上海演出时,非常火爆,三个月以内的票都买不到。亚朵就把旁边的一栋楼加固改造做了一个小型的豪华酒店,叫做"THE DRAMA"。这是一个戏剧主题酒店,每间客房名取自莎士比亚名剧,如"罗密欧与朱丽叶"主题客房、"麦克白"主题客房……不同的戏剧场景都植入于各个空间。顾客要戴着面具入住,酒店的房卡上面会写一句莎士比亚戏剧里面的一句台词,顾客必须从所给定台词的提示去判断所住的房间名,然后按照提示,去寻找自己的房间。

自此,亚朵的联合 IP 之路再也停不下来了。很快"网易云音乐·亚朵轻居"被打造出来,被誉为"一家把自己住进音乐的酒店",并命名为"睡音乐"主题酒店。因为无论是从装修设计到房间主题,都能让人感受到音乐的情绪。在"睡音乐"酒店里面,没有昂贵的家具,但随处可见音乐跳动的节律。"睡音乐"酒店一共有 4 个主题房,分别是民谣、爵士、古典和电音。每个房间都准备了对应的歌单,还提供了网易云蓝牙音箱。除了音乐的元素外,还带着网易云音乐的特色。在电梯和楼梯里,自然少不了网易云音乐的乐评。

酒店将网易的元素注入亚朵的场景,实现网易云音乐团队希望中的"线上平台累积的大量优质的用户,能在线下的众多场景中得到更广泛的有效延伸和应用"。而对于亚朵来说,拥有 4 亿用户超级 IP 网易云音乐的线下 IP 影响力是通过亚朵的酒店产品实现,借势 IP 的目的就已经达到。图 2-40 至图 2-43 为网易云音乐·亚朵轻居酒店的展示图片。

2018 年 3 月,由知乎联合亚朵的全国首家知乎酒店在上海徐汇区开业(见图 2-44)。这家酒店专收"问题青年"。酒店里里外外藏了 314 个知乎体问题。大堂、餐厅、图书区甚至连洗衣房里都很有特色,有电影、旅行两大知乎主题房间。

图 2-40　网易云音乐·亚朵轻居酒店①

图 2-41　网易云音乐·亚朵轻居酒店大堂②

---

① 图片源自企业官网.
② 图片源自企业官网.

图 2-42　网易云音乐·亚朵轻居酒店客房[1]

图 2-43　网易云音乐·亚朵轻居酒店主题客房牌[2]

---

[1] 图片源自企业官网.
[2] 图片源自企业官网.

图 2-44　上海亚朵知乎酒店①

整个酒店就是知乎的一座 360°沉浸式体验馆,314 个知乎高分问题就隐藏在酒店的角角落落。碰上感兴趣的就可以掏出手机扫一扫,看看知乎上的那些神回复,说不定还能遇见你提的问题。图 2-45、图 2-46 所示为上海亚朵知乎酒店大堂内景。

图 2-45　上海亚朵知乎酒店大堂内景②

---

①　图片源自企业官网.
②　图片源自企业官网.

图 2-46　上海亚朵知乎酒店大堂内景①

酒店大堂的公共阅读区域，摆满了知乎平台上有关阅读、生活智慧的书籍，读着读着还能遇到"资产过亿是种怎样的体验？""什么书适合零碎时间读？"这种典型性知乎体问题。

就连酒店的餐厅也是处处设置了不少问题，供顾客在用餐的时候增加互动的乐趣体验。因此，这家酒店的餐厅就被称为"被问题包围的餐厅"。同样，知乎的问题就连洗衣房都不放过，在洗衣房还挂着知乎上关于衣物护理的生活经验。

每个问题都像是知乎对住客的一次互动邀请，总想拿起手机扫一扫来场跨越距离的交流。

知乎市场公关总经理来原表示："长期以来，大众对知乎还存在着'精英''高冷'的刻板印象，很多人想到知识就觉得是有门槛、高深的。我们希望打破这样的'刻板印象'。所以，我们以'品牌游击战'的方式，向外界传递知乎的品牌主张和形象。"她表示，知乎站内的内容不仅仅是有关科技、互联网、金融、医疗等问题，还有许多和生活方方面面相关的内容，希望更多人可以感受到知识是贴近生活的。此次，知乎选择跨界与亚朵合作运营主题酒店，为的也是想要改变"知乎"品牌给人的印象。

在联合 IP 战略中，亚朵不止于引进 IP 内容到酒店空间，还将融合亚朵 IP 矩阵的优质内容，将自成体系的亚朵 IP 推向其他空间与线上平台，积极开展线上社区运营、周边产品新零售等创新做法，让亚朵 IP 矩阵的内容做到融合与再生长。图 2-47 所示为亚朵联合 IP 战略版图。

---

① 图片源自企业官网。

图 2-47 亚朵联合 IP 战略版图①

第二节 餐饮业态

餐饮业被称为"百业之王",体量非常庞大,国家统计局数据显示,2017 年全国餐饮收入达四万亿,2018 上半年达到 19457 亿元,同比增长 9.9%。餐饮业态是酒店业态的重要组成部分,是酒店投资的重要业态和选择。

一、餐饮业态概念及其分类

(一)概念

餐饮主要是指餐饮业,是通过即时加工制作、商业销售和服务性劳动于一体,向消费者专门提供各种酒水、食品、消费场所和设施的食品生产经营行业。由于在不同的地区、不同的文化下,不同的人群饮食习惯、口味不同,因此,世界各地的餐饮表现出多样化的特点。

餐饮业态是指为满足不同的目标市场的饮食消费需求而形成的不同的经营形态。

(二)餐饮业态的内在组合要素

餐饮业态的内在组合要素包括目标市场、产品结构、服务方式、硬件设施、价格策略等。餐饮业态的实质是这些要素的组合,组合不同就会产生不同的效果,就会有不同的市场表现。

---

① 图片源自企业官网.

(三)餐饮业态分类

餐饮业态可以根据经营者的业态和规模实施分类管理,主要分为餐馆、快餐店、小吃店、饮品店、食堂等五大类。同时餐馆按经营场所使用面积或者就餐座位数又细分为特大型餐馆、大型餐馆、中型餐馆、小型餐馆。

餐饮业根据菜系分为不同口味和不同菜品的餐饮,也可以根据用餐形式分为餐桌服务型、柜台服务型、自助型、企业单位型。

酒店业内常根据投资主体分为社会餐饮和酒店餐饮两种大类,其中酒店餐饮可作大型餐宴、酒宴、茶会的场所,又可用作大型国际会议、大型展销会、节日活动的场所。

餐饮业态的选择主要依据餐饮业的位置空间、规模诉求、目标顾客、产品结构、店堂设施、经营方式、服务功能、技术条件等来确定。按餐馆的经营特色为依据,可将餐饮市场的业态格局做以下划分。

1. 家常菜为主的大众餐馆类业态

这一业态类型的餐馆目标市场定位为普通工薪阶层,菜单和菜式大众化、家常化,价格较低,菜量大、上菜速度快,能够满足百姓的日常饮食需求。这类餐馆在全国各地星罗棋布,多分布在交通便利、流动人口多或居民区、机关企事业团体较为集中的地区。

2. 满足快节奏生活的快餐类业态

此类业态可分为中式快餐和西式快餐,中式快餐以价格便宜、菜品简单、简洁实惠为特点。西式快餐则因食品可口、服务快捷、环境个性化、营销手段新颖等特点而深受年轻人和儿童的喜爱。

3. 满足商务宴请需要的高档正餐类业态

此类业态也可以分为中式正餐和西式正餐。中式正餐主要是指具有鲜明菜系特征的高档次餐馆和酒楼,分为国有老字号、新兴的民营餐馆和酒楼。餐馆和酒楼是中国饮食文化的代表和集大成者,无论是操作技艺、菜式,还是服务、环境都体现了较为浓郁的民族性和历史性,具有深厚的传统文化内涵。新兴的民营餐馆和酒楼以服务周到、菜品多样、环境高档、促销灵活的特点吸引了许多高档消费群体。西式正餐主要以高层次、高收入群体为主,环境典雅、服务细致,是喜欢西餐人士的最佳选择。

4. 依托星级酒店的酒店类餐饮业态

这类业态主要分布在综合型酒店中,作为酒店的核心产品之一。通常酒店餐饮分为中餐、西餐和宴会三种。中餐主要提供中式正餐(广东地区酒店中餐通常开设有早茶);西餐主要满足酒店客房顾客的早餐和自助餐;宴会主要包括商业宴会和私人宴请等。

5. 张扬个性的主题类餐饮业态

这类业态是投资者们为满足人们求新、求异的消费需求,培育出一批极具个性的主题餐厅,这些餐厅或怀旧,或浪漫,或消闲,或运动,或冷酷,或激情,成为白领阶层聚会交友放松消遣的绝佳场所。

6. 自由选择的自助类餐饮业态

自助餐厅类同于自选超市,消费者可以根据自己的喜好,对所有的菜品自由选择,随意享用,较受年轻人的欢迎。

自助类餐饮常见于大型酒店内,目前也有许多单体社会餐饮业开始选择这类业态,比如海鲜自助餐、素菜自助餐等。

7. 浪漫轻松的休闲类餐饮业态

这类餐厅菜品很少,而以经营饮料、点心、小吃、零食为主,主要以休闲环境为卖点。这类业态也常被称为轻餐,主要供应西式点心等食物。

8. 餐饮娱乐相结合的娱乐类餐饮业态

现代生活中人们已不仅仅局限于对餐饮的单纯需要,多彩的视听享受也赋予了餐厅更广泛的内涵。这类餐饮通常采用一票制,门票包含了餐饮、娱乐的所有服务项目,让人们在就餐的同时,享受到舞蹈、音乐等声、光、色、味的一体享受。目前全国各地较为火爆的当属带自助餐的"量贩式 KTV",其自由性和价格魅力成为人们闲暇时光的流行选择。

9. 以规模取胜的餐饮街类业态

经营者抓住餐饮消费者的从众心理,在商机深厚的地区扎堆经营,逐渐形成了目前颇具规模的"餐饮一条街"。食街上各餐馆各有所长,价格有高有低,菜品丰富多样,可以满足各种口味需求。另外,在各大商场内形成的餐饮美食广场也与此类同。

10. 移动消费的餐饮类业态

目前的餐饮企业大多以座店经营为主,为满足人们快节奏的生活方式,移动服务和移动消费的移动餐饮业态已应运而生。肯德基和麦当劳(金拱门)在国内新推出的汽车餐厅无疑是餐饮业态的一个新亮点。汽车餐厅可谓是没有餐桌的餐厅,只要驾车人将车开到肯德基的窗口,就会在车内完成点单、取餐、结算的过程,大大节省了消费者的购物时间。另外,食品外送服务也是移动消费的重要组成部分。移动消费市场潜伏着巨大的商机,代表了餐饮业重要的发展方向。

二、餐饮业态发展趋势

(一)单品店将持续走俏

1.单品餐饮店

单品店指的是以某一种类食材制作的菜品或者某一款菜品为主打,只搭配少量其他配菜、甜品或饮品餐饮店,比如探鱼、太二酸菜鱼、椰子鸡、周黑鸭、石锅鱼、兰州拉面、生蚝店、潮汕牛肉火锅、大盘鸡、日本面馆、寿司店等,都是单品店。单品店这种餐饮模式将越来越受到中国餐饮人的青睐。餐饮企业锁定某个品类或某种产品的话,可以聚焦所有能量,整合资源,提高利用率。

2.单品餐饮店的特点

(1)都是以一种产品作为招牌,只卖一种食材制作的单道菜品或者一种食材开发的两三种口味菜品。

(2)菜单简单有限,基本是一种菜搭配小菜和米饭,如酸菜鱼店就是一碗酸菜鱼配几碟小菜和一碗米饭。

(3)店面不大。店面一般是几十平方米到二三百平方米之间,桌子不多,但翻台率高。

(4)现做先卖。厨房一般都是或者部分明档,顾客可以一目了然。

(5)物美价廉,属于低档消费,因此顾客群体广。

3.单品餐饮店的优势

近年来,单品店在市场之所以备受追捧,是因为单品餐饮店具有明显的经营优势,主要包括以下几个方面。

(1)菜肴制作更专业。

传统餐饮模式,一家酒店中至少要配备较多菜品,这样厨师的关注点就会被分散,而厨师通常较为擅长某种或者某几种菜品,并不擅长所有的菜品,因此难以保证所有菜品的味道和质量。而单品店则不同,主打菜就是一款或者几款,所有厨师都围绕这几款菜肴下功夫,因而更专业,并能保证菜品的质量和口味。

单品餐饮店菜品专业的优势使得主营项目特色明显,更能抓住顾客的需求和更精准的吸引顾客,单品店可以让顾客一下就记得"去你那里吃什么"。

(2)备料过程更简单。

菜品种类单一使得所需原材料较为统一和简单,备货过程就会更加专门化。经营者可以把有限的精力和目光更多地锁定在拳头产品的食材采购和优化上,并形成大宗采购,形成采购成本优势。

(3)菜肴复制更方便。

单品店的主打产品大多只有一款或者两三款。其烹调流程比较标准化,烹调的调味、腌制都可以在加工中心或者厨房统一完成,因此后期烹调就变得非常简单,便于菜肴的复制,大大降低菜肴烹饪的边际成本。

(4)厨房人效更高。

单品店的厨房烹饪标准化和简单化使得厨房厨师工种简化,所需的专业厨师减少,占烹饪过程大头的备菜阶段完全可以由非专业人士来操作和完成,而非专业人士的薪资要远低于专业厨师,因此单品店的厨房人力资源成本大大降低。

(5)产品利润更高。

从毛利润率方面讲,单品店的盈利能力丝毫不亚于综合类餐饮店,标准化操作使产品损耗降低毛利提高,对降低厨师和杂工的用工,即使遇到用餐高峰,后厨有几个人就能忙过来,且上菜速度还快;对店面要求也不是太高,不一定非要在临近店铺里,在超市、商场里也能开;极大的灵活性和较低的运营成本,使得单品店的产品利润和收益更高,回报周期更短。

(6)企业扩张更便捷。

企业品牌信任度和知名度通常可以通过开设连锁店得以提升,单品店由于关键技术的厨房技术壁垒较低,使其在企业扩张和连锁方面更具优势,加上单品店经营面积都不大,开店资金也不高,因此开分店就变得更加容易。

4.单品餐饮店的劣势

(1)竞争力较弱。

单品制作虽然能够让餐饮人将过去分散的精力集中于一端,进行潜心制作,从而提升菜品的口味、观感,但是等顾客的新鲜劲一过,客流量就会大大减少,这个时候,又没有其他的产品可以帮助餐厅继续维持运营下去,渐渐地,餐厅便没有了足够的能力去应对餐饮这个竞争激烈的市场。

(2)进入壁垒较低。

单品餐饮店由于相对较低的成本和标准化操作使其变得更容易复制扩张,进入壁垒太低。这也就意味着山寨成本低,很容易引起追风的现象,大量良莠不齐的山寨店会瞬间把这个品牌拍下谷底。

(3)盈利点单一。

单品餐饮店由于菜品单一,店铺最主要的营收来源就只是一款菜品,盈利点较为单一,抗风险能力较弱。当人们口味挑剔多变求新求异时,容易造成经营非常不稳定,面临较大的经营风险。另外,单品餐饮比较容易受季节限制,造成盈利断点。

(4)人员流动性大。

虽然单品餐饮企业对员工技能要求不高,从支付工资角度来讲,确实省去了不少费用,但是其留人难度就加大了,毕竟单品餐饮企业薪酬诱惑力不大,只要其他餐饮企业支付的工资更高,那么经营者很难留住员工。而招聘新员工,还需要重新培训且需要成长时间,是一个颇为棘手的难题。

5. 单品餐饮竞争战略

单品餐饮具备与天俱来的优势和劣势,要保证单品餐饮的持续化发展,需要采取适当的竞争战略,分别从单品餐饮的横向产品线和纵向渠道两方面拓展品牌生命力。

(1) 品牌延伸。

单品餐饮由于品牌狭窄,盈利线过于依赖某一单品,抗风险能力较弱。单品餐饮的品牌延伸战略是通过单品类引爆,然后再找到一个维度丰富自己的产品线,打造更多相关的产品,扩大盈利点,提升品牌承载力。这是丰富单品餐饮的产品线的竞争战略。

(2) 扩大场景。

场景属性是单品餐饮的重要特点,同时也是限制单品餐饮扩张的要素。单品餐饮在拓展产品线的同时还需要开拓新的营销场景。就像周黑鸭,最开始由于受限于保鲜问题,它只是一个区域性品牌,而在扩张的时候,他们选择了拓宽场景。因此攻克锁鲜技术后,将产品营销场景迅速从线下门店拓展到火车上、野餐上等。

6. 单品店案例

2015年以来,单品店在餐饮业刮起一股强劲之风,很多餐饮人认为这是个"单品为王"的时代,市场上也出现了许多成功的单品餐饮案例。

(1) "永不过时"的单品爆款之"鱼"。

单单是鱼这个品类,就被划分成为各种口味,酸菜鱼、水煮鱼、烤鱼……品牌也是层出不穷。近年来风靡各大城市的"酸菜鱼",它从一道川菜进化为单品爆款,酸菜鱼专营品牌频频刮起"排队旋风",在2017年联合利华饮食策划发布的《2017年轻食客餐饮潮流报告》中显示,在北上广深和成都5个城市的菜品销售中,酸菜鱼与毛血旺并列成为最受欢迎的"国民菜"。酸菜鱼品牌代表也异军突起,如以高颜值、快时尚取胜的"十三椒老坛酸菜鱼";以小份制、快餐化见长的"渝是乎";"五不接待"、另类营销赚足眼球的"太二老坛子酸菜鱼";凭借差异化多元口味俘获众多消费者喜爱的"严厨老坛酸菜鱼";利用大数据不断推陈出新的"姚姚爱鱼";每天人均排队超过2个小时的"禄鼎记"等等。"烤鱼"类品牌也不断推陈出新,如探鱼、神舟渔歌、夯鱼、巫山烤全鱼等,其中最具代表的就是探鱼。

(2) 自带"社交"属性的"虾蟹"。

虾蟹类单品也是近年来风靡一时的网红餐饮单品。其中,小龙虾菜品便自带社交属性,长期占据线下宵夜头名,同时也是线上外卖网红。其社交属性主要表现在:吃虾要带套、剥壳、洗手,步骤和时长都比吃一般的菜品多了三倍,并必须放下手机,一方面延长了大家的交流时间,另一方面,吃的过程也能带动消费者自己动手的深度体验,能活跃现场欢快气氛,使得氛围更加融洽,"一起吃小龙虾的人,吃的不是虾,是过程中一起完成一件事情的乐趣。"一起吃小龙虾的朋友才是见过彼此最油腻样子的真朋友,和一起吃西餐的那拨人比,虾友更活泼,卸下了正襟危坐的包袱。网络上把小龙虾形容为"披着红得全面彻底的红战袍,挟着满城尽带红金甲的威武,小龙虾凭着天生的气质把自己送上社交平台的C位宝座"。

(二)休闲餐饮发展空间大

随着高端餐饮在市场的萧条,大众化和休闲化的餐饮逐渐成为主流,而休闲餐饮的需要显得更为迫切。表现在人们对餐厅的环境氛围有了更多的要求,一批以营造浪漫情调、突出文化氛围的休闲餐厅开始受到消费者的青睐,悠闲的环境、轻松的氛围、精致的简餐、人性化的服务满足顾客的深层心理需求。同时,生活节奏的加快使人们在紧张工作之余渴望能够有个好的环境吃饭以及与朋友同事聊天沟通,得以放松,到各式各样的休闲餐厅消费是不错的选择,既可享受美食,又有一定的私密性,也显得有一定的档次。

在广东地区的粤式茶楼就是一种非常受欢迎的休闲餐饮形式。粤式茶楼餐饮源自广府文化核心地广州,是集喝茶、点心和餐饮等功能为一体的广东独有餐饮形式。去茶楼喝茶在广东不仅是喝"茶",更多的是指吃饭,这使得茶楼"喝茶"在"民以食为天"的南粤大地上,成为居民的生活中固定的生活方式。广东人去茶楼喝茶明显具有休闲和享受的出发点和动机。而饮茶时"一盅两件一个半天"也成为老广州人的标准配备,其中"一盅"指每人一盅茶,"两件"指每人两件茶点的饮茶方式,"一个半天"是指老广州人在茶楼喝茶通常不是吃饱就走,而一边喝茶一边闲度时光,非常讲究,既休闲又精致。对于他们来说,喝早茶喝的是时间的滋味,就是交流与沟通的绝佳机会,是一份闲情之后的对生活的真正品味。是一种在可自由支配时间内开展的,以愉悦身心、调节放松、生命保健等为目的的消费行为。粤式茶楼餐饮全面融入人们的生活圈中,全天开放并提供传统餐饮的饭市,也接纳顾客的宴请和庆祝活动,俨然成为人们的生活、休闲、社交的场所。

(三)轻餐饮业态百花齐放

1.轻餐饮概念

轻餐饮以休闲放松、味觉享受为目的,给人提供一些能量适当的食物。

轻餐食物大多数制作过程简单快捷,消费者无需花太多时间等待就餐。轻食餐厅的最大特点是,店面不大,店里没有嘈杂的人群,只有简约的长桌、舒适的软椅、简单而又合口味的吃食。不用花太多时间就能吃完饭,环境清新雅致，菜肴低盐、低糖、低油。

这类食品简约而不简单，注重饮食健康是此类餐饮的一大特点，分量不大，味也清淡，讲的就是个清新、自然。消费人群主要集中在年轻一代，年轻人更关注的是效率和健康，轻食简餐、新式茶饮等休闲调性的品类正好符合年轻一代消费者的需求。

轻餐饮店内不见富丽堂皇的大厅，餐桌少则十来张，多的也只三四十张。轻餐饮因其主打品类明确，消费及时，门店设计小而精美，网红属性突出，迅速成为年轻消费者喜爱的业态，也成为线下商圈争相引入的餐饮业态。

2.轻餐饮业态特点

轻餐饮的特点包括出餐时间快、用翻桌率胜过正餐、不受用餐时间局限、餐客单价低、投资小等方面。

轻餐饮的成本较低，行业内的平均毛利率为60%—80%，是正餐厅毛利率的1.6~2倍。比如一杯奶茶，成本只有10元，成品却能卖到28元，利润相当可观。此外，咖啡、饮料、果汁等的单品价格相对餐馆菜肴较低，更容易达成交易。

轻餐饮还有一个重要特点就是"流量体质"，能吸引年轻一代，这些轻食不仅好吃，而且颜好，在市场上有唯一性。比如喜茶在茶饮市场趋于饱和的情况下，仍成功突围成为黑马，跃居茶饮界的霸主。其中主要的一个原因是其创新了芝士系列茶饮，填补了芝士茶饮市场的空白。

轻餐饮的营销模式已经不再单纯地局限在线下实体店或是线上外卖，"堂食＋外带＋外卖＋电商＋零售＋快闪"的全渠道化将成为标配。

3.轻餐饮业态及其发展趋势

轻餐饮业态主要包括咖啡、茶饮、果汁、奶茶、烘焙、沙拉等，比较有代表性的品牌和产品有喜茶、奈雪的茶、、网红脏脏包、gaga鲜语等。

轻餐饮越来越受到餐饮人和购物中心的青睐，轻餐饮逐渐占到餐饮市场20%以上的比重。轻餐饮因此被认为是餐饮业未来五年最有可能爆发的业态。

轻餐饮融入生活美学里面，时尚化＋个性化的高颜值门店让吃饭这件事，变成一种视觉享受和生活品质的体现。轻餐饮具有较强的社交分享属性，以空间＋内容＋流量，与影视、动漫、手游、潮牌等IP跨界，带动了轻餐饮行业的营销新阵地。

轻餐饮已成功吸引资本的注意，被资本界誉为"千亿级的新风口"，各大轻餐饮品牌获得多轮风投，如喜茶已经获得龙珠资本B轮4亿投资、奈雪的茶获得天图资本3亿A+轮投资等。轻餐饮以品牌化来实现连锁规模化扩张，迎接轻餐饮新时代到来。

(四)新餐饮引领餐饮升级

1.新餐饮概念

新餐饮是传统餐饮业态进行业态升级后的新餐饮业态,即已经从传统追求"吃好、吃饱、味道好"的产品物质需求层面,上升到当前"颜值、品质、体验好"的精神、物质双重层面的餐饮业态。

2.新餐饮特征

新餐饮是传统餐饮业态基础上的升级版,是传统餐饮业态在"颜值、品质、体验好"的精神、物质双重层面的餐饮业态。其主要特征包括以下几个方面。

(1)新餐饮是"品质+美学体验"的升级。

随着消费者消费需求和消费能力的提升,市场对餐饮的品质和审美提升到新的高度。品质升级是对产品口味、营养、搭配、环境、场景等方面的物理属性的升级;美学体验是消费者对餐饮审美方面的需求,是满足精神的情感属性。说明消费者已经从"吃饱"向"吃好"、"吃美"等方面升级。

(2)新餐饮的服务显像升级。

新餐饮对服务的要求不断提升,服务要求已经不再轻易满足于"满意",而必须是"生动"的,这种生动的服务还必须显性化,呈现"表演式"的风格,使之产品属性更显性,并给顾客直观的感受和体验。

(3)新餐饮是故事性和场景化的升级。

传统餐饮消费中,顾客往往只需要满足"餐饮"的消费,新餐饮时代的顾客不仅仅是对"餐饮"核心使用价值的消费,其消费范围延伸到餐厅的故事性和场景化,要求吃得有故事、很独特、能回忆,追求刺激和活跃,这对新餐饮餐厅是全方位立体式的考验。人们开始追求只能在某一家店才能获得的独特体验,除了餐饮店的内外装修、菜品和服务以外,还要有能让顾客感动的场景,以及让顾客沉醉的策略,并且这些必须做得不留痕迹。

宜家就是一个善于运用场景的企业,宜家家居的家居设计感和开创自助组装引来了超大顾客流量,甚至默认这些流量人群在宜家卖场的沙发和床上"试睡",公众通常会将这一行为斥为不文明行为,但也有媒体认为这可能是宜家的"套路",宜家开酒店和宜家餐厅巨额的营收仿佛印证了这一点,宜家背后所做的文章可能是利用超高黏度的顾客流,充分运用其场景优势,深度挖掘其独具吸引力的场景所带来的流量价值。因此,甚至有媒体认为"宜家,这是个靠卖吃的年入18亿的可怕企业,顺便卖卖家具而已"。当然,让宜家餐饮获得巨大成功的不只是充分利用场景和深度挖掘流量这么简单,宜家将自己发明的家具组装流程成功运用到了宜家餐饮的食品制作流程中。其餐饮模块年入18亿的业绩,让人形象地形容为"宜家用一张图纸,战胜所有餐饮业!"宜家的餐厅食品"组装"图纸上,画出所制作的食品的原材料和配料,甚至画出了原材料的形状,并通过不同原材料在图纸上的大小规定其分量,这个分量说明不再是传统的一个描述,类似"少许"、"适量"这类模糊的字眼,而是一个图形范围,把食材放进图形里,放满了就正好,准厨师只需要按照图纸上的配方一一放好主料和配料,将食材卷起放入烤箱就好。图2-48至图2-50所示分别为宜家餐厅食品图纸、食品图纸摆放图和食品成品图。

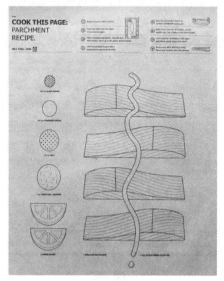

图 2-48　宜家餐厅食品图纸①

图 2-49　宜家餐厅食品图纸摆放图②

图 2-50　宜家餐厅食品成品图③

---

① 图片来自网络.
② 图片来自网络.
③ 图片来自网络.

就像拼装宜家的家具一样,按照图纸流程,把相应的食材放到相应的圈圈里就可以了,圈圈已经框定了食材的分量,连小朋友都可以轻松操作。这一变革,彻底淘汰了厨房的厨师职业,任何普通员工都能够胜任食品烹饪的工作。宜家给我们的启示是,永远都在创新,永远都在贩卖希望和梦想,家具只是道具,当它用自己的产品为消费者构建起种种美好的生活化场景和憧憬后,销售就会变得异常简单。

(4)新餐饮是在线餐饮的升级。

传统餐饮往往聚焦于产品制作、环境打造和自然空间营销,新餐饮实现了跨越时间和空间的限制,核心就是在线。餐厅在线包括线上信息流互动和传播,还包括线上预订和支付。数字化订单带来的餐厅营业时空概念上的延展,以及数字化订单所带来的对数据的分析运用和运营管理,是新餐饮的最大亮点。

餐饮业有其自身的运营规律,概括来说就是存在明显的时间和空间的限制。一天有24小时,但对餐厅真正有效的销售营业时间只有中午和晚上的两个用餐高峰时段。换句话说,在用餐高峰时段,厨房的产能和进店用餐人数都是有"天花板"的。因此,要增加餐厅营业收入就意味着要突破时空的限制。但突破时空限制必须拓展餐厅营业空间;同时在高峰时段的黄金时间里,降低和客人沟通及结算的时间成本,提高黄金时段的运转效率;拉长高峰时段,增加有效销售时间。在线餐饮很好地解决了这些问题,首先是通过外卖拓展了营业空间,在不占用餐厅座位的同时增加餐厅的营业收入。其次通过预点餐及扫码点餐实现错峰生产和简化餐厅服务程序。消费者在出门前就预先点餐,选好餐厅、点好菜、付好,订单信息就已经送到后厨;消费者到达餐厅时,菜基本上就可以端上桌了。预点餐能够在黄金时间段里,降低与顾客的沟通和结算的时间成本,提高黄金时段的时间效率。预点餐的按订单生产的这种相对有预期和有计划的餐厅运转模式一定程度上能够优化原材料供应和降低损耗。

相对于传统餐饮,在线餐饮的升级标志还体现在数字化订单所带来的对数据的分析运用和管理运营方面。从选址到开业、运营,再到供应链的管理等等,新餐饮老板的决策都是建立在对数据的解读和分析上的。好的地址等于成功了一半,传统的做法一般是观察目标地段人口流动情况、周边居民构成及分布、考察同地段其他餐厅的经营情况、重点考察预想中的竞争对手状况等等。这些当然都是开店前的基本功课。借助大数据可以指导投资者对目标区域、目标地段有一个更加清楚的认知。比如,这个区域的人外卖叫得多不多?喜欢叫什么样的外卖?哪个餐厅的生意最火爆,他们到店消费的平均金额是多少?喜欢吃川菜还是淮扬菜?传统餐饮业开店的思路是:我会什么?我的客人在哪里？我要怎么样找到我的客人？新餐饮的开店思路是：我的客人是这样的，他们有这样或那样的需求，我怎么样做才能满足我的客人的需求？让我的客人感到满意？基于对大数据的分析和运用，预点餐、扫码点餐和在线点餐以及各种在线订餐，构成了数字化订单的最大来源。

（五）"互联网＋餐饮"成为行业趋势

"互联网＋餐饮"模式是将互联网技术与餐饮业进行融合，创造出的新餐饮业态。在线预订、在线点餐、电子支付、美食点评等综合服务功能将得到拓展，网上餐厅实体店将是未来餐饮发展的新模式。互联网＋餐饮模式集中体验在在线支付电子化、营销电子网络化、技术智能化和体验互动化等四个方面。

1.在线支付电子化

移动支付已成为消费者最主流的支付选择，餐饮消费由于整体消费金额不高、商户电子支付接口完善等原因，93.2%消费者外出就餐时通常会选择支付宝和微信支付，移动支付已成为消费者外出就餐时最主流的支付方式。

随着越来越多的餐厅采用手机点菜和在线平台点餐的形式，实际上使得手机支付与在线点单变得基本同步化。手机点菜可能发生在餐厅，也可能发生在外卖预订的时候，当手机点菜发生在餐厅的时候，通常通过微信扫码点餐后直接就进入手机支付页面，此时手机支付直接与餐厅结算；当手机点单发生在外卖时，手机结算发生在消费者与外卖平台之间，此时的支付可以选择为支付宝、微信或银行卡等多种电子支付方式。

2.营销电子网络化

随着互联网对居民生活渗透的深入，越来越多消费者习惯通过在线渠道满足自己对餐饮的各类需求，通过在线生活服务平台挑选、预订餐厅已成为消费者就餐时的常规选择，尤其是年轻消费群体，比较喜欢通过在线生活服务平台提前预点餐和在门店扫码自助点餐。到目前为止，互联网用户网上订餐比例达到五成水平。网上订餐逐渐成为外卖主流，用户可以通过外卖平台或者商家官方微信下单，即可实现送餐上门，线下餐线上卖俨然已成业内趋势。

这种在线销售推广和合作模式对餐厅来说实际上是一种网络化的电子商务营销。这种模式的具体形式有在线查看和挑选餐厅、在线订餐、外卖、团购和在线评价等，实际上是餐厅与消费者在网络平台上建立相互媒介关系并促进消费完成的过程。因此，越来越多的餐厅进驻在线餐饮预订和外卖平台，各大餐饮品牌纷纷加快了电商营销的步伐，餐饮品牌入驻电商促进营销已经成为潮流。

由此，餐饮业正从过去以堂食消费为主，以厨师出品为核心竞争力，转变为"堂食＋外卖/外带＋零售化"线上线下相结合的多元模式，企业需要提升供应链、组织力、品牌力、大数据运用能力,甚至新媒体客群运营能力等系统竞争力。

3.技术智能化

以新中产为代表的一批主流餐饮消费人群,除了一如既往重视餐食的品质安全外,也会越来越关注餐饮全流程的效率和体验,这使得新技术、新体验将成为餐饮行业下一步发展的重心,逐步用智慧化、数字化的经营理念迎合年轻消费者的喜好,而移动化、自助化、智能化的新餐饮体验也将成为未来餐饮的重要发展方向。

作为餐厅而言,需要聚焦于智能基础设施研发应用,解决店面自身管理系统,这些餐厅智能化技术包括在线订位、在线排队等位、在线点菜、扫码点菜和在线支付等方面。当前餐饮行业的高度智能化服务餐厅已经很多,从点餐、买单、取餐、送菜全部实现了自动化,并完成电子支付。国内也出现多家机器人的送菜服务,很多餐厅从点餐、下单、送菜均实现了自动化、智能化的机器人服务,不仅能减少人工成本,也对吸引顾客、促进营销很有益处。

智能化技术改革还体现在厨房革命,为了应对不断上涨的成本压力,餐饮业中许多投资者不惜花重金购入自动烤箱、自动煮面机、自动料理机等先进的厨房设备,餐厅厨房进入现代化、机械化、智能化发展阶段。这首先减少了厨房的人力成本,以前专岗专职,有些岗位对厨师要求很高,大大增加了人力成本,出品质量还不够稳定,智能厨房的出现使得餐厅对后厨人员的要求大幅降低,还减少了房租成本压力,将更多的空间让与前厅经营。

4.体验互动化

随着智能化技术的发展,餐饮出现了一些新的发展趋势,智能化技术还被运用到餐厅的环境和氛围的打造中,目前我国深圳等地就出现了将5D全息光影技术的应用到餐厅氛围营造中,其场景化的氛围打破了传统餐厅的乏味性,让吃饭本身有了更多的互动,无需佩戴任何设备,就能一边享用美食,一边享受5D投影技术带来的场景变换,如看电影、听音乐、玩游戏、屏幕互动等通通都能搞定,还能根据场景的需求,自由切换,节日庆祝、生日庆祝、求婚惊喜等等,一切都可以实现。这样的互动体验,给消费者带来了无限的欢乐和惊喜。

体验互动化还体现在顾客用餐后使用在线平台对用餐体验进行评价和点评等方面。

(六)中央厨房配送

中央厨房是供应多家餐厅半成品的统一厨房,通常选择一个集中地点,配有巨大的操作间,将采购、选菜、切菜、调料等各个环节纳入其中并配有专人负责,半成品和调好的调料一起,用统一的冷藏车运输方式,赶在指定时间内运到各直营店,实行统一采购和配送,各门店的后厨只需要按照要求简单加工即可。

中央厨房的优点是通过集中规模采购、集约生产来实现菜品的质优价廉，在需求量增大的情况下，采购量增长相当可观。一定程度上能保证食品采购供应链的可塑性，同时可集中严格控制半成品的流程和生产标准，降低食品安全风险，形成集约化、标准化的操作模式。由于其统一化和标准化的生产流程和调料的同一配方，最大程度上保障各家门店出品品质和口味一致，强化对各个门店的统一把控。中央厨房的集约化半成品生产还能降低日益增长的人力成本压力。

新零售被应用到餐饮业之后，各大餐饮品牌店也开始在店内采取线上营销、线下体验，再加零售的新餐饮形式，比如海底捞就通过中央厨房工厂统一生产出独家火锅调料，取得较好的市场效益。盒马鲜生是最先将商超、生鲜、餐厅业态融合在一起的，在生鲜超市外通过中央厨房规模化生产半成品，然后通过门店统一零售。盒马生鲜还将中国独特的外卖业态成功接入，通过中央厨房集中生产和供应。

（七）餐饮定制抢市场

私人定制是为客户量身定做，产品可以是独一无二的。私人定制服务具有私密性、个性化、个人受益三个特性。它是独一无二的标签，也是彰显个性和魅力的标签。餐饮定制化发展是消费者生活方式提升背景下消费需求升级的结果，餐饮定制主要有三个方面的定制：一是身份特殊的顾客，比如糖尿病患者、回民等；二是目的特殊的顾客，比如求婚、纪念日、私人宴会等；三是高端餐饮，这类定制主要是对高档菜品和高端服务的需求。餐饮定制市场的发展主要在特殊目的定制和高端餐饮方面。

特殊目的定制是随着人们生活品质的提升，餐饮逐渐成为服务人们生活方式的要素、场景，人们开始将餐饮作为生活方式的道具，用于各种场景的载体，这些场景的塑造便成就餐饮的定制化市场。这类定制在高端酒店中早已存在，但近几年才出现较大的发展。早期的高端酒店常常会收到顾客委托，承接一些外卖宴会和茶歇等形式产品，包括户外婚礼和宴会，以及外场会议茶歇等形式，包括西式冷饮和自助餐等形式。这类外场定制化餐饮外卖需要配合场景的需要，成为场景打造的元素和工具，可以不受场地限制并配合活动主题灵活开展。

随着人们生活水平的提升和生活质量要求的增长，以及社会活动形式的演变，场外宴会开始走入寻常百姓家，普通人家的婚宴、寿宴、生日宴、同学聚会、战友相逢、结婚纪念日、家宴等主题的宴席均可定制化供应。即便是在我国广阔的农村，也开始兴起一种"移动餐馆"的定制化餐饮。"移动餐馆"这种定制化的餐饮形式可以在自己家接待宾客，并最大可能提供亲友的互动交流和情感维系，能最大程度上克服酒店标准化宴会对社交人情的忽略。但定制化宴席受到厨房移动设施的限制,出现相当部分的菜品以速冻食品为主,一定程度上降低了食品质量。

高端餐饮的定制化发展主要源于高端人群为避免滑向大众消费,转而青睐定制服务,该类顾客期望在定制化餐饮中获得高档菜品、服务和环境需求的满足,要求获得更有品位、更具个性、更符合需求的餐饮服务。定制餐饮需要依据顾客要求的主题、目的、档次等因素打造独一无二的个性宴会。私人定制宴会并不一定很奢侈,但一定是最能迎合宴会主人需求的方式。近年来流行的私房菜馆便是高端餐饮定制化的缩影之一。

第三节 酒店 OTA 业态

所有行业根据是否通过互联网触达消费者可以分为在线(互联网)、非在线(传统)两类。在线行业根据付费者类型可以分为消费者付费(直接收入、广告、佣金)、商家付费(广告)两类,其中,消费者付费可以根据消费地点分为线上(信息层)、线下(物质层)两类。这些在线酒店预订和电子商务平台就是酒店 OTA 业态。近年来,酒店 OTA 发展十分迅速,升级速度和功能扩展十分强大,成为酒店业态中一支重要的力量。

一、OTA 格局

(一)OTA 技术

随着用户群体从 PC 端向智能手持设备方面的大量转移,以及旅游用户预订习惯的转变,移动互联时代下的在线旅游市场极大改善了用户的消费体验之外,移动互联在 OTA 模式中占据了重要位置。

OTA,全称为 Online Travel Agency,中文译为"在线代理",是旅游电子商务行业的专业词语。指"旅游消费者通过网络向旅游服务提供商预订旅游产品或服务,并通过网上支付或者线下付费,即各旅游主体可以通过网络进行产品营销或产品销售"。OTA 的出现将原来传统的旅行社销售模式放到网络平台上,更广泛地传递了线路信息,互动式的交流更方便了客人的咨询和订购。

(二)OTA 应用功能

随着相关移动智能化技术的日益成熟,以及为了更好地满足用户需求,在线旅游服务商们为用户提供了相当多的新式应用。这些应用主要以多元化、多点式的 App 客户端为主,应用中包含了航班、酒店、旅游产品、攻略、图片分享等各个环节和产品,在产品的使用上进行了大量优化,提升用户体验,主要包括以下几个方面。

1.移动定位服务

LBS(基于位置的服务)与地理位置密切结合,通过一组定位技术获得移动终端的位置信息,以移动通信网络和卫星定位的系统结合来实现,实现各种与位置相关的业务。在旅游中基于位置的移动定位服务包括导航服务、位置跟踪服务、安全救援服务、移动广告服务、相关位置的查询服务等。比如根据当前定位位置,通过在线旅游服务商的 App 等相关应用,可以查询附近酒店、旅游景点、娱乐设施等相关信息,可以进行选择预订的同时,导入地图应用,实现空间到达。

2.语音搜索

在移动的过程中,语音功能是非常有潜力的一块,如何便捷地获取信息,是用户体验的焦点。

3.移动支付

移动支付通常称为手机支付,就是用户使用移动终端(一般是手机)对所消费的商品或服务进行账务支付的一种服务方式。移动支付对实物货币有着可替代性作用,不受时空限制,具有先天的优势,在当前的消费行为中起着重要作用,移动支付服务的水平,将成为改善用户体验的重要组成部分。OTA 在线预订附带移动支付功能。

4.个性化信息推送

随着大数据(Big Data)在商业分析领域的大量应用,个性化推送在当前电子商务领域并不鲜见。根据用户的搜索、浏览、购买历史,分析用户相关兴趣爱好,将与用户相关的旅游信息(特别是折扣优惠)直接推送到用户面前,增加用户黏度的同时,进一步提升用户体验。

(三)酒店 OTA 格局

1.酒店 OTA 基本格局

中国 OTA 应用早在 21 世纪初就已经开始上线,并凸显出百花齐放的格局,经历十几年的变革和发展,到 2018 年,中国受欢迎和快速增长的在线酒店预订平台分别是携程、美团酒店、去哪儿、同程艺龙、飞猪(根据第三方移动互联网大数据监测平台 Trustdata 的研究),这五家合计占据国内整个在线酒店预订市场的 96.4%。同时,由于 OTA 的极大便利和较好的体验感,中国在线酒店预订行业的月活跃用户(MAU)也保持快速增长,到 2018 年已经接近一亿,增长率一直保持在 20% 以上。

最新的中国 OTA 版图格局始于携程大一统进程(携程收购艺龙、去哪儿后,持有途牛股份,并持有合并后的同城艺龙 45% 的股份),首先奠定了携程 OTA 第一体量之位。其次是国内最大两个第二方阵 OTA 平台同程和艺龙合并后归入腾讯门下,获得最大社交平台微信庞大流量借口,形成不可小觑的第二支重要势力。还有就是飞猪长期依托阿里平台,获得阿里庞大用户流量支持,形成第三支重要势力。最后是美团兼并大众点评形成美团点评后,深耕本地市场和用户,形成综合生活服务平台优势,成为国内酒店OTA的最大黑马,美团酒店的订单量和间夜量在2018年第二季度排名第一,超过了携程、去哪儿、同程艺龙的总和,并占据了46.2%的间夜量。从而形成2018年相对稳定的中国OTA的"四大势力五大平台"的基本格局。

2.酒店OTA各版图优势

携程、同程艺龙、飞猪和美团点评四股势力四分天下,形成相对稳定的OTA版图格局。从体量上看,携程几乎占据在线旅游市场的"半壁江山",百度作为携程的第一大股东,也在持续对其输送流量;而前身为阿里旅行的飞猪,背靠阿里带来的巨大流量,并以排名第一的用户黏性优势正在飞快分食用户,其用户黏度主要来自阿里淘宝高频率网上购物的广大用户基础。前三家都是BAT三大巨头加持的三家OTA,将在线旅游市场拉入新流量时代。与此同时,美团点评也加入战局,成立酒店旅游事业群,美团点评于2017年加码在线旅游,发布独立旅行品牌美团旅行,同年获得腾讯领投的40亿美元融资;美团酒店得益于其所依靠的美团点评餐饮外卖的高频服务而拥有广大的用户基础,一举拿下本地市场,并获得国内OTA最大酒店订单量。

3.酒店OTA资本格局

从投资方看,我国当前酒店OTA的基本版图是:携程背后是百度,飞猪背后是阿里,美团和同程艺龙背后是腾讯。实际上这一版图背后的资金是无界限的,各个势力背后都有着批次的资金身影。比如,艺龙与同程在线的合并,不过是与腾讯达成协议,将一个携程系的"自己人"和一个"竞合伙伴"兵合一处,还是在一个体系内,因为携程仍持有45%的合并后的同程艺龙股份。

4.酒店OTA未来竞争展望

四大势力的主要竞争阵地仍是标品,即机票酒店领域,竞争的核心其实还是流量的问题,但各有优势:携程有体量优势,而飞猪有淘宝系流量加持,美团有本地服务流量加持,同程艺龙享有微信借口。因此四家之间现阶段处于对峙阶段。

未来竞争和版图变数可能来自新技术的应用,比如用区块链的智能合约,可能会出现一个基于区块链技术的分销平台,可能会形成与OTA另外一个同等级并行的竞争空间,也可能借该技术摆脱OTA的约束。但无论如何,流量的问题仍是竞争的关键。

二、OTA集团

(一)携程

1. 携程概况

携程是一个在线票务服务公司,创立于1999年,总部设在中国上海。携程旅行网拥有国内外六十余万家会员酒店可供预订,是中国领先的酒店预订服务中心。携程旅行网已在北京、天津、广州、深圳、成都、杭州、厦门、青岛、沈阳、南京、武汉、南通、三亚等17个城市设立分公司,员工超过25000人。2003年12月,携程旅行网在美国纳斯达克成功上市。2017年位居"中国互联网企业100强"榜单第九位,2018年排名《财富》未来公司50强第四位。

2. 携程业务

携程营收板块主要由四部分构成:酒店预订、交通票务、旅游度假、商旅管理。其中,酒店预订和交通票务在营收中占比超过80%(2017年携程的大住宿、交通票务、旅游度假和商旅管理业务的营收分别为95亿元、122亿元、30亿元和7.53亿元,分别同比增长30%、38%、29%和24%。)

(1)酒店预订业务。

携程旅行网拥有中国领先的酒店预订服务中心,为会员提供即时预订服务,国内外分别覆盖酒店超过70万家。其投资的住宿平台途家,也可以提供120万个可售卖的房间。80%的合作酒店愿意提供保留房,以确保用户不至于订不到房间;酒店方与携程的Ebooking系统也被打通,大部分订单都能在10分钟内得到确认。

携程还不断推行合作创新。比如闪住,在线支付后就能直接入住、离房;又比如携程联合十万家酒店,将原先订单"不可取消"规则,改为时限内仅扣10%的房费。

(2)国际业务拓展。

携程是国内较早开展国际业务的OTA,目前其业务覆盖范围扩大至50个国家的353个城市,与超过2000家酒店达成合作。

交通票务方面,有近900家境外航空公司进驻携程国际机票预订平台,航线覆盖范围增加到全球200个国家和地区的5000座机场。整合超过300万条航线的资源,可以为用户提供几乎全球任何地方的航班信息;火车票业务不仅覆盖中国所有铁路线路,也扩展至欧洲、韩国等海外市场。而孵化于携程的TrainPal,平均能为英国火车票用户节省40%的开支。Trip.com通过位于欧洲和亚洲的海外客服中心,提供7×24小时服务,在每个市场迅速增长,并连续8个季度实现国际机票三位数增长。

通过原有平台、天巡、Trip.com,携程建立了覆盖全球的旅游引擎。

(3)网约车业务。

携程集团宣布旗下的携程专车已于2018年正式获得天津市交通委代交通部交通运输部颁发的《网络预约出租汽车线上服务能力认定》,也就是俗称的"网约车牌照"。意味着携程专车具有了网络预约出租车线上服务能力,并开始进军网约车领域,打车业务名称为携程用车,为携程联合滴滴、首汽、AA租车共同推出,服务基本覆盖全国大多数城市。很快,其网站和App上便上线了专车和租车标签,推出了打车业务。具体来说,在携程首页的机票、火车票、汽车票等交通票务一栏中,新增了专车和租车的标签,进入标签则有国内用车和海外用车两个选项。其中,国内用车服务中包括接送机、接送火车、租车、包车等业务;而海外用车则包括海外租车、海外接送机以及海外包车游。

(4)携程金融。

携程是国内最大的在线旅游代理平台,既有用户流量,又有消费场景,跨界金融也被认为是理所当然的布局,这也是携程为了寻求更多盈利点,而拓宽生态圈。截至目前,携程金融已设立消费金融、产业金融、信用卡、征信、支付等业务,还在不断开拓金融相关场景。

2013年携程成立金融事业部以来,陆续推出理财产品、小额贷款公司、海外购物消费奖励平台、大额装修翻新贷和小额流动资金贷,并进军旅游出行中频发的意外伤线上保险。从消费金融到产业链金融,从面向C端到兼顾B端,携程的金融版图越来越大。

3.携程竞争战略

(1)携程优势与机会。

携程用买买买的方式扫清了战场,近两年依靠垄断地位收割利润。它是OTA中唯一的超级玩家,因为巨头的优势在于体量,体量带来的就是和供应商的议价权,换句话来说是巨头的产品就是便宜,这为携程带来了巨大的用户和流量。

近年来,携程并未满足于线上运营,并已经着手线下投资实体和培育住宿业的新兴品牌。事实上,入股东航,收购旅行社和地接社,携程早就开始向上游资源方渗透了。这些下线投资和培育将或多或少减轻携程轻资产带来的"头重脚轻"的症状,为其持续参与OTA竞争提供有力支撑。

(2)携程劣势与挑战。

机票、酒店和度假是携程的三大主营业务。但是好景不长,在航空公司取缔代理人销售模式之后,除了捆绑搭售外,单纯的机票业务已经再也不能作为携程营收增长的有力武器。

酒店就再度成为携程最后的护城河,但酒店预订面对突如其来的美团点评的超越,使得其危机重重。因此,国际市场寄托着其未来增长点,首要目标是中国游客的热门市场,包括韩国、日本等亚洲市场。此前携程的国际化布局主要依靠入股和收购推进,且效果不错。接下来携程还会在全球各地加速扩充酒店库存,同时加速建设面向海外的品牌。不过携程的国际化还在早期,对营收的贡献不会太大。要想突破世界各地林立的OTA也并非易事。

它的股东之一Priceline不愿看到携程顺利出走。2017年下半年Priceline入股美团被业界解读为同时双边下注,牵制携程国际化步伐。从资源上,美团和Priceline旗下Agoda的合作效果(如Agoda将海外库存对接给美团)将逐渐凸显,这将在局部地区如东南亚给携程带来压力。

(二)同程艺龙

同程艺龙是同程旅游集团旗下的同程网络与艺龙旅行网在2017年12月29日共同成立的公司,新公司将整合双方大交通、酒店等优势资源,打造更为领先的旅行服务平台。同程艺龙合并给同处于OTA第二方阵的同程和艺龙两个平台都带来了新的生机和活力。

同程艺龙合并算得上"回天有术"。单独以同程或者艺龙来看,都不足以跟携程去抗衡,更不要讲在行业产生多大颠覆,只能处在一个追赶的位置之上。通过合并,携程和腾讯的利益都放在里面,这两个棋子就活了。对携程来说,持有合并后的45%的股份,形成资源协同优势。

同程艺龙合并后,一方面获得腾讯的注资,同时获得腾讯许可对接微信钱包火车票、机票和酒店两个流量入口,会在规模、营收和盈利能力上得到提升。其战略目标就是奔着上市而去的,初级阶段扩大盈利规模还是它的首要任务,而这有赖于运营效率的提高,以及两家公司合并后权力的平稳过渡和团队的顺利融合。

同程艺龙年底合并案对于行业的影响可以从其几个参与主体身上考察。腾讯是出于战略上的竞争需要,它在旅游上的玩法就是把微信入口开放给同程和艺龙,合并之后不用竞争,分工更明确,所以腾讯获益最大。

(三)飞猪

1.飞猪概况

飞猪,指为淘宝会员提供机票、酒店、旅游线路等商品的综合性旅游出行网络交易服务平台,包括网站及客户端。2016年10月27日,阿里巴巴集团宣布将旗下旅行品牌阿里旅行升级为全新品牌飞猪,英文名为Fliggy。

2.飞猪定位与优势

飞猪将目标客群锁定为互联网下成长起来的一代,结合阿里大生态优势,通过互联网手段,让消费者获得更自由、更具想象力的旅程,成为年轻人度假尤其是境外旅行服务的行业标杆。

飞猪的优势表现在其作为阿里系旗下品牌,享有阿里庞大的用户群、阿里系统接入口和完备的信用体系等。

3.飞猪"新旅行联盟"

2018年10月17日,阿里巴巴旗下的旅行品牌飞猪宣布成立"新旅行联盟",联盟的核心正是大数据及运算能力,这是被人们讨论许久的大数据生产力,率先在旅游行业有了一个标准的范式。

"新旅行联盟"计划,是联合全球旅行服务商、各国旅游局、阿里生态伙伴等优质生产力要素,以消费者为中心,开启数据智能时代的深度连接,构筑全链路连接的行业新生态,使游客的旅行体验更舒适。

阿里巴巴全球化事业部总裁、阿里巴巴集团资深副总裁兼飞猪总裁赵颖表示:新旅行联盟不是一个组织,而是一种不设限的连接模式,希望通过行业伙伴的深度互动,让全球消费者的旅行体验越来越超乎想象。让他们能真正体会到"心生欢喜、身随心动、心满意足、心有所念"。比如,旅行消费者在全过程中除了交易之外的查询、地图、点餐等都是阿里生态今后能够赋能给商家的,而这其中所涉及阿里体系中的口碑、支付宝、高德等,其实也都已涉入旅行的相关业务,其将来与飞猪之间的业务协同及效率或也将成为挑战。

因此,飞猪提出"新旅行联盟",实际上就是进一步集结和挖掘阿里力量及阿里所有生态伙伴力量,实现资源互联,通过新旅行联盟,组建目的地范畴的商业生态圈。

(四)美团点评

1.美团点评概况

"美团大众点评"由美团与大众点评在2015年10月8日合并而成,并于2018年9月20日在港交所上市。美团点评对自己的定位是"中国领先的生活服务电子商务平台,用科技连接消费者和商家,提供服务以满足人们日常'吃'的需求,并进一步扩展至多种生活和旅游服务"。

合并前,美团网是2010年3月成立的团购网站,并于2013年上线美团外卖网上订餐平台,用户数达2.5亿,合作商户数超过200万家,活跃配送骑手超过50万名,覆盖城市超过1300个,日完成订单1800万单。

合并前,大众点评网是2003年4月在上海成立的本地生活信息及交易平台,也是全球最早建立的独立第三方消费点评网站,大众点评为用户提供商户信息、消费点评及消费优惠等信息服务,同时亦提供团购、餐厅预订、外卖及电子会员卡等O2O(Online To Offline)交易服务。合并前,大众点评月活跃用户数超过2亿,月综合浏览量(网站及移动设备)超过150亿,收录商户数量超过1400万家,覆盖全国2500多个城市及美国、日本、法国等近百个热门旅游国家和地区。除上海总部之外,大众点评已经在北京、广州、天津、杭州、南京等160多座城市设立分支机构。

合并后,美团和大众点评双方人员架构保持不变,保留各自的品牌和业务独立运营。新公司将实施Co-CEO制度,美团CEO王兴和大众点评CEO张涛将同时担任联席CEO和联席董事长,重大决策将在联席CEO和董事会层面完成,此次交易得到阿里巴巴、腾讯、红杉等股东的大力支持。

2.美团点评业务板块

从美团点评上市前公布的营业数据显示,2018年上半年,美团点评交易额为2319亿元、营收263亿元,均呈增长状态,经调整亏损净额为人民币42亿元。作为美团最重要的两大核心业务板块,餐饮外卖、到店及酒旅营收占总体营收的比重为86.44%,成为美团营收增长的重要贡献力量。其中,餐饮外卖的收入同比增长90.9%,达到160亿元人民币,到店及酒旅分部收入同比增长44.1%,至68亿元。新业务及其他是增长最快的分部,收入同比增长高达41.9%,至36亿元,但该业务收入仅占总收入的13.6%。从公布的营业数据可以看出,美团点评拥有到店餐饮、酒店旅游、在线外卖和移动出行四大板块,其中外卖是公司估值最重要的支撑。

随后美团点评公布了其上市后的组织机构调整信息,信息显示美团点评组织机构调整为:第一,组建用户平台,包含美团平台、点评平台、服务体验平台等部门,全面提升用户体验和服务能力;第二,组建到店事业群,统筹到店餐饮、到店综合、住宿、境内度假、营销平台(广告品牌广告)、RMS(SaaS收银与点餐)、聚合收单等业务,加速线上线下一体化服务,进一步帮助商户提升效率;第三,组建到家事业群,统筹外卖、配送、闪购、智慧厨房等业务,持续提升即时配送能力,为用户提供更加丰富高效的到家服务;第四,成立快驴事业部,为商家提供优质供应链服务;第五,成立小象事业部,继续深耕生鲜零售,提升消费体验;第六,成立LBS平台,包含LBS服务、网约车、大交通、无人配送等部门,进一步增强LBS基础服务能力。

美团点评新一轮组织升级,按照需求端(C端)和供应端(B端)分类,组建用户平台,以及到店、到家两大事业群;在新业务侧,主推商业家供应链业务"快驴"和生鲜零售"小象"两个事业部,同时组成包含大交通的LBS(基于位置的服务)平台。

随后美团点评便推出了美团打车,并且不久之后又拿下摩拜,将其纳入自身版图,进一步加强在出行领域的布局。到目前为止,美团点评围绕餐饮这个核心在到店、到家、供应链、新零售、出行与出游等场景都已经完成了布局,而这几大板块的有机联系有一个共同的指向,那就是用户习惯的培养,也即在满足用户消费习惯的同时也在塑造着用户的消费习惯,最终让美团点评成为用户消费习惯中不可或缺的一环。

美团点评核心战略是"food＋platform",通过餐饮这个强需求、高用户黏性的服务吸引用户,进而延伸到生活的方方面面。也就是说,美团点评给自己定下的核心使命是一站式满足用户吃喝玩乐的需求。而这个领域的市场足够大,一旦美团点评成功构建起自己的生态,那么其市值还会有很大的上涨空间。

其中,餐饮包括餐饮外卖、餐饮到店两部分,美团起家于到店业务,但在2016年开始线下移动支付的大规模普及对到店业务造成降维打击,导致到店业务发展停滞甚至萎缩,这一块本身的价值与成长空间不大,但其战略价值包括加强用户黏性和能够与酒旅业务一起提供一定的净利润与自由现金流供其余业务发展。生活服务电商综合性平台相比垂直性平台的优势在于交叉销售,酒旅与餐饮、到店的协同性很高,酒旅是到店、酒店与旅游分部未来价值的核心。也说明到店、酒店与旅游三者是美团点评的核心变现业务(另外一个变现业务是新业务与其他业务里面去除出行与新零售业务剩下的 toB 与 toC 业务,目前量级还小,非核心)。

3.美团点评"无边界战略"

美团点评已建立了一个基于高频餐饮服务的超级电商平台,已经实现的流量量级,是携程的20倍以上,美团决定广泛挖掘这一价值无边的超高量级。这一基于高频餐饮服务的超级生活服务电商平台战略,被誉为"无边界战略",美团点评正在全力以赴地开启中国互联网"新一代"的使命。

而美团点评"无边界战略"能够实施到底,是因为坚持了清晰的商业模式,即坚持要做一个多品类电商服务平台,美团点评从提供餐饮服务开始,一步步开疆拓土,将业务扩展至餐饮外卖、到店餐饮、酒店预订、交通票务、旅行、叫车服务等领域。这是一种真正实现了"线上＋线下"闭环的商业模式,能够实现商家、消费者、品牌在内的各方利益平衡。

作为服务业电子商务行业的领导者,美团点评有着中国最大的同城配送网络,享有显著的规模与网络效应。美团点评打造了一个行业领先的即时配送网络,到2018年,日均活跃骑手数量接近60万。在美团点评平台上完成的所有餐厅订单配送给消费者的平均时长约为30分钟。庞大的规模和网络效应降低了美团点评的获客成本,持续提升了行业壁垒。

"无边界战略"也需要强大的数据及分析能力,美团点评能为用户提供个性化内容及页面以匹配其消费喜好、口味偏好及时间敏感度。消费者能够进一步根据美食类型、销量对接、距离及若干其他特点(如配送速度、配送费用、评分及人均消费)过滤和筛选结果。凭借强大的数据分析和处理能力,支撑着美团点评成为全球最大的餐饮外卖服务提供商。2018年第一节度,美团点评外卖市场份额扩大至54%,超过饿了么与百度外卖之和,以绝对优势占据市场主导地位。

美团点评还向商家提供了包括精准在线营销工具、高效的即时配送基础设施、基于云计算的企业资源规划（ERP）系统、一体化支付系统，以及供应链和金融解决方案。其中，美团点评为商家开发的云计算 ERP 系统将订位、电子菜单、下单、排队管理、即时配送、多种支付方式、库存、工资单及客户关系管理整合至一个具有云连接的系统中，大大简化了商家的线下线上经营，提高商家效率并降低成本，助力生活服务业实体经济转型升级，为商户提供广泛的商家解决方案。

美团点评"无边界战略"的风险在于可能导致整体业务过于分散，给人"不务正业"的感觉。并需要在各条战线上投入大量资金，容易将企业拉到长期亏损的边缘。因此"无边界战略"也需要底线，就是以"吃"为基点，一方面在业务上作纵深扩展，另一方面，随着总体上用户规模的不断扩大，不断在业务边界上作横向的战略转移。

4. 美团点评"飞轮效应"

美团点评作为全球领先的生活服务电子商务平台，之所以能得到投资者如此的青睐，在很大程度上是因为其超前的完整的生态体系性战略布局，即通过餐饮这个强需求、高用户黏性的服务吸引用户，进而延伸到生活的方方面面，打造一站式满足用户吃喝玩乐的超级服务商。

其价值并不体现在有形的业务形态，而在这个生态本身，以及整个生态能够给用户带来的价值，也因此，美团点评被称为"服务业的亚马逊"。

美团从最开始的团购，再到合并大众点评、抢下外卖的半壁江山、拓展酒旅旅游服务、收购支付牌照，一直到收购摩拜单车，这些业务相互关联，都是围绕着"吃喝玩乐"这个主题而展开的，而"吃喝玩乐"覆盖了日常生活的大多数场景，这就意味着，用户使用美团点评这个平台越多，从中获得的价值便越高，这样，飞轮就转起来了。所以，尽管此前美团点评并没有正式提出构筑生态的公司战略，但实际上它的一举一动都在为一个庞大生态的形成添砖加瓦。

互补的业务和商业模式构成使得美团具备交叉协同的强大效应，更多采用本地网上服务庞大的用户群，以及相对于竞争对手的结构成本优势等，成为美团未来发展的驱动力。

5. 美团点评竞争形势与优势

美团点评目前尚处于高速发展期，再加上其优异的业绩表现、大大改善的财务指标以及年轻能干的创始高管团队，这些无不预示着美团点评的未来还有非常大的想象空间。美团点评上市后随机开始新一轮的机构改革，组建用户平台以及到店、到家两大事业群；在新业务侧，主推商家供应链业务"快驴"和生鲜零售"小象"两个事业部，同时组成包含大交通的LBS（基于位置的服务）平台。它所展现的攻击性足以让携程紧张。2018年3月，美团酒店以2270万的单月间夜量首次超过携程、去哪儿、同程艺龙的总和。2018年第一季度，美团酒店以5770万的订单总量，位居行业第一名。未来一段时间，在国内市场，美团点评还将在门票、短途游、酒店领域，持续挑战携程的市场份额，携程反制美团的动作也会更积极。但由于各自把持了稳定的流量入口，加上背后的投资方交错复杂，很难歼灭对方。

但这样一来，美团点评将会四面受敌：在餐饮领域的餐饮外卖与到店，与阿里的饿了么＋口碑形成直接竞争；在酒旅领域的住宿与旅游，与携程、阿里的飞猪等形成直接竞争；在出行领域的网约车与共享单车，与滴滴打车、阿里的高德＋哈罗单车等形成直接竞争；在新零售领域，也将与阿里的盒马生鲜形成直接竞争。

美团点评通过"无边界战略"的部署，获得长足的发展和壮大，在四面受敌的同时，也凸显出较强的竞争优势。

一是美团点评建立了领先的生活服务品牌与综合平台，领先的生活服务品牌带来强大的品牌效应、网络效应与规模效应，综合平台的成功构建实现良好的可交叉销售便利。美团点评以餐饮为基点，不断扩张的美团拥有强大的经营优势，能够实现结构性成本节约。美团点评专注于大众、刚需及高频的服务种类，在消费者生活中建立多个触点，从而使得他们能够推出及交叉销售各类其他服务种类（例如酒店及旅游预订）以及许多其他生活服务，透过利用低用户获得成本及增长的用户终身价值进行有效竞争。

二是美团点评持续发展刚需餐饮高频服务领域，品牌知名度得到极大扩展，家喻户晓。比如，移动应用美团网、生活服务线上交易平台大众点评、即时配送服务品牌美团外卖、共享单车服务品牌摩拜单车这些在中国家喻户晓的品牌都是美团旗下较受欢迎的品牌。

三是美团点评通过高频餐饮服务的超级电商平台拓展到无边界的综合生活功能平台，建设成为覆盖消费者生命周期价值的一站式平台。美团点评的一站式平台提供广泛的日常服务，满足消费者的各类需要。比如，餐饮、娱乐、酒店、旅游，以及许多其他生活服务，通过交叉销售，快速和高效地扩大所触达的消费者群体。比如，美团酒店预订业务80％的新增用户来源于即时配送及到店餐饮交易用户。说明丰富的服务品类有助于美团降低获客成本、增强用户黏性、提升用户生命周期价值。

四是美团点评通过强大数据分析能力，向商家提供了包括精准在线营销工具、高效的即时配送基础设施、基于云计算的企业资源规划（ERP）系统、一体化支付系统，以及供应链和金融解决方案，助力商家取得成功的多元解决方案，助力生活服务业实体经济转型升级。

五是美团点评建立了最大的同城即时配送网络,配送能力强,配送效率高。

(五)马蜂窝

1.马蜂窝概况

马蜂窝旅游网是中国领先的自由行服务平台,由陈罡和吕刚创立于2006年,从2010年正式开始公司化运营。自2015年年初该公司发布自由行战略以来,逐渐探索出一条与传统OTA(在线旅行社)截然不同的营运模式——基于个性化旅游攻略信息构建的自由行交易与服务平台。

马蜂窝以"自由行"为核心,提供全球超过众多旅游目的地的旅游攻略、旅游问答、旅游点评等资讯,以及酒店、交通、当地游等自由行产品及服务。蜂窝的景点、餐饮、酒店等点评信息均来自上亿用户的真实分享,每年帮助过亿的旅行者制定自由行方案。从而成为广受中国年轻一代追捧的旅行网站,被誉为中国的旅行圣经。

用户创造内容、旅游大数据、自由行交易平台是马蜂窝的三大核心竞争力,社交基因是马蜂窝区别于其他在线旅游网站的本质特征。

2.马蜂窝发展历程

马蜂窝的创始人是两个旅游爱好者,前新浪员工陈罡和前搜狐员工吕刚。马蜂窝一开始是希望把最美好的留给用户。因此,在马蜂窝网站的首页,最显著的位置永远不是广告,而是用户上传的精美图片、游记,分享旅行攻略、经历等。马蜂窝通过把社区氛围、旅行文化、产品功能、社交互动、旅游决策和交易等各种用户体验系统性地融合,获得了稳定的用户流量。

马蜂窝不断激发用户开展分享和互动,包括优化个性化的界面创新,提升用户阅读攻略、撰写游记和行程的体验;通过旅游点评、旅游问答,以"所有人帮助所有人"的方式解决用户的疑问并提供决策参考;通过等级制度、虚拟货币(蜂蜜)、分舵、同城活动以及晾晒旅游资产般的"足迹"等。

人们在社交媒体上看到了马蜂窝的旅游内容,觉得很独特,便通过人人网、微博、微信等各种社交平台口口相传。正是这种物以类聚的自然法则式用户发展,马蜂窝积累了广泛用户。同时,也为其每年吸引来自银行、汽车、航空公司等大量的品牌广告投放。

3.马蜂窝商业模式

马蜂窝依据用户偏好及其行为习惯,对应提供个性化的旅行信息、自由行产品交易及服务,以"内容+交易"模式为核心,帮助旅行者进行消费决策。消费者可以通过马蜂窝实现如下功能。

酒店预订:用户可以预订全球140万家国际酒店和民宿。马蜂窝站在自由行用户的角度,打破按行政区域预订酒店的传统方式,专门设计了按旅行兴趣区域划分酒店的方式,令酒店预订变得更加高效、轻松和有趣,用户在5分钟内即可完成全球各地的酒店和民宿预订。

"当地游"(Local deals):旨在为自由行用户找到全球各地值得体验的本地游乐项目,包括景点门票、美食特产、交通票务、演出展览、当地娱乐1~5日游等,为旅行者提供超值且富有当地特色的自由行产品。通过与全球各地的合作伙伴对接,马蜂窝在当地直接采购旅游产品和服务,省去中间交易环节,让用户、马蜂窝的当地供应商都能享受到快乐。

自由行交易平台:马蜂窝通过搭建专门的自由行服务平台,在移动端、PC网站、微信、微博等社交媒体上,为自由行合作伙伴提供全方位的产品展示、引流、线上支付、大数据支持和销售服务体系等O2O解决方案。马蜂窝也把庞大的用户流量与线下企业共享,"无佣金"的方式使合作伙伴不用砸钱买流量,从而节省高额的推广费用,共同致力于为消费者提供高性价比的自由行产品,实现用户、线下企业、马蜂窝平台三方共赢。

社区产品:马蜂窝的UGC内容(用户创造内容)形成了"足迹、点评、问答、行程、游记"的金字塔形结构,覆盖了旅游内容产生的全程以及用户的不同需求。但马蜂窝的UGC内容存在减少的趋势,这一点值得警惕。

(六)短租平台

1.短租平台发展背景

短租平台鼓励有效利用空置房源减少资源浪费。短租概念在2010年开始兴起,到2016年多部委联合印发《关于促进绿色消费的指导意见》,再次指出支持发展共享经济,鼓励个人闲置资源有效利用,一时间在线短租平台借助政策加持和共享经济的浪潮迎来发展新机遇。短租平台的兴起主要得益于共享经济热、酒店供应市场同质化、酒店在线OTA单一化等因素。

首先,对于共享经济来说,共享单车、共享充电宝等此类互联网公司彻底让大众熟悉了共享经济,赚足了眼球。因此当Airbnb传入中国,以及共享经济成为热点,国内短租平台快速兴起。

其次,对于酒店产品供应商而言,随着我国经济的发展和互联网的普及,人们对出行的需求正在不断提高,同质化的酒店模式已经无法满足消费者日益多元化、个性化的需求。相比于酒店预订,在线短租预订房源有覆盖广、种类多、选择丰富等优势,特色民宿、四合院、花园洋房、绿皮火车房、森林木屋等多样化房源,让用户住宿体验达到最优化。同时,房地产热退去后,各大一线城市和旅游景点周边出现了大量的空置房。在线短租利用闲置资源直接出租,无需投入巨额费用就可以扩展房源,边际成本小,因而价格更低,低价优质的房源当然更具有吸引力,获得消费者的青睐。由此,以短租公寓为代表的家庭旅馆正逐步进入人们的视野中。

最后，在消费升级的背景下，共享民宿、短租住宿成为新的消费增长点，携程飞猪等OTA平台仅有的酒店住宿类产品已经不能满足用户的全部需求。垂直化的短租平台的兴起弥补了差异化的消费者需求，资本不断加码，传统OTA巨头也纷纷在涌入。在线短租整合线下资源，房源数量更多，选择范围更广。如途家网在线房源超过40万套、蚂蚁短租在线房源超过30万套，并且各平台每月的新增房源也数量可观；平台可以通过明朗的界面、个性鲜明的logo、房屋照片实拍或者VR实景看房来在线展示房源信息，大大提高了沟通效率，降低交易双方的信息不对称性。还有平台的保障机制，能有效降低预订和支付环节可能的交易风险，让分享和信赖建立。

2.短租平台发展形势

(1)市场体量小。

和整个OTA市场相比，短租公寓的市场份额是相对非常小的。在美国、欧洲等民宿市场成熟的国家，民宿市场占整个住宿市场20%，但中国民宿仅占3%左右，说明发展潜力明显。

(2)资本投资热。

尽管短租市场体量小，但是其每年30%以上的增长速度和极大的发展潜力，吸引了资本市场的热捧。2017年10月途家网完成E轮融资3亿美元，估值超15亿美元。不到一个月，小猪短租也宣布完成1.2亿美元的新一轮融资，估值超10亿美元。木鸟短租也随即完成了B+轮融资。随着旅游业日益兴盛，中国在线短租市场迎来迅猛发展，催生了途家、小猪短租、木鸟短租等一批共享住宿及民宿平台。个性化的短租产品正是消费升级下的产物，这也是短租行业之后的发展趋势。

(3)短租需求稳。

短租产品是在共享经济模式发展的背景下，对传统酒店住宿产品的补充，并拥有房地产热留下的庞大空置房基础，形成了市场各层次消费需求的稳定增长。比如更多的城市群体愿意去乡村度假，住一晚民宿，感受下稀缺的民俗风情，而与此同时，共享经济能为乡村民宿带来的新生态下的新工作岗位以及拉动当地经济的增长，无论是从用户端还是民宿供给端，这种相互的需求都是良性的。说明短租产品顺应了消费者多元的需求，未来服务内容会更有深度，服务范围也会延伸至像租车、做饭、旅游向导等线下服务。无论是资本，还是市场，或是用户需求，短租市场的发展始终有着稳健的发展节奏。

(4)管理标准化。

随着在线短租行业趋向成熟，非标准化的在线短租行业会逐渐向标准化过渡，监管和法律也会慢慢落实，使行业受法律法规保护，业务流程和服务内容也会更加清晰，逐渐建立起值得信赖的信用体系。事实上，个性化的住宿与标准化的体系并不冲突,个性化强调的是体验,而标准化则注重的是运营管理。在线短租平台住百家因个性化房源和高品质服务而被用户熟知,住百家三大标准化体系在其快速发展过程中功不可没,其三大标准体系分别是房源登记标准体系、运营管理标准体系和周边服务标准体系。

(5)服务多样化。

未来在线短租平台将充分利用线下资源,满足用户更多元化、个性化的出行服务需求。房源运营是发展短租业务的根本和基础,短租平台在产业链上游拓展房源来打造特色,例如蚂蚁短租近日从房源上延伸拓展了蚂蚁民宿村、蚂蚁小镇、海外民宿以及智能民宿等房源;向产业链下游延伸的服务有租车、派对、做饭以及用户其他私人订制服务。延伸服务更具有个性化,为在线短租行业注入更广阔的行业价值和更多的商业收益。

3.短租平台运营模式

目前,我国在线短租平台主要运营模式以 C2C(由业主自营)和 B2C(由平台管理)为主。

C2C 模式是个人房屋所有者与个人消费者之间通过平台进行直连,C2C 在线短租平台通过制定准入及运营规则规范两端用户行为。C2C 模式下两端客户可以快速与平台建立联系,房源拓展快速,但是如果平台监管不力,也存在"货不对版"的风险。该类型以蚂蚁短租、小猪短租、住百家、途家等平台为代表。

B2C 模式是在线短租平台从地产开发商、房屋中介、酒店式公寓等来源方向批量获取房源并进行统一管理,包括房屋设施、服务标准、服务流程等各方面形成统一标准并执行,以平台管理能保障高品质、有质量的房源,也能实现上下游高效对接,但是批量获取的房源个性程度弱,平台需要大量线下人员管理。很多平台两种模式兼而有之,由于现阶段房源分散管理难度大,B2C 服务模式更有保障。

4.短租平台格局

根据互联网市场调查机构艾瑞咨询发布的《2017 年中国在线短租行业研究报告》显示,2017 年在线短租平台排名前五的平台分别是途家网、住百家、爱彼迎(Airbnb)、蚂蚁短租和小猪短租。

(1)Airbnb。

Airbnb 是 AirBed and Breakfast ("Air-b-n-b")的缩写,中文名:爱彼迎,是 2008 年由大学生在美国创立,总部设在美国加州旧金山市。Airbnb 是一家联系旅游人士和家有空房出租的房主的服务型网站,它可以为用户提供多样的住宿信息。

Airbnb 是一个旅行房屋租赁网络社区,用户可通过网络或手机应用程序发布、搜索度假房屋租赁信息并完成在线预订程序。其社区平台在191个国家、65000个城市为旅行者们提供数以百万计的独特入住选择，不管是公寓、别墅、城堡还是树屋。从Airbnb上线十年间，Airbnb已经遍布全球的8万多个城市，拥有了500多万房源，累计完成了超过4亿次居住，平均每晚入住人数超过了200万。Airbnb被时代周刊称为"住房中的EBay"。

十年的时间，Airbnb从一个没有投资者肯投资的项目，到颠覆全球酒店业，成为一种全球文化现象，带来了更个性化的生活方式。Airbnb虽然未拥有任何酒店，但却成为全世界最大的连锁酒店公司，它的房源数量已经多过全球前五大酒店品牌房源数量的综合。Airbnb的意义早已超越企业的范畴，而是重塑了酒店行业，你可以从个人的手中租住一间房屋，而不是从一家酒店中租住。住家意味着更大的空间，可能获得更好的价格或更好的设施；这同时意味着游客能身处一个居民社区里，让旅途多了很多可能，比如可能会误入一个街角的咖啡店。这些细节可以帮助旅客形成一个和另一个去同样地方的旅客不同的经历。

Airbnb改变了人们的租住意识，也改变了它所在的行业。虽然Airbnb不是第一家做短租的团队，但它成功地教育了市场，培养了用户，让它的效仿者、同行们在一进入这一行业时就能得到消费者和投资人的认可。Airbnb和它的竞争者们正走在颠覆酒店行业的路上，让出游的人们从此多了一个不错的选择。

Airbnb模式还可以应用到其他行业。如果把Airbnb的概念抽象一下的话，那它的逻辑应该是：有空闲的资源就可以出租，就可以提高闲置资源利用率从而获得最大收益。这个逻辑同样可以应用到其他领域，很多创业公司就依照这样的逻辑打造出了自己的产品，并且不少项目还获得了投资。比较典型的是邀请别人到自己家里进餐的餐饮服务。

(2) 小猪短租。

小猪短租成立于2012年，是国内共享住宿代表企业，为用户提供民宿短租服务。截至2018年7月，小猪全球房源突破42万套，覆盖国内400座城市，以及海外252个目的地，拥有超过3500万个活跃用户，在全国超过20座城市设有运营中心。小猪短租通过构建保洁、摄影等上下游服务体系，从零开创并推动了一个充满活力的双边市场，市场占有率达到行业第一。

小猪的房源包括普通民宿，也有隐于都市的四合院、花园洋房、百年老建筑，还有绿皮火车房、森林木屋、星空房等。在小猪平台上房东可以通过分享闲置的房源、房间或是沙发、帐篷，为房客提供有别于传统酒店、更具人文情怀、更有家庭氛围、更高性价比的住宿选择，并获得可观的收益，而房客可以通过体验民宿，结交更多兴趣相投的朋友，深入体验当地文化，感受居住自由的快乐。

小猪的广告语"居住自由主义",和 Airbnb 一样,主张人与人之间的分享概念,居住变得更加自由,进行更深入的社交。打情怀牌,走"攒口碑"的营销路线。

小猪的目标客户主要是"80 后"、"90 后"小资及文艺的年轻人,辐射以短租业务为核心的分享经济。出行的目的包含学生旅游、家庭出游、去一个地方看病、去一个地方短期做项目或培训,以及更复杂的一些需求。以旅游为目的的消费只占 40%左右。

2018 年,阿里飞猪宣布接入小猪短租房源,"双猪合璧"想做更多年轻人的生意,飞猪 App 在"酒店客栈"入口下嵌入独立的民宿短租频道,接入小猪短租的房源。而飞猪平台原有的不少单体民宿也并入飞猪短租。对飞猪来说,其平台仅有的酒店、客栈等住宿产品已不能满足消费者的全部需求,飞猪需要进一步完善大住宿产品的服务场景,而小猪短租恰恰填补了这块空白,使得和酒店形成互补的民宿有独立的频道入口。对于小猪短租来说,可以从背靠阿里巴巴的飞猪平台获取巨大的流量,其平台的房源获得更多的流量曝光和品牌背书。同时,直接引入飞猪的信用体系,还很好地解决了其短租平台存在的共性信用问题,平台用户除了可免押金外,还能享受到"先住后付"的服务。

(3)住百家。

住百家成立于 2012 年 3 月,是一个面向国内旅客的境外旅行品牌,住百家的服务对象是前往港台地区及其他国家的中国人。通过"共享经济"模式,将出境自由行群体对特色民宿的需求与国外优质房源进行整合,帮助中国出境自由行旅客入住海外的短租公寓、民宿、度假别墅,为偏爱自由行的游客提供一种真正地道的、非观光客似的个性化旅行经历。

目前,住百家平台在全球拥有数百万套精选房源,范围已覆盖欧洲、北美、大洋洲、日韩、泰国等地的 60 多个出境游热点城市,房源种类从普通公寓到特色欧式城堡等均有涉及。住百家还和海航酒店集团合作,打造"海外泛住宿"产品,并在海航凯撒旅游集团各渠道上线,为中国出境游用户提供个性化住宿产品解决方案。

住百家追求"品质、轻奢、个性",主要集中在出境游,用户人群以消费升级中的中产阶级、轻奢人群为主。

(4)途家。

途家是国内的老牌短租预订平台,收购了携程、去哪儿公寓渠道、蚂蚁短租、大鱼等,分销能力强大,耕耘城市多年,知名度较高。在公寓方面有很强的渠道优势及用户基础。

早期推出"早知有途家,何必住酒店",主要解决用户对途家的认知;之后"途家,旅行中的家",主打品牌的温度与用户体验的品质感;2016 年,针对核心用户的亲子家庭、多人聚会等用户场景，途家推出了"住途家，在一起"的系列品牌广告及相关市场活动。

途家希望打造一个有温度、个性化、偏度假、重视用户体验和品质感的住宿品牌。打通蚂蚁短租、携程、艺龙、去哪儿、58赶集、微信酒店和芝麻信用等多个平台入口，共享行业库存。房源打通可以提升用户体验。对发布者来说，在途家网上发布一个房屋后，其余通道用户都能看到。

2016年，途家宣布与携程旅行网、去哪儿网达成战略协议，并购这两家旗下的公寓民宿业务。携程及去哪儿的公寓民宿频道入口、团队和整体业务将并入途家，成为途家的一部分。而后途家用同样方式并购了蚂蚁短租。

三、OTA 竞争与未来走势

（一）携程的困境

携程作为传统 OTA 模式的开拓者，现在已经提供了几乎全部旅行相关服务。在酒店预订方面，虽然携程在高星级酒店占有优势，但也受到来自美团酒店和飞猪的挑战。因为携程的主要用户是具有较强消费能力的中年人，而美团酒店和飞猪的用户更加年轻，未来将拥有巨大的购买力，构成长期利好。

在航空票务方面，在航司取缔代理人销售模式之后，除了捆绑搭售外，单纯的机票业务再也不能作为携程营收增长的有力武器，于是酒店就再度成为携程最后的护城河——至于度假，这些年来途牛一直稳坐在线旅游度假的头把交椅。

（二）美团的挑战

随着美团点评酒店预订业务的崛起，携程最后的护城河也遭到了沦陷。2018年年中，移动互联网大数据监测平台 Trustdata 发布的《2018 年 Q1 中国在线酒店预订行业发展分析报告》显示，2018 年 3 月，美团酒店以 2270 万的单月间夜量首次超过携程、去哪儿、同程艺龙的总和。2018 年第一季度，美团酒店以 5770 万的订单总量，位居行业第一名。

分析人士认为，携程在吞并去哪儿和艺龙，并将艺龙与同程合并之后，去哪儿、同程艺龙仅仅是沦为携程的销售渠道，而并不能给携程带来增量的增长空间；而与此同时，随着消费渠道的下沉，以及"90后"消费群体的崛起，依托美团本地生活化巨大的流量之下的美团酒店，却能不断攻城略地，处于强势的上升通道。

用户决定一切。从用户体量来说，美团酒店坐拥美团点评超过 2.9 亿的年活跃用户(2017 年年底的数据)，根据第三方监测数据显示，同一时间下携程、去哪儿月度总活跃用户数为 1 亿左右。

Trustdata 的报告显示,美团酒店与携程和去哪儿的用户重合度较低,从重合用户次月留存率来看,超过四成的用户选择使用美团酒店。在线酒店预订用户也呈现出年轻化、高学历、白领化的特征,而美团与飞猪的白领用户占比均超过携程、去哪儿、艺龙三大携程系平台。

美团酒店与携程用户群体差异化的根本,在于两者之间的场景差异。美团酒店依托于美团点评的本地生活服务体验场景,涵盖食住行等生活服务领域,用户的消费喜好、使用频次与单纯地依托于旅游消费场景的携程有明显的差异,用户黏性更胜一筹。

早在四五年前,业界就曾对本地生活场景下的旅游消费行为有了深刻的认知,而酒店住宿领域更甚——酒店已不单纯是旅游出行的住宿服务,在特色的酒店里享受周末和其他的闲暇时光,已经成为年轻人和家庭用户群体生活的一部分。在这样的消费场景下,依托于生活服务的美团酒店相比携程,更具优势。

年轻消费群体正在崛起,早期积累大量用户的携程,在年轻化的互联网消费时代并未能积累优势,仍是以吃用户的老本为主,使得其在不断失去年轻新用户群体的关注。Trustdata 的数据显示,美团酒店"80 后"、"90 后"用户占比达 81.8%,大幅超过携程(68.9%)。

美团酒店与携程的另一个差异就是渠道的下沉。虽然携程这些年来也在不断往三线城市下沉,但效果并不明显,与美团酒店相比更相差甚远。美团在三线乃至四线甚至更低层级的市场,其受欢迎程度是毋庸置疑的,在移动端几乎是装机必备。受囿于消费场景以及渠道扩张的成本,携程的渠道下沉能力有限。

(三)跳出竞争的包围

携程为跳出新秀的包围和挑战,推出了国际化战略,于是收购 Skyscanner 天巡网,随后携程旅行网 CEO 孙洁亲身赴日推出 Trip.com 新品牌,期望通过新的联合品牌推动国际市场的增长。

虽然酒店业务护城河已失,不过携程酒店仍有最后一道城门未破:高星级酒店。在业内人士看来,高星级酒店用户群体存在一定的差异化,这或是美团酒店在短时间内无法拿下的一块。但是在高星级酒店市场增量有限的趋势下,很多高星级酒店特别是城市度假型高星级酒店,正在尝试优化产品以吸引本地消费者的注意。也正因为如此,一些高星级酒店的负责人已经开始研究与美团合作的可能性了。因此,携程如何吸引更多年轻一代的消费者和如何保住高星级酒店市场也是其未来需要解决的问题。

第三章
酒店投资决策分析

近年来,中国的酒店管理和经营发生了非常大的变化,过去酒店行业实现了从服务管理到经营管理,从经营管理到资产管理的转化,而当前真正进入到投资管理,又叫资本管理。酒店投资在整个酒店业的发展中发挥了越来越大的作用。

第一节 酒店投资

投资是企业经营的一种常态活动。没有投资就没有发展,投资是寻找新的盈利机会的唯一途径,也贯穿于企业经营与战略发展的始终。每一项投资都蕴含着新的希望,每一次投资都面临着不可估测的风险。对任何企业而言,一次投资失误也许就意味着企业的一蹶不振。

一、投资与投资项目

(一)投资

投资包括新建项目的投资、扩建项目的投资、技术改造的投资、参股控股的投资等行为。从理论上讲,所谓投资,是指货币资金转化为资本的过程。投资可分为实物投资和证券投资。前者以货币资金投入企业,通过生产经营活动取得一定利润;后者以货币资金购买企业发行的股票和公司债券,间接参与企业的利润分配。

投资这个词在金融和经济方面有多个相关的意义。它涉及财产的累积，以求在未来得到收益。在理论经济学方面，投资是指购买（和因此生产）资本货物——不会被消耗掉而反倒是被使用在未来生产的物品中。从金融学角度来讲，相较于投机而言，投资的时间段更长一些，更倾向于是为了在未来一定时间段内获得某种比较持续稳定的现金流收益，是未来收益的累积。

企业的投资活动明显地分为两类：一类是为对内扩大再生产奠定基础，即购建固定资产、无形资产和其他长期资产所开展的活动；另一类是对外扩张，即对外进行股权、债权投资所开展的活动。

(二)投资项目

对于企业而言，无论是哪一类投资活动，往往都以一定的项目来体现。项目就是指一次性的任务或工作。

目前对项目的定义有多种，美国项目管理权威机构项目管理协会（PMI，Project Management Institute）认为，项目是一种被承办的旨在创造某种独特产品或服务的临时性工作。德国DIN69901认为，项目是指具有预定的目标，具有时间、财务、人力和其他限制条件，具有专门的组织而实施的唯一性任务。

联合国工业发展组织（UNIDO）认为，一个项目是对一项投资的一个提案，用来创建、扩建或发展某些工厂，以便在一定周期内增加货物的生产或社会的服务。

世界银行认为，所谓项目，一般是指同一性质的投资（如设有发电厂的输电线路的水坝）或同一部门内一系列投资（如城市项目中市区内的住房、交通和供水等）。有些项目，只为特定的投资或比较全面的调查研究提供技术援助。项目还可以包括向中间金融机构的贷款，为它的一般业务活动提供资金，或向某些部门的发展计划发放贷款。项目既包括有形的，如土木工程的建设和设备的提供，也包括无形的，如社会制度的改进、政策的调整、管理人员的培训等。

二、酒店投资项目及其含义

(一)酒店投资项目

对于酒店投资而言，酒店投资项目是指按照一个独立的总体设计安排进行投资的酒店工程，或酒店的新建、扩建、改建、参股和并购工程。

(二)酒店投资项目含义

酒店项目包含以下三层含义。

首先，表现在酒店投资项目是一项有待完成的任务，具有酒店行业特定的行业环境和要求。

其次，是在一定的组织机构内，即投资主体，计划利用有限资源（人力、物力、财力等）在规定的时间内完成投资任务并投入运营。

最后，酒店投资任务要满足一定性能、质量、数量、技术指标要求，这些要求主要体现在酒店投资人根据自身资源条件和投资实力所立项的项目投资计划书。

三、酒店投资项目特点

酒店项目投资与其他项目投资既具有一定的共性，同时又具备酒店行业的特性。

（一）酒店项目投资的共性

一是目的性，通常酒店项目投资的目的主要表现在投资回报，这种回报包括直接资金回报和间接战略回报。

二是时限性，酒店项目投资与其他项目投资一样，均会提前设置一个投资建设期限，酒店投资项目时限性主要考虑的因素是成本问题，包括直接成本和边际成本。

三是制约性，这是项目投资规模和战略规划等诸多因素所要求的，当然也会受到物价水平波动的限制和制约，国际酒店集团的投资时限还会受到各国汇率变化的影响，也会受到地区国际形势的制约。

（二）酒店项目投资的特性

一是产品或服务的唯一性，酒店投资的计划受到投资地区的宏观环境、微观环境和行业竞争形势的影响，其投资计划通常会因地制宜，即使是同一品牌，其产品和服务也具有地域性和唯一性。

二是项目投资的复杂性，我国酒店项目跨行业特征较为明显，其管辖权同属于旅游管理部门、文化管理部门、食品卫生管理部门、工商管理部门等多部门交叉管理，因此酒店项目投资的审批和建设呈现多头管理的复杂性，对项目投资带来一定的公关和协调的挑战。

（三）近年来酒店投资的主要特征

1.资源配置全球化

酒店投资一改传统形式和区域的局限性，实现资源配置的全球化。从资源上看，一个国家资本投资既是企业行为，更是一国政府行为，海外投资通常也会受到政府的指引，有鼓励的投资也有限制的投资，我国不鼓励盲目的海外直接资本投资。当企业顺应国家指引做海外产业投资时，便会得到国家的资源支持和配置。酒店品牌资源的全球化也是近年来酒店投资的主要特征之一,发达国家在酒店品牌服务意识和品牌管理方面具有很大的优势,这对我国酒店业的跨越式发展具有借鉴意义,需要大胆地整合这些国外的优势品牌资源,实现全球配置。还有资本资源的全球配置问题也是一样的,众所周知,国内超级网络集团腾讯和阿里巴巴等企业的股份构成就是全球资源配置的最好说明。我国酒店资本近年来也开始买进大量国际酒店集团的股份。

2. 市场配置全球化

随着"一带一路"走出去战略和国际化战略,市场的全球配置也应该实现全覆盖,目前已有160个国家和地区与中国签订了免签或者签证优惠计划,给了我国酒店业很大的全球投资机会。全球投资包括资本投资和品牌输出两种方式,近年来国际酒店集团纷纷进入我国市场并得以快速发展,而我国民族酒店品牌中也有成功实现品牌输出的案例,如万达酒店集团的全球品牌输出战略就是其中的佼佼者。

3. 要素配置跨界化

要素指的是吃住行游购娱的配置,在新的条件下,国家文化和旅游部李金早副部长在担任原国家旅游局局长时在旅游的老六要素之上又提出新的六要素,即商、养、学、闲、情、奇。一些酒店基于新六要素的整合与考虑,便开始致力于打造探险型的酒店、养生度假区等新项目。

要素配置策略也是一个方面,还有一个很重要的方面是消费层次的全覆盖。以前我们讲消费层次时往往分高档、低档、中档和大众化,现在的消费层次是看"80后"、"90后"的消费观。美团网展示的大数据就反映了现在整个消费结构的改变,其消费者的消费观不一样了,消费层次也不一样了,自然消费支付力也不一样。因此酒店投资也要站在投资的角度关注消费层次的全覆盖。

4. 经营配置创新化

按照传统酒店的经营方式,其资产价值的天花板很明显,估值不会太高,所以现在出现了大量的轻资产酒店,减少了资产风险。但很大程度上,资产的保值升值,资本和资产是要靠经营来实现的,包括经营理念的创新、经营方式的创新。近年来出现了一大批新崛起的酒店品牌,它们注重研究IT系统,包括网络支付、预约打印发票、人脸识别等技术,有了这些新技术和新经营手段的创新,酒店的经营便获得了新的支撑,包括新出现的一些第三方酒店管理公司,这是经营配置的创新化策略。

四、酒店投资目的

酒店投资的目的可以归纳为两种,一是直接投资回报,二是间接投资回报。直接投资回报多指资金收益回报,这是投资者最常见的投资形式,多表现为独立投资者的投资目的;间接投资回报是除直接回报的其他回报方式和目的,包括资金保值、固定资产投资、竞争战略目的、配套投资目的、转换成本目的等。酒店间接投资目的主要通过资产配置的手段予以实现,资本配置的手段包括股权投资、并购重组、战略联盟、杠杆收购、资产置换等。并通过这些手段实现经营要素的优化配置、资本结构的动态调整和上市溢价增值等效果。使得生产要素得以升级改造,释放出新的动能和活力。

资产的投资与管理,不仅仅是收益管理。对于酒店集团而言,上市筹资是企业发展的一个方面,更大的收益是获得很多资本运作的工具。

资本配置更需要推进资源整合,放大全价值。资源整合无论是同行的或者跨界的,国内的或者国外的,推进资源整合的方式都很多,包括共享型的资源整合、平台型的资源整合、打造产业生态圈等方式。

第二节 酒店投资机遇与趋势

投资并购是当前酒店行业发展的重大趋势和特点之一,宏观来看,酒店投资和并购为酒店业的发展提供了空前的发展机遇,同时也使得酒店行业发展出现了新的趋势。

一、酒店投资的机遇

新时期酒店投资与并购处于经济环境不断变换的环境中,各领域及技术手段的发展为酒店投资和并购提供了新的机遇。

(一)政策性利好机遇

自中央颁布"八项规定"以来,酒店消费呈现结构性下降趋势,对过去以来政务消费的酒店影响较大,传统业内可能认为这一政策打击酒店项目投资积极性,但实际上酒店的项目投资非但没有下降反而出现较大幅度的增长。实际上对酒店行业政务消费的缩减正是为酒店竞争市场提供更加公正和平等的市场竞争机会,有利于营造酒店竞争市场的公平性。

当前,国家为更加科学地调整经济结构,大力推进第三产业的发展,出台了很多促进服务业发展的有力政策。吸引了很多跨界的投资和并购,同时也给中档酒店、主题酒店提供了很好的机会。

(二)产业链整合发展机遇

国家文化和旅游部倡导全域旅游的发展战略,其中包括产业的全域延伸,即在发展旅游业的同时,实现旅游业的综合带动效应,带动酒店等相关产业的发展。近年来,随着产业链整合的广度与深度的加强,酒店行业紧抓产业链的整合机遇,实现了与多个产业的结合,如酒店加地产就是很成功的模式,不仅仅实现了酒店的直接投资和收益回报,更是作为地产综合配套而引发地产行业成倍数的附加值效应。实际上酒店加文化、加科技、加金融、加商业、加信息都开始出现新的苗头和成功案例,另外还有酒店加设计,还有加要素做产业的延伸。

(三)技术变革的拓展机遇

随着移动支付和酒店智能化变革,一定程度上为酒店的升级提供有效媒介和载体。支付系统给我们的酒店带来了很多新的营销渠道和平台,比如美团、大众点评等合作平台的代售代销和资金流动。智能化主要体现在酒店经营服务以及消费者终端两个层面,酒店经营服务对智能化技术的运用将为消费者带来全新的科技体验,并简化顾客入住和离店的手续,比如"闪住"和"信用住";消费者终端智能化主要体现在消费者的网络预订与支付等方面,也可通过智能化终端参与酒店自我产品设定,比如手机点菜和手机调节房间灯光、空调等。例如全季酒店,它在很多方面都有一些创新。人脸识别和发票预约打印的出现不仅为客人节约了时间,更使得管理流程发生了变化,这也是值得关注的焦点。

二、新常态视角下中国酒店投资的趋势

"新常态"时代背景下,通过产业结构调整和升级使酒店投资呈现新的趋势。

(一)酒店投资主题化

主题酒店这个词出现了很多年,也出现了很多案例,但是对于普通消费者而言,在酒店预订和消费中,能遇见的主题酒店依然很少。是投资者对主题酒店投资风险的顾虑或者是主题酒店产品的市场效果不好?不管何种原因,新常态下,酒店项目投资井喷的时代已经过去,市场上的存量酒店同质化严重,传统标准化酒店产品的供应过剩,这些残酷的营业数据给那些新酒店项目的投资者足够警告,标准化建设才是酒店投资最大的风险。

因此,主题酒店的投资项目在新投资项目中的比重逐渐得以提升,这是应变目前的形势,也是消费者消费需求差异化的结果。在新投资的主题酒店项目中,文化类型的主题酒店和度假类型的主题酒店投资项目新增较多,主题酒店投资已经成为一个主流。

(二)酒店投资集群化

酒店投资集群化可以实现成本、竞争、投资、创新、规模经济和范围经济上的优势,实现资本扩张与规模效应的结合、空间集聚与优势互补的结合、产业衍生与持续发展的结合。以东部华侨城为代表的酒店集群化,大概有十种类

型的主题酒店,酒店的集群化已经成为很重要的趋势,包括在武汉万达的一些标志性项目。恒大集团的度假型房地产项目中,也开始规划集群化酒店项目,出现"七国酒店"等投资方案。酒店集群的战略目的可以被解读为度假型和目的地型酒店项目的发展趋势。因此,酒店投资集群化成为中国旅游业包括城市建设、地产发展的新的标志性趋势。

(三)中档酒店成为新投资酒店项目的主流

全球知名管理咨询公司麦肯锡曾预计,到2022年,中国中产阶级将从2012年的1.74亿家庭增长至2.71亿家庭。未来,中国中端酒店市场的潜在消费人群有望以年增长率10%左右的速度持续扩大。中国酒店协会2018年发布的《2017中国酒店连锁发展与投资报告》似乎也印证了这一点,《报告》显示,截至2017年1月1日,我国有限服务酒店总数已达到24150家,同比共增加2669家,客房总数2134690间,同比增加165545间,增长幅度为8.41%。这其中,中端酒店2342家,增长幅度为33.91%;经济型酒店21808家,增长幅度为10.52%。中端酒店增幅是经济型酒店增长幅度的近四倍,中端酒店成为企业以及资本角逐的热点。维也纳酒店品牌成为中档酒店之王,得益于其率先抓住酒店中档酒店的市场趋势,以"五星级的装修和享受、二星级的消费"的层次定位进入酒店市场竞争并大获成功。

(四)跨行并购越来越频繁

酒店投资既表现在同行的并购,更表现在跨行的并购。同行并购比较大的案例有首旅并购如家、锦江股份并购铂涛集团等。相比同行并购而言,跨行并购更能吸引眼球,过去安邦保险集团便参与过收购喜达屋酒店集团,最后败给万豪酒店集团。但安邦在参与收购喜达屋酒店集团之前就曾成功收购了美国著名的华尔道夫酒店。如果安邦能够收购成功的话,这对喜达屋酒店集团内的高级职业经理人更是好事,因为安邦保险从没有涉足管理过大型跨国酒店集团,没有储备过高级酒店职业经理人,若收购成功的话,安邦必然需要高端酒店职业经理人来操盘喜达屋的经营与资产管理,这些人马上就可能变成安邦保险酒店板块的负责人。因此,跨行并购将为一批酒店高级职业经理人带来溢价的机会。反过来,为什么会有跨行业的并购呢?从跨界的角度,从资本运作的角度能够提升其资产价值,包括品牌价值。酒店投资已经拓展了时空边界,实现全系列趋势。

(五)酒店投资跨界融合

最近在投资并购方面、在酒店业态发展方面,跟大健康有紧密结合的趋势。比如阿里巴巴、携程出现了很多新的业态,它们开始进军大健康产业、酒店产业、度假产业。相比酒店业内的市场竞争而言,传统酒店业者更害怕跨界酒店的投资，因为这些跨界投资者的手里，掌握着酒店发展新形势下的核心技术，比如阿里巴巴拥有强大的消费者信用和脸谱特征，一旦阿里巴巴投资酒店行业，可能就是无人酒店和高度智能化酒店，具有非常大的竞争优势。携程手上拥有庞大消费者的消费偏好大数据，并时刻掌握着消费者的消费趋势，携程投资酒店将会精准把握酒店用户精准需求，加上其独一无二的电子预订平台，占尽竞争优势。

酒店供应链的扩展也成为酒店跨界投资的特点之一，过去酒店供货商的供给很单一，主要是布草类等，现在出现了很多互联网公司、数据公司，这些供应链上的资本也开始考虑反向拓展供应链，投资酒店项目或者入股酒店经营。

酒店跟健康产业跨界就产生了很多类酒店产业，也叫大住宿业。还有与农业结合，在推进农村的新型城镇化过程中，产生了许多特色小镇，例如在浙江就出现了梦幻小镇、基金小镇、甜蜜小镇等，从而产生了很多民宿和客栈。

三、酒店投资关注的焦点

（一）酒店业态不断创新

过去酒店是一个传统的业态，无论是国家旅游局（现为中华人民共和国文化和旅游部）主管的星级酒店，还是商务部的酒店，都是按照标准来实施的。21世纪初是经济型酒店发展的风口期，很多经济型酒店的知名连锁品牌如雨后春笋一样出现，比如如家、七天、格林豪泰等等。近年来，经济型酒店发展有些过了风口，中档酒店发展成为新一轮投资的热点，同时酒店住宿业也出现了一些新的业态，比如民宿公寓、短租公寓等。这一两年还开始出现众筹酒店。

（二）酒店投资功能得以提升

传统酒店功能是很单一的，主要是以住宿、餐饮为核心。现在酒店的盈利模式往往是功能的创新提升了资本上的盈利模式，多元化的休闲度假产品现在层出不穷，像在桂林愚智乐园引入的地中海俱乐部，恒大打造的"海花岛"项目等。恒大对其酒店的功能进行了有效拓展，形成的产业生态圈给酒店投资或带来溢价的机会。使酒店传统住宿和餐饮功能延伸到休闲度假、康体养生、商务会议、文化体验和科技体验等多种功能，打造酒店产业生态圈，实现信息共享、资源共享、联合营销、互利共生的集聚效应。

（三）酒店投资价值获得溢出

从投资并购的角度，以扩大规模、跨业融合、成果共享等形式，实现服务溢出、经营溢出、管理溢出、品牌溢出、资产溢出的综合溢出效应。比如国家旅游局提出全域旅游，首先就是从交通上实现全域旅游化，致力打造国家风景道、省级风景道、县域风景道和景区风景道。在这个体系之中要布局一系列民宿、客栈和主题酒店,这样形成的每一个产品线都会产生投资并购的热点,而且它的溢出效益远远高于经营收益。

(四)酒店品牌实现再造

对比三年前的国内酒店品牌体系和三年之后现在所看到的酒店的品牌体系,会发现有很大不同,国际酒店集团也是一样的。一些国内酒店集团也开始进军海外市场,纷纷发起对国外酒店品牌的收购,并进行品牌再造。一种是对已有的酒店品牌进行拆分和再定位;另外一种就是完全打造全新酒店品牌,而且这种酒店品牌在很大程度上是基于互联网思维的,基于大住宿业的品牌。比如在上海酒店国际展区上很多酒店的品牌是按照互联网的思维,按照消费者的思维,"80后"、"90后"的思维,按照酒店投资人关注的溢出效益的思维推出的个性化品牌,品牌背后拥有强大的支撑系统。

第三节 酒店投资决策

任何企业组织的决策者都要经常面临投资方面的重大选择。包括企业需要扩大原有生产规模而进行的对原有生产设施或相关配套设施的投资,以及企业进入新的业务领域或新的市场区域所带来的新商业项目的投资。任何一个企业要想不断维持或扩大其经营规模,就不可能离开投资活动。因此,投资决策既是企业战略管理的重要内容,也是企业持续发展与成功的关键。酒店项目投资成功与否的关键在于投资决策,酒店投资决策是一种战略选择,需要通过科学的方法和手段,通过规定的程序才能实现。

一、酒店投资决策的定义

酒店作为一类以提供服务为主的服务型企业组织,其决策者当然也要经常面临投资方面的重大选择。比如,同城或在异地新开设一家酒店、进行酒店内部设施的改扩建工程等。同样的道理,对该类企业组织而言,投资决策的重要性是不言而喻的。

酒店投资决策是指为了实现其预期的投资目标,运用一定的科学理论、方法和手段,通过一定的程序对投资的必要性、投资目标、投资规模、投资方向、投资结构、投资成本与收益等经济活动中重大问题所进行的分析、判断和方案选择。

酒店投资决策含义中包括三个层次需要重视。

首先,酒店投资具有战略决策的属性,因此是一个复杂的过程,不能一蹴而就或者率性而为。

其次,作为战略决策的一种,酒店投资决策需要借助必要的科学方法和战略工具。

最后,酒店投资决策需要经过一套严谨的程序和过程才能完成,这个过程被称为酒店投资决策分析。

因此,酒店投资决策是一项复杂的、科学的、严谨的战略决策过程。需要投资者严格按照战略决策的固有规则予以实施。

二、酒店投资决策特点

(一)针对性

针对性主要是指酒店投资决策的具体性,即通常来说酒店投资决策是针对具体的某一个新投资的酒店项目而言的。所有投资的决策工作都是围绕着这个项目所开展。因此需要针对该项目做出宏观和微观的分析与研究。

(二)现实性

现实性主要是指酒店投资决策的市场属性,即所有酒店投资决策均希望获得市场的回报,当然回报不一定是直接的资金回报,也可以是战略上的回报,这是所有资本投资的市场属性所决定的。没有回报的投资项目便没有投资的价值。

(三)择优性

择优性是指在酒店投资决策中通常面临的不只是某一个选择和方案,而是出现多种版本和形式的方案供决策者选择。决策者通常需要基于综合考量,选择诸多方案中的最优方案予以实施。

(四)风险性

风险性是指酒店投资决策的环境是市场化的,即具有市场的竞争属性,有竞争就意味着有失败,就有投资后不能获得预期回报的情况出现的概率。酒店投资决策者需要针对任何一种方案做好风险规避策略的思考和准备,以保证风险出现时投资的损失降到最小。

三、酒店投资决策分析的目的与要求

酒店投资分析是酒店投资决策的重要过程和阶段,投资者往往会基于投资决策的分析而做出最终的决策行为。

(一)投资决策分析目的

投资分析的目的是为酒店项目的投资决策提供科学的可靠依据,为决策者提供决策参考。

（二）投资决策分析要求

投资决策分析要求所分析的资料数据准确可靠，否则所获得的分析结果将是歪曲的。尤其是市场调查环节中针对市场消费者的调查，要做好科学的抽样，并重视调查过程的控制和管理。

投资决策分析的方法要科学、合理并多方法验证。投资分析往往要用数据说话，而尽量减少人为的推断，因此要求质性分析和量化分析相结合，统计分析需要通过多种方法进行验证，以求达到一致的推断和结论。

投资决策分析要逻辑化、有说服力。投资分析的内容比较多，因此需要科学的逻辑对这些内容做好归纳和整理，分析的内容要客观翔实，数据来源清晰可靠，论证有力深入。最关键的是相关引用要与区域社会经济和行业发展形势相符合。

四、酒店投资决策分析的主要内容

酒店投资决策分析的主要内容是项目可行性研究，可行性研究要以投资机会分析等作为基础，并最终形成项目可行性研究报告，以供项目评估。

（一）投资机会研究

1.市场供求关系下的投资机会分析

投资机会研究主要是针对本行业当前市场的供给与需求的角度做出的。就市场供应而言，也可以理解为市场竞争形势，即本地区本行业中供应方的企业数量、层次是否存在空缺；而市场需求问题，需要投资者考虑的是市场需求的规模是否还有足够的空间，市场需求的趋势是否能够被实现。当然市场供应和需求是需要同时考量的因素，并遵守市场供求关系曲线规律。

因此，当一地的酒店行业的企业数量和层次相对市场需求而言，存在空缺时便被看作具有投资的机会。相反会被认为不具有投资机会。

2.成熟市场下的酒店投资机会分析

成熟的市场往往不能完全参照市场的供求关系去判断市场是否存在投资机会，因为当某地酒店市场发展比较成熟时，酒店的供应可能会过剩，但此时并不意味着该地酒店行业就没有投资机会。比如可以错层投资，投资当前酒店市场上不具有的产品层次和类型；还可以依据市场发展趋势，收购现有酒店予以升级等。

3.红海市场环境下的酒店投资机会分析

有一种情况比较特殊，即当市场处于红海时，即该地酒店市场不管是数量还是层次都已经饱和，是不是意味着再也没有资本进入酒店市场了呢？答案是否定的，因为红海市场的竞争规则通常是将竞争对手打垮而获取对手的市场份额得以生存。

(二)可行性研究

可行性研究是一个过程,最终需要形成可行性研究报告。酒店可行性研究报告主要为酒店项目开发商、投资者以及经营管理者的决策提供参考。

可行性研究需要对拟建酒店项目的必要性、市场可行性、项目定位及技术经济指标、市场竞争力、经济可行性等进行论证,以及对项目的经济、社会和环境效益进行综合分析,寻求建设项目的最佳方案和最优投资效果,提出项目的可行性方案。

1.拟建项目市场可行性分析

酒店因所在的区位不同,客源结构也存在较大区别。在市场必要性分析中,应深入分析项目所在区域的宏观市场环境、需求临近度和周边典型客户,同时结合本区域酒店市场的供给及经营情况,分析不同类型酒店发展的饱和度、市场的潜在供应及未来的供需关系,对比竞争对手,判断发展空间,论证项目在市场中的地位及建设可行性。

2.拟建项目定位及技术经济指标

通过对拟建项目区域市场空间的判断和竞争项目的经营设施分析,结合拟建项目资源条件,确定目标客源和市场定位、项目档次、规模、酒店形象及主题风格、管理模式,并进一步明确主要服务功能、主题和面积。

3.拟建项目竞争分析及竞争战略策划

对竞争项目进行分析,包括酒店品牌、地理位置、功能设施、环境、服务、商业环境、硬件及装修等,制定本项目的竞争战略、项目特色与核心竞争力。结合市场发展,预测拟建项目入市房价、出租率及各项设施经营情况。

4.拟建项目经济可行性论证

依据项目的市场定位与功能布局,估算项目总投资,并评价投资风险,进一步论证项目定位及产品策划的合理性。

(1)资金使用计划。

对项目建造期资金投入、经营期现金流量进行估测,分析项目建造资金运转情况。

① 项目开发期资金投入。

根据项目功能布局定位,对建造总投资进行测算,包括土地成本、工程造价估算、开业前期开办费用估算、投资进度计划及资金成本测算。

② 项目经营期预测。

分析市场发展及变动趋势,对项目开业首年的主要经营指标进行测算,并根据行业趋势,预测未来十年的经营现金流,得出经营稳定期收益后,用收益法预测剩余年限的变现价值,最终得出整体经营期的资金净流入,主要包括客房收入预测、餐饮、娱乐及会议收入预测、项目经营利润分析等。

③ 项目资金运用分析。

结合项目资金投入及经营产出,分析项目资金运用情况及资金融资需求。

(2) 经济效益分析与评价。

依据项目经营预测,评估项目的经营成果。根据项目资金计划,分别通过动静态指标(项目 GOP、投资利润率、项目回收期、内部报酬率 IRR、财务净现值等)和敏感性分析,评估项目的经济效益及抵抗风险能力。

五、酒店项目投资决策分析的工作顺序

(一) 投资机会研究

投资机会研究主要是针对市场的形势考虑和判断,一般来说,新兴市场和新兴产品比较受投资者的青睐,新兴市场意味着竞争对手仍未形成,而新兴产品意味着消费需求上升空间较大,同时能占得竞争先机。

(二) 编制项目建议书

当发现投资机会时,通常需要针对前期分析形成一份项目建议书,这个项目建议书仅仅是针对市场形势的判断,被认为市场具有投资机会并符合企业发展战略方向时而提供初步决策动议。

(三) 可行性研究

酒店项目因产品类型不同,投资及运营模式差距明显。在项目决策阶段,应做好项目的可行性研究工作,为以后的投资额度、回收周期、运营目标等确定合理的目标值,以便在项目实施和运营过程中,动态控制各个相关因素,保证投资方向的正确性,并保障合理的利润回报。

各方对可行性研究报告的使用和关注点各不相同:开发商通过可行性研究报告,掌握拟建项目档次、建设规模、功能分区、合理投资规模、预期收益等,作为项目进一步开发的指引;投资者关注投资额度、资金计划、项目经营现金流以及投资回收保障,以此作为投资决策重要的参考依据;经营管理者则关注拟建项目所在区域酒店市场的整体发展情况、项目客群和竞争优势、档次和规模、预期建设时间、预期经营收入等,以决策是否进入该市场,以及以怎样的档次和类型进入该市场。

(四) 项目评估

项目评估主要是针对可行性研究报告所做出的研究决定和结果,即由投资决策者依据可行性研究报告所做的投资分析进行的评估并形成意见。项目评估不仅需要考虑可行性研究报告中所涉及的内容,还需要考虑的是投资者能否配置项目投资所需要的资源,包括人力、物力和财力。

(五)项目决策审批

项目决策审批是项目决策的最后一步,即项目决策的最终结论。项目决策审批通常由投资者亲自做出决策,最终决策不仅需要考虑市场形势、项目可行性、可配置资源情况,更需要投资者对产业发展趋势和宏观发展形势予以判断,跨境投资更需要投资者对国际局势做出科学的判断。

第四章
酒店投资环境分析

酒店投资首先要分析投资的环境,分析当前投资地的投资形势与条件。投资环境主要分为外部环境和内部环境两个方面,而外部环境又分为宏观环境和微观环境两个方面。要做好酒店投资环境分析,必须借助科学的环境分析工具,才能使环境分析更加准确。因此本章围绕内外部投资环境分析,分别介绍对应的投资环境分析工具。这样可以使得读者学习并熟练使用环境分析工具,科学、正确地分析投资的环境。

第一节 投资环境分析概述

一、投资环境概念

投资环境是指与投资地域企业投资生产经营有关的所有因素的总和。

投资环境可以分为外部环境、内部环境两大类。外部环境是影响企业投资及所投资项目生存和发展各种外部因素的总和,投资外部环境又可以分为宏观环境、微观环境两个方面。投资内部环境又称投资企业的内部条件,是企业内部物质、资源和文化因素的总和。

二、投资环境分析

投资环境分析是指通过对影响企业投资经营的各种内外因素和作用的评估、平衡,以辩证、系统的观点,审时度势,趋利避害,综合判断投资地环境是否适合投资,并适时采取对策,做出适应环境的动态抉择以及决策投资的规模与阶段。

任何企业的经营活动,都是在市场中进行的,而市场又受到投资地的政治、经济、技术、社会文化的限定与影响。所以,企业从事投资行为和生产经营活动,必须从环境的研究与分析开始。

企业与环境之间存在着密切的联系。一方面,环境是企业赖以生存的基础。企业经营的一切要素都要从外部环境中获取,如人力、材料、能源、资金、技术、信息等,没有这些要素,企业就无法进行生产经营活动。同时,企业的产品也必须通过外部市场进行营销,没有市场,企业的产品就无法得到社会承认,企业也就无法生存和发展。同时,环境能给企业带来机遇,也会造成威胁。问题在于企业如何去认识环境,把握机遇,避开威胁。另一方面,企业是一种具有活力的社会组织,它并不是只能被动地为环境所支配,而是在适应环境的同时也对环境产生影响,推动社会进步和经济繁荣。企业与环境之间的基本关系,是在局部与整体的基本架构之下的相互依存和互动的动态平衡关系。

因此,企业必须研究环境,主动适应环境,在环境中求得生存和发展。酒店投资更要研究投资地区的环境,分析投资地的环境和形势,考察投资地的投资条件是否充分,从企业的投资成本与收益的角度分析,以期通过环境分析主观判断投资回报的可能性与规模。

第二节　外部环境分析

外部环境是影响企业发展的重要因素,准确分析外部环境和形势对企业把握时机、做出科学战略决策和选择尤为重要。

一、外部环境分析

(一)外部环境

企业外部环境是影响企业投资及所投资项目生存和发展各种外部因素的总和,投资外部环境又分为宏观环境和微观环境两个层次。宏观环境通常是指国家宏观层面的整体环境,宏观环境因素包括政治环境、经济环境、技术环境、社会文化环境;微观环境是企业生存与发展的具体环境,通常是指局部市场和本地区市场的具体市场环境、竞争环境和资源环境,涉及行业性质、竞争者状况、消费者、供应商、中间商及其他社会利益集团等多种因素,这些因素会直接影响企业的投资与生产经营活动。

(二)企业外部环境的特征

1.波动性

波动性即外部环境经常发生波动和变化而且难以预测。当前,尽管世界整体趋势是和平的,但东西方对立和竞争仍然存在,全球范围仍然有许多地区政局波动,区域政治和经济环境恶化,局部地区仍处于战争和纷乱局面。即便在发达国家,国际恐怖主义和分裂主义仍较为猖獗。那里的外部环境,都是较难以预测和波动的。

2.不可控性

不可控性即外部环境的变化不受单个企业的控制,各个国家和地区等外部环境受到其自身的历史文化、政治格局和经济形势等多方面因素的影响,外部环境不断变化,任何人和组织都难以控制。因此,一个国家和地区的稳定与发展形势是投资者考量的重大因素,中国长期以来政治和经济形势稳定,是世界上投资者最青睐和最受欢迎的投资区域。

3.差异性

差异性即外部环境对不同类型的企业影响各不相同。各个国家和地区由于各自的差异性,政治经济和社会文化环境差异较大、各有特点,因此这些外部环境对企业的投资和发展存在较大的差异,跨境投资的形式与回报存在较大的不稳定性。

二、宏观环境概念

宏观环境通常是指国家宏观层面的整体环境,宏观环境主要包括四类因素,即政治、经济、技术、社会文化等要素。

容易让人忽视的宏观环境还有自然环境,即一个企业所在地区或市场的地理、气候、资源分布、生态环境等因素,通常工业企业对自然环境的依赖性较弱,但旅游业投资和酒店投资对自然环境依赖性较强,尤其是对旅游资源的依赖,旅游和酒店业,对自然环境的气候条件较为敏感,通常气候条件较好的地区,比如南方气候温暖,适合动植物的生活生长,也适合全年的企业生产和游客户外旅游,旅游业和酒店业较为发达。

三、宏观环境分析工具

宏观环境包括的四类因素,即政治、经济、技术、社会文化,这四个因素的英文分别为 political,economic,technological,social,将这四个英文单词的第一个字母大写拼在一起,简称 PEST。PEST 就是宏观环境分析的工具,因此宏观环境分析通常使用的工具就是 PEST 方法。

(一)政治环境

政治环境是指那些影响和制约企业及其投资行为的政治要素和法律系统,以及其运行状态。

具体包括一个国家的政治制度、政治军事形势、方针政策、法律法令法规及执法体系等因素。

在稳定的政治环境中,企业能够通过公平竞争获取正当权益,得以生存和发展。国家的政策法规对企业生产经营活动具有控制、调节作用,相同的政策法规给不同的企业可能会带来不同的机会或制约。通常一个国家在不同的时期,会重点鼓励和发展某一个或者几个领域的产业,那么这些被鼓励的产业将会得到重点的支持,近年来,中国的旅游业和酒店业被划入国家重点发展产业,各地区政府纷纷将旅游业纳入本地区的支柱性产业,旅游业获得极大的政策支持,并得以蓬勃发展。

(二)经济环境

经济环境是指构成企业生存和发展的社会经济状况及国家的经济政策。具体包括社会经济制度、经济结构、宏观经济政策、经济发展水平以及未来的经济走势等。其中,重点分析的内容有宏观经济形势、宏观层面的行业经济环境、整体市场及其竞争状况。衡量经济环境的指标有国民生产总值、国民收入、就业水平、物价水平、消费支出分配规模、国际收支状况,以及利率、通货供应量、政府支出、汇率等国家财政货币政策。

(三)技术环境

技术环境是指与本企业有关的科学技术现有水平、发展趋势和发展速度,以及国家科技体制、科技政策等。如科技研究的领域、科技成果的门类分布及先进程度、科技研究与开发的实力等等。在知识经济兴起和科技迅速发展的情况下,技术环境对企业的影响可能是创造性的,也可能是破坏性的,企业必须预见这些新技术带来的变化,采取相应的措施予以应对。近年来,我国的各行各业技术突飞发展,以智能化可移动支付为代表,颠覆了传统的经济发展形式,给人们生活带来了便利。如共享经济的发展,其中,滴滴打车和共享单车,就刷新了人们的生活方式,而共享经济也被应用到住宿业,衍生了 Airbnb 等国际住宿业共享平台,据相关机构预测,未来 5 到 10 年,世界共享住宿将占据全球住宿业的 30%。这种共享住宿将对传统标准住宿业产生巨大冲击。这就是技术的力量,技术改变经济发展形式。

(四)社会文化环境

社会文化环境是指企业所处地区的社会结构、风俗习惯、宗教信仰、价值观念、行为规范、生活方式、文化水平、人口规模与地理分布等因素的形成与变动。社会文化环境对企业的生产经营有着潜移默化的影响,如文化水平会影响人们的需求层次;风俗习惯和宗教信仰可能抵制或禁止企业某些活动的进行;人口规模与地理分布会影响产品的社会需求与消费等。例如中国的广东地区,是中国改革开放的前沿阵地,由于其开放和包容的社会文化环境,从而吸引了大批的各类人才前往,这种现象一度被称为"孔雀东南飞",这些优秀的外来人才为该地区的发展增添了重大活力,使得中国广东的经济发展长期位居我国前列。

四、酒店投资的宏观环境分析

酒店行业的宏观环境分析也可以参考政治、经济、技术、社会文化等四个因素,即采用 PEST 工具进行宏观环境分析。酒店投资首先需要考虑酒店宏观外部环境的分析,这是投资者投资酒店业所考量的重要因素之一。

(一)酒店行业政治环境分析

酒店行业赖以生存的基础,是商贸和旅游产业的发展,而政局的稳定性是商贸和旅游业发展的基本条件,因此政局是否稳定将是酒店行业投资的首要参考因素。

其次,一个国家和地区对酒店业投资的政策力度、政治规范和法律保障系统也是酒店业投资者考量的重要因素,这将涉及所投资的项目能否得到有效的合同执行,并保障其合理的收益性。

再次,在稳定的政治环境中,酒店业投资者能否获得公平竞争和正当权益,将决定所投资的项目能否正常运营和发展。

最后,一个国家和地区在政策引导方面,是否鼓励酒店业的投资和发展,通常会给该行业的投资带来政策的支持和保障,这是给酒店行业投资者的政治保障。

(二)酒店行业经济环境分析

首先,一个国家的社会经济制度将决定酒店行业的竞争形势和发展形势。比如,完全开放和自主的经济制度将给投资的企业提供完全自由的经济体制和竞争体制。

其次,一个国家和地区的经济结构是否合理,将决定该地区未来经济结构是否会得到调整。近年来,我国各地区大力调整经济结构比例,加大第三产业的经济比重,说明酒店行业的投资将会受到鼓励和支持,这也是当前我国的宏观经济政策。

再次,经济发展水平以及未来的经济走势将决定酒店投资项目的规模和类型,当经济发展水平较高时,国民收入较高,消费者消费水平相应得到提高,超豪华或者大型酒店项目将获得投资者青睐。同时,酒店业内部的项目投资已将趋于多元化、多类型等特点,因为一个发展水平较高的市场环境中,市场发展的特点就是多元化,豪华、中档和经济型连锁酒店均会得到较好的发展机会。

最后,市场发展水平较高时,行业和企业的竞争环境较为完善,投资的企业才能获得独立自由的发展,市场中所投资的酒店项目将会获得更多的活力和发展机会。

当然,一个国家的国际化水平和国际化程度,其标志之一将是该国货币的国际化程度,这将使得该国家和地区的国际连锁酒店得以增加,本国的酒店业投资资本也将会实施更多的国际投资举措。

(三)酒店行业技术环境分析

传统酒店行业的发展在很长一段时间内,应该说从 20 世纪初开始到 21 世纪初的长达上百年的时间中,技术革新对酒店业的影响较小,酒店业的运营和经营模式相对较为稳定。但近几年来,短短的时间内的技术革新给传统酒店业的发展带来了颠覆性的变化,影响最大的技术革新表现为智能化水平、移动支付、电子商务和共享经济。

首先,智能化技术被大范围地应用在酒店的日常经营和管理中,在顾客体验和酒店内部的管理中发挥了重大的作用。顾客通过智能化的技术更深入地参与到酒店入住的体验中,比如刷脸入住就会给客人带来新奇的入住体验;而酒店内部经营对智能化技术的应用,使得管理更加高效便捷,也在一定程度上缩减人力资源的成本。

其次,随着移动支付在各行各业的运用和普及,移动支付也给酒店住宿业的结算方式带来了革新,微信支付和支付宝支付在顾客的结账中被大范围地采用,现金结算和传统银行卡结算使用越来越少,这一支付方式的变革,改变了酒店业传统的结算方式,使得非现金结算成为酒店财务结算的主要形式。

再次,酒店业的电子商务化程度很高,据不完全统计,携程的电子商务订房数量占据酒店行业的一半左右,尤其是中小酒店,对携程等电子商务运营平台的依赖性非常高;不但如此,消费者也越来越多地依赖电子商务平台预订酒店房间,已经很少有人通过酒店的电话和前台预订了。当然,集团客户和商务大客户除外。

最后,共享经济在酒店行业的运用是近几年的事情,共享经济,在酒店行业引人注意的标志性事件是国际住宿共享平台 Airbnb 在全球范围内的崛起,这种技术革命是悄悄的,正如人们已经习惯使用滴滴打车和共享单车一样,这种共享住宿将对传统标准住宿业产生巨大冲击。

(四)酒店行业社会文化环境分析

社会文化环境对酒店业的产品和经营有着潜移默化的影响,当前人们的文化水平得以显著提升,消费者对酒店产品和服务提出更高的要求,消费水平的升级会要求酒店产品不断升级,这就是为什么近年来经济型酒店日渐低迷,而中档酒店却越来越受欢迎的原因。

各地区不同的风俗习惯和宗教信仰也可能影响酒店业的产品设计,各宗教的饮食习惯和禁忌将会直接影响酒店业的饮食产品。

人口规模与地理分布也会影响产品的社会需求与消费,所以在东部沿海地区,酒店业的投资项目,要远远多于中西部地区。

第三节　微观环境分析

微观环境也是一种外部环境,它与宏观环境不同的是,微观环境是企业外部更加具体的、更加紧密的环境。

一、微观环境概念

微观环境是企业生存与发展的具体环境,与宏观环境相比,微观环境因素更能够直接地给一个企业提供更为具体和实际的信息,同时也更容易被投资者识别。微观环境范围小于宏观环境,通常是指局部市场和区域市场的市场环境、竞争环境和资源环境,也包括一个行业的环境。

二、微观环境因素

微观环境因素主要包括与企业紧密相关的市场需求、竞争形势和资源条件,以及直接有关的政策、法律、法令等方面。

(1)市场需求。在商品经济条件下,环境向企业提出的需求主要表现为市场需求。市场需求包括现实需求和潜在需求。现实需求是指顾客有支付能力的需求,潜在需求是指处于潜伏状态的、用于某些原因不能马上实现的需求。现实需求决定企业目前的市场销量,而潜在需求则决定企业未来的市场。

(2)竞争形势。包括竞争规模、竞争对手实力与数目、竞争激烈化程度等。具体竞争包括同行竞争、替代产品行业竞争、购买者竞争、供应者竞争等等。

(3)资源条件。资源是指企业从事生产经营活动应投入的所有资源,包括人、财、物、技术、信息等。资源环境包括各种资源开发利用状况、资源的供应状况、资源的发展变化情况等。

(4)地方政策法规。地方政策法规指的是各地区政府依据本地区具体的经济发展形势和资源条件,所制定的产业规划、经济扶持政策以及经济发展规范。

三、酒店投资的微观环境分析

酒店投资的微观环境因素主要包括酒店投资地区的具体的酒店消费市场需求、酒店行业竞争形势和酒店项目生产经营的资源条件项目,以及与酒店发展直接有关的政策、法律、法令等方面。

(1)市场需求。酒店投资的市场需求主要表现为该地区的酒店消费市场规模,其所存在的酒店消费市场有多大。酒店现实需求决定酒店目前的市场销量,而酒店潜在需求则决定酒店未来的市场。市场需求还需要考虑消费市场的类型、层次和特点,这将直接决定酒店投资项目的规格、档次和定位。

(2)竞争形势。包括地区酒店行业的竞争规模、竞争对手实力与数目、竞争激烈化程度等。即所投资酒店地区的已有酒店数量、酒店的大小和各酒店之间的竞争情况。

(3)资源条件。酒店资源是指投资酒店项目应投入的所有资源,包括资金、人力资源、生产技术等。关键的问题是,这些资源在投资当地能不能被找到和持久利用,资源被利用的成本是否合适。

(4)地方政策法规。酒店投资的地方政策法规指的是各地区政府依据本地区具体的经济发展形势和资源条件,所制定的酒店产业发展规划、扶持政策以及发展规范。通常来说,鼓励酒店业发展的地区,商贸比较繁华或者旅游资源较为丰富。

第四节 行业环境分析

行业环境实际上也是一种外部环境,属于外部环境中微观环境的一种,主要是指本行业的发展形势、发展质量和竞争环境。

一、行业环境概念

行业环境分析主要包括行业概貌分析和行业竞争结构分析等方面。行业概貌分析主要掌握该行业所处的发展阶段、行业在社会经济中的地位、行业的产品和技术特征等。行业竞争结构分析主要掌握该行业的竞争态势。任何企业在本行业中,都要面临以下五个方面的竞争压力:潜在进入者、替代品、购买者、供应者、现有竞争者。

所有的企业都属于某一个特定的行业,企业是在这个行业中进行生产经营活动的,研究企业外部环境必须掌握行业特点。

二、行业环境分析工具

分析行业环境通常采用波特五力模型,波特五力模型是迈克尔·波特(Michael Porter)于20世纪80年代初提出的。它认为行业中存在着决定竞争规模和程度的五种力量(Five Forces),这五种力量综合起来影响着产业的吸引力以及现有企业的竞争战略决策。

五种力量分别是供应商的议价能力、购买者的议价能力、新进入者的威胁、替代品的威胁、同业竞争者的竞争程度。

（一）供应商的议价能力

企业从事生产经营所需的各种资源一般都要从供应者处获得,供应者一般都要从价格、质量、服务等方面入手,以谋取更多的盈利,从而给企业带来压力。供方对企业发展的威胁主要来源于其不断提高投入要素价格与降低单位价值质量的能力。

供应商努力实现产品拥有更多的买主,以致每一单个买主都不可能成为供方的重要客户。

供方努力做到自身供应的产品具有一定特色,以致买主难以转换或转换成本太高,或者很难找到可与供方企业产品相竞争的替代品。

供方能够方便地实行前向联合或一体化,而买主难以进行后向联合或一体化。

（二）购买者的议价能力

购买者对本行业的竞争压力表现为其压价与要求更高的产品或服务质量的能力,如要求价低、高质、优服务等;还表现为购买者利用现有企业之间的竞争对生产厂家施加压力。

影响购买者议价的基本因素有顾客的购买批量、对产品的依赖程度、改变厂家时的成本高低以及掌握信息的多少等。

购买者的总数较少,而每个购买者的购买量较大,占了卖方销售量的很大比例,则议价能力更强。购买者有能力实现后向一体化,而卖主不可能前向一体化。

（三）新进入者的威胁

潜在竞争者进入后,在给行业带来新生产能力、新资源的同时,将通过与现有企业瓜分原材料、原有市场份额、激发新一轮竞争,对现有企业形成巨大的威胁。

这种进入威胁主要取决于行业的吸引力和进入障碍的大小。行业发展快、利润高,进入障碍小,潜在竞争的威胁就大。新企业进入一个行业的可能性大小,取决于进入者主观估计进入所能带来的潜在利益、所需花费的代价与所要承担的风险这三者的相对大小情况。

进入障碍主要包括规模经济、产品差异、资本需要、转换成本、销售渠道开拓、政府行为与政策、不受规模支配的成本劣势、自然资源、地理环境等方面。

（四）替代品的威胁

替代品是指与本行业产品具有相同或相似功能的其他产品。如共享住宿可以部分代替标准住宿。替代品产生威胁的根本原因往往是它在某些方面具有超过原产品的优势,如价格低、质量高、性能好、功能新等。若替代品的盈利能力强,对现有产品的压力就大,会使本行业的企业在竞争中处于不利地位。

由于替代品生产者的侵入,使得现有企业必须提高产品质量,或者通过降低成本来降低售价,或者使其产品具有特色,否则其销量与利润增长的目标就有可能受挫。

所以,替代品价格越低、质量越好、用户转换成本越低,其所能产生的竞争压力就越强;而这种来自替代品生产者的竞争压力的强度,取决于替代品销售增长率、替代品厂家生产能力与盈利扩张的情况。

(五)同业竞争者的竞争程度

这就是通常意义下的竞争,主要竞争方式为价格竞争、广告战、新产品引进和售后服务等。

作为企业整体战略一部分的各企业竞争战略,其目标都在于使得自己的企业获得相对于竞争对手的优势,所以,在实施中就必然会产生冲突与对抗现象,这些冲突与对抗就构成了现有企业之间的竞争。

五力模型更多是一种理论思考工具,实际操作具有一定难度。

(1)制定战略者需要了解整个行业的信息,显然现实中是难以做到的。

(2)同行业之间只有竞争关系,没有合作关系。但现实中企业之间存在多种合作关系,不一定是你死我活的竞争关系。

(3)行业的规模是固定的,因此,只有通过夺取对手的份额来占有更大的资源和市场。但现实中企业之间往往不是通过吃掉对手而是与对手共同做大行业的蛋糕来获取更大的资源和市场。同时,市场可以通过不断的开发和创新来增大容量。

因此,五力模型比较适合作为环境分析工具,用来比较和参照,为决策者提供参考。

三、酒店业的行业环境分析

分析酒店行业环境也可以采用波特五力模型,即分析本地区酒店行业供应商的议价能力、购买者的议价能力、新进入者的威胁、替代品的威胁和同业竞争者的竞争程度。

(一)供应商的议价能力

酒店供应商主要包括餐饮原材料供应、设施设备维修供应和酒店客房消耗品供应等方面。

在酒店经营中,客房消耗品和设施设备维修供应方面,通常取决于酒店的需求量、结款方式和结款期限,此外供应商的议价能力并不强。但餐饮原材料供应方面,供应商议价能力较强且容易影响企业经营。

在餐饮原材料供应方面,主要包括肉类、蔬菜瓜果类、酱料类、海鲜和鱼虾类及干货类。除酱料和干货采购价格相对稳定并容易达成协议采购外,其他类别采购有较为灵活的价格体制,通常一周或者半个月采用一个价格。大型酒店或者连锁酒店的餐饮原材料供应商的议价能力较弱,但针对中小酒店或者单体酒店的供应商的议价能力较强。如下雨天蔬菜采购价格可能会急剧飙升,又如供应商虽然签订半个月的价格稳定协议,但当市场价格变动且对自己不利时,可能会以没货为借口中断供应,或降低所供应货品的等级和质量。

(二)购买者的议价能力

酒店消费者根据采购量和采购形式分为散客、团体、大客户和代理商等类型。对于散客而言,其议价能力比较有限,主要表现在对相似或者同档次酒店的选择方面。对于团体和大客户而言,具备一定的议价能力,尤其是对大客户而言,其采购通常采用协议定价方式,对于酒店的经营具有较强的稳定作用和淡季保障作用。对于酒店代理商而言,由于其代理量较大,如携程等OTA占酒店销售量较大比重,通常需要收取20%—25%的佣金。

(三)新进入者的威胁

由于酒店及其服务产品是人们生活消费的重要构成,因此该行业在不同时期均具有加强的吸引力,且由于酒店投资项目可大可小,技术壁垒较低,对于建筑、休闲、娱乐、零售商业等行业的转换成本较低,容易出现新竞争者的进入。

由于酒店硬件设施水平能显著影响酒店的经营与竞争,新开的酒店竞争者进入市场后,因其硬件和设计风格更加符合新时期市场消费需求,从而获得消费者的青睐,能对现有酒店形成巨大的威胁。

(四)替代品的威胁

传统酒店服务和产品可以分解为住宿、餐饮和娱乐康体三大模块,因此酒店行业除本行业竞争外,还面临住宿、餐饮和娱乐康体等方面业态形式的替代品的威胁。

在住宿产品方面,由于休闲旅游形式的多样化,人们对不同类型的住宿产品均有选择,如帐篷酒店、汽车营地、民宿客栈以及共享住宿等住宿产品,尤其是共享住宿,越来越多的空置房屋投入共享住宿的供应中,加上共享住宿的物美价廉优势,相关机构预测共享住宿将占据住宿业市场的三成以上。

在餐饮产品方面,随着酒店餐饮产品在消费者印象中的"产品单一、价格昂贵"等印象加深,以及社会餐饮的不断升级和多元化发展,酒店餐饮市场受到较大的竞争。酒店餐饮同时还受到美团外卖、饿了么等餐饮形式的冲击。

在娱乐康体产品方面,传统酒店也逐渐受到游艇会、高级会所、高尔夫俱乐部等各类业态的替代性威胁。

(五)同业竞争者的竞争程度

由于酒店行业的资金和技术壁垒较低,酒店投资成为资本角逐的重点行业,随着各类各级酒店不断进入市场,酒店行业的竞争日益激烈。同一区域的酒店企业在消费需求相对固定的区域市场中,一定程度上会通过价格竞争、广告战、新产品引进和售后服务等形式加强竞争。近年来,国际酒店集团纷纷加大在华的扩张力度,尤其在高端酒店领域,因其相对其他单体酒店而言具有较强的品牌、管理、采购、会员顾客等方面的竞争优势,给各地酒店形成较大的竞争冲击。

第五节　内部环境分析

内部环境是企业内部的条件和形势,是企业能够把控的元素,企业应积极分析和改善内部环境,以应付复杂多变的外部环境和竞争形势。

一、内部环境概念

投资内部环境又称投资企业的内部条件,是企业内部物质环境、资源条件和文化因素的总和。它反映了企业所拥有的客观物质条件和营业能力以及企业的综合能力,是企业系统运转的内部基础。

因此,企业内部环境分析也可称为企业内部条件分析,其目的在于掌握企业实力现状,找出影响企业生产经营的关键因素,辨别企业的优势和劣势,以便寻找外部发展机会,确定企业战略。如果说外部环境给企业提供了可以利用的机会,那么内部条件则是抓住和利用这种机会的关键。只有在内外环境都适宜的情况下,企业才能健康发展。

二、内部环境分析要素

企业的内部环境分析通常从企业资源、企业文化和企业能力三个方面分析。

(一)企业资源分析

企业的任何活动都需要借助一定的资源来进行,企业资源的拥有和利用情况决定其活动的效率和规模。企业资源包括人、财、物、技术、信息等,可分为有形资源和无形资源两大类。

1. 人力资源

人力资源包括企业人员的数量、素质和使用状况。人力资源分析的具体内容有各类人员(包括生产操作人员、技术人员、管理人员)的数量、技术水平、知识结构、能力结构、年龄结构、专业结构;各类人员的配备情况、合理使用情况;各类人员的学习能力及培训情况;企业员工管理制度分析等。

2. 物力资源

物力资源包括各种有形资产。物力资源分析就是要研究企业生产经营活动需要的物质条件的拥有情况以及利用程度。

3. 财力资源

财力资源是一种能够获取和改善企业其他资源的资源,对财力资源的管理是企业管理的重要内容。财力资源分析包括企业资金的拥有情况、构成情况、筹措渠道和利用情况,具体包括财务管理分析、财务比率分析、经济效益分析等。

4. 技术资源

技术资源主要分析企业的技术现状,包括设备和各种工艺装备的水平、测试及计量仪器的水平、技术人员和技术工人的水平及其能级结构等。

5. 信息资源

信息资源包括的内容很多,如各种情报资料、统计数据、规章制度、计划指令等等。信息资源分析现有信息渠道是否合理、畅通,各种相关信息是否掌握充分,企业组织现状、企业组织及其管理存在的问题及原因等。

(二)企业文化分析

企业文化分析主要是分析企业文化的现状、特点以及其对企业活动的影响。企业文化是企业战略制定与成功实施的重要条件和手段,它与企业内部物质条件共同组成了企业的内部约束力量,是企业环境分析的重要内容。

1. 企业文化及其结构

企业文化是企业在运行过程中形成的,并为全体成员普遍接受和共同奉行的价值观、信念、行为准则及具有相应特色的行为方式、物质表现的总称。企业文化是客观存在的。在一个有较长历史的企业内,人们由于面临共同的环境,通过在共同的活动中相互影响,会逐步形成某些相似思想观念和行为模式,表现出独特的信仰、作风和行为规则。若把一个企业看作一个整体的"人",那么企业文化就反映了这个"企业人"所具有的整体修养水平和处世行为特点。企业文化产生于企业管理的过程中,并随着管理过程的发展及企业内外环境的变化而变化,是物质文化和精神文化相结合的产物。

企业文化结构包括三个层次:物质层、制度层和精神层。物质层是企业文化结构的表层,通过呈物质形态的产品形象、厂容厂貌、企业标志、员工服饰、企业环境等表现出来,通常称为企业形象。制度层是指具有本企业文化特色的各种规章制度、道德规范和行为准则的总称,它通过领导体制、规章制度、员工行为方式等反映出来。精神层是企业文化的深层次,是存在于企业成员思想中的意识形态,包括企业经营哲学、理想信念、价值观念和管理思维方式等,通常称为企业精神。

2.企业文化功能

企业文化在企业管理中的作用主要体现在激励方面,具体有以下功能。

(1)导向功能。企业文化可以为企业生产经营决策提供正确的指导思想和健康的精神氛围,如通过价值观来引导职工,使员工按照企业提倡的价值观念来摆正自己的位置和做出行为决策,为实现企业目标而自觉地努力工作。

(2)凝聚功能。企业文化中共同的价值观、信念和行为准则,就如同企业的"内部黏合剂",可使企业职工产生强烈的集体意识,形成强大的凝聚力和向心力,使整个企业上下一心,同舟共济。

(3)约束功能。企业文化中以规章制度、行为规范的形式体现出来的制度文化,对每个员工的行为无疑会有约束作用,更重要的是,整个企业文化会对企业全体成员的行为形成一种无形的群体压力(包括舆论压力、情感压力等),从而约束员工的行为。

(4)辐射功能。企业文化不但在本企业中产生作用,还会通过各种渠道对社会产生作用。如员工与社会各方面的交往,产品的宣传、销售及服务,都会反映出企业的价值观念和文化特点,可以让社会了解企业,并对社会和其他企业产生影响。

(三)企业能力分析

企业能力是指企业有效地利用资源的能力。拥有资源不一定能有效运用,因而企业有效地利用资源的能力就成为企业内部条件分析的重要因素。

1.企业能力分析的内容

企业能力可分为不同的类别,如按重要程度可分为一般能力和核心能力,按综合性可分为综合能力和专项能力,按内容可分为组织能力、社会能力、产品及营销能力、生产及技术能力、市场开拓能力和管理能力等。不同的能力有不同的分析重点,如产品及营销能力主要是分析产品的发展性、收益性和竞争性,市场营销的现状及潜力等,具体评价内容有产品质量、销售增长率、市场占有率、销售利润率、产品市场潜力等;生产及技术能力分析主要包括生产计划与组织、生产管理能力、生产技术装备水平、物资供应及工艺实施能力、技术开发能力等。

2.企业核心能力

核心能力,是指企业独有的,能为顾客带来特殊效用、使企业在某一市场上长期具有竞争优势的内在能力。企业要形成和保持竞争优势,只拥有一般的资源和能力还不行,必须形成超出竞争对手的特殊技能和能力。它是企业在发展过程中逐渐积累起来的知识、技能及其他资源相结合而形成的一种体系(或者说是一组技能和技术的集合),是企业拥有的最主要的资源或资产。核心能力可以是技术,如索尼公司的微型化技术、摩托罗拉公司的无线通信技术、英特尔公司的芯片制造技术、佳能公司的光学镜片成像技术和微处理技术;也可以是管理和业务流程,如全球规模最大、利润最高的零售商沃尔玛公司的"过站式"物流管理模式,联邦快递公司能保证及时运送的后勤管理,宝洁公司、百事可乐优秀的品牌管理与促销,丰田公司的精益生产能力等;还可以是技术、经营、管理等能力的结合,如海尔的技术开发能力、质量保证能力和营销能力所构成的核心能力。核心能力的储备状况决定了企业的经营范围,特别是企业多角化经营的广度和深度。

三、内部环境分析工具

内部环境分析可以使用平衡记分卡(Balanced Score Card,BSC)这一战略工具进行分析。

平衡记分卡是由 Kaplan 和 Norton 提出的一种业绩评价方法,1996 年他们提出,平衡记分卡是一个战略管理系统,并提出从四个层面来实现战略管理,即财务、客户、内部经营、学习与成长,且这四个层面具备内在因果逻辑关系。该理论认为,未来的企业组织除了要注重短期目标,也要能兼顾长期发展;除了关注财务表现之外,必须同样重视非财务方面的组织运作能力,如产品创新、客户关系、内部流程、人员的学习与成长等。2001 年 Kaplan 和 Norton 将平衡记分卡发展成为一个真正的战略管理系统,使平衡记分卡从狭义的企业绩效测评工具上升为一种战略管理工具。

传统的绩效测评方法和工具通常过分地关注财务指标,而忽视了导致财务指标结果的问题和因素。而平衡记分卡正好克服了这些常规技术的不足。平衡记分卡把战略和愿景置于中心位置,它确定了企业战略,并把战略层层分解为各维度的具体指标,从而增强了对战略的理解和战略实施的一贯性,实现短期利益和长期利益、局部利益和整体利益的均衡。因此,平衡记分卡被奉为构建高绩效组织和战略的出色工具。

Kaplan 和 Norton 在阐述平衡记分卡理论时,强调平衡记分卡不仅仅是财务指标与非财务指标的随机组合,更为重要的是它们之间具备因果逻辑。平衡记分卡与其他绩效管理模型的最大区别是它假设在四个层次之间具有内在的因果逻辑关系。

(一)财务方面

公司财务性绩效指标能够综合地反映公司业绩,可以直接体现股东的利益,因此财务指标一直被广泛地用来对公司的业绩进行控制和评价,并在平衡计分卡方法中予以保留。常用的财务性绩效指标主要有利润和投资回报率。

(二)客户方面

顾客是上帝,以顾客为核心的思想应该在企业业绩的考核中有所体现,即强调"顾客造就企业"。平衡计分卡方法中客户方面的指标主要有客户满意程度、客户保持程度、新客户的获得、客户获利能力和市场份额等。

(三)内部经营方面

公司财务业绩的实现、客户各种需求的满足和股东价值的追求,都需要靠其企业内部的良好经营来支持。内部经营过程又可细分为创新、生产经营和售后服务三个具体环节。

1. 创新环节

公司创新主要表现为确立和开拓新市场、发现和培育新客户、开发和创造新产品与服务,以及创立新的生产工艺技术和经营管理方法等。永无止境地创新是保证企业在激烈的市场竞争中制胜的法宝。平衡计分卡方法中用来衡量创新能力的指标大致有新产品开发所用的时间、新产品销售收入占总收入的比例、损益平衡时间、一次设计就能完全达到客户对产品性能要求的产品百分比、设计交付生产前需要被修改的次数等。

2. 生产经营过程

生产经营过程是指从接受客户订单开始到把现有产品和服务生产出来并提供给客户的过程。实现优质经营是这一过程的重要目标,评价其业绩的指标主要有时间、质量和成本,可以进一步细分为产品生产时间、经营周转时间、产品质量、服务质量、产品成本和服务成本等指标。

3. 售后服务过程

售后服务是指在售出和支付产品和服务之后,给客户提供的服务活动过程。它包括提供保证书、修理、退货和换货,以及支付手段的管理(如信用证的管理)等。

上述内部经营过程可以使经营单位了解到在目标市场中吸引和保持客户所需的价值观念和满足股票持有者对更好的财务收益的期望。

(四)学习与成长方面

企业的学习和成长主要依赖三个方面的资源,即人员、信息系统和企业流程。前述的财务、客户和内部经营目标通常显示出企业现有的人员、信息系统和流程能力与企业实现其期望业绩目标所需能力之间的差距,为了弥补这些差距,企业需要投资于员工培训、信息系统改进与提升和企业流程优化。从本质上来看,企业的学习与成长是基于员工的学习与成长,因而可以考虑采用如下的评价指标:员工培训支出、员工满意程度、员工的稳定性、员工的生产率等。

平衡记分卡的四个方面既包含结果指标,也包含促成这些结果的先导性指标,并且这些指标之间存在着因果关系。平衡记分卡的设计者认为企业的一项战略就是关于因果的一系列设想,企业所采用的成功的绩效评价应当明确规定各个不同方面的目标和衡量方法之间的逻辑关系,从而便于管理它们和证明其合理性。

由于平衡记分卡的构成要素选择和评价过程设计都考虑了上述的因果逻辑关系链,所以它的四个评价维度是相互依赖、支持和平衡的,能够形成一个有机统一的企业战略保障和绩效评价体系。

内部环境分析工具除了平衡计分卡外,4Ps营销组合战略和关键成功要素分析法(key success factors,KSF)都是较好的内部环境分析战略工具,这两种工具在本书后文将会有详细介绍。

四、酒店业的内部环境分析

酒店经营管理中采用平衡计分卡进行战略梳理,可以清晰地厘定企业的战略定位和战略目标,有利于酒店当前和长远发展。在酒店中实施平衡计分卡战略,除横向对四方面因素进行厘定外,应强调四因素之间的因果关系,并纵向设定战略总体目标和分享目标,选定每个因素可行的衡量标准,并将目标任务分解到每个部门和岗位。

(一)财务方面

酒店财务性绩效指标主要反映在酒店营业额、毛利润、净利润、收入增长率、成本降低率、能源消耗降低率、销售计划达成率等方面。财务指标可以显示酒店战略及其实施是否对改善酒店盈利做出贡献。

(二)客户方面

酒店客户指标主要体现在酒店服务质量、出品质量、顾客满意度、顾客重新消费意愿、净推荐值、顾客行为意图等方面。酒店在经营管理中应坚持定期开展相关顾客服务指标的测量和监控,持续改善酒店服务质量,提升酒店顾客满意度。

(三)内部经营方面

酒店内部经营方面因素可根据经营过程分为创新、生产经营和售后服务三个具体环节。

1. 创新环节

酒店新产品开发效率主要体现在餐饮菜式、面点等出品的创新和考核,在住宿方面应强化个性化、亲情化和差异化服务;营销方面应结合市场形势变化积极做好节事和活动营销;市场营销方面应重视酒店新市场和新客户的开发。

2. 生产经营过程

酒店生产经营过程中的主要考核指标体现在提升顾客服务质量和服务效率等方面,比如入住、退房和结账等程序简化和效率提升。同时酒店设施设备的完好率也是重要考量标准之一。

酒店生产经营过程非常重视后台流线的顺畅和高效,后台流线要持续优化"采购—供货—验收—初加工—深加工—出品"的后台生产流程,保证后台流线配套设备的完好和便捷。

3. 售后服务过程

以服务等无形产品为主要特点的酒店售后服务主要体现在顾客关系管理方面,包括顾客消费体验和跟踪评价以及顾客会员管理系统和服务。

(四)学习与成长方面

酒店作为劳动密集型产业,学习与成长方面的因素对于酒店的经营与管理非常重要。主要考量的指标有员工满意度、员工培训支出、员工培训次数、员工稳定性和流失率、文化活动次数与认可率等。近年来,随着我国人口红利的逐渐消失,酒店底薪人力资源时代已经过去,酒店面临人力资源成本和员工流失率不断升高的压力,提升学习与成长因素的重要程度对未来酒店经营举足轻重。

第五章
酒店投资模式分析

酒店投资模式是投资者在决定投资的前提下,对所投资酒店项目的商业模式和盈利模式的选择,也是对投资项目业态和产品组合的选择。投资模式是一种对历史投资战略的总结。本书共提出并详细分析六种酒店投资模式。

第一节 产业平衡投资模式

产业平衡投资模式也被称为多元化投资模式,是大型实力派实业投资集团常用的投资模式之一,曾经一个名不见经传的安邦保险,就是通过多元化投资模式对海外酒店等产业进行投资并购而盛极一时。

一、产业平衡战略投资

(一)产业平衡战略投资概念

产业平衡战略投资是指投资者(企业)在不同的领域、不同的产业(行业)开展投资业务,或在同一产业中投资生产不同的产品,用以扩大业务范围,开展多元化经营。是一种平衡其产业布局和优化内部产业结构的投资模式,这一模式也被称为多元化投资模式。

(二)产业平衡战略投资目的

产业平衡战略投资是企业集团增加收益机会,分散经营风险的必由之路,也是现代企业经营发展的一种趋势。投资者把投资分散进行,达到增加成功的系数和降低投资风险的目的。用一般人说的就是,鸡蛋不要放出一个篮子中。

(三)产业平衡战略投资基本原则

产业平衡战略投资的基本原则是:不进入没有可能形成新优势和不能形成新的利润增长点的行业。而应依托原有的基础,逐步稳妥地拓展,先围绕原有产业及相关产业拓展,逐步传递到其他产业,这样,才能在每进入一个新的行业时,都形成新的优势。

多元化可以分为相关多元化和非相关多元化,前者指企业所开展的各项业务之间有明显的有形关联,如共同的市场、营销渠道、生产、技术、采购、信用、人才等,相关业务之间的价值活动能够共享;后者则更多的是一种无形关联,主要是建立在管理、品牌、商誉等方面的共享。

(四)投资类型

产业平衡战略投资的平衡方式通常有横向多元化平衡、纵向多元化平衡两种形式。

1.横向多元化平衡

横向多元化平衡投资通常是指向本集团相近的行业或产品进行投资,也指向不同的区域市场进行投资的策略。

产业横向多元化平衡战略能横跨多个相关产业和产品,提升整体竞争实力。

区域横向多元化平衡战略能在全球范围拓展市场空间,实现全域资源开发与共享,最大程度降低区域政治环境唯一性所带来的发展风险。

2.纵向多元化平衡

纵向多元化平衡战略是指投资者整合纵向产业链(即企业与其上游供应商、下游销售商等共同形成的产业链),这种产业链内的连接可以与供货商或者代理商实现商业联盟,因此可以降低企业成本。从未构建完整产业链,实现产业聚集互补发展,可以促进集团内产业结构布局平衡,并适度分散风险。

(五)风险

1.不良资产收购的风险

对于任何一个投资者而言,其能够用于投资的资源和资本总是有限的,而市场机会则是无限的。开展多元化投资,势必分散资源资本。在企业集团中,一个或数个投资效益差的项目企业,会导致"一颗老鼠屎搅坏一锅汤",影响企业集团的整个资本运行态势,导致整个企业集团经营陷入困境。这种情况在媒体多元化投资中屡见不鲜。

2.盲目无关联地扩张的风险

多元化经营使企业面临多种产业、多个市场,因而造成部门和子公司的增多,势必形成更为复杂的管理体系,增加了经营管理上的难度,这要求企业经营者必须具备非凡的跨行业综合经营的知识和能力,具备驾驭大企业的领导才能。而现实中,投资者客观上不能对所有的行业都熟悉和了解,但往往会被虚高的投资预期所诱惑而做出与本身无关的项目投资决策,这些不相关的投资项目原本自成体系,投资者在技术、经营管理方面的人才储备并不充足,一旦采取多元化经营时,人力资源的缺陷就成了企业发展的严重阻碍。此外,多元化经营特别是不相关的多元化经营会增加企业管理的复杂性,不易协调管理。

二、产业平衡模式案例分析

（一）案例介绍——安邦的逆袭之路

2004年6月,上汽集团、联通租赁集团、旅行者汽车集团等7家企业共同投资,成立了安邦集团的前身——安邦财险。其中,上汽集团以20%的持股比例为第一大股东。2014年1月29日及9月23日,安邦集团在一年内两度大规模增资,使得其注册资本从120亿元猛增至300亿元,又再猛增至619亿元,成为全国注册资本最高的保险公司。在这两次增资中,原先的8家股东皆未参与,而是另有多达31家新股东参与进来。安邦的民营股东由此多达37家。这些民营股东往上追溯,是层层叠叠、数量众多的法人股东,而这些法人股东再往上追溯,是多达近百位的自然人股东。此番增资之后,安邦集团的股权呈现高度分散的格局,持股比例最高者也仅3.87%,而原先的两大国有股东上汽集团及中石化集团,持股比例则被稀释至仅1.22%、0.55%。

截止到2017年,安邦保险是中国保险行业大型集团公司之一,总资产规模超过1900亿元。短短12年,安邦保险从一家初始注册资金5亿元的名不见经传的小公司发展到资产将近2万亿元的保险集团。

在此之前,国内寿险市场一直按照"负债驱动资产"的战略,投资被动根据负债端调整,投资策略上偏于保守。安邦保险依靠"资产驱动负债"新路,通过做大投资,带动总资产进一步做大,在承保端吸引客户资金流,因此在投资上,往往积极主动甚至可谓激进。从2014年10月安邦集团宣布以19.5亿美元(约合120亿元)代价收购美国纽约华尔道夫酒店大楼开始,安邦开启了其持续两年多的境外"买买买"行动序幕。

事件1:收购酒店业

2014年10月6日,安邦保险豪掷19.5亿美元收购希尔顿旗下位于纽约曼哈顿公园大道的始建于1893年的地标性建筑,全球著名的五星级豪华酒店——华尔道夫酒店(建于1893)。以每平方米约7.3万人民币的价格,获纽约核心地标永久产权。得益于这笔交易,安邦保险在全球一夜爆红,几乎没有花费一分钱的广告费就让全世界记住了安邦,安邦的国际化路线由此拉开序幕。

此后安邦并没有停止其在酒店业的投资和收购。据媒体报道,2016年9月,安邦保险集团股份有限公司以65亿美元从黑石集团收购Strategic Hotels&Resorts(黑石集团一年前以60亿美元收购),其中包括凯悦酒店、洲际酒店、万豪国际和四季酒店等。

事件2:收购保险公司

2014年10月13日,安邦保险宣布以2.2亿欧元(约合20亿元人民币),收购比利时FIDEA保险公司,成为国内保险公司100%股权收购欧洲保险公司的首个案例。2015年2月16日,安邦保险集团投入17亿欧元(约121亿元人民币)收购、注资荷兰VIVAT保险公司。2015年2月17日,安邦保险集团以1.1万亿韩元(约63亿元)宣布正式收购韩国东洋人寿,开创中国公司进入韩国保险市场先例。2015年11月,安邦以15.9亿美元,约合人民币101亿元收购美国信保人寿保险公司。

事件3:收购银行

2015年7月22日,以2.06亿欧元(约合13.82亿元人民币)代价,收购比利时Nagelmackers银行100%股权。

事件4:收购不动产

2015年7月22日,据外媒报道,安邦保险集团以7.5亿英镑附加合作协议的形式竞购伦敦金融城最高建筑苍鹭大厦(Heron Tower)。2015年8月7日,中国安邦保险集团斥资超过10亿美元竞购日本房地产资产管理公司Simplex Investment Advisors败北。2016年11月21日,安邦洽谈从黑石手中收购至多23亿美元的日本房地产资产。这是全球金融危机以来日本最大的一笔房地产交易。同时,这也是安邦第一次涉足日本的房地产行业。2015年9月,安邦保险以1.1亿加元(约7500万美元)买下位于多伦多市中心70 York Street的办公大楼。消息称安邦还曾启动收购竞购温哥华地标建筑、买下纽约曼哈顿办公楼层等。

事件5:推动全球酒店业世纪大收购

2016年3月,由安邦保险集团、美国J.C.FlowersCo和香港春华资本三家公司组成的财团提出以总价约为130亿美元全现金竞购喜达屋,后来提升至140亿美元。但到了4月1日,安邦突然通知喜达屋,由于市场考虑的结果,撤回此前收购要约,并且不打算再提出别的收购要约(最终被万豪集团以122亿美元收购成功)。

历数以上海外收购,其中在美国投资5笔、英国投资1笔、德国投资1笔、比利时投资2笔、日本投资1笔、韩国投资3笔、加拿大投资2笔、荷兰投资

1笔。短时间内的这些并购和投资,安邦动用资金将会达到1900亿元之巨,而安邦,只有12年的历史。

(二)案例总结

1.国际化产业平衡投资模式

安邦是中国收购海外资产比较积极的金融机构之一,其"买买买"模式,表明了其向全球扩张的野心,而海外优质地产和酒店一直是热衷的投资项目。安邦集团未来还将继续在全球范围内寻找合适的投资机会,按照既定的国际化战略,整合全球资源,逐步搭建全球网络,为客户提供综合金融服务。

2013年以来,多家险企"出海"投资显示出不同的投资偏好,有以写字楼和酒店为主者,有的侧重投资海外二级市场,有的则更看好不动产投资基金等不动产金融类项目。万科(02202.HK)的业绩发布会上,万科高级副总裁谭华杰曾谈到,物流地产是目前所有不动产细分行业中最具蓝海的市场,发展空间广阔,目前具有最佳的租金收益率,一般经营模式都是持有租赁,并寻找资产证券化的机会。而安邦刚刚要收入囊中的策略酒店集团,亦属于物流资产。

诸多业内人士认为,从安邦扩张之路可以看出,其对外投资不仅仅是为了谋求投资收益,更像是为了搭建资本运作的大平台。安邦对喜达屋志在必得,或许并非看重其酒店本身的资产或投资收益,而在于喜达屋作为金融交易运作高手的丰富资源。喜达屋并非仅是一家酒店集团,同时也擅长资本运作和资产管理。中航证券地产金融分析师杜丽虹在一篇介绍喜达屋旗下的喜达屋资本集团(Starwood Capital Group,SCG)的文章中指出,喜达屋旗下的这家地产基金管理公司,是仅次于黑石的全球第二大私募地产基金管理公司,旗下有9条业务线,业务范围涵盖能源、基建、对冲基金和地产证券投资等。

2.品牌推广策略

2014年以来,安邦启动了全球房地产投资模式,对内狂揽地产股,对外广收酒店,俨然已成为其风格。收购华尔道夫酒店一役,为安邦带来多少投资收益不得而知,但由此带来的品牌效应则已彰显。一位安邦内部人士称,收购华尔道夫酒店,对于安邦在国际上的品牌知名度提升非常显著。现在已不是安邦主动找标的和客户,而是项目和合作方主动找上门来。

3.国际金融视野

一位保险公司负责人表示,在与多位华尔街银行家交流时,大家有一个共识,即一致不看好酒店业投资,认为这个行业收益来源简单且利润微薄,酒店本身的管理复杂、成本高,仅每年的维护和翻修费用就是不小的开支。对于不动产投资,更倾向于投资不动产金融产品或物流资产。过去十年,全球五星级酒店的每间房收入年均增长率不到2％,如加上通胀影响,则基本上是负增长。根据摩根士丹利的研究报告显示,2016年美国酒店行业平均入住率为65％,在入住率于2017年达到峰值67％后,酒店类股价将持续下滑12至15个月。

2015年,人民币兑美元中间价贬值6.12％。2016年以来,人民币兑美元贬值趋势未减。有多位专业人士认为,安邦收购喜达屋,是将主要资产端放在海外,负债端放在国内,通过酒店取得稳定而持续的美元现金流,意在从美元走强和人民币贬值中获得更大的资本溢价。一位保险资产管理公司高层人士表示,从投资角度来看,有采用这种资产配置的可能性。但是否采用这种策略和手法,则取决于公司的性质和投资风格。

三、产业平衡模式案例延伸

(一)海航酒店

海航酒店集团成立于1997年,是海航集团旗下酒店业务投资、管理平台,专注于全球化的中高端酒店业务投资和管理,以及分时度假等业务。海航酒店拥有全球性网络,是中国最大的民营酒店集团和中国最佳酒店管理集团公司。截至2017年6月底,海航酒店在国内外直接运营及投资项目所涉及酒店8000余家,客房总量逾120万间。海航酒店集团目前拥有"博唐"(超豪华奢华酒店)、"唐拉雅秀"(豪华五星级酒店)、"珺唐"(文化精品酒店)、"逸唐"(高端商务酒店)、"海航大酒店"(高档城市商务及休闲度假酒店)、"海航商务酒店"(中高端商务酒店)、"海航快捷酒店"(机场快捷酒店及商务经济型酒店)七大产品系列。其中"博唐"、"唐拉雅秀"、"珺唐"、"逸唐"为唐拉雅秀品牌系列;"海航大酒店"、"海航商务酒店"、"海航快捷酒店"为海航酒店品牌系列;"诺翰酒店"、"诺翰精选"为NH品牌系列。

(二)海航集团投资模式

海航酒店集团的母公司海航集团所坚持的投资模式正是产业平衡和多元化投资模式。目前海航系持股机构共计21家(如果加上境外的德意志银行则是22家),包括控股9家、参股12家,其布局的产业主要包括全能金融、银行业、旅游酒店业、航空等产业。

(三)纵向平衡投资模式

以海航系所持股的21家金融机构来看,几乎是对金融领域作了全方位的涉猎,仅其目前控股的金融机构,就包括渤海国际信托、渤海人寿、华安财险、新光海航人寿、营口沿海银行、联讯证券、海航期货、皖江金融租赁、海航财务等9家。涉足金融始于航空产业链的延伸,正是海航集团的纵向平衡投资模式。

海航系最初在金融业的拓展，选择的是与航空业紧密相关的分支。2000年6月，海航麾下的长江租赁有限公司在海口设立，主要从事与航空相关的飞机租赁业务。2004年经商务部批准，长江租赁成为全国首批从事融资租赁试点的9家企业之一。目前长江租赁已经成为全国资产规模最大的内资租赁企业。除了飞机租赁业务之外，保险代理销售也是海航早期拓展的产业链延伸业务之一。航空公司在售票的同时，兼顾向乘客推荐交通意外险之类的产品，是水到渠成的事情。海航先后投资了海南通汇保险代理公司以及扬子江保险经纪公司，其中前者是首批经中国保监会批准开业的5家专业保险代理公司之一。

(四)横向平衡投资模式

海航系最初在金融业拓展，选择的入口是与航空业紧密相关的飞机租赁、保险代理销售等分支。

1.成立财务公司经营内部法人范围的吸储与贷款业务

海航集团搭建航空全产业链时，开始依托航空产业横向拓展和衍生金融产业投资。2003年12月，海航集团财务公司获批设立，主营海航集团内部法人范围内的吸储与贷款。这是海航系内第一家标准意义的金融机构，也是继东方集团财务公司、万向财务公司、海尔财务公司之后，全国第四家民营财务公司。海航财务公司设立时注册资本为3亿元，经历四次增资扩股后注册资本达到80亿元，这个金额已经高于绝大多数城商行的股本规模了。

2.全资收购渤海国际信托搭建内部集资平台

2006年，海航系介入河北省国际信托的股权重组，通过麾下多家子公司一举将其全资收购，后将其更名为渤海国际信托。国际信托被纳入麾下之后，成为海航系一个重要的内部集资平台。渤海国际信托面向海航系内部员工，曾先后发行过数款信托产品，金额为3亿至7亿元不等，而该等信托的融资方皆为海航集团股东或系内企业。该等信托产品并非由海航集团内部员工出资直接认购，而是将员工的零散资金交由海航工会委员会，由工会委员会作为整体委托人与渤海国际信托交易。这些信托产品的年度收益率皆在10%以上，海航表示发行此类信托的目的是"鼓励员工支持集团发展，分享企业成长，提高员工闲置资金的收益率"。渤海国际信托已经成为海航系最为优质的一块金融资产，其2016年资产规模(含信托资产)突破3500亿元，已是一家中型信托公司。

3.投资证券期货业连下两城

2008年6月，海航系通过旗下的长江租赁入主了总部设在深圳的东银期货，并将其更名为海航东银期货，目前持有该公司100%股权。其实早在2007年8月，证监会就已经发文批准了东营期货的增资及股东变更事项，到海航系正式入主,历时近一年。

2009年6月,海航集团通过子公司海口美兰国际机场有限公司,受让了北京华远集团所持联讯证券22.33%的股权,涉资9000万元,海航集团由此成为联讯证券实质性的第一大股东。此后,海航系又通过旗下的大新华航空继续增持联讯证券,最高时持股比例曾达到37.28%。目前,海航系在联讯证券的持股比例降低至23.67%,仍为控股股东。除了控股联讯证券之外,海航系小比例参股的券商还包括国都证券、华龙证券、招商证券。

4.投资保险业更换阵地

2009年之后,海航系开始在保险业攻城拔寨。2009年3月2日,海航集团与台湾新光人寿合资的新光海航人寿宣告成立,注册资本5亿元,双方各占50%股权,海航并不占据绝对主导地位。

拿下寿险牌照之后,海航系进而开始谋求财险牌照。2010年10月,民安财险100%股权挂牌转让,海口美兰国际机场牵头的六家企业,以15.41亿元的价格受让全部股权。其中,海航系内部两家企业——海口美兰国际机场、渤海国际信托拿下40%股权,海航系成为实际控制人。2011年6月,海航系又参与到华安财险的增资扩股之中,其麾下两家公司海航资本控股及海航酒店控股分别出资1.75亿元及1亿元,合计持股19.64%,仅次于第一大股东特华投资的20%。但两家险资持续亏损,致使海航最终选择了放弃这两张保险牌照,但海航在两家公司的股权交易上并未赔本。

与退出民安财险及新光海航人寿相伴随的,是海航系对华安财险及渤海人寿的控股。自2011年以增资方式入股华安财险之后,海航系又陆续通过数家公司以受让或增资方式扩大持股比例。截至2016年年末,海航系控制的华安财险股权比例或已达56.85%。

2014年12月,海航系通过隐性控制的方式,主导发起设立了渤海人寿。虽然设立时渤海人寿的股东名单中未见海航系公司,但其董、监、高班底却大部分出自海航系。渤海人寿设立之后,至2016年年末的短短两年内,注册资本已从8亿元依次迅猛递增至58亿元、130亿元。正是在这两次增资过程中,海航系公司浮出水面,其中渤海金控(000415)以20%的持股比例居首,海航系目前在渤海人寿的合计持股比例至少已达61.08%。

值得注意的是,除了明面上的海航系公司,渤海人寿与华安财险还有5家共同股东——广州市泽达棉麻纺织品有限公司、广州利迪经贸有限公司、广州市百泽实业有限公司、北京国华荣网络科技有限公司、上海圣展投资开发有限公司。这5家企业表面看似乎与海航系无关,但该等公司在过往的股权变更中,或者现股东往上追溯3—4层股东之后,皆存在海航系公司的身影。因此,这5家公司不排除是海航系影子公司的可能。

5. 正式进军银行业

2010年12月21日，营口沿海银行正式挂牌成立。该行是在辽宁省营口市原有4家城市信用社基础上，由海航酒店控股集团、营口港务集团等9家国有及民营企业作为股东共同发起组建的，注册资本金15亿元。这也标志着海航系正式向银行业进军。以海航系在营口沿海银行的持股24.8%，外加疑似一致行动人的持股25.2%来看，其控制的股权或达50%。

2015年，海南银行筹建，海航系旗下海航国际旅游岛开发建设(集团)有限公司参股，占股9%。同年11月，疑似海航系影子公司的广州市泽达棉麻纺织品有限公司，通过受让及增资扩股方式，获得天津滨海农商行8.92%股权。2016年3月，渤海金控通过全资子公司香港渤海租赁资产管理有限公司，认购天津银行(01578.HK)发行的H股股票，占比1.76%。当然，海航系在银行业最大手笔的投资，当属2017年耗资约34亿欧元(约合258亿元)购入德意志银行9.92%股份，成为其第一大股东。

6. 金融租赁开花结果

2011年最后一天，皖江金融租赁正式获得中国银监会的开业批复，并完成了工商注册手续。这是海航系麾下最新一家金融机构，也是全国第18家银监会授牌的金融租赁公司。皖江金融租赁设立时注册资本为30亿元，注册地为安徽省芜湖市，海航系麾下渤海租赁、芜湖市建设投资有限公司和美的集团(000333)，分别持有55%、33%和12%股权。海航集团早已拥有长江租赁、渤海租赁、扬子江租赁、大新华租赁、香港国际租赁等系列租赁公司，但持有金融牌照的仅有皖江金融租赁一家。海航系能够拿下全国极为稀缺的金融租赁牌照实属不易。

但随着海航过快的海外并购，加上国内监管政策收紧等因素，使得海航在2017年开始出现资金危机。海航以剥离非核心业务战略出售旗下众多非核心业务，海航酒店集团也随之出售包括希尔顿酒店集团股份等海外酒店类资产，以应对债务危机和资金周围困难。但即便剥离先前收购的海外酒店资产，海航酒店仍是国内排名前五的酒店集团之一。

第二节 资本运作投资模式

资本运营战略通常是金融投资机构所常用的投资模式。酒店行业中一些大型国际酒店集团出于其庞大的资产和品牌价值，往往会被金融机构作为资本运作的行业领域，资本运作之王就是善用资本运作手段，通过投资和并购酒店获取巨额利润。

一、资本运作模式

(一)资本

在经济学意义上,指的是用于生产的基本生产要素,即资金、厂房、设备、材料等物质资源。在金融学和会计领域,资本通常用来代表金融财富,特别是用于经商、兴办企业的金融资产。广义上,资本也可作为人类创造物质和精神财富的各种社会经济资源的总称。

(二)资本运作

资本运作指利用市场法则,通过资本本身的技巧性运作或资本的科学运动,实现价值增值、效益增长的一种经营方式。简而言之就是利用资本市场,以小变大、以无生有的诀窍和手段,通过买卖企业和资产而赚钱的经营活动。资本运作手段包括资本经营、消费投资、连锁销售、亮点经济、离岸经济等。

资本运作战略是开放型战略。该战略的实施不仅考虑内部资源,还将外部资源纳入企业经营范围。传统的战略模式强调对现有业务进行计划和管理,要求战略管理者把更多的精力投入企业内部。资本运作战略将视野扩展到企业外部,通过兼并、收购等途径,实现资源的扩张。

(三)资本运作方式

资本运作的一般方式包括发行股票、发行债券(包括可转换公司债券)、配股、增发新股、转让股权、派送红股、转增股本、股权回购(减少注册资本),企业的合并、托管、收购、兼并、分立以及风险投资等,资产重组,对企业的资产进行剥离、置换、出售、转让,或对企业进行合并、托管、收购、兼并、分立的行为,以实现资本结构或债务结构的改善,为实现资本运作的根本目标奠定基础。

按照不同的方式也可以进一步细分为以下几种。

(1)按照资本运作的扩张与收缩方式分为扩张型资本运作和收缩型资本运作:其中,扩张型资本运作具体分为纵向型资本运作、横向型资本运作和混合型资本运作;收缩型资本运作具体分为资产剥离、公司分立、分拆上市、股份回购等。

(2)按照资本运作的内涵和外延方式分为内涵式资本运作和外延式资本运作:其中,内涵式资本运作包括实业投资、上市融资、企业内部业务重组;外延式资本运作包括收购兼并、企业持股联盟以及企业对外的风险投资和金融投资。

(四)资本运作的一般特征

资本运作和商品经营、资产经营在本质上存在着紧密的联系,但它们之间存在着区别,不能将资产经营、商品经营与资本运作相等同。资本运作具有如下三大特征。

1.资本运作的流动性

资本是能够带来价值增值的价值,资本的闲置就是资本的损失,资本运作的生命在于运动,资本是有时间价值的,一定量的资本在不同时间具有不同的价值,今天的一定量资本,比未来的同量资本具有更高的价值。

2.资本运作的增值性

实现资本增值,这是资本运作的本质要求,是资本的内在特征。资本的流动与重组的目的是实现资本增值的最大化。企业的资本运作,是资本参与企业再生产过程并不断变换其形式,参与产品价值形成运动,在这种运动中使劳动者的劳动与生产资料物化劳动相结合,资本作为活劳动的吸收器,实现资本的增值。

3.资本运作的不确定性

资本运作活动,风险的不确定性与利益并存。任何投资活动都是某种风险的资本投入,不存在无风险的投资和收益。这就要求经营者要力争在进行资本运作决策时,必须同时考虑资本的增值和存在的风险,应该从企业的长远发展着想,企业经营者要尽量分散资本的经营风险,把资本分散出去,同时吸收其他资本参股。

二、资本运作模式案例——黑石集团

(一)资本之王

黑石集团总部位于美国纽约,是一家全球领先的另类资产管理和提供金融咨询服务的机构,是全世界较大的独立另类资产管理机构之一,美国规模最大的上市投资管理公司,1985年由彼得·彼得森(Peter G. Peterson)和史蒂夫·施瓦茨曼(Steve Schwarzman)共同创建,2007年6月22日在纽约证券交易所挂牌上市(NYSE:BX)。"黑石"一词源于两大创始人对两人祖籍的纪念:他们二人的姓氏中分别嵌着德文的"黑色"和希腊文"石头"。

创立之初,黑石只是华尔街上一家小型的并购公司,4个人,40万美元,业务涉及债务投资等领域。谁也不曾想到正是这个不起眼的并购公司,20多年后业务覆盖私有股权投资基金、房地产基金以及对冲基金、PE天王。黑石的第一桶金,是来自代表Sony公司出价20亿美元收购哥伦比亚唱片公司,此后便萌生了创立私募基金的想法。《资本之王》这本书专门介绍了全球私募之王黑石集团的发家史。

(二)黑石的酒店投资

2005年6月,黑石集团以32亿美元现金加债务方式收购Wyndham

International,从而敲定全球酒店和赌博业最大的一桩收购交易。2007年7月,出资64亿美元收购希尔顿酒店集团,到2013年升值至146亿美元。2015年9月黑石集团以60亿美元买下美国豪华酒店运营商Strategic Hotels旗下的17家高端酒店资产,该资产包括凯悦酒店、洲际酒店、万豪国际和四季酒店等。2016年9月,安邦保险集团股份有限公司以65亿美元从黑石集团收购Strategic Hotels&Resorts,除去税务登记和并购程序,黑石集团仅用了三个月就赚了5亿美元。

(三)黑石集团资本运作战略

资本运作的黑石集团高层其实并不是学酒店管理专业毕业,更不懂得酒店的经营与管理。但黑石集团通过资本运作战略,获得远超酒店经营管理者的收益。黑石的一个特点在于,善用杠杆收购,采用3至4倍的债务权益比(对应总资产负债率为75%—80%)。比如,收购希尔顿酒店所支付的260亿美元,便由55亿美元自有资金和205亿美元银行债务组成。收购完成后,由希尔顿本身经营产生的利润,偿付银行贷款本息。

第三节 经营成长投资模式

经营成长战略是大多数单体酒店所采用的酒店投资模式,这种模式是按照传统商业运营的产品成本加利润的模式获得酒店的发展和成长。

一、经营成长模式及其基本逻辑

收益经营投资模式也称为传统商业经营战略,其基本盈利模式是通过营业额减去成本获得经营利润。其经营主要策略为增加销售与降低成本。该模式追求产品组合与利润点,如追求餐饮业的毛利润超过50%、经营利润能达到25%、住宿业经营利润达到30%为较为理想。

二、单体酒店投资现状与存存的问题

(一)战略主体

经营成长投资模式的投资来源多为本地企业家,其管理主体多表现为当地家族企业独立经营,较少选择酒店管理公司合作,并独创酒店的名字和品牌。

(二)投资特点

收益经营投资模式的投资特征通常表现为自建或者租用建筑物设计建设为单体酒店。投资可行性研究报告中的主要利润点来源于产品经营,集中体现在以住宿为核心，配套餐饮休闲、会议、宴会等产品组合。其成本主要归类为固定资产长摊、资产折旧、建筑租金、人力资源成本、税收、能源、办公经费和折扣折让等方面。

（三）单体酒店投资优势

单体酒店投资优势主要表现在投资环境、位置和公共关系等方面，这些投资优势也成就了21世纪初各地区单体酒店遍地开花的兴盛局面。

1.投资环境因地制宜

单体酒店通常由地方资本进行投资，地方资本财团对当地的宏观环境、微观环境和行业竞争环境均能够了如指掌，其所实施的投资能够做到因地制宜，即能够根据本地区的实际消费需求和行业竞争形势推出适合当地消费者并具有市场竞争力的产品和服务。

2.投资位置独具优势

地方资本之间的关系通常复杂交错，能够掌控丰富的资源，从而获得得天独厚的投资位置，因此地方单体酒店所在的位置通常是当地城市的老城区中心位置，交通十分便利。

3.公共关系基础扎实

地方资本通常是各地的纳税大户，还通常能够获得一定的社会和政治身份，通常具有较好的地方公共关系，这能够为其投资行动提供较好的便利。

（四）单体酒店投资危机

但单体酒店相比连锁酒店和酒店集团，其管理运营能力、营销体系、采购网络、会员资源等方面均有较大的差距，终为单体酒店的投资危机埋下伏笔。

1."重资本、轻设计"致使项目同质化严重

酒店设计与规划应"以人为本"，酒店完全可以通过设计规划预测出"酒店收益"的价值是否最大化，是否合理化。地方资本方通常将酒店按照不同的产品模块进行规划和设计，方案差异化不够、同质化较为严重，使得后期营业中竞争和销售压力过大，产品一经退出市场便出现供过于求的状况。

许多投资业主对房产、熟悉领域的投资很在行，于是将房产项目的投资模式生搬硬套到酒店的项目投资中，没有针对酒店科学标准和行业要求规划建造及预算等，为后期经营的成本控制增加负担。可能会因资金缺口造成一味盲目地缺斤少两来节约投资，导致工程质量大大缩水；在对空间布局的利用上造成致命性的浪费；为了赶上某个旅游黄金周或政绩项目而迫切的追赶工期；所采购的设施设备达不到标准，甚至以次充好等。最终是一个不伦不类的"怪胎"诞生了，这个产物注定"命"不长远。

2."重投资、轻管理"思维导致管理失败

地方单体酒店的投资收益一般通过投资前的理想化测算而获得，资本方

认为酒店主要问题在于资本问题,可能会忽略投资过程中对管理团队的筹建和未来经营管理问题的重视。这种不良思维可能会导致酒店经营时的产品和服务质量出现重大问题,或直接造成工作高峰期时服务跟不上一片混乱;不顾设施设备等其他物品的配置不完善或短缺,导致"产品体系"与"价格体系"严重脱节;急功近利而不注重开业前的营销渠道销售的系统建立;酒店内空气弥漫装修异味等情况下就急于开业等,为酒店投资带来不可估量的损失。

3."重资产、单一收益"无法确保投资收益保障

酒店项目用于前提硬件设施建设的投资规模较大,造成长期资产分摊和折旧成本高居不下,因此这种"重资产"模式需要通过资产有效期内的营业收益获取投资回报。但单体酒店仅能通过一家酒店的独立经营和传统的营业模式获利,其收益过于单一,且其营业情况较容易受到社会事件和竞争情况的影响,经营风险较大且不能被科学分摊,这种投资模式不能足以保障投资的安全性和回报。

第四节　品牌与轻资产战略

在投资方面,资金、地产很容易被模仿,然而自己的品牌、管理却难以复制。近年来,酒店业逐渐剥离自营资产,转而发展以特许品牌经营权和委托酒店管理为主的轻资产模式。品牌和轻资产战略是近年来国际酒店管理集团通行的做法,国内酒店中万达酒店品牌输出较为成功。

一、品牌输出战略

(一)品牌输出

品牌输出战略就是以品牌输出为核心的投资策略,是指企业通过提供品牌使用权、品牌塑造、品牌运营、联合开发产品、传输管理经验和人力资源等方式,服务其他企业的投资行为。

品牌输出战略灌输了品牌成功经营管理理念,包括品牌精神理念的规划、品牌视觉形象体系的规划、品牌空间形象体系的规划、品牌服务理念和行动纲领的规划、品牌传播策略等;并实施以打通营销及市场渠道为核心的整套服务模式,包括"核心技术"与"核心管理",涉及产品研发、生产及运营品牌、支持、培训等成功的系统完整复制,并提供一系列的解决方案。同时为合作者提供专业化的团队培训,将先进的创新理念与管理理念植入团队的工作中,提升整个团队的素质与战斗力。

(二)轻资产战略

品牌输出战略是一种"轻资产"战略,即选择价值驱动为主的资本战略,集

中精力做管理者,而不是去投入重资产项目。

轻资产模式是国际酒店管理公司普遍的运营模式,从酒店投资回报率来看,这种方式的盈利率也较高,这种战略可以甩掉繁重的资产包袱,显然给了投资者们更强的信心。

走轻资产道路,企业无疑将更值钱,市值也有了更大的想象空间。而且资金、地产很容易被模仿,然而自己的品牌、管理却难以复制,从而有利于企业形成自主知识产权和打造独有的企业文化内涵。

(三)国际酒店管理的品牌输出与轻资产战略

真正的酒店业,应该是酒店管理业而非酒店投资业,而品牌就是轻资产的前提,国际一流的酒店集团,实际上都在"卖品牌"。以万豪国际为例,其在全球管理的酒店超过两千个,却并不追求所有,而是在品牌上不断创新,推出了包括丽思卡尔顿、万怡、万丽等一系列差异化的酒店管理品牌,将集团有形资产和无形资产的匹配组合度大大提高,这一做法也成为全球酒店业的典范。

在国际4大酒店品牌中,洲际集团自有物业比例达0.2%、万豪为1.2%、喜达屋2.95%、希尔顿4.02%。可以看出,品牌输出战略和轻资产模式是国际酒店管理公司普遍的运营模式,从酒店投资回报率来看,这种方式的盈利率也较高。从2006年以来,喜达屋开始出售酒店,削减对房地产的比重。2014年希尔顿出售纽约华尔道夫酒店,亦属轻资产转型之举。

二、万达酒店品牌输出之路

(一)万达酒店轻资产战略

万达酒店及度假村是集酒店业主,自营管理和品牌输出三种经营模式为一体的国际豪华酒店管理集团,成立于2012年,总部设在中国北京。截至2016年12月31日,万达商业已开业102家高星级酒店,客房接近3万间。实际上,万达酒店自从2015年起,就提出了轻资产化战略。然而大多数人,至今对"轻资产"的概念还不太清楚。2017年7月,万达商业将北京万达嘉华等77个酒店以199.06亿元的价格转让给富力地产。至此,万达酒店基本完成轻资产战略转型,此次交易过后,万达的三种经营模式依然并行存在,而完成交易后的酒店仍由万达进行管理。未来,万达酒店及度假村将把品牌输出作为重点的经营模式。

(二)万达品牌经营与输出战略

1.万达品牌的"学师"之路

当国内很多业主集中采购酒店管理公司时,万达却不这么干。它和五家酒店管理公司先后都建立了合作。通过和多家酒店管理公司打交道,万达可以博采众长、为己所用。

2007年,万达酒店建设有限公司成立,和国内其他商业地产商一样,万达选择了与国际酒店管理品牌合作,即万达作为业主方提供物业,而洋巨头提供管理服务。前者需要付给后者约10%比例的酒店收入作为管理费。

在六大国际酒店管理集团中,万达和五家酒店管理公司先后建立了合作,它们分别是雅高、洲际、凯悦、希尔顿、喜达屋。一方面,随着万达羽翼渐丰,游走于多个酒店管理方之间的经历使得它熟悉不同集团的优劣和收费标准的高低,这让其在谈判中占尽优势。而在和酒店管理方的合作中,一般来讲业主很少可以派己方副总经理和财务代表,但万达却争取到了这一"特权";大多数酒店服务合同中,采购权都归酒店管理公司所有,但是在万达的合同中,业主方则有权利监管采购。另一个更为长远的收获则是,通过和多家酒店管理公司打交道,万达可以有机会学习和比较不同酒店管理公司的管理模式和风格,从而博采众长、为己所用。

万豪是六大酒店管理公司中唯一不曾和万达有过合作的。万豪大中华区的一位高管对记者说道:"因为我们看得很清楚,万达一开始'结婚'就是为了'离婚',是为了获取你的经验。"这或许能够从一个侧面很好地解释,当2012年万达下决心做酒店管理公司的时候,为何筹备时间只花费短短几个月,而在开业后仅半年时间其更是一口气开出了6家酒店。在国内酒店业这样的速度称得上空前。

促使万达决定发力自有品牌的直接原因是和酒店管理公司的合作日见罅隙。一般来讲,国际酒店管理公司与酒店业主签订的合同期限通常在15年以上,其收取的费用一般分基本管理费、奖励管理费等,以上费用加起来差不多接近或大于酒店收入的10%,且大部分收益可谓旱涝保收,无论单体酒店的实际经营状况如何,酒店管理方都可以稳赚不赔。

国际酒店管理公司一直以来的一个重要宣传卖点是客源优势,他们会告诉业主,借助自己的全球预订网络和会员系统可以帮助酒店带来更多的客源。但是万达在梳理自己的数据系统后发现,在2011年底的万达酒店体系中,跨国公司订房系统推荐的客户,全国平均占比不到5%,北京上海也只有10%,地级城市以下几乎为零,以上都无疑让万达开始萌生单飞意图。

2.打造著名酒店品牌体系

在2012年2月万达酒店及度假村成立时,就创立了旗下三大国际酒店品牌——万达瑞华、万达文华、万达嘉华。2016年,万达酒店及度假村正式推出"以礼至善生活"的品牌核心,并围绕这个理念打造了四大酒店品牌:服务于社会名流与精英人士的万达瑞华,为崇尚品质生活的都市精英打造的万达文华,为商旅及度假宾客提供出众高效服务的万达嘉华,以及为时尚新贵带来新奇乐活体验的万达锦华，希望为全球旅行者提供深浸中国文化的奉客之道。

2017年年初，万达酒店及度假村重新梳理公司文化和旗下四大酒店品牌定位，提出公司愿景是"成为源自中国并受人尊敬的国际豪华酒店公司"，核心价值观是"人为本，礼为先"，公司理念是以礼至善生活。并进一步细化四个自营品牌：奢华品牌万达瑞华、超豪华品牌万达文华、豪华品牌万达嘉华，以及精选品牌万达锦华。经过全新定位，万达酒店品牌差异化更加明显，品牌特色更加突出。

万达酒店及度假村对企业文化、品牌定位的重新梳理，推进了万达酒店及度假村品牌输出的步伐，推进万达酒店及度假村向"成为源自中国并受人尊敬的国际豪华酒店公司"目标迈进。

经过对品牌的精细打磨，万达酒店品牌体系日臻完善。其中，万达瑞华致力于为社会名流及精英人士提供精益求精的个性化贴心服务，并打造极致非凡体验，理念为"至于此，心有荣焉"。万达文华的品牌定位为崇尚品质生活的尊贵宾客提供融合东方神韵与当地风情的精致服务，并营造优雅旅居感受，理念为"韵如是，心境自开"。万达嘉华定位是为商务旅行及休闲度假宾客提供品质出众、高效舒适的国际化服务，并予以安心入住体验，理念为"知所需，心安为嘉"。万达锦华则致力于为时尚新贵提供灵活、智能的服务和设施，并带来新奇乐活体验，品牌理念为"乐无限，心彩纷呈"。

3.实现商业化品牌输出

2017年2月，万达酒店及度假村与土耳其Mar Yapi公司就伊斯坦布尔万达文华酒店管理输出项目成功签约。观察合作模式就可以发现，伊斯坦布尔万达文华酒店由土耳其的Mar Yapi投资，项目由设计大师菲利普·斯塔克(Philippe Starck)设计，万达酒店及度假村将提供管理。这意味着，万达向土耳其输出的，不仅仅是一个酒店项目，而是一套豪华酒店的管理经验，从而成为中国酒店行业首个向海外输出奢华酒店管理品牌的企业。

2017年9月，最令市场关注的一个消息就是，万达酒店及度假村宣布与珍南度假村有限公司(Cenang Resort Sdn Bhd)达成战略合作，并在马来西亚兰卡威就合作项目兰卡威万达嘉华度假酒店(Wanda Realm Resort Langkawi)举行了签约仪式。这是万达酒店嘉华品牌在海外的首个品牌输出项目。

原万达酒店及度假村总裁钱进曾表示："万达酒店一直在和时间赛跑，单设计院就有几百名员工，万达酒店4年要完成别人二三十年才能完成的事情。"说明万达酒店品牌不仅仅源自酒店管理和运营体系的构建，更是储备了丰富的自主知识产权和成熟酒店设计方案。

三、国内酒店管理业界的轻资产和品牌输出战略趋势

尽管发展时间不长,中国本土高端酒店品牌代表均取得了不俗的成绩,这些国内酒店品牌业已开始重视品牌输出管理和轻资产战略转型。

迈点网数据显示,2012年年底,绿地集团与西班牙MELIA(欧恒)酒店达成协议,全权管理MELIA旗下一家位于德国法兰克福的自有产权高端商务酒店,并使用绿地自主酒店品牌——铂骊(The Qube)。2013年5月,绿地在法兰克福的铂骊酒店正式挂牌营业。2014年1月22日,绿地集团宣布与洲际酒店集团联手合作打造美国洛杉矶市中心高端商务酒店绿地英迪格酒店,同时,绿地集团旗下的酒店品牌"铂瑞"(Primus)亦即登陆悉尼市中心。2014年8月6日,港中旅酒店有限公司与几内亚共和国卡鲁姆酒店股份有限公司就卡鲁姆维景国际大酒店进行委托管理签约仪式,这是港中旅"维景"品牌走出国门,迈向海外酒店市场的一次尝试。2016年8月2日,格兰云天酒店管理公司成功与埃塞俄比亚航空公司签订埃塞俄比亚航空酒店项目技术服务合同,标志着格兰云天国际五星品牌迈出国门,中国高星级民族酒店品牌进驻非洲。2016年10月14日,港中旅酒店有限公司与西安汇鑫置业集团有限公司合作,签署澳大利亚黄金海岸维景国际大酒店、西安秦岭维景国际度假酒店全权委托管理合同。2016年12月,浙江国大雷迪森酒店管理公司和金汇国际投资集团就帕劳悦舍度假酒店成功签订委托管理合同,这个中国人最喜欢去看水母的地方也有中国人自己的酒店品牌,酒店预计于2018年开业。

2018年4月11日,绿地国际酒店管理集团在品牌输出及"轻资产"战略的发展步伐上策马扬鞭,又下六城,成功签下包括海外项目马来西亚吉隆坡桂和铂骊酒店在内的六家自有品牌输出管理新项目。此次签约仪式上绿地酒店签约的酒店管理项目还包括位于陕西省天下第一陵延安市的延川御朗铂骊酒店、青海省省会西宁国家级生物科技产业园区内的西宁铂骊酒店、位于龙虎山仙人城景区的江西龙虎山铂骊度假酒店、位于济南西高铁站广场边上的济南微澜铂骊Q酒店、位于连云港文旅商业综合体项目内的连云港坤融铂骊Q酒店等输出管理项目。

铂骊Q酒店是2016年绿地国际酒店管理集团推出的专为年轻人设计的品牌,酒店处处洋溢着时尚与现代气息,从艺术色彩的运用,到智能科技设施,再到充满创意的装饰设计,每一细节都令人感到新奇和惊喜,令宾客尽情享受前所未有的精彩与惬意。每一家铂骊Q酒店旨在为宾客营造"身聚"和"心聚"、"工作+娱乐"、"效率+热情"、"自我+社交"、"In+Out"的轻松惬意氛围。

四、维也纳酒店品牌战略分析

维也纳酒店集团从1993年创立至今已经26年,作为中国中档商务连锁

酒店领先品牌,维也纳酒店集团秉承"深睡眠,大健康"的用户核心价值,致力于为客户提供健康、舒适的高附加值产品及良好的睡眠体验,形成了"舒适典雅、健康美食、豪华品质、安全环保、音乐艺术、健康助眠"六大品牌价值体系,在管理模式、人才梯队、品牌培育、扩张发展、资本管理等方面处于全球酒店行业领先地位。截止到2017年12月,维也纳酒店集团旗下已拥有十大子品牌,在全国200多个大中城市中拥有1800多家(在营及在建)分店,超过25万间客房,综合开房率超过100%,联合锦江超过1.6亿会员,并创下成立至今零安全事故的记录,现每年以新增500家以上分店的速度发展。

(一)卓越品牌战略

维也纳品牌"五星体验,二星消费"的核心价值理念深受顾客的认可和欢迎,从而铸就了中国中档酒店第一品牌。维也纳携旗下囊有维纳斯皇家酒店、维也纳国际酒店、维也纳酒店、维也纳3好酒店、维也纳好眠酒店等十大子品牌。维也纳的每一个子品牌精准定位,抓住顾客核心需求和体验要素,为顾客创造价值,拿出更符合时代特性、更具有差异化优势的产品以占领市场,开启新的蓝海。

维也纳酒店集团旗下品牌之一维也纳3好酒店,为行业首家"环保健康家居"文化主题精品酒店。全面运用新材质、新设备、新产品、新设计,精心服务住客。维也纳3好酒店,着力为注重环保和追求健康的人士,打造环保、健康、同时富含环保健康文化的酒店产品。顺应了消费者对于酒店产品的功能、品质、品位提出的更高要求,除了一般酒店产品功能之外,消费者也对于以酒店为载体所体现的特色文化提出了要求。维也纳3好酒店通过务实求真的行动,切实关怀顾客生命健康及生活品位。

维也纳酒店集团旗下的另一个子品牌——维也纳好眠酒店,是维也纳酒店集团重点打造的标杆项目之一,为行业首家"为深睡眠而生"的文化主题精品酒店,立足于满足符合消费者需求的延伸服务,迎合如今消费者在健康方面的需求,给顾客提供深度睡眠体验。维也纳好眠酒店首次将按摩椅推行到酒店,打造从床垫、枕头、灯光、装饰等各方面的深睡眠环境,实现酒店"到位式服务"向"创新式服务"的过渡。

除了上述两个细分主题品牌,在高端市场方面,目前有维纳斯皇家、维纳斯度假村、维纳斯国际三个品牌,在五星级酒店市场上大展拳脚。另外,维也纳酒店集团还进军酒店地产行业,收购经营不理想的五星级酒店,直接管理。维也纳决心去帮助这些亏损的五星级酒店,敢于承担其法律责任、经济责任。

维也纳酒店除了成功打造自身的十大子品牌之外,还首次引入战略联盟品牌凯里亚德酒店。Kyriad Marvelous,中文名"凯里亚德酒店",来自欧洲第二大连锁酒店集团——法国 Louvre 卢浮酒店集团,维也纳酒店集团负责其中国区的开发和运营。维也纳品牌运营团队将该酒店成功包装成为 Louvre 酒店集团全球服务标准、法兰西浪漫基因,致力为新时代的顾客打造高品质的商旅生活,使得该品牌在中国一炮打响。

对于门店扩张的布局,维也纳酒店集团未来在一二线城市将加大力度开发扩增,接下来将以 3 到 6 线城市作为主战场,特别是一带一路的国家和城市,也会作为重点发展。

维也纳稳坐国内中端酒店品牌的头把交椅,酒店业权威杂志《HOTELS》公布的全球酒店业 300 强 2016 年度的最新排名,维也纳酒店集团取得了第 20 名的佳绩。自 2016 年与锦江国际集团达成战略合作以来,实现强强联合,双方的协同优势促使维也纳酒店集团步入更快的发展轨道,对加盟商的扶持力度更胜昨日,合作后双方便拿出重磅举措,为加盟商提供 30 亿扶持加盟商专用发展基金,支持加盟商开店资金,合作双方还将实现资源共享、优势互补,锦江对维也纳全面放开会员平台和支持,使得维也纳获得更大更精准的客户资源。

维也纳酒店集团创始人、董事长黄德满先生曾提出"2+3"发展战略,推进全球化进程。"2"是指分两步,第一步是如何爬到巨人的肩膀上,第二步是站在巨人的肩膀上崛起。"3"是指 3 个战略,其一为定位于中端酒店,其二为与锦江国际集团战略合作,资源整合,其三为互联网应用层面。维也纳酒店集团的企业愿景是成就令人尊敬的国际领袖品牌,在国内得到了实力认证,未来还将扛起中国民族酒店品牌大旗,走向世界,与世界级一流酒店同台竞技。为了达到这个目标,从现在开始维也纳就要铺垫未来,有策略、有计划地去推进。

(二)高投资回报率

以维也纳酒店深圳新洲店为例,311 间客房,投资总额 4010 万元,年开房率 137%,平均房价 418 元/间,1.7 年收回成本。动辄千万级别的投资,能够扶持加盟商如此快速收回成本的酒店品牌,即便在全国酒店业内也为数不多,而维也纳就是其中之一。

无论什么品牌,酒店的业主都会对投资回报有要求,每个商业模式最终都需要有可持续性的投资回报。维也纳从众多酒店品牌中脱颖而出,成为投资者的首选,最重要的理由,就是其投资回报率高,能帮助投资商赚钱。2016 年 4 月,维也纳酒店集团与锦江集团达成战略合作。此后双方联合拿出真金白银,襄助加盟商发展,此举开创了行业先例。这笔 30 亿元专项扶持基金,用于对加盟商的全方位支持,让业主轻松赚钱,稳健前行。

为了确保加盟一家成功一家,维也纳酒店集团制定了从酒店选址、装修、培训、运营管理等一系列的扶持政策,帮助每一位投资商快速回收成本,形成良好的资金循环,让投资商稳稳地赢在起跑线上。

另一方面,维也纳在会员战略、移动战略开拓创新,盘活数以亿计的会员系统,高达75%的中央预订率更为加盟商的热情添了一把火。做好会员系统、中央预订系统,实现共享,这当中涵盖了会员、战略合作伙伴、加盟商、供应商、顾问公司等等一切支撑产业链发展的所有成员。加盟商可以少操心,多赚钱,酒店运营也变得轻松了起来。

维也纳酒店集团以"会员多、到账快、品牌好、成本省"的优势,即"加盟维也纳多快好省",是加盟商对维也纳品牌的核心评价。加盟维也纳年综合投资回报率可达30%,3年左右回本,这些数据都是投资加盟商选择维也纳强有力的保障。

维也纳酒店集团在品牌影响力、规范化管理、资金支持等方面依然获得独有的优势,因而顺势成为国内中端酒店第一品牌,一鸣惊人。

第五节 地产酒店投资模式

酒店作为配套设施服务于地产项目的投资模式是2000年后大型房产商善用的投资手段,尤以碧桂园集团、万达集团和恒大集团为代表。这些酒店项目作为房产开发的配套设置较大程度提升房产项目热度、推动地价升值、增加房地产项目溢价价值。

一、商业地产+酒店投资模式

(一)商业地产+酒店投资模式

商业地产+酒店投资模式是大型房产商在开放地产项目时,在项目范围内规划建设一家高星级酒店,将酒店作为该地产项目的配套设施,用以提升地产项目的功能和价值。这种将酒店项目服务于地产项目的投资模式是2000年后大型房产商善用的投资手段。

地产项目中配套建设酒店项目的投资模式在具体的运用中也表现为多种形式,有单一酒店配套的,但多数项目将酒店作为商业配套的其中一个项目。这样一方面能满足小区业主对商务、康体、餐饮等服务需求,另一方面又能广泛吸纳外来客源,增强小区的城市功能。

(二)商业地产+酒店投资模式的战略逻辑

1.开发商看重地产酒店背后的附加值

开发商往往把酒店作为楼盘营销的道具和利器之一。在不同规模、不同档次和不同地域的楼盘社区里,会有相匹配的酒店、会所等商业配套服务设施。酒店项目尤其是高档酒店项目,由于其独特的公共服务功能和文化品质,常常在建筑形象和空间布局等方面形成独特风格,成为一个片区重要的品牌形象。这样做可有效提升楼盘品质形象并产生高溢价。例如,富力地产就与全球著名连锁酒店管理集团——万豪国际集团、凯悦酒店集团、洲际酒店集团等合作,推出了广州富力丽思卡尔顿酒店、广州城市新地标富力中心、旗舰级商业综合体北京富力广场购物中心等高端商业旗舰项目,提高了国内现代化商业地产的顶级标准,也极大提升了富力的品牌影响力。

2.酒店投资使地产项目呈现多元化产业集聚

"酒店+地产"的投资形式能够将开发商打造成多元化的地产王国,丰富综合体的物业类型。酒店项目作为片区内具有公共服务性质的项目,对提升片区综合服务水平、整合资源的利用价值具有独特而良好的效果,也满足了政府对星级酒店开发的渴望。可见,地产综合开发中的酒店投资盈利前景,很大程度上要从地产综合开发形成的综合增值效应中进行分析,即实现地产升值的战略目的,而不单是看酒店自身的盈利能力。

3.税收筹划合理避税和便于融资

在地产项目中投资酒店物业可以在一定程度上合理回避房地产投资税收。房产开发中也不乏将房地产公司业务装在酒店项目建设和装修中来消化税收,可大幅度降低房产项目税金额度,原来这叫合理避税,税务部门认定这种形式为税收筹划。

房地产开发一致被认为是高杠杆融资的行业,且融资规模大,通常有酒店等商业项目配套的房地产项目比单一房地产项目更具有融资优势。房产项目中有酒店项目"高预算"可以为项目整体获得更大融资规模,而"低投入"的酒店项目实际投资行为为房产项目腾出更大的资金空间,使得更大资金规模用于房产开发而提升其资金效率,且降低地产项目税金成本。这就可以解释为何大型房产项目中酒店项目长期处于财务亏损状态,因为鉴于融资和避税需要,酒店项目"高预算"财务数据过度增加酒店运营中的固定投资长滩和折旧费用,造成地产项目中酒店运营中的"长期亏损"状态。实际上,房产项目中的酒店投资和建设成本早已通过房价成功转接到购房者手中。

4.为开发商在拿地时增加砝码

级差地租理论告诉我们,在城市的不同地段,土地开发的成本有很大的差别。大型房地产项目通常会选择城市郊外的空旷地段,一方面便于成片开发;另一方面这类地段通常已经列入城市规划的用地开发计划中,但周边地带尚未进入城市开发,城市基础设施和公共服务设施比较缺乏,基本上属于生地范围,对于率先进入的地产综合开发的酒店项目来说,这类地段的地价相对便宜。对各地政府而言,酒店项目作为片区内具有公共服务性质的项目,对提升片区综合服务水平、整合资源的利用价值具有独特而良好的效果；酒店还属于片区的基础配套项目，以开放性、多元化吸纳住宿客源为主体的经营和盈利模式，它具有片区对外实施开放交流的集散功能，可以通过吸纳外来客引入更多商务活动以及吸收更多的社会消费力进入片区，从而带动片区功能配套作用的发挥，因此政府更欢迎类似项目的进驻和合作。

二、商业地产中酒店投资项目的发展

商业地产中的酒店项目投资不需要从新建不知名的品牌开始，便能够共享地产项目的品牌优势，以争取更好的市场效应，同时能够共享地产开发平台，享有地产成熟的管理体系、人才技术和资本优势，边际成本更加划算。但同时也存在后期运营风险。

（一）共享品牌优势

双重品牌无形资产增值的盈利策略与单体酒店相比，地产综合开发项目内的酒店在实施品牌战略方面也拥有自己的特色和优势。区内酒店不但可以利用自身酒店品牌，还可以引入著名连锁酒店品牌对外推广营销，还可能利用地产综合开发项目的品牌进行推广，拥有多重品牌带来的市场效应。比如，深圳的威尼斯皇冠假日大酒店自身就是一个著名的国际连锁酒店品牌，同时，它又坐落在国内外享有盛名的华侨城片区内，这样，威尼斯酒店实际上利用了酒店本身的品牌和华侨城片区品牌这两个双重品牌，对外形成了强有力的品牌形象和市场号召力。再如，深圳福田中心区拥有一批著名的高星级国际连锁酒店：丽思卡尔顿酒店、香格里拉酒店、马可波罗酒店、希尔顿酒店、喜来登酒店等等。这些国际著名连锁品牌酒店本身就有很强的市场感召力，加上福田中心区这张深圳的城市CBD王牌，双重品牌形成强势互动，给福田中心区带来旺盛的商务人气，也给各大酒店带来理想的客流量和营业额。

（二）共享地产资源优势

就地产综合开发性酒店而言，自规划开始，便有一个综合开发的强势模式和规模化的地产综合开发项目，这个综合开发项目自然在资产规模、经营理念和盈利策略等诸多方面为区内酒店的经营带来好处。因此，酒店应该尽可能依托综合开发项目的优势，推进酒店项目的规划设计和施工一体化。同时，借助综合开发项目的资产规模和经营规模，实现区内产业的运作整合，通过资产和资本整合，实施包装上市，做到"产业促生长，资本促成长"；或者借助综合开发项目平台，以及区内项目资源互补和市场互补的优势，共享地产项目的管理人才、技术储备和资金优势，打造酒店的筹建和运营优势，争取实现酒店快速进程，做到"生长在区内，成长在区外"。

(三)作为配套战略不利于长期经营

地产项目中的酒店项目的投资主要战略意图是作为地产项目的配套项目,超越地产项目地块和项目热度,提升地产项目的功能和价值。地产中的酒店项目从一开始就没有按照酒店常规筹建的程序,对有效辐射范围进行酒店消费需求和市场调查,其产品仅仅用来为地产项目"撑门面",并不是针对市场和行业实际而设计和定位,其投资建设之初并不需要考虑地产销售结束后的市场运营,加上投资有酒店配套的大房产项目通常位置比较偏僻,项目所在位置的城市化程度偏低,项目投资及未来经营都将遇到比较明显的运营困难,特别是酒店投入运营后,将在很长一段时间内面对客源缺失、开房率偏低的状态,对酒店的投资回收和盈利目标的实现将带来困难。

三、碧桂园的房地产综合开发模式分析

(一)碧桂园家园地产模式

碧桂园是国内著名房地产企业,被列入福布斯世界300强企业,其主要开发模式是利用大规模滚动开发的方式通过极低成本购入大宗地皮,以完备的社区内配套设施来提高物业附加值,在实现快速销售的同时享受了土地持续增值的收益。这种模式可以总结为"大型高尚社区+优美环境+优质产品+五星级管理服务+超级配套体系+合理定价"的"碧桂园家园模式"和"五星级的家"的模式。

碧桂园在短时间内将大规模的土地转化为可居住住宅产品的能力,是碧桂园模式的核心竞争力,这种核心竞争力可以极大地促进项目开发速率,减低土地使用成本以及项目开发成本,大大提升了产品的附加值,使消费者购房时得到更多的附加服务和利益,提高顾客让渡价值,因此,碧桂园推出的很多项目都受到了市场的热捧。

碧桂园长久以来将重点放在一线城市中潜在发展的近郊区域以及二、三线城市已经发展配套成熟的高质量物业项目,部分项目以几千亩算,甚至达到上万亩的规模。碧桂园的大盘项目通常包括住宅项目、星级酒店、学校以及其他配套设施,与地方政府招商引资需求不谋而合,深受地方政府的欢迎。

(二)碧桂园酒店品牌的崛起

"碧桂园家园"模式被碧桂园在全国范围大肆复制和推广,随着碧桂园模式的成功践行,碧桂园房地产产品名声大作,碧桂园一举成为国内大型民营房企。在碧桂园的过往发展模式中,五星级标准酒店、大型商业中心、学校等综合社区配套一直是碧桂园长期以来的竞争优势,这些配套旨在给业主提供完整的居住生活解决方案。

作为碧桂园五星级家园的重要配套之一,碧桂园酒店的发展历史虽然不能与碧桂园学校相提并论。但在房地产行业当中,碧桂园无疑是最早提出"地产＋酒店"开发模式的开发商之一。早在 2007 年,碧桂园上市时,碧桂园创始人杨国强先生就格外强调其"地产＋酒店"的特殊模式,他提出凡是旗下稍大型的楼盘,都要配备一家五星级酒店。碧桂园集团为提升房地产项目的升值潜力,致力于开发及发展酒店项目,并对酒店项目选择从自营酒店品牌起家。这一模式也成就了其自身房产品牌系列的酒店高端品牌——碧桂园酒店,碧桂园酒店目前已成功培育"碧桂园凤凰酒店"、"碧桂园假日酒店"及"碧桂园凤祺公寓"三大子品牌,拥有已开业酒店 69 家,客房总数约 20000 多间,覆盖广东、湖南、湖北、安徽、江苏、山东、辽宁、内蒙古、海南、重庆、天津等省市。碧桂园酒店集团业已成为本土综合实力较强的高星级酒店集团之一。随着碧桂园在马来西亚、澳洲、新西兰、美国、加拿大、亚太区多地区的地产发展布局,碧桂园凤凰国际酒店也开始走出国门,迈向世界。通过"酒店＋地产"的模式,碧桂园极大地提升了品牌知名度、美誉度和联想度。

(三)碧桂园模式成功运作的条件

利用低廉的土地价格,快速生产、快速开发、大批量上市、低价销售是碧桂园房地产营销模式引以为傲的竞争优势。但是碧桂园模式并非可以随意复制,其成功运作需要具备一些必不可少的条件。

1.良好的宏观经济环境

房地产行业发展离不开宏观经济政策的影响,碧桂园的发展刚好遇上国家把房地产业作为支柱产业大力发展的良好机遇。在全国房价疯涨的时期,面对消费者热情高涨的投资需求和刚性的居住需求,碧桂园郊区项目因土地价格低廉、建筑成本偏低,因此项目售价也比城区的项目低很多,这使得碧桂园模式的价格优势十分明显,且利润巨大。

2.庞大的土地储备

碧桂园"酒店＋地产"模式的一个重要条件就是低价大规模拿地和巨量储备土地。碧桂园的土地储备多处于二线城市远郊和三四线城市的郊区,且往往呈现规模大、土地价廉的特点。目前,碧桂园尽管仍能以较低价格获取土地,几乎都是大盘,而且多数位置偏远,打着造镇造城的旗号进行大规模开发,很多都是地方政府出于促进城市建设的目的,以优惠的地价吸引本地或外地大型开发商投资。在规划设计的时候配套以碧桂园自身成名的"酒店品牌项目"和"教育品牌项目",极大地提升项目附加值。

3.一体化和规模化的运作能力

碧桂园的楼盘越来越大的一个主要原因,就是为了能利用一体化以及规模化经营来消化内部产品,最终达到减少成本的目的。碧桂园将纵向一体化利用到了极高的程度,从房产到酒店,再到教育等配套设施,碧桂园不仅拥有自己的建筑研究院、设计院、土建与装修专业队伍、销售公司、物业管理公司,从策划、规划、设计、采购、建造、装修、销售到物管,都面面俱到。碧桂园的这种内部化交易方法有不少的优点,一方面降低了与外部交易所带来的额外成本,另一方面还能令公司很好地控制自身成本。显然,这种减少交易成本的前提是能有效地管理企业内部生产的产品并且能够满足企业内部自身吸纳。一体化运作令碧桂园项目成本维持在十分理想的水平,让公司有能力以极其具有诱惑力的价位将产品卖给客户。另外,碧桂园一直都在开发大规模社区的概念,努力做到"像生产产品一样生产房子",正是因为碧桂园风格的不变才让碧桂园有能力实现工厂化的快速生产。

(四)碧桂园酒店的发展优势与方向

1.发展优势

和碧桂园其他项目的开发模式一样,碧桂园酒店投资建设也是利用产品开发的系统化、标准化、流程化有效简化项目决策、设计和开发流程,缩短开发周期,提高开发效率,有效降低开发成本。

碧桂园房产"碧桂园家园模式"和"五星级的家"树立了其在房地产物业管理和业主服务的标杆,建立了优越的业主关系,庞大的业主资源对于碧桂园酒店实现巨大反哺功能,在碧桂园酒店业绩中,业主的贡献平均可以达到20%到30%左右,碧桂园酒店基于优质业主资源建立了自己的酒店会员系统,并更好地维系了业主与酒店的关系。

2.发展方向

"过往碧桂园酒店作为社区配套,极大地促进了物业的销售和价值提升,但酒店主要依赖集团投资,从资产回报的角度来看,这并不利于酒店的长远发展。"碧桂园酒店管理公司若能搭上资本的快车实现上市,将极大增强碧桂园酒店管理公司的资金实力和管理能力,有助于管理服务的提升,更好地服务于社区配套。据悉,为了推进酒店管理公司上市,碧桂园已经对旗下的酒店资产按照经营状况进行了资产整合,划分出成熟型、成长型酒店,对于成熟型的酒店资产,考虑打包上市或者引入投资者,但对于成长型的酒店,碧桂园则自持或者出售,这将最大限度盘活酒店资产从而推动酒店管理公司"轻装上阵"对接资本市场。

与教育板块业务一样,轻资产扩张和管理输出被碧桂园视为未来旗下酒店产业发展的主要战略。与外资酒店品牌对比,碧桂园酒店有差异化的竞争优势,对于位置不是那么核心、地段比较差的酒店物业,碧桂园酒店有自己独特的市场开拓和运营能力。碧桂园凤凰国际酒店管理公司一直承担着旗下酒店的孵化、培育和优化管理职能,已经拥有输出品牌和管理的能力。

(五)新时期"酒店+地产"模式持续发力

自十九大提出坚持"房子是用来住的不是用来炒的"的定位,国家出台一系列楼市调控综合措施,房价同比下降,城市大幅扩容,住房去投资化趋势明显,房地产企业纷纷探索新的发展思路。如果还按照过去传统的方式,开发商垫付资金多、资金回笼慢,购房者门槛高、难以保障足够的收益保障。对于房地产业主来说,需要从过去的销售思维转变为长期运营思维。当前,恰逢国内消费升级大潮,旅游酒店和休闲度假经济蓬勃发展。

因此,地产商的物业,如果能配套运营能力丰富的酒店或公寓,不仅能高效激活存量物业的价值,还能顺应消费升级和旅游住宿经济高速发展的大势,真正从供给侧端升级优化,从而创造经济和社会双赢效应。因此,新时期"酒店+地产"模式成为地产商关注的运营增效路径。"酒店+地产"模式的本质是回归地产物业的使用价值,由地产商提供优质物业,知名酒店及公寓品牌提供优质体验和内容以及后期高效运营,由此激活消费需求,实现物业的使用价值并提升未来的资产价值,从而构建新的价值链。恒大集团在全国范围内陆续打造的世纪梦幻城、养生谷和文化旅游城项目等,实际上都能找到"酒店+地产"的影子和轮廓。

第六节 "娱乐+酒店"投资模式

娱乐业长期以来与酒店业相辅相成,娱乐也是酒店产品和经营范围之一,娱乐产品推动酒店产业不断发展,并为酒店营收贡献重要的来源。以娱乐业为主要收益的酒店通常被称为娱乐型酒店,这种酒店投资便是"娱乐+酒店"投资模式。

一、"娱乐+酒店"投资模式

"娱乐+酒店"投资模式是以娱乐业作为酒店运营中的主要产品和重要收益来源的酒店投资模式,这种投资模式下的酒店通常称为娱乐型酒店,这种突出娱乐休闲功能并兼有住宿、餐饮、购物等综合服务项目的酒店运行管理方式已成为时尚。

(一)娱乐型酒店

1.娱乐因素

娱乐因素将成为产品与服务竞争的关键,消费者不管购买什么,都在其中寻求"娱乐"的成分,企业若通过一些特殊的形式如音乐、时尚等方式来表达企业或产品的形象,让消费者感受到轻松有趣,就易获得消费者的青睐。娱乐不但拉近了产品服务与顾客间的距离,也间接满足了现代人对归属感的渴望,因此造就了娱乐经济的兴起。在这种娱乐导向消费的趋势下,会有越来越多的产品、服务提供娱乐功能和娱乐因素,而娱乐型酒店的发展正吻合于娱乐经济时代的需求(陈雪琼、陈秋萍,2003)。

2.娱乐型酒店

娱乐型酒店就是通过向客人提供以娱乐体验为主要因素,使他们能参与其中,感受经由产品的娱乐特性而带来产品和服务的新鲜性、鼓动性和诱导性,并融合住宿和餐饮等综合功能的酒店。以这种娱乐体验为主题的酒店成为目前越来越多人的选择。因为现代人住酒店不仅是找个地方睡觉,冲上一把淋浴,它应当是一场上演的名为"闲适人生"的永不终结的戏剧,每一位住客,只需付出住宿的费用,就能在这一戏剧中找到自己的角色。

娱乐型酒店就是以提供娱乐设施为主,吸引客人进入他们喜欢的娱乐世界,并在这里会见娱乐高手及享受奢华时尚的生活。尽管娱乐型酒店的客房十分豪华,但是娱乐酒店的业务宗旨是向客人提供娱乐设施及服务项目。

3.博彩型度假村酒店

博彩型度假村酒店是娱乐型酒店的一种特殊形式。

博彩型度假村酒店是指那些以博彩游戏为主要产品,并容纳住宿和餐饮等相关功能的酒店场所。这些酒店的大部分空间都是用来进行赌博游戏的——包括打扑克、投飞镖、玩轮盘赌博、投币等。

在当今世界上无论是西方还是东方,都有一些国家和地区公开允许开展赌博业。在允许开展赌博业的地方,就专门有一些酒店为客人提供赌博与膳食的设施。世界著名的赌城主要有美国的拉斯维加斯、摩纳哥的蒙地卡罗、马来西亚的云顶和中国澳门的葡京四大赌城,博彩型度假村酒店也主要分布在这四大赌城内。美国拉斯维加斯城中一条叫"拉斯维加斯带"的大街上,几乎都是博彩型度假村酒店。这里为吸引更多顾客光临,还会提供免费通往交通要点往返的交通,还有的酒店免费向住在酒店的部分消费者和VIP提供机票和高级轿车。另外,美国大西洋城的国际胜地酒店公司经营着大西洋城与巴哈马的好几家博彩型度假村酒店。中国澳门有六家博彩公司分别建有大型度假村酒店,分布在澳门半岛和氹仔岛,其中澳门的威尼斯人度假村酒店和银河度假城也是世界著名的博彩型度假村酒店。

一些娱乐型酒店向那些不计较娱乐及挥霍无度的人,提供高级风味餐厅、奢侈过度的表演以及舒适的包租班机,其目的是获取更多的娱乐项目收入。从二十世纪七十年代开始,美国人在经济大发展期的鼓噪中变得十分兴奋和渴望奢华。酒店业这时迎来了挥金如土、摆阔气的商人和"度假享乐主义"的追随者们。拉斯维加斯这片不毛之地也被人开发,陆续出现了一发而不可收的一批主题娱乐型酒店,直到今天还在增加。

(二)博彩型度假村酒店投资模式

博彩型度假村酒店是"娱乐＋酒店"投资模式的典型模式,这种模式具有其他酒店所没有的特征。

1.规模大

博彩型度假村酒店一般都有 500 间以上客房,房间数超过 3000 间的已不在少数。据统计,世界最大的 16 家酒店中,博彩型酒店就有 15 家,实际上超豪华大型酒店主要集中在博彩娱乐城市,这些博彩城市通常被称为主题娱乐酒店之都。比如澳门的威尼斯人度假村酒店、银河度假城、永利度假村酒店、新濠度假村的房间数均超过 3000 间,因此在 2006 年,澳门博彩业总收入超过了美国的拉斯维加斯,成为世界第一赌城,并连续上涨,到 2013 年,澳门的博彩收益已经相当于拉斯维加斯的七倍之多。在这些博彩收入中,博彩型度假村酒店是绝对主力,这些博彩型度假村酒店最明显的特点就是规模大并相对集中。

2.装潢、设施比较豪华

无论从建筑外形或是建筑内部,博彩型度假村酒店的建筑设计、装饰及其氛围极尽奢华和令人惊叹,它的客房也比其他类型酒店客房显得独特和豪华。澳门的六家博彩型度假村酒店都属于超豪华五星级酒店,内部均以超豪华五星级的要求进行装修设置,其中新葡京酒店装修富丽堂皇,云石大堂、巨型水晶吊灯以及拥有亚洲罕见的古董及工艺珍藏。澳门威尼斯人酒店在酒店的二楼甚至建出了三条人工大运河,并在运河的两岸建设无数购物店铺,且用灯光、绘画在大运河的上空营造出仿真的人造天空,你甚至无法分出真假而享受无尽白昼。2018 年春季落成的澳门新建成的新濠天地沐梵世酒店在建筑中间镂空设计形成极具科幻效果的豪华建筑体。

3.提供多种娱乐项目

博彩型度假村酒店是以博彩产品为主,博彩娱乐场内通常设有老虎机(一种投硬币的赌具)、掷骰子赌台、轮盘赌以及其他赌博项目。博彩型度假村酒店还常提供一些别开生面的和富有吸引力的娱乐活动,如异域风情的娱乐表演、娱乐秀场、拳击比赛、演唱会和电影明星的表演;酒店同时提供挥霍无度的舞台及充分利用空间和高科技手段,以便吸引更多的客人来到酒店并使用和享受酒店所提供的赌博设施,以提高酒店的经济效益。澳门威尼斯人度假村酒店就是一座集博彩、酒店、娱乐为一体的综合性设施,可在拥有15000 个座位的剧场举行体育赛事和音乐会。如澳门新濠影汇酒店举办有魔幻间的魔术超凡会演,全年无休开放,吸引全世界的魔术爱好者前来欣赏,在两间分别拥有 150 个座位的剧院助阵及 3 间 300 座的独立魔法剧院,90 分钟的奇幻舞台艺术体验,带来最不可思议的超意识高潮冲击。澳门银河度假城还专门开设有百老汇经典大剧场。除此之外,博彩型度假村酒店通常还可以提供以下娱乐项目供客人游乐:健身房、电影院/戏院、主题公园、购物场所、观光活动、划船、垂钓、沙滩游戏、骑马、摩天轮、滑水/滑冰等。多种多样的娱乐项目,确实令人眼花缭乱、乐不思蜀,这就是博彩型度假村酒店的特色。

4.利润高

博彩型度假村酒店由娱乐所带来的酒店利润是有目共睹的,可谓一本万利。澳门葡京大酒店的税金就曾相当于政府全年总收入的1/4。美高梅的各大博彩娱乐场在开业后第一年就获取近7亿美元的营业收入。其内的每一台老虎机每天可获利135美元之多。根据中新社澳门2018年5月1日电,澳门特区政府博彩监督协调局2018年5月1日公布,2018年4月澳门博彩毛收入为257.28亿澳门元,按年增长27.6%。2018年1月至4月,澳门累计博彩毛收入已达1022.39亿澳门元,同比增长22.2%。业绩增长突出的有金沙中国有限公司、永利澳门有限公司、银河娱乐集团有限公司、新濠旅游娱乐有限公司,这些博彩酒店均位于华丽的路氹金光大道上。

5.客源稳定,客人消费水平高

博彩型度假村酒店的客源特点以旅游度假者和会议旅游者为主,流动大,对娱乐程度要求高,重复率高,消费高。对于有些客人来说,赌博已成为他们生活中的一个组成部分,他们通常都不会离开博彩娱乐场的酒店到其他地方进行消费,这为博彩型度假村酒店带来稳定的客源,同时对于赌客或非赌客用于赌资或用于其他方面的消费水平又较高。

6.客人消费水平高

拉斯维加斯希尔顿酒店每年至少接待2.5亿客人,大西洋城有许多常客,在典型的一天内,有几千部包租汽车到达,停留4小时以上。拉斯维加斯市酒店业统计,回头客占三分之一,他们每人每年平均介绍、带来的新客源1.5人次,义务介绍酒店产品10余人次,效率超过广告宣传和酒店促销,游客平均每人每次在当地花费近百美元,而参加会议者每人每次上千美元。另外,由于拉斯维加斯是著名的全球"蜜月之都"和"娱乐之都",每年非赌客的游客在拉斯维加斯花费已经超过博彩消费了。

7.奇异的酒店外形

博彩型度假村酒店在外形设计时,融入了许多文化内涵,体现特殊的意义,这不仅是为了吸引客人,也为了给酒店带来好运。位于拉斯维加斯的卢克索博彩型度假村酒店的外形好似一座金字塔,可以利用店内人工河的升降驳船把客人送到客房,酒店狮身人面像的双眼射出激光,照向耸立的方尖碑形物和一个环礁湖,沸腾的湖水产生冒气的水帘,表现出埃及的意境。

建于1966年的"葡京大酒店"是一幢十几层楼高的圆形通体玻璃的雀笼

式建筑物,设计稀奇独特,选址、朝向和建筑形式十分崇尚风水,处处充满风水玄机。它的外形酷似"雀笼",寓意凡是雀鸟飞进去之后,势必被困,难以跳出樊笼。最独特的是新葡京酒店的屋顶,一把把混凝土西洋剑,横斜直插入一颗心形的明珠上,此即为"万剑穿心"阵。2015年新开业的澳门新濠影汇酒店竟在酒店130米高的酒店建筑中间建有世界上唯一"8"字形摩天轮,这也将成为亚洲最高的摩天轮,以及澳门新地标。

8.独特的服务和经营管理方式

博彩型度假村酒店的经营是富于竞争性的,博彩型度假村酒店的首要目的是通过提供有魅力的殷勤接待,娱乐和上乘可口但价格并不昂贵的餐饮以诱使游客进入博彩娱乐场。博彩型度假村酒店以博彩娱乐场与赌具为主要收入来源,因此他们常常以提供免费的食品、饮料甚至住房等来吸引赌徒去赌。这些博彩型度假村酒店的经营特点是24小时的博彩娱乐场服务,24小时餐饮服务,特别注重通过餐饮、购物和一些带刺激性的表演以吸引顾客。多数博彩型度假村酒店均有多个餐厅,提供各种不同风味的饮食,澳门威尼斯人度假村酒店和澳门银河度假城都开有三十多间不同风格和口味的餐厅供客人们使用。彩型度假村酒店对人员的要求比较高,一般都需经过一定的培训,具有提供博彩技能服务的专门服务人员,且由于顾客来自世界各地而需要会讲多种语言。

9.严密的安保制度

经营一家博彩型度假村酒店要比经营一般的酒店复杂。首先博彩型度假村酒店内要有精密的保安措施,包括大量穿便衣的警察和"空中眼睛"(天花板下面的洞孔处,用电视摄影机瞄准赌客们)。此外,保安部门对其他人员经常进行检查。博彩型度假村酒店往往由专业公司提供保安人员,他们具有较强的技术水平和观察能力,能注意到一些细微的情节,确保客人的安全和酒店的安全,预防各种不可预测的隐患出现。澳门政府规定21周岁以内的游客不得进入博彩娱乐场,因此门口会安排有工作人员对疑似21周岁以内的顾客查看身份证。澳门的博彩酒店周围还会经常看到执勤的警察。

(三)娱乐型酒店和博彩型度假村酒店的发展趋势

1.越来越注重促销

针对中国国内社会经济的快速发展,中国周边的国家和地区纷纷针对来自中国的游客开放博彩业务,包括韩国济州岛、朝鲜、新加坡、菲律宾等。因此使得博彩型度假村酒店之间的竞争越来越激烈,各地博彩型度假村酒店都在大力做广告和进行有赠送礼品的宣传推销。其目的就是渴望它的各项服务设施、服务项目都能发挥作用并获得可观利润。

2.不断扩大客源市场范围

近年来,随着世界经济的迅速发展,博彩型度假村酒店不再只为赌客而服务,酒店的建设、改造和经营都会同时考虑到商务客人的需求,酒店内的商务设施和设备越来越齐全,现代化、智能化的水平也不断提高。

3.将有更多的酒店以娱乐型酒店经营模式来提高竞争力

由于休闲和娱乐是酒店吸引客人的重要因素之一,客人是否入住可能就取决于此。而正如前面所述,娱乐型酒店独特的经营模式对客人来说非常有吸引力,对企业来说,利润也很高,这会引起更多的酒店业主思考如何将娱乐因素融入酒店经营中来。

德国生物学家谷鲁司认为,娱乐并不是没有目的的活动,并不是完全与实用无关的行为。美国学者杰里米·里夫金认为,如今创造财富的主要手段是将文化资源转变成需要付钱的个人经历和娱乐情感、体验、故事、娱乐、传奇、生活方式,同物品和服务相比,将构成商品的主要价值和"卖点",以及娱乐因素、情感、体验等渗透到产品和服务之中,构成竞争力的关键因素。在人类越来越意识到"娱乐因素"的作用时,企业若能够将娱乐形式融入企业的经营活动中去,就能够创造出独特的产品,让顾客获得一种尽量全面、完美的心理体验,以使顾客能够获得一种尽量充实、宝贵的人生享受。

酒店一贯以其标准化服务赢得顾客的满意,然而随着人们的需求越来越高,客人已不再满足于这一单调的形式。酒店要向客人提供娱乐体验使他们能参与其中,使其产品的娱乐特性能保持新鲜性、鼓励性和诱导性。

二、澳门博彩型酒店投资模式分析

澳门博彩酒店是娱乐型酒店的典型代表形式,以博彩娱乐业作为酒店的主打产品和主要营收来源。除此之外,澳门博彩酒店还集中了酒店住宿餐饮和购物等综合功能于一体的旅游度假区。澳门博彩酒店是"娱乐+酒店"投资模式的典型案例。

(一)澳门博彩酒店的由来与格局

由于历史原因,博彩业成为澳门经济产业发展的重要特点,博彩业成为澳门城市的头号标牌。近年来,随着澳门历史城区世界教科文组织被列入世界文化遗产,博彩旅游与文化遗产旅游构成澳门旅游业的主要组成部分。

2002年至2006年,为引导澳门博彩业的健康发展,在澳门政府的规划和引导下,澳门逐渐形成了以六张博彩业经营牌照(赌牌)的格局。2002年,澳门特区政府批出三张赌牌,分别由何鸿燊持有的"澳门博彩股份有限公司"(简称"澳博")、股东为美国内华达州威尼斯人集团和中国香港吕志和家族的香港银河娱乐场股份有限公司,以及在美国上市的永利度假村(澳门)股份有限公司夺得,由此打破了澳门博彩业 60 多年来独家经营的局面。此后,银河和金沙决定各自发展,于是向澳门政府申请将赌牌一拆为二并获通过,由银河持有一个主牌,再向威尼斯人集团发放一个副牌。随后特区政府遂做出三个赌牌公司均可"转批给一次"的规定。于是,澳门博彩股份有限公司于 2005 年分拆一个副牌给何超琼与美国赌股美高梅(MGM)的合资公司。永利度假村(澳门)股份有限公司于 2006 年初将最后一张副牌以 70 亿港元的天价分拆给新濠国际与澳大利亚 PB1 的合资公司。获得赌牌的六家博彩公司分别开始筹建旗下的大型博彩度假酒店,并形成了当前澳门博彩度假村酒店的格局,即澳门威尼斯人度假村酒店、澳门银河度假城、澳博新葡京酒店、澳门新濠天地、澳门美高梅、澳门永利度假村酒店六家度假村酒店齐鸣,成为澳门旅游博彩业的主打实体,促进世界旅游休闲中心的建设。

澳门六家度假酒店分别承建于来自不同国家和地区的博彩集团公司,受建设投资和承建公司的差异影响,各度假村酒店的规模、风格和特点各异,详细介绍见表 5-1。

表 5-1 澳门博彩型度假村酒店汇总表

酒店	基本概况
澳门威尼斯人度假村酒店	投资 24 亿美元,占地 6 万平方米,是全球最大的博彩娱乐场和亚洲最大的酒店。拥有客房 3000 间。酒店内娱乐设施多元化,有购物、水疗、博彩娱乐场及多个泳池等,酒店内建有 3 条威尼斯式运河,还有 8 万平方米、390 间店铺,拥有 150000 个座位的演出场地以及 12 万平方米的会议中心
澳门银河度假城	总投资 430 亿港元,占地 110 万平方米。是澳门首个以亚洲为核心主题的度假胜地,是唯一拥有六间世界级酒店的综合休闲项目。云集 120 多间餐厅食府,建有顶级私人会所红伶、提供最逼真光影体验的 UA 银河影院、屡获殊荣的悦榕 SPA 等,还有澳门最豪华的娱乐场、可容纳 3000 人的全新"百老汇舞台"、全球最大的万豪儿童天地,澳门首间儿童发廊;总面积超过 75000 平方米的天浪淘园,除现有的全球最大规模空中冲浪池外,加设全球最长、575 米的空中激流;还有 350 吨白沙铺成的人工沙滩和 150 米海岸线,以及占地 10 万平方米的"时尚汇"购物街,荟萃了超过 200 个国际时装、时尚生活及珠宝钟表品牌

续表

酒店	基本概况
澳博新葡京酒店	投资44亿澳门元,建筑面积约135000多平方米,是澳博旗下的旗舰博彩酒店。酒店内设有会所、餐厅、品牌商店、宴会厅等各项服务设施,以及丰富的娱乐设施,包括卡拉OK厅、健身室、室内游泳池、按摩室桑拿浴室等服务设施;还有豪华的会议厅、便利的商务中心、高档商场、鲜花店和理发美容室等
澳门新濠天地	新濠天地是澳门新濠博亚娱乐有限公司的博彩旗舰酒店,容纳3家世界级主题酒店、约4万平方米的娱乐场所、1.6万平方米的零售空间、20余家餐厅和酒吧、众多世界名店品牌专门店,以及提供视听多媒体体验的天幕,集娱乐设施、世界级的购物商场、娱乐场、表演及特色酒店于一身。建有全澳门最大型的儿童玩乐世界——童梦天地,涵盖创意坊、梦剧院、科幻世界及勇闯巅峰等四个主题区。并建有虚拟水族馆,透过投影技术,展现着不同的海洋生物和娇美的美人鱼。其推出的《水舞间》表演是全球最大型的水上会演,投资金额高达2.5亿美元,融合了前所未有的高难度特技表演
澳门美高梅	投资逾12.5亿美元,总建筑面积约186万平方米的旗舰博彩娱乐场酒店。酒店设有约600间(实际是593间)豪华客房。酒店亦设有占地2720平方米的水疗中心,提供12间不同的护理室及健身中心等设施。拥有面积为1452平方米的宴会及会议厅。位于金殿中心处的天幕广场,面积约2320平方米,环抱天幕广场中央8米高的"水天幕"圆柱形水族馆,圆柱形的设计能360°观赏鱼儿的悠然美态
澳门永利度假村酒店	投资12亿美元(约96亿澳门元)、占地约6万平方米,以拉斯维加斯永利博彩娱乐场为蓝本建筑。是获《福布斯旅游指南》五星级酒店及水疗康体中心殊荣的综合式度假酒店,集豪华客房、米其林星级餐厅、水疗康体中心、永利名店购物区、特色娱乐表演为一体。永利名店街面积达2787平方米,逾20个高档路线品牌,包括了LV、GUCCI、DIOR、FENDI、劳力士等高档名店。其正门的音乐喷泉是澳门首个采用活动喷嘴的音乐喷泉,间中还会喷出火焰,每隔15分钟一场。酒店内"吉祥树"表演,每30分钟一场,配合音乐、灯光等效果,具神秘与传统古典气派,吸引大批旅客、居民围观及拍照留念

通过表 5-1 中澳门六家度假村酒店的介绍可以总结出，澳门美高梅、澳门永利度假村酒店和澳博新葡京酒店三家度假村酒店的住房数相对较少，其酒店的建设规划较突出博彩娱乐，其他娱乐休闲项目不太显著。表 5-2 所示为澳门酒店集团管理酒店分布表。

表 5-2　澳门酒店集团管理酒店分布表

澳门酒店集团	酒店管理
金沙集团	喜来登酒店、康莱德酒店、假日酒店、四季酒店、威尼斯人酒店
银河集团	银河酒店、悦榕庄酒店、大仓酒店、百老汇酒店、万豪酒店、丽思卡尔顿酒店
澳博集团	索菲特酒店、葡京酒店、新葡京酒店
新濠集团	君悦酒店（凯悦）、新濠锋酒店
美高梅集团	美高梅金殿酒店
永利集团	永利皇宫酒店
其他	文化东方酒店

澳门六家博彩型度假村酒店主导的澳门博彩旅游业呈现一片繁荣景象，并超过美国拉斯维加斯成为世界第一赌城。澳门博彩型度假村酒店成为澳门博彩旅游产业的主要形式和重要标志。

（二）澳门博彩酒店产品与功能体系

澳门博彩型度假村酒店除了拥有其他度假村酒店的休闲度假综合功能外，同时还具有两个其他地区度假村酒店所没有的特点：一是设置有以博彩为主的丰富娱乐项目体系；二是其地处澳门的市中心，交通便利。鉴于这些独特之处，澳门博彩型度假村酒店每年的游客接待量和旅游收入十分可观，并为澳门旅游业做出巨大的贡献，澳门博彩型度假村酒店成为澳门旅游的独特风景和主要旅游目的地。

澳门博彩型度假村酒店与传统意义上的以住宿为主的酒店有较大的差异，其消费者与传统住宿为主的酒店消费者也不同。首先，澳门博彩型度假村酒店是以博彩为主的娱乐业作为酒店的主要产品和功能。其次，澳门博彩型度假村酒店已从传统意义上的住宿为主的酒店升级到一个融合了酒店住宿、餐饮、娱乐、休闲、购物等功能为一体的旅游综合体，而不是较为单一的住宿和相关功能。最后，很多旅游者前来澳门博彩型度假村酒店的主要活动是旅游和休闲，也就是说这些消费者中有很大一部分人是不住宿的，而是体验澳门博彩型度假村酒店的娱乐休闲项目，来到澳门旅游的游客会将澳门博彩型度假村酒店作为旅游的体验项目之一，即使他们住在某家酒店，他们也会到其他很多酒店进行消费体验。或者他们根本就不住宿,而仅仅来到这些酒店参观、旅游和休闲娱乐。

(三)澳门博彩酒店投资模式分析

1.酒店战略化

澳门度假村酒店不同于其他地区作为第三产业一员的酒店,而是肩负澳门发展的重要战略载体,成为澳门创收的主要经济体,也是澳门主打产业的主导战略力量。

2.酒店城市化

澳门度假村酒店承接澳门城市的诸多功能,成为市民生活、休闲、娱乐和购物的重要渠道和场所。

3.酒店景点化

澳门度假村酒店不同于传统意义上以住宿为主的酒店,许多顾客来到酒店开展"一日游",而并不住宿,顾客消费行为超越传统住宿为主,已成为融合了酒店住宿、餐饮、娱乐、休闲、购物等功能为一体的旅游综合体。旅游者前来澳门度假村酒店的主要活动是旅游,是体验澳门度假村酒店的娱乐休闲项目,而不仅仅是住宿。

4.酒店休闲化

澳门度假村酒店成为取代休闲场所的酒店综合体,成为吸引民众和游客前往体验休闲生活方式的场所和载体。

第六章
酒店投资战略管理

酒店投资战略通常被理解为投资者为实现成功投资的目标所做出的重大决策和做法,但也可以理解为投资者实施投资举措的战略目标等。本章将从战略管理、战略工具和战略分析流程等三方面研究酒店投资战略,主要研究酒店投资战略的方法论问题。

第一节 战略与战略管理

战略是企业拟定的目标及目的,并采用适当的行动及分配资源进行此等行动。因此,战略既是企业长远的方向及范围,也可以说是达到目标的手段。战略能够根据外面环境的改变尤其是它的市场和顾客的实际情况,配合有关的资源去满足对企业有兴趣者的期望。战略把企业的愿景演译为企业想发展的轮廓,这轮廓是企业所有的决策及计划的目标。战略是个动态管理程序的概念,包含集中争取企业的胜利,鼓励创新及变革,扩宽行政人员的视野,激励员工达到目标及目的,并对业务有长远的看法。

一、战略与战略管理

(一)战略

"战略"一词译自希腊语,原意是"将军指挥军队的艺术",最早用于军事术语。20世纪60年代,随着全球经济复苏,市场经济在欧美国家迅猛发展,市场竞争开始趋向激烈,战略思想开始运用于商业领域,被一些有远见的企业商人用于企业发展和定位。一经在商业领域运用便与达尔文"物竞天择"的生物进化思想共同成为战略管理学科的两大思想源流。而战略管理更多地被运用到企业的发展中来。

(二)企业战略及理论模式

1.企业战略

企业战略是一个综合的概念,从不同的角度看,其含义各有不同:从企业过去发展历程的角度来看,战略表现为一种模式;从企业未来发展的角度来看,战略表现为一种计划、目标,甚至是方向;从产业层次来看,战略表现为一种定位和选择;从企业层次来看,战略则表现为一种能力。此外,战略也表现为企业在竞争中采用的一种计谋和举措。

2.企业战略5P模型

这是关于企业战略比较全面的看法,即著名的战略5P模型。这个模型是由加拿大麦吉尔大学教授明茨伯格(H.Mintzberg)提出的。其缘由是人们在生产经营活动的不同场合中以不同的方式赋予企业战略不同的内涵,说明人们可以根据需要接受多样化的战略定义。在这种观点的基础上,明茨伯格借鉴市场营销学中的4P要素的提法,提出企业战略是由五种规范的定义阐述的,即计划(Plan)、计策(Ploy)、模式(Pattern)、定位(Position)和观念(Perspective),这就是企业战略5P模型。这五个定义从不同角度对企业战略这一概念进行了阐述。

第一,战略是一种计划(Plan),是指战略是一种有意识、有预计、有组织的行动程序,是解决一个企业如何从现在的状态达到将来位置的问题。战略主要为企业提供发展方向和途径,包括一系列处理某种特定情况的方针政策,属于企业"行动之前的概念"。根据这个定义,战略具有两个本质属性:战略是在企业发生经营活动之前制定的,以备人们使用;战略是作为一种计划写进企业正式文件中的,当然不排除有些不公开的、只为少数人了解的企业战略。

第二,战略是一种计策(Ploy),是指战略不仅仅是行动之前的计划,还可以在特定的环境下成为行动过程中的手段和策略,一种在竞争博弈中威胁和战胜竞争对手的工具。例如,得知竞争对手想要扩建酒店宴会厅时,便提出自己的战略是升级宴会产品等。由于本酒店资金雄厚、产品质量优异,竞争对手自知无力竞争,便会放弃扩建的设想。然而,一旦对手放弃了原计划,企业却并不一定要将扩大的战略付诸实施。因此,这种战略只能称为一种威胁竞争对手的计策。

第三,战略是一种模式(Pattern),是指战略可以体现为企业一系列的具体行动和现实结果,而不仅仅是行动前的计划或手段,即无论企业是否事先制定了战略,只要有具体的经营行为,就有事实上的战略。企业行为模式是在历史中形成的,因此,在制定企业战略过程中就必须了解企业发展史,在选择战略时要充分考虑并尊重企业原有的行为模式,因为它会在很大程度上决定企业未来战略的选择和战略实施的有效性。若要改变企业的行为模式,首先必须充分认识到推行这种变革的难度。

明茨伯格认为,战略作为计划或模式的两种定义是相互独立的。实践中,计划往往没有实施,而模式却可能在事先并未计划的情况下形成。因此,战略可能是人类行为的结果,而不是设计的结果。因此,定义为"计划"的战略是设计的战略,而定义为"模式"的战略是已实现的战略,战略实际上是一种从计划向实现流动的结果。那些不能实现的战略在战略设计结束之后,通过一个单独的渠道消失,脱离准备实施战略的渠道。而准备实施的战略与自发的战略则通过各自的渠道,流向已实现的战略。这是一种动态的战略观点,它将整个战略看成是一种"行为流"的运动过程。

第四,战略是一种定位(Position),是指战略是一个组织在其所处环境中的位置,对企业而言就是确定自己在市场中的位置。企业战略涉及的领域很广,可以包括产品生产过程、顾客与市场、企业的社会责任与自我利益等任何经营活动及行为。但最重要的是,制定战略时应充分考虑到外部环境,尤其是行业竞争结构对企业行为和效益的影响,确定自己在行业中的地位和达到该地位所应采取的各种措施。把战略看成一种定位就是要通过正确地配置企业资源,形成有力的竞争优势。

第五,战略是一种观念(Perspective),是指战略表达了企业对客观世界固有的认知方式,体现了企业对环境的价值取向和组织中人们对客观世界固有的看法,进而反映了企业战略决策者的价值观念。企业战略决策者在对企业外部环境及企业内部条件进行分析后做出的主观判断就是战略,因此,战略是主观而不是客观的产物。当企业战略决策者的主观判断符合企业内外部环境的实际情况时所制定的战略就是正确的;反之,当其主观判断不符合环境现实时,企业战略就是错误的。

战略是一种观念的定义,强调了战略的抽象性,其实质在于,同价值观、文化和理想等精神内容为组织成员所共有一样,战略观念要通过组织成员的期望和行为而形成共享,个人的期望和行为是通过集体的期望和行为反映出来的。因此,研究一个组织的战略,要了解和掌握该组织的期望如何在成员间分享,以及如何在共同一致的基础上采取行动。

(三)战略管理

1.战略管理

战略并不是"空的东西",也不是"虚无",而是直接左右企业能否持续发展和持续盈利最重要的决策参照系。战略管理则是依据企业的战略规划,对企业的战略实施加以监督、分析与控制,特别是对企业的资源配置与事业方向加以筹划,最终促使企业顺利达成企业目标的过程管理。战略管理包括战略制定、形成与战略实施等部分及其过程。

有关战略管理相关研究中,安索夫最初在其1976年出版的《从战略规划到战略管理》一书中提出了"企业战略管理"。他认为,企业的战略管理是指将企业的日常业务决策同长期计划决策相结合而形成的一系列经营管理业务。斯坦纳在他1982年出版的《企业政策与战略》一书中则认为,企业战略管理是确定企业使命,根据企业外部环境和内部经营要素确定企业目标,保证目标的正确落实并使企业使命最终得以实现的一个动态过程。

因此,战略管理定义可以归纳为:企业确定其使命,根据组织外部环境和内部条件的分析设定企业的战略目标,为保证目标的正确落实和实现进行谋划,并依靠企业内部能力将这种谋划和决策付诸实施,以及在实施过程中进行控制的一个动态管理过程。

2.战略管理的任务

指导企业全部活动的是企业战略,全部管理活动的重点是制定战略和实施战略。而制定战略和实施战略的关键都在于对企业外部环境的变化进行分析,对企业的内部条件和素质进行审核,并以此为前提确定企业的战略目标,使三者之间达成动态平衡。

战略管理的任务,就在于通过战略制定、战略实施和日常管理,在保持这种动态平衡的条件下,实现企业的战略目标。

第一,战略管理不仅涉及战略的制定和规划,而且也包含着将制定的战略付诸实施的管理,因此是一个全过程的管理。

第二,战略管理不是静态的、一次性的管理,而是一种循环的、往复性的动态管理过程。它是需要根据外部环境的变化、企业内部条件的改变,以及战略执行结果的反馈信息等,而重复进行新一轮战略管理的过程,是不间断的管理。

3.战略管理的特点

战略管理具有如下特点。

(1)战略管理具有全局性。

企业的战略管理是以企业的全局为对象,根据企业总体发展的需要而制定的。它所管理的是企业的总体活动,所追求的是企业的总体效果。虽然这种管理也包括企业的局部活动,但是这些局部活动是作为总体活动的有机组成在战略管理中出现的。具体来说,战略管理不是强调企业某一事业部或某一职能部门的重要性,而是通过制定企业的使命、目标和战略来协调企业各部门自身的表现,是它们对实现企业使命、目标、战略的贡献大小。这样也就使战略管理具有全局性。

(2)战略管理的主体是企业的高层管理人员。

由于战略决策涉及一个企业活动的各个方面,虽然它也需要企业上、下层管理者和全体员工的参与和支持,但企业的最高层管理人员介入战略决策是非常重要的。这不仅是由于他们能够统观企业全局,了解企业的全面情况,而且更重要的是他们具有对战略实施所需资源进行分配的权力。

(3)战略管理涉及企业大量资源的配置问题。

企业的资源,包括人力资源、实体财产和资金,或者在企业内部进行调整,或者从企业外部来筹集。在任何一种情况下,战略决策都需要在相当长的一段时间内致力于一系列的活动,而实施这些活动需要大量的资源作为保证。因此,这就需要为保证战略目标的实现,对企业的资源进行统筹规划,合理配置。

(4)战略管理从时间上来说具有长远性。

战略管理中的战略决策是对企业未来较长时期(5年以上)内,就企业如何生存和发展等进行统筹规划。虽然这种决策以企业外部环境和内部条件的当前情况为出发点,并且对企业当前的生产经营活动有指导、限制作用,但是这一切是为了更长远的发展,是长期发展的起步。从这一点上来说,战略管理也是面向未来的管理,战略决策要以经理人员所期望或预测将要发生的情况为基础。在迅速变化和竞争性的环境中,企业要取得成功必须对未来的变化采取预应性的态度,这就需要企业做出长期性的战略计划。

(5)战略管理需要考虑企业外部环境中的诸多因素。

现今的企业都存在于一个开放的系统中,它们影响着这些因素,但更通常的是受这些不能由企业自身控制的因素所影响。因此在未来竞争的环境中,企业要使自己占据有利地位并取得竞争优势,就必须考虑与其相关的因素,这包括竞争者、顾客、资金供给者、政府等外部因素,以使企业的行为适应不断变化的外部力量,企业才能够继续生存下去。

3.战略管理的层级

鉴于战略的多重理解和含义,战略管理具有多层级的特点。

(1)总体层战略。

总体层战略又称公司战略,是企业最高层次的战略,是企业整体的战略总纲。在存在多个经营单位或多种经营业务的情况下,企业总体层战略主要是指集团母公司或者公司总部的战略。总体层战略的目标是确定企业未来一段时间的总体发展方向,协调企业下属的各个业务单位和职能部门之间的关系,合理配置企业资源,培育企业核心能力,实现企业总体目标。它主要强调两个方面的问题:一是"应该做什么业务",即从公司全局出发,根据外部环境的变化及企业的内部条件,确定企业的使命与任务、产品与市场领域;二是"怎样管理这些业务",即在企业不同的战略事业单位之间如何分配资源以及采取何种成长方向等,以实现公司整体的战略意图。

(2)业务层战略。

业务层战略又称经营单位战略。现代大型企业一般都同时从事多种经营业务,或者生产多种不同的产品,有若干个相对独立的产品或市场部门,这些部门即事业部或战略经营单位。由于各个业务部门的产品或服务不同,所面对的外部环境(特别是市场环境)也不相同,企业能够对各项业务提供的资源支持也不同,因此,各部门在参与经营过程中所采取的战略也不尽相同,各经营单位有必要制定指导本部门产品或服务经营活动的战略,即业务层战略。

业务层战略是企业战略业务单元在公司战略的指导下,经营管理某一特定的战略业务单元的战略计划,具体指导和管理经营单位的重大决策和行动方案,是企业的一种局部战略,也是公司战略的子战略,它处于战略结构体系中的第二层次。业务层战略着眼于企业中某一具体业务单元的市场和竞争状况,相对于总体战略有一定的独立性,同时又是企业战略体系的组成部分。

业务层战略主要回答在确定的经营业务领域内,企业如何开展经营活动;在一个具体的、可识别的市场上,企业如何构建持续优势等问题。其侧重点在于以下几个方面:贯彻使命、业务发展的机会和威胁分析、业务发展的内在条件分析、业务发展的总体目标和要求等。对于只经营一种业务的小企业,或者不从事多元化经营的大型组织,业务层战略与公司战略是一回事。所涉及的决策问题是在既定的产品与市场领域,在什么样的基础上来开展业务,以取得顾客认可的经营优势。

(3)职能层战略。

职能层战略是为贯彻、实施和支持公司战略与业务层战略而在企业特定的职能管理领域制定的战略。职能层战略主要回答某职能的相关部门如何卓有成效地开展工作的问题,重点是提高企业资源的利用效率,使企业资源的利用效率最大化。其内容比业务层战略更为详细、具体,其作用是使总体层战略与业务层战略的内容得到具体落实,并使各项职能之间协调一致,通常包括营销战略、人事战略、财务战略、生产战略、研发战略等方面。公司层战略倾向于总体价值取向,以抽象概念为基础,主要由企业高层管理者制定;业务层战略主要就本业务部门的某一具体业务进行战略规划,主要由业务部门领导层负责;职能层战略主要涉及具体执行和操作问题。

公司战略、业务层战略与职能层战略一起构成了企业战略体系。在企业内部,企业战略管理各个层次之间是相互联系、相互配合的。企业每一层次的战略都为下一层次战略提供方向,并构成下一层次的战略环境;每层战略又为上一级战略目标的实现提供保障和支持。所以,企业要实现其公司战略体系目标,必须将三个层次的战略有效地结合起来。

4.战略管理的作用

战略管理具有以下几个方面的作用。

(1)重视对经营环境的研究。

由于战略管理将企业的成长和发展纳入了变化的环境之中,管理工作要以未来的环境变化趋势作为决策的基础,这就使企业管理者们重视对经营环境的研究,正确地确定公司的发展方向,选择公司合适的经营领域或产品——市场领域,从而能更好地把握外部环境所提供的机会,增强企业经营活动对外部环境的适应性,从而使二者达成最佳的结合。

(2)重视战略的实施。

由于战略管理不只是停留在战略分析及战略制定上,而是将战略的实施作为其管理的一部分,这就使企业的战略在日常生产经营活动中,根据环境的变化对战略不断地评价和修改,使企业战略得到不断完善,也使战略管理本身得到不断完善。这种循环往复的过程,更加突出了战略在管理实践中的指导作用。

(3)日常的经营与计划控制、近期目标与长远目标结合在一起。

由于战略管理把规划出的战略付诸实施,而战略的实施又同日常的经营计划控制结合在一起,这就把近期目标(或作业性目标)与长远目标(战略性目标)结合起来,把总体战略目标同局部的战术目标统一起来,从而可以调动各级管理人员参与战略管理的积极性,有利于充分利用企业的各种资源并提高协同效果。

(4)重视战略的评价与更新。

由于战略管理不只是计划"我们正走向何处",而且也计划如何淘汰陈旧过时的东西,以"计划是否继续有效"为指导重视战略的评价与更新,这就使企业管理者能不断地在新的起点上对外界环境和企业战略进行连续性探索,增强创新意识。

二、发展战略

企业所管理的战略类型很多,包括竞争战略和发展战略,酒店的投资战略是企业发展战略的一种。

(一)发展战略

发展战略指企业如何实现发展的战略理论体系。发展战略就是一定时期内对企业发展方向、发展速度与质量、发展点及发展能力的重大选择、规划及策略。企业战略可以帮助企业指引长远发展方向,明确发展目标,指明发展点,并确定企业需要的发展能力,发展战略的真正目的就是要解决企业的发展问题,实现企业快速、健康、持续发展。

发展战略理论是对传统竞争战略理论的一种颠覆,摆脱了价格战、功能战、广告战、促销战、服务战、品类战的困扰和陷阱,解决企业长期成长缓慢或停滞不前,甚至走向衰退等问题,使企业更加良性地参与竞争,把主要精力投入企业的发展问题的解决上,以及发展方向、发展速度与质量、发展点和发展能力的规划与实施上,最终实现企业的快速、健康、持续发展。发展战略理论使企业竞争的焦点由竞争转向发展,企业可以通过竞争来实现发展,还可以通过合作来实现发展,也可以避开竞争,选择更具前景的领域来发展。

(二)发展战略的组成部分

企业应该从发展方向、发展速度与质量、发展点和发展能力四个方面入手,来系统地解决企业的发展问题,即"企业未来要发展成为什么样子(发展方向)","企业未来以什么样的速度与质量来实现发展(发展速度与质量)","企业未来从哪些发展点来保证这种速度与质量(发展点)","企业未来需要哪些发展能力支撑(发展能力)"。

发展方向、发展速度与质量、发展点和发展能力四个方面又构成了发展战略的四个重要组成部分,即愿景、战略目标、业务战略和职能战略四个核心问题。这四个问题是以企业发展为导向,这四个问题的回答就能系统解决企业的发展问题,它们分别解决企业的发展方向、发展速度与质量、发展点和发展能力。即发展战略由愿景、战略目标、业务战略和职能战略四大部分组成。

1. 愿景

愿景是企业发展的期望,它指引企业发展方向,即"企业未来要成为一个什么样的企业"。

2. 战略目标

战略目标是企业发展的要求,它明确了发展速度和发展质量,即"企业未来要达到一个什么样的发展目标"。

3. 业务战略

业务战略包含产品战略、客户战略、区域战略和产业战略,是企业发展的手段,它指明了企业的发展点,即"企业未来需要哪些发展点,要针对哪些产业、哪些区域、哪些客户、哪些产品发展,怎样发展"。

4. 职能战略

职能战略是企业发展的支撑,职能战略又称职能支持战略。它确定企业的发展能力,是按照总体战略或业务战略对企业内各方面职能活动进行的谋划。职能战略是为企业战略和业务战略服务的,所以必须与企业战略和业务战略相配合。比如,企业战略确立了差异化的发展方向,要培养创新的核心能力,企业的人力资源战略就必须体现对创新的鼓励;要重视培训,鼓励学习;把创新贡献纳入考核指标体系;在薪酬方面加强对各种创新的奖励。即"企业未来需要什么样的发展能力,需要在市场营销、技术研发、生产制造、人力资源、财务投资等方面采取什么样的策略和措施以支持企业愿景、战略目标、业务战略的实现"。

总而言之,战略的本质是要解决企业的发展问题。在发展战略框架中,所有构成部分都是围绕企业发展来进行的,愿景、战略目标、业务战略和职能战略构成企业战略自上而下的四个层面。上一层面为下一层面提供方向与思路,下一层面对上一层面提供有力支撑,它们之间相互影响,构成一个有机的发展战略系统。发展战略框架是一种良好的战略方法论体系,它通过明确企业发展方向、发展速度与质量、发展点和发展能力等战略问题,帮助企业真正解决发展问题,实现企业快速、健康、持续发展。

发展战略思想、理念及方法论体系已被更广大的企业接纳与运用,正成为一种广泛运用的战略理论。发展战略的思想不但在企业发展中被广泛运用,也常被一些地区和组织在发展中予以采用和实践,即形成一个地区和某个组织的发展战略。因此,战略主体不断向有组织的个人、企业、组织等多层次扩展。

三、职能战略的分类与酒店投资战略

(一)职能战略的分类

职能战略描述了在执行公司战略和经营单位战略的过程中,企业中的每一职能部门所采用的方法和手段,职能战略的制定需要各职能部门中较低层管理人员的积极参与。精心制定职能战略,可使公司战略与竞争战略明朗化,以指导各项具体的经营活动;可使公司战略与竞争战略具体化,以将战略目标和任务落到实处;可使公司战略与竞争战略面向行动,以检验其是否正确、可行。因此对职能战略进一步分类有利于职能战略的贯彻和执行。

1. 服务角度的分类

职能战略从服务总体战略和业务战略的角度一般可分为生产运营型职能战略、资源保障型职能战略和战略支持型职能战略。其中,生产运营型职能战略是企业或业务单元的基础性职能战略,从企业或业务运营的基本职能上为总体战略或业务战略提供支持,包括研发战略、筹供战略、生产战略、质量战略、营销战略、物流战略等。资源保障型职能战略是为总体战略或业务战略提供资源保障和支持的职能战略,包括财务战略、人力资源战略、信息化战略、知识管理战略、技术战略等。战略支持型职能战略是从企业全局上为总体战略和业务战略提供支持的战略,包括组织结构战略、企业文化战略、公共关系战略等。

2.职能归属角度的分类

企业职能战略从职能归属角度又可分为市场营销战略、研究与开发战略、人力资源战略、财务战略。

(1)市场营销战略。

市场营销战略是涉及市场营销活动过程整体(市场调研、预测、分析市场需求、确定目标市场、制定营销战略、实施和控制具体营销战略)的方案或谋划。它决定市场营销的主要活动和主要方向。有效的市场营销战略是企业成功的基础。市场营销战略是一个完整的体系,其基本内容包括市场细分战略、市场选择战略、市场进入战略、市场营销竞争战略和市场营销组合战略。

(2)研究与开发战略。

研究与开发包括科学技术基础研究和应用研究,以及新产品、新工艺的设计和开发。对于企业来讲,研究与开发涉及市场、技术、产品、生产、组织等各方面,其中主要是技术、产品和生产方面的研究与开发。研究与开发战略的选择常常受企业总体战略和经营战略的影响,处于不同的环境条件下,企业可采取三种不同的研究与开发战略。

(3)人力资源战略。

人力资源战略是指根据企业总体战略的要求,为适应企业生存和发展的需要,对企业人力资源进行开发,提高职工队伍的整体素质,从中发现和培养出一大批优秀人才所进行的长远性的谋划和方略。必须以企业总体战略的要求来确定人力资源战略的目标。为实现人力资源战略的目标,企业人力资源战略可分为人力资源开发战略、人才结构优化战略、人才使用战略三个方面。人力资源开发战略就是指有效发掘企业和社会上的人力资源,积极地提高员工的智慧和能力所进行的长远性的谋划和方略。可供选择的人力资源开发战略方案有引进人才战略、借用人才战略、招聘人才战略、自主培养人才战略、定向培养人才战略、鼓励自学成才战略。

(4)财务战略。

财务战略就是根据公司目标战略、竞争战略和其他职能战略的要求,对企业资金进行筹集、运用、分配以取得最大经济效益的方略。财务战略的基本目的,就是最有效地利用企业各种资金,在企业内部、外部各种条件的制约下,确保实现企业战略计划所规定的战略目标。

财务战略虽属于职能战略的范畴,但其属于战略支持型职能战略,是从企业全局上为总体战略和业务战略提供支持的战略,其可为企业总体战略提供有效支撑,这一特殊作用集中体现在资金筹集和资金运用两个方面。

资金筹集战略是关于企业从什么渠道、以什么方式获取企业所需资金,如何以较低代价、较低风险筹集较多资金,支持企业经济发展的战略。近年来,筹集资金的方式已经逐渐多样化、市场化，筹集资金的能力代表一个企业的重大发展能力，也已成为关系企业快速成长和状态的主要核心要素之一，并能够抢占投资先机和构建强大的资金竞争壁垒。

而资金运用战略是决定企业资金投放发展方向、投资规模，以提高资金运用效果的战略，并实现更高层次的多元化目标和增长目标，是一种超越财务范畴的企业发展布局。

（二）酒店投资战略

1. 投资战略

投资战略是指根据企业总体经营战略要求，为维持和扩大生产经营规模，对有关投资活动所作的全局性谋划。它是将有限的企业投资资金，根据企业战略目标评价、比较、选择投资方案或项目，获取最佳的投资效果所作的选择。

企业的总体战略决定着企业投资战略选择，它是投资战略选择过程的起点。投资的根本动机是追求收益的最大化，投资收益主要是指投入资金运用后所得的收入与发生的成本之差，投资决策中考虑投资收益要求投资方案的选择必须以投资收益的大小来取舍，即应选择投资收益最高的方案。投资收益不一定是直接经济收益，也可以是间接战略收益。

2. 酒店投资战略

酒店投资战略就是投资者以多种形式筹措资金，并向酒店项目投放资金的一种投资战略，酒店投资战略涉及资金的筹措和资金的投放问题，因此归属于发展战略中的职能战略，是职能战略中的财务职能之一，但实际上酒店投资战略往往是超出财务服务的范畴和功能，而服务于更高层次的投资方发展的全局和总体战略。

酒店投资战略是一种增资行为，可视为扩大生产。这种增资行为的战略目标比较多样，包括单一的资金收益和多元化的业务增置战略。实际上还可能是作为配套项目服务于企业发展的其他生产和业务单元，这时酒店投资项目自身可能并不盈利，其配套战略目标的功能远远大于自身的直接项目投资收益。此时的酒店投资战略实际上又归属于职能战略中的战略支持型职能战略。而酒店投资不管是作为独立的业务单元的增资还是作为配套业务，其战略价值早超越了单纯的财务职能战略。

酒店投资战略实际上是投资方发展战略的支撑发展点和发展能力要素，也是其实现战略目标的途径和渠道。因此，酒店投资战略不仅具有财务职能战略的共性，更有支持型职能战略的个性特征。但不管如何，酒店投资战略总是属于发展战略的一种，并符合战略管理的相关理论和规律。

第二节 战略分析及其流程

由于发展战略理论是对传统竞争战略理论的一种颠覆,摆脱了价格战、功能战、广告战、促销战、服务战、品类战的困扰和陷阱,使企业更加良性地参与竞争,把主要精力投入企业的发展问题的解决上,以及发展方向、发展速度与质量、发展点和发展能力的规划与实施上。因此,业界和学界较为注重发展战略的管理和分析,酒店投资战略就是发展战略管理的范畴。

一、战略管理四要素

战略管理是依据企业的战略规划,对企业的战略实施加以监督、分析与控制,特别是对企业的资源配置与事业方向加以筹划,最终促使企业顺利达成企业目标的过程管理。

作为战略管理的一种,发展战略管理主要是指战略制定和战略实施的过程。一般说来,发展战略管理包含四个关键要素:一是战略分析,即了解组织所处的环境和相对竞争地位;二是战略选择,即战略制定、评价和选择;三是战略实施,即采取措施发挥战略作用;四是战略评价和调整,即检验战略的有效性。其中,战略分析和战略选择需要采用科学的战略分析工具,并通过严谨科学的战略分析过程而实现,由于这样的过程具有一定的技术性和复杂性,因此统称为战略拟定。

(一)战略分析

战略分析的主要目的是明确"企业目前状况",评价影响企业目前和今后发展的关键因素,并确定在战略选择步骤中的具体影响因素。战略分析主要包括三个方面。

1.确定企业的使命和目标

它们是企业战略制定和评估的依据。

2.外部环境分析

战略分析要了解企业所处的环境(包括宏观环境、微观环境)正在发生哪些变化,这些变化给企业将带来更多的机会还是更多的威胁。

3.内部条件分析

战略分析还要了解企业自身所处的相对地位,具有哪些资源以及战略能力;还需要了解与企业有关的利益和相关者的利益期望,在战略制定、评价和实施过程中,这些利益相关者会有哪些反应,这些反应又会对组织行为产生怎样的影响和制约。

(二)战略选择

战略选择阶段所要回答的问题是"企业走向何处"。

1.需要制定战略选择方案

在制定战略过程中,当然是可供选择的方案越多越好。企业可以从对企业整体目标的保障、对中下层管理人员积极性的发挥以及企业各部门战略方案的协调等多个角度考虑,选择自上而下的方法、自下而上的方法或上下结合的方法来制定战略方案。

2.评估战略备选方案

评估备选方案通常使用两个标准:一是考虑选择的战略是否发挥了企业的优势,克服劣势,是否利用了机会,将威胁削弱到最低程度;二是考虑选择的战略能否被企业利益相关者接受。需要指出的是,实际上并不存在最佳的选择标准,管理层和利益相关团体的价值观和期望在很大程度上影响着战略的选择。此外,对战略的评估最终还要落实到战略收益、风险和可行性分析的财务指标上。

3.选择战略

选择战略即最终的战略决策,确定准备实施的战略。如果由于用多个指标对多个战略方案的评价不一致时,最终的战略选择可以考虑以下几种方法。

(1)根据企业目标选择战略。企业目标是企业使命的具体体现,因而,选择对实现企业目标最有利的战略方案。

(2)聘请外部机构。聘请外部咨询专家进行战略选择工作,利用专家们广博和丰富的经验,能够提供较客观的看法。

(3)提交上级管理部门审批。对于中下层机构的战略方案,提交上级管理部门能够使最终选择方案更加符合企业整体战略目标。

4.制定战略政策和计划

制定有关研究与开发、资本需求和人力资源方面的政策和计划。

(三)战略实施

战略实施就是将战略转化为行动。

主要涉及以下一些问题:如何在企业内部各部门和各层次间分配及使用现有的资源;为了实现企业目标,还需要获得哪些外部资源以及如何使用;为了实现既定的战略目标,需要对组织结构做哪些调整;如何处理可能出现的利益再分配与企业文化的适应问题,如何进行企业文化管理,以保证企业战略的成功实施等等。

(四)战略评价和调整

战略评价就是通过评价企业的经营业绩,审视战略的科学性和有效性。

战略调整就是根据企业情况的发展变化,即参照实际的经营事实、变化的经营环境、新的思维和新的机会,及时对所制定的战略进行调整,以保证战略对企业经营管理进行指导的有效性,包括调整公司的战略展望、公司的长期发展方向、公司的目标体系、公司的战略以及公司战略的执行等内容。

企业战略管理的实践表明,战略制定固然重要,战略实施同样重要。一个良好的战略仅是战略成功的前提,有效的企业战略实施才是企业战略目标顺利实现的保证。另外,如果企业没有完善地制定出合适的战略,但是在战略实施中,能够克服原有战略的不足之处,那也有可能最终导致战略的完善与成功。当然,如果对于一个不完善的战略选择,在实施中又不能将其扭转到正确的轨道上,就只有失败的结果。

二、战略管理流程

战略管理流程一般包括9个步骤,如图6-1所示。

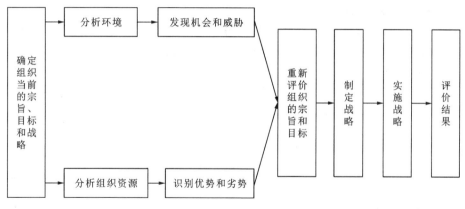

图6-1 战略管理步骤图

（一）确定组织当前的宗旨、目标和战略

定义公司的宗旨旨在促使管理当局仔细确定公司的产品和服务范围。对"我们到底从事的是什么事业"的理解关系到公司的指导方针。如一些学者指出,美国铁路公司之所以不景气是因为他们错误地理解了自己所从事的事业。当时如果铁路公司认识到他们从事的是运输事业而不仅仅是铁路事业,他们的命运也许会完全不同。

当然,管理当局还必须搞清楚组织的目标以及当前所实施的战略的性质,并对其进行全面而客观的评估。

（二）分析环境

环境分析是战略管理过程的关键环节和要素。组织环境在很大程度上规定了管理当局可能的选择。成功的战略大多是那些与环境相适应的战略。松下电器是家庭娱乐系统的主要生产商,自 20 世纪 80 年代中期开始,在微型化方面出现了技术突破,同时家庭小型化趋势使得对大功率、高度紧凑的音响系统的需求剧增。松下家庭音响系统的战略的成功,就是因为松下及早地认识到环境中正在发生的技术和社会变化。

管理当局应很好地分析公司所处的环境,了解市场竞争的焦点,了解政府法律法规对组织可能产生的影响,以及公司所在地的劳动供给状况等等。其中,环境分析的重点是把握环境的变化和发展趋势。关于环境的信息可以通过各种各样的外部资源来获取。

(三)发现机会和威胁

分析了环境之后,管理当局需要评估环境中哪些机会可以利用,以及组织可能面临的威胁。机会和威胁都是环境的特征。威胁会阻碍组织目标的实现,而机会则相反。

在分析机会与威胁时,以下因素是关键的:竞争者行为、消费者行为、供应商行为和劳动力供应。技术进步、经济因素、法律-政治因素以及社会变迁等一般环境虽不对组织构成直接威胁,但作为一种长期计划,管理者在制定战略时也必须慎重考虑。分析机会和威胁还必须考虑压力集团、利益集团、债权人、自然资源以及有潜力的竞争领域。如某公司发现竞争对手在开发新产品并削减价格,该公司所做的反应首先应是加强广告宣传、提高其品牌的知名度。

(四)分析组织资源

这一分析将视角转移到组织内部:组织雇员拥有什么样的技巧和能力?组织的现金状况怎样?在开发新产品方面一直很成功吗?公众对组织及其产品或服务的质量的评价怎样?

这一环节的分析能使管理当局认识到,无论多么强大的组织,都在资源和能力方面受到某种限制。

(五)识别优势和劣势——逐对比较法

优势是组织可开发利用以实现组织目标的积极的内部特征,是组织与众不同的能力,即决定作为组织竞争武器的特殊技能和资源;劣势则是抑制或约束组织目标实现的内部特征。管理者们应从如下方面评价组织的优势和劣势:市场、财务、产品、研究与发展。内部分析同样也要考虑组织的结构、管理能力和管理质量,以及人力资源、组织文化的特征。

管理者可以通过各种各样的报告来获得有关企业内部优势和劣势的信息。

(六)重新评价组织的宗旨和目标

按照 SWOT(Strengths-weaknesses-opportunities-threats)分析和识别组

织情况的要求,管理当局应重新评价公司的宗旨和目标。

(七)制定战略

战略需要分别在公司层、事业层和职能层设立。在这一环节组织将寻求恰当的定位,以便获得领先于竞争对手的相对优势。

(八)实施战略

无论战略制定得多么有效,如果不能恰当地实施仍不可能保证组织的成功。另外,在战略实施过程中,最高管理层的领导能力固然重要,但中层和基层管理者执行计划的主动性也同样重要。管理当局需要通过招聘、选拔、处罚、调换、提升乃至解雇职员以确保组织战略目标的实现。

(九)评价结果

战略管理过程的最后一步是评价结果:战略的效果如何? 需要做哪些调整? 这涉及控制过程。

战略评价可以采用SMART原则,SMART原则是目标管理的工具之一,能够应用于战略考核中,其分别由Specific、Measurable、Attainable、Relevant、Time-based等五个词组成。

Specific,代表具体的,指所制定的战略要具体到特定的工作指标,不能笼统,要用具体的语言清楚地说明要达成的行为标准。战略要有具体实施项目、衡量标准、达成措施、完成期限以及资源要求,要使人能够很清晰地看到不同的责任人在不同的时间段要做哪些那些事情,计划完成到什么样的程度。

Measurable,代表可度量的,指战略举措应该是数量化或者行为化的,应该有一组明确的数据,作为衡量是否达成目标的依据,且验证这些战略指标的数据或者信息是可以获得的。战略的衡量标准遵循"能量化的量化,不能量化的质化",使制定人与考核人有一个统一的、标准的、清晰的、可度量的标尺,杜绝在目标设置中使用形容词等概念模糊、无法衡量的描述。

Attainable,代表可实现的,指绩效指标在付出努力的情况下可以实现,避免设立过高或过低的目标;目标设置要坚持员工参与、上下左右沟通,使拟定的工作目标在组织及个人之间达成一致。既要使工作内容饱满,也要具有可达性。可以制定出跳起来"摘桃"的目标,不能制定出跳起来"摘星星"的目标。

Relevant,代表相关的,指实现此目标与其他目标的关联情况;如果实现了这个目标,但对其他的目标完全不相关,或者相关度很低,那这个目标即使达到了,意义也不是很大。

Time-based,代表有时限的,注重完成绩效指标的特定期限。目标设置要具有时间限制,根据工作任务的权重、事情的轻重缓急,拟定出完成目标项目的时间要求,定期检查项目的完成进度,及时掌握项目进展的变化情况,以方便对下属进行及时的工作指导,以及根据工作计划的异常情况变化及时地调整工作计划。

SMART 是确定关键绩效指标的一个重要的原则,无论是制定团队的战略举措,还是员工的绩效目标,都必须符合上述原则,五个要素缺一不可。制定的过程也是对战略制定者先期的工作掌控能力提升的过程,完成战略的过程也就是对企业现代化管理能力历练和实践的过程。

第三节 战略分析工具

战略分析工具很多,常见的战略分析工具有平衡计分卡、SWOT 矩阵、质量屋、波士顿矩阵、7S 模型、六西格玛、蓝海战略等。以下主要介绍几种常用的战略分析工具。

一、SWOT 矩阵

SWOT 方法最早主要是用于企业的内部优势、劣势分析和外部环境机会、威胁分析的方法,但这种方法的最大贡献在于能够用系统的思想将这些似乎独立的四个因素相互匹配起来进行综合分析,形成四个象限和四种不同的战略,即 SWOT 矩阵,使得企业能够在不同的形势下做出针对性的战略计划,从而使得战略制定更加科学全面。

(一)战略分布与选择

SWOT 矩阵是通过内部优势(S)、劣势(W)和外部机会(O)、威胁(T)两两匹配形成四个不同的象限和区域,即四种不同类型的组合:优势-机会(SO)组合、劣势-机会(WO)组合、优势-威胁(ST)组合和劣势-威胁(WT)组合,如图 6-2 所示。

SWOT 矩阵	优势(S)	劣势(W)
机会(O)	SO 区域	WO 区域
威胁(T)	ST 区域	WT 区域

图 6-2 SWOT 矩阵四因素相互匹配图

1.优势-机会(SO)

SO 区域对应发展企业内部优势与利用外部机会的战略,这是一种理想的战略模式。当企业具有特定方面的优势,而外部环境又为发挥这种优势提供有利机会时,可以采取增长型战略。即良好的产品市场前景、供应商规模扩大和竞争对手有财务危机等外部条件,配以企业市场份额提高等内在优势可成为企业收购竞争对手、扩大生产规模的有利条件。

2.劣势-机会(WO)

WO区域对应利用外部机会来弥补内部劣势,使企业减少劣势而获取优势的战略。存在外部机会,但由于企业存在一些内部劣势而妨碍其利用机会,可采取措施先克服这些劣势,此时适合采用扭转性战略。假如企业劣势是原材料供应不足和生产能力不够,从成本角度看,前者会导致开工不足、生产能力闲置、单位成本上升,而加班加点会导致一些附加费用。在产品市场前景看好的前提下,企业可利用供应商扩大规模、新技术设备降价、竞争对手财务危机等机会,实现纵向整合战略,重构企业价值链,以保证原材料供应,同时可考虑购置生产线来克服生产能力不足及设备老化等缺点。通过减少这些劣势,企业可能进一步利用各种外部机会,降低成本,取得成本优势,最终赢得竞争优势。

3.优势-威胁(ST)

ST区域对应企业利用自身优势,回避或减轻外部威胁所造成影响的战略。如竞争对手利用新技术大幅度降低成本,给企业带来很大的成本压力;同时材料供应紧张,其价格可能上涨;消费者要求大幅度提高产品质量;企业还要支付高额环保成本等等,这些都会导致企业成本状况进一步恶化,使之在竞争中处于非常不利的地位。此时适合采用多元化战略。若企业拥有充足的现金、熟练的技术工人和较强的产品开发能力,便可利用这些优势开发新工艺,简化生产工艺过程,提高原材料利用率,从而降低材料消耗和生产成本。另外,开发新技术产品也是企业可选择的战略。新技术、新材料和新工艺的开发与应用是最具潜力的成本降低措施,同时它可提高产品质量,从而回避外部威胁影响。

4.劣势-威胁(WT)

WT区域对应旨在减少内部劣势,回避外部环境威胁的防御性技术。当企业存在内忧外患时,往往面临生存危机,降低成本也许成为改变劣势的主要措施。此时适合采用防御性战略。当企业成本状况恶化,原材料供应不足,生产能力不够,无法实现规模效益,且设备老化,使企业在成本方面难以有大作为,这时将迫使企业采取目标聚集战略或差异化战略,以减少成本方面的劣势,并回避成本原因带来的威胁。

(二)战略厘定步骤

1.分析外部因素

外部因素可以借助PEST工具(也可以采用波特五力模型),从PEST四个方面进行逐层分析。然后使用顾良智文章中的Kotler机会矩阵

(Opportunity Matrix：考虑每个因素的成功可能性与吸引程度)和威胁矩阵(Threat Matrix：考虑每个因素的发生概率与严重程度)进行数据归类。

感知的发生概率用 0 至 10 来表达(0 是极不可能发生,10 是极可能发生),而感知的影响程度用+10 至-10 由参加者个别来评分(+10 为最大有利的外部机会,…,+1 为最小有利的外部机会,…,-1 为最小不利的外部威胁,…,-10 为最大不利的外部威胁)。各项外部因素的综合得分为感知发生概率乘以感知影响程度。正数值的感知重要评分代表有利的外部因素,负数值的感知重要评分代表不利的外部因素。根据重要程度可以将感知重要评分绝对值较低的项目删除。

2.测量内部因素

内部因素可以从平衡计分卡(BSC)的四个层面梳理,用李克特(Likert)量表把内部因素的感知重要程度(1 代表最不重要,…,10 代表最重要)进行打分,并讨论将重要程度较低的内部因素删除,保留更加重要的因素,有助于解决主要问题。

然后对重要的内部因素的感知表现水平评分。其中,感知表现较好的内部因素归为优势,而较差因素归为劣势。可以把那些内部因素表现评分较高的内部因素作为优势,表现评分较低的内部因素视为劣势。由重要程度减去表现水平可以得出表现差距,意为改进的空间。

3.通过 SWOT 厘定发展战略

将前两步收集的数据纳入 SWOT 矩阵中,再把内部因素与外部因素一对一对匹配,尽量将正面影响(即优势或机会)强化,将负面影响(即劣势或威胁)弱化,将这些匹配组合分别在矩阵中的四个象限列出来,即强化强化、弱化强化、强化弱化、弱化弱化,匹配分析如图 6-3 所示。并在强化强化(SO)区域选择增长型战略,在强化弱化(ST)区域选择多元化战略,在弱化强化(WO)区域选择扭转性战略,在弱化弱化(WT)区域选择防御性战略。

SWOT 矩阵	优势(S)	劣势(W)
机会(O)	强化强化(SO)	弱化强化(WO)
威胁(T)	强化弱化(ST)	弱化弱化(WT)

图 6-3 SWOT 矩阵分析图

二、质量展开功能及其战略工具

(一)质量功能展开

质量功能展开(Quality Function Deployment,QFD)理论是 20 世纪 60 年代由日本赤尾洋二博士提出,是一种利用矩阵将各项经济技术指标对产品质量的影响进行量化分析,从而将市场对产品的质量需求转化为相关的技术要求和管理要求的方法。

它是系统工程对新产品研发而发展的一种方法或技术。美国学者 Colen 将质量功能展开定义为:"一种结构化的产品规划与开发方法,该方法能够使产品开发准确地确定顾客需求,并能根据所开发的产品与服务的性能对顾客需求的满足程度进行系统的评价。"上述定义基本思想是"需求什么"和"怎样来满足",其核心是在获取和综合顾客需求的基础上,将顾客需求分解为产品技术特征、零部件技术特征、制造过程工艺特征及质量控制的方法。

对于质量功能展开 QFD,将其用于新产品的开发是由我国航空工业界在 20 世纪 80 年代中期引进,后逐步在汽车、电子、机械等行业应用,均取得一定的应用成果。

(二)质量屋

质量功能展开过程是通过一系列图表和矩阵来完成的,其中起重要作用的是质量表。赤尾洋二教授认为"质量表是将顾客要求的真正的质量,用语言表现,并进行体系化,同时表示他们与质量特性的关系,是为了把顾客需求变换成代用特性,进一步进行质量设计的表"。日本的质量表流入美国后,因为它的矩阵形状很像一个房屋,美国学者 Hauser 和 Clausing 提出品质屋(HOQ)的概念说法。QFD 的核心内容是需求变换,质量屋是一种直观的矩阵框架表示形式,它提供了在产品开发中具体实现这种需求变换的工具。随着战略管理理论的发展,质量功能展开理论及其测量工具质量屋均被应用到包括企业在内的诸多组织、地区的发展战略管理中。

质量屋是质量功能配置(QFD)的核心,质量屋是一种确定顾客需求和相应产品或服务性能之间联系的图示方法。

质量屋是一种直观的矩阵框架表达形式,是 QFD 方法的工具。建立质量屋的基本框架,并输入信息,通过分析评价得到输出信息,从而实现一种需求转换。通常的质量屋如图 6-4 所示,其由以下几个广义矩阵部分组成:WHATS 矩阵,表示需求是什么;HOWS 矩阵,表示针对需求怎样去做;相关关系矩阵,表示 WHATS 项的相关关系;HOWS 的相互关系矩阵,表示 HOWS 矩阵内各项目的关联关系;评价矩阵,表示 HOWS 项的组织度或技术成本评价情况;竞争性或可竞争力或可行性分析比较。质量屋建立完成后,通过定性和定量分析得到输出项——HOWS 项,即完成了"需求是什么"到"怎样去做"的转换。

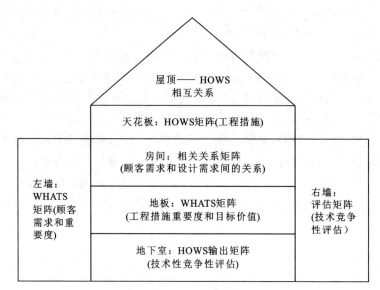

表 6-4　质量屋结构图

三、波士顿矩阵与 GE 矩阵

(一)波士顿矩阵

1.概念

波士顿矩阵(BCG Matrix),又称市场增长率-相对市场份额矩阵、波士顿咨询集团法、四象限分析法、产品系列结构管理法等。是由美国著名的管理学家、波士顿咨询公司创始人布鲁斯·亨德森于 1970 年首创。

波士顿矩阵认为"公司若要取得成功,就必须拥有增长率和市场份额各不相同的产品组合,而组合的构成取决于现金流量的平衡"。BCG 的实质是为了通过业务的优化组合实现企业的现金流量平衡。

2.两个基本要素

波士顿矩阵认为一般决定产品结构的基本因素有两个,即市场引力与企业实力。

市场引力包括整个市场的销售量(额)增长率、竞争对手强弱及利润高低等。其中最主要的是反映市场引力的综合指标——销售增长率,这是决定企业产品结构是否合理的外在因素。

企业实力包括市场占有率,技术、设备、资金利用能力等,其中市场占有率是决定企业产品结构的内在要素,它直接显示企业的竞争实力。

销售增长率与市场占有率既相互影响,又互为条件:市场引力大,市场占有高,可以显示产品发展的良好前景,企业也具备相应的适应能力,实力较强;

如果仅有市场引力大,而没有相应的高市场占有率,则说明企业尚无足够实力,则该种产品也无法顺利发展。相反,企业实力强,而市场引力小的产品也预示了该产品的市场前景不佳。

3.四个象限及其战略选择

通过以上两个因素相互作用,会出现四种不同性质的产品类型,形成不同的产品发展前景。即将企业所有产品从销售增长率和市场占有率角度进行再组合,在坐标图上,以纵轴表示企业销售增长率,横轴表示市场占有率,各以10%和20%作为区分高、低的中点,将坐标图划分为四个象限,依次为明星产品、问题产品、现金牛产品、瘦狗类产品,如图6-5所示。

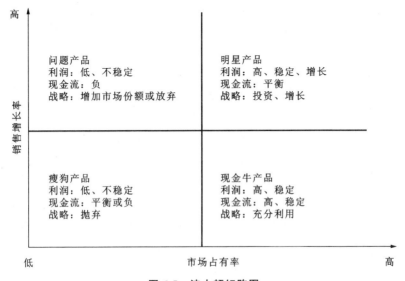

图6-5 波士顿矩阵图

(1)明星产品(stars)。

它是指处于高销售增长率、高市场占有率象限内的产品群,这类产品可能成为企业的现金牛产品,需要加大投资以支持其迅速发展。

这类产品应采用的发展战略是:积极扩大经济规模和市场机会,以长远利益为目标,提高市场占有率,加强竞争地位。发展战略以及明星产品的管理与组织最好采用事业部形式,由对生产技术和销售两方面都很内行的经营者负责。

(2)现金牛产品(cash cow),又称厚利产品。

它是指处于低销售增长率、高市场占有率象限内的产品群,已进入成熟期。其财务特点是销售量大、产品利润率高、负债比率低,可以为企业提供资金,而且由于增长率低,也无需增大投资。因而成为企业回收资金,支持其他产品,尤其是明星产品投资的后盾。

这类产品应采用的发展战略是:把设备投资和其他投资尽量压缩;采用榨油式方法,争取在短时间内获取更多利润,为其他产品提供资金。对于这一象限内的销售增长率仍有所增长的产品,应进一步进行市场细分,维持现存市场增长率或延缓其下降速度。对于现金牛产品,适合于用事业部制进行管理,其经营者最好是市场营销型人物。

现金牛业务指低市场增长率、高相对市场份额的业务,这是成熟市场中的领导者,它是企业现金的来源。由于市场已经成熟,企业不必大量投资来扩展市场规模,同时作为市场中的领导者,该业务享有规模经济和高边际利润的优势,因而给企业带来大量财源。企业往往用现金牛业务来支付账款并支持其他三种需大量现金的业务。若公司只有一个现金牛业务,说明它的财务状况是很脆弱的。因为如果市场环境一旦变化导致这项业务的市场份额下降,公司就不得不从其他业务单位中抽回现金来维持现金牛的领导地位,否则这个强壮的现金牛可能就会变弱,甚至成为瘦狗。

(3)问题产品(question marks)。

它是处于高销售增长率、低市场占有率象限内的产品群。前者说明市场机会大,前景好,而后者则说明在市场营销上存在问题。其财务特点是利润率较低,所需资金不足,负债比率高。例如在产品生命周期中处于引进期、因种种原因未能开拓市场局面的新产品即属此类问题的产品。

对问题产品应采取选择性投资战略。因此,对问题产品的改进与扶持方案一般均列入企业长期计划中。对问题产品的管理组织,最好是采取智囊团或项目组织等形式,选拔有规划能力、敢于冒风险、有才干的人负责。

(4)瘦狗产品(dogs),也称衰退类产品。

它是处在低销售增长率、低市场占有率象限内的产品群。其财务特点是利润率低、处于保本或亏损状态,负债比率高,无法为企业带来收益。

对这类产品应采用撤退战略:首先应减少批量,逐渐撤退,对那些销售增长率和市场占有率均极低的产品应立即淘汰;其次是将剩余资源向其他产品转移;最后是整顿产品系列,最好将瘦狗产品与其他事业部合并,统一管理。

4.应用法则

按照波士顿矩阵的原理,产品市场占有率越高,创造利润的能力越大;另一方面,销售增长率越高,为了维持其增长及扩大市场占有率所需的资金也越多。这样可以使企业的产品结构实现产品互相支持、资金良性循环的局面。按照产品在象限内的位置及移动趋势的划分,形成了波士顿矩阵的基本应用法则。

第一法则:成功的月牙环。在企业所从事的事业领域内各种产品的分布若显示月牙环形,这是成功企业的象征,因为盈利大的产品不止一个,而且这些产品的销售收入都比较大,还有不少明星产品。问题产品和瘦狗产品的销售量都很少。若产品结构显示散乱分布,说明其事业内的产品结构未规划好,企业业绩必然较差。这时就应区别不同产品,采取不同策略。

第二法则:黑球失败法则。如果在第三象限内一个产品都没有,或者即使有,其销售收入也几乎近于零,可用一个大黑球表示。该种状况显示企业没有任何盈利大的产品,说明应当对现有产品结构进行撤退、缩小的战略调整,考虑向其他事业渗透,开发新的事业。

第三法则:东北方向大吉。一个企业的产品在四个象限中的分布越是集中于东北方向,则显示该企业的产品结构中明星产品越多,越有发展潜力;相反,产品的分布越是集中在西南角,则瘦狗类产品数量大,说明该企业产品结构衰退,经营不成功。

第四法则:踊跃移动速度法则。从每个产品的发展过程及趋势看,产品的销售增长率越高,为维持其持续增长所需资金量也相对越高;而市场占有率越大,创造利润的能力也越大,持续时间也相对长一些。按正常趋势,问题产品经明星产品最后进入现金牛产品阶段,标志了该产品从纯资金耗费到为企业提供效益的发展过程,但是这一趋势移动速度的快慢也影响到其所能提供的收益的大小。

如果某一产品从问题产品(包括从瘦狗产品)变成现金牛产品的移动速度太快,说明其在高投资与高利润率的明星区域的时间很短,因此对企业提供利润的可能性及持续时间都不会太长,总的贡献也不会大;但是相反,如果产品发展速度太慢,在某一象限内停留时间过长,则该产品也会很快被淘汰。

这种方法假定一个组织有两个以上的经营单位组成,每个单位产品又有明显的差异,并具有不同的细分市场。在拟定每个产品发展战略时,主要考虑它的相对竞争地位(市场占有率)和业务增长率。以前者为横坐标,后者为纵坐标,然后分为四个象限,各经营单位的产品按其市场占有率和业务增长率高低填入相应的位置。

在本方法的应用中,企业经营者的任务,是通过四象限法的分析,掌握产品结构的现状及预测未来市场的变化,进而有效地、合理地分配企业经营资源。在产品结构调整中,企业的经营者不是在产品到了"瘦狗"阶段才考虑如何撤退,而应在"现金牛"阶段时就考虑如何使产品造成的损失最小而收益最大。

5.战略运用

充分了解了四种业务的特点后还须进一步明确各项业务单位在公司中的不同地位,从而进一步明确其战略目标。通常有四种战略目标分别适用于不同的业务。

(1)发展。

以提高经营单位的相对市场占有率为目标,甚至不惜放弃短期收益。要使问题类业务尽快成为"明星",就要增加资金投入。

(2)保持。

投资维持现状,目标是保持业务单位现有的市场份额,对于较大的"金牛"可以此为目标,以使它们产生更多的收益。

(3)收割。

这种战略主要是为了获得短期收益,目标是在短期内尽可能地得到最大限度的现金收入。对处境不佳的金牛类业务及没有发展前途的问题类业务和瘦狗类业务应视具体情况采取这种策略。

(4)放弃。

目标在于清理和撤销某些业务,减轻负担,以便将有限的资源用于效益较高的业务。这种目标适用于无利可图的瘦狗类和问题类业务。一个公司必须对其业务加以调整,以使其投资组合趋于合理。

6.局限性

波士顿矩阵法的应用不但提高了管理人员的分析和战略决策能力,同时还帮助他们以前瞻性的眼光看问题,更深刻地理解企业各项业务活动之间的联系,加强了业务单位和企业管理人员之间的沟通,及时调整企业的业务投资组合,收获或放弃萎缩业务,加大在更有发展前景的业务中的投资,紧缩那些在没有发展前景的业务中的投资。

但同时也应该看到这种方法的局限性,该方法也难以同时顾及两项或多项业务的平衡。因此,在使用波士顿矩阵法时要尽量查阅更多资料,谨慎分析,避免因方法的缺陷而造成决策的失误。

(二)GE 矩阵

1.概念

GE 矩阵法又称通用电器公司法、麦肯锡矩阵、九盒矩阵法、行业吸引力矩阵,是美国通用电气公司(GE)于 20 世纪 70 年代开发的新的投资组合分析方法。

GE 矩阵对企业进行业务选择和定位具有重要的价值和意义。

GE 矩阵可以用来根据事业单位在市场上的实力和所在市场的吸引力对这些事业单位进行评估,也可以表述一个公司的事业单位组合判断其强项和弱点,并以此为基础进行战略规划。

按市场吸引力和业务自身实力两个维度评估现有业务(或事业单位),每个维度分三级,分成九个格以表示两个维度上不同级别的组合。两个维度上可以根据不同情况确定评价指标(见图 6-6)。

	低	中	高
高	谨慎进入市场	选择性成长	全力奋斗
中	优先扩充或先撤退	选择性补充	保持优势
低	减少损失	全面收获	有限收获

（纵轴：市场吸引力；横轴：企业竞争力）

图 6-6　GE 矩阵图

2. 与波士顿矩阵的差异

GE 矩阵与 BCG 矩阵（波士顿矩阵）一起比较可以使其更加清晰。GE 矩阵基本上是为了克服 BCG 矩阵的缺点所开发出来的升级版。由于基本假设和很多局限性都和 BCG 矩阵相同，最大的改善就在于用了更多的指标来衡量两个维度。

由于波士顿矩阵存在很多问题，美国通用电气公司（GE）开发了新的投资组合分析方法——GE 矩阵。

GE 矩阵相比 BCG 矩阵也提供了产业吸引力和业务实力之间的类似比较，但不像 BCG 矩阵用市场增长率来衡量吸引力，用相对市场份额来衡量实力，因为 BCG 矩阵所选择的这两个维度都只是单一的指标；而 GE 矩阵使用数量更多的因素来衡量这两个变量，纵轴用多个指标反映产业吸引力，横轴用多个指标反映企业竞争地位，同时增加了中间等级。也由于 GE 矩阵使用多个因素，可以通过增减某些因素或改变它们的重点所在，很容易地使 GE 矩阵适应企业的具体意向或某产业特殊性的要求。

3. 使用步骤

在战略规划过程中，应用 GE 矩阵必须经历以下 5 个步骤。

（1）确定战略业务单位，并对每个战略业务单位进行内外部环境分析。根据企业的实际情况，或依据产品（包括服务），或依据地域，对企业的业务进行划分，形成战略业务单位，并针对每一个战略业务单位进行内外部环境分析。

（2）确定评价因素及每个因素权重。确定市场吸引力和企业竞争力的主要评价指标，及每一个指标所占的权重。市场吸引力和企业竞争力的评价指标没有通用标准，必须根据企业所处的行业特点和企业发展阶段、行业竞争状况进行确定。但是从总体上讲，市场吸引力主要由行业的发展潜力和盈利能力决定,包括产业规模、市场容量、市场增长率、竞争结构、盈利性、竞争对手、技术作用、经济周期、宏观因素等;企业竞争力主要由企业的财务资源(融资能力)、人力资源水平、技术能力和经验、管理水平、营销能力、产品质量、市场占有率、研究开发优势、整体形象与知名度等。确定评价指标的同时还必须确定每个评价指标的权重。

(3)进行评估打分。根据行业分析结果,对各战略业务单位的市场吸引力和竞争力进行评估和打分,并加权求和,得到每一项战略业务单元的市场吸引力和竞争力最终得分。

(4)将各战略单位标在 GE 矩阵上。根据每个战略业务单位的市场吸引力和竞争力总体得分,将每个战略业务单位用圆圈标在 GE 矩阵上(圆圈大小表示战略业务单位的市场总量规模)。在标注时,注意圆圈的大小表示战略业务单位的市场总量规模。有的还可以用扇形反映企业的市场占有率。

(5)对各战略单位策略进行说明。根据每个战略业务单位在 GE 矩阵上的位置,对各个战略业务单位的发展战略指导思想进行系统说明和阐述。通常Ⅰ、Ⅱ、Ⅲ象限代表重点发展的事业单位,Ⅳ、Ⅴ、Ⅵ象限代表可维持的事业单位,Ⅶ、Ⅷ、Ⅸ象限代表应退出的单位(见图 6-7)。

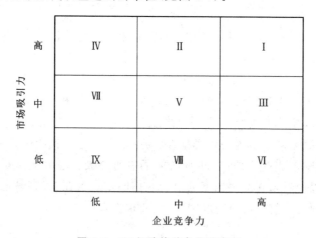

图 6-7　GE 矩阵战略象限分布图

4.局限性

(1)操作中要求执行者对各种不同因素进行评估,一定程度上比较难以实现。

(2)指标的最后聚合比较困难。核心竞争力要素未被全部考虑进来。

(3)各事业单位只是被分布在不同的宫格和象限中根据自身的指标权重进行独立的判断,并没有考虑到这些战略事业单元之间的相互作用关系。

四、麦肯锡 7S 模型

(一)概念

麦肯锡 7S 模型(Mckinsey 7S Model),简称 7S 模型,是麦肯锡顾问公司研究中心设计的企业组织七要素,指出了企业在发展过程中必须全面地考虑各方面的情况,包括结构(structure)、制度(system)、风格(style)、员工(staff)、技能(skill)、战略(strategy)、共同的价值观(shared values)。

其中在战略、结构和制度被认为是企业成功的"硬件",风格、员工、技能和共同的价值观被认为是企业成功经营的"软件"。麦肯锡的 7S 模型提醒世界各国的企业,软件和硬件同样重要。

(二)硬件分析

1. 战略

企业战略是企业面对迅速变化的经营环境,为求得长期的生存和发展而对企业进行的总体性规划。企业战略在充分分析企业和环境的关系的基础上,确定企业的发展方向、竞争策略和经营范围,使企业能充分利用环境中存在的各种机会,从而在竞争中始终处于领先地位。

企业仅具有明确的战略和深思熟虑的行动计划是远远不够的,因为企业还可能会在战略执行过程中失误。因此,战略只是其中的一个要素。

2. 结构

组织结构就是表现组织各部分排列顺序、空间位置、联系方式、聚集状态的一种模式,以求有效地把组织的各部分聚集起来,为实现共同的目标而努力。组织结构是为战略的实施而服务的,不同的战略需要不同的组织结构与之对应,组织结构必须与战略相协调。

3. 制度

企业制度是指对企业的微观构造及相关制度所做出的一系列规定和约束的总和,具体表现为企业组织、运营、管理等一系列行为的规范化和制度化。企业的发展和战略实施需要完善的制度作为保证,各项制度又是企业精神和战略思想的具体体现。

(三)软件分析

1. 风格

主要指企业文化,就是企业在长期的生产经营过程中形成的并为全体员工共同认可和遵循的价值观念、职业道德和行为规范的总和。企业文化作为一种重要的组织力量,能将一个组织的众多成员聚集在一起,并且围绕共同的目标而努力工作,为企业竞争力的形成奠定观念平台和思想基础。

2.员工

知识经济时代的到来导致企业的竞争力的提高根本上来源于员工的知识和技能,企业的竞争归根到底是人才的竞争这一理念已经成为人们的共识。

3.技能

企业的一切生产经营活动都是由具有一定技术能力的员工利用相应的生产要素来实现物质财富和精神财富的创造过程。特别是在当今科学技术迅速发展的时代,企业员工不断更新自身的技术能力,利用新知识和新技术来增强企业整合内部资源的能力,使企业能提供满足市场需要的产品,进而获得巩固的竞争优势。

4.共同的价值观

就是组织全体成员对组织的战略、目标和宗旨的共同认识,是企业对存在意义、经营指标等问题的基本观点以及评判企业和员工行为的标准。共同的价值观是企业文化的核心,不仅决定了企业发展的方向和企业的特征,而且直接影响到企业和员工的行为以及企业战略目标的实现,进而影响着企业竞争力的提升。

第七章
酒店市场开发战略

市场开发战略是酒店企业的产品和市场战略组合而产生的战略,即酒店用怎样的产品开辟新的市场领域的战略。它可以使企业得到新的、可靠的、经济的和高质量的销售渠道,对于企业的生存发展具有重要的意义。酒店市场开发战略包括市场调研、市场预测、竞争力分析、市场目标、区位选择和营销组合等方面内容。

第一节 市场调查

市场调查是企业制订市场计划的基础。酒店项目投资需要开展详细的市场调查,以寻找市场空缺,使得所投资项目适合市场需求,才能顺利收回投资成本并获得盈利。

市场调查是指用科学的方法,有目的、系统地收集、记录、整理和分析市场情况,了解市场的现状及其发展趋势,为企业的决策者制定政策,进行市场预测,做出经营决策,制订计划,提供客观、正确的依据。

酒店市场调查主要是指针对酒店服务产品市场现状和一段历史时期内的情况进行的调查。其目的是获得各类相关数据或资料,为酒店投资决策分析打下基础。

一、市场调查内容

市场调查内容主要包括酒店服务市场容量、价格以及市场竞争力的现状,各个部分调查结果都应附有相应的表格。

(一)市场环境的调查

市场环境调查主要包括经济环境、政治环境、社会文化环境、科学环境和自然地理环境等。具体的调查内容可以是市场的购买力水平,经济结构,国家的方针、政策和法律法规,风俗习惯,科学发展动态,气候等各种影响市场营销的因素。

(二)市场容量调查

1.供给状况

市场供给调查主要包括产品生产能力调查、产品实体调查等。具体为某一产品市场可以提供的产品数量、质量、功能、型号、品牌等,生产供应企业的情况等。对酒店投资而言,主要是调查拟投资区域市场的酒店数量、酒店所在的地理位置、酒店档次与类型、经营项目、酒店客房数量。

2.需求状况

主要是拟投资区域市场的消费者需求量调查、消费者收入调查、消费结构调查、消费者行为调查,包括消费者为什么购买、购买什么、购买数量、购买频率、购买时间、购买方式、购买习惯、购买偏好和购买后的评价等,还有酒店消费者细分市场、消费构成等。

(三)价格状况调查

主要包括国内及拟投资区域市场各类酒店的最高房价与平均房价及变化情况,酒店的挂牌价、散客入住执行价与协议价等。此外,还要调查当地地方政府对房价的调控情况,以及了解消费者对价格的接受情况和对价格策略的反应等。

(四)其他市场营销因素调查

主要包括除价格以外的产品、渠道和促销的调查。产品的调查主要有了解市场上新产品开发的情况、设计的情况、消费者使用的情况、消费者的评价、产品生命周期阶段、产品的组合情况等。渠道调查主要包括了解渠道的结构、中间商的情况、消费者对中间商的满意情况等。促销活动调查主要包括各种促销活动的效果,如广告实施的效果、人员推销的效果、营业推广的效果和对外宣传的市场反应等。

(五)竞争力状况

调查区域市场主要包括酒店企业的产品特性、市场份额、市场地位、主要的竞争手段等。要深入了解同类企业的产品、价格等方面的情况,他们采取了什么竞争手段和策略,做到知己知彼,通过调查帮助企业确定企业的竞争策略。

二、市场调查方法

(一)市场调查体系

依据调查资料来源及资料收集方法,可将市场调查方法分为文案调查(又称第二手资料调查)和实地调查(又称第一手资料调查)两大类。

文案调查是由市场调查执行人员,收集各酒店企业内部既有档案资料及企业外部各种相关文件、档案、研究报告或公开资料,加以整理、衔接、调整,以归纳或演绎等方法予以分析,进而提出相关市场调查报告的活动过程。

实地调查则是在周详严密的架构之中,由调查人员直接向酒店行业专家、酒店管理人员和酒店消费者收集第一手资料的过程。具体包括观察法、实验法、访问法和问卷法,其中尤以问卷法应用最广。

1. 观察法

观察法是社会调查和市场调查研究的最基本的方法。它是由调查人员根据调查研究的对象,利用眼睛、耳朵等感官以直接观察的方式对其进行考察并收集资料。例如,市场调查人员到被访问者的销售场所去观察商品的品牌及包装情况。

2. 实验法

由调查人员跟据调查的要求,用实验的方式,将调查的对象控制在特定的环境条件下,对其进行观察以获得相应的信息。控制对象可以是产品的价格、品质、包装等,在可控制的条件下观察市场现象,揭示在自然条件下不易发生的市场规律,这种方法主要用于市场销售实验和消费者使用实验。

3. 访问法

可以分为结构式访问、无结构式访问和集体访问。

结构式访问是按照事先设计好的、有一定结构的访问问卷进行的访问。调查人员要按照事先设计好的调查表或访问提纲进行访问,要以相同的提问方式和记录方式进行访问。提问的语气和态度也要尽可能地保持一致。

无结构式访问是没有统一问卷,由调查人员与被访问者自由交谈的访问。它可以根据调查的内容,进行广泛的交流。例如,对商品的价格进行交谈,了解被调查者对价格的看法。

集体访问是通过集体座谈的方式听取被访问者的想法,收集信息资料。可以分为专家集体访问和消费者集体访问。

4. 问卷调查方法

问卷调查方法是通过设计调查问卷,让被调查者填写调查表以获得所调查对象的信息。将需要调查的资料设计成问卷后,让被调查者将自己的意见或答案,填入问卷中。在一般进行的实地调查中,以问答卷采用最广;同时问卷调查法在网络市场调查中运用地也较为普遍。

问卷的设计步骤如下。

(1)确定所要收集的资料。

(2)决定问卷调查方式。

(3)决定问题内容。

(4)决定问题形式。

(5)决定问题用语。

(6)决定问题先后顺序。

(7)决定检验可靠性问题。

(8)决定问卷版面布局。

(9)试调查。

(10)修改及定稿。

(二)抽样调查及其程序

抽样调查是实地调查中较重要的科学的调查方法之一,其优点在于既科学又节约,故获得了广泛应用。抽样调查是从所要研究的某特定现象的总体中依随机原理抽取一部分作为样本,根据对样本的研究结果,在抽样置信水平上推断总体特性的调查方法。

抽样方法一般可分为随机抽样和非随机抽样两大类。

抽样调查的步骤如下。

(1)识别总体。

(2)选择抽样方法。

(3)决定样本数。

(三)统计分析及解释

当实地调查完成之后,收集的所有访问表格必须加以分类与制表,才能使调查资料变成可供分析、预测的信息,其过程如下。

(1)编辑。

(2)汇总及分类。

(3)制表。

(4)解释统计资料。

三、市场调研工作的过程

市场调研工作的基本过程包括明确调查目标、设计调查方案、制订调查工作计划、组织实地调查、调查资料的整理和分析、撰写调查报告。

(一)调查目标

进行市场调查首先要明确市场调查的目标,按照企业的不同需要,市场调查的目标有所不同,企业实施经营战略时,必须调查宏观市场环境的发展变化趋势,尤其要调查所处行业未来的发展状况;企业制定市场营销策略时,要调查市场需求状况、市场竞争状况、消费者购买行为和营销要素情况;当企业在经营过程中遇到问题时,应针对存在的问题和产生的原因进行市场调查。

(二)调查方案

一个完善的市场调查方案一般包括以下几个方面的内容。

1. 调查目的要求

根据市场调查目标,在调查方案中列出本次市场调查的具体目的要求。例如,本次市场调查的目的是了解某产品的消费者购买行为和消费偏好情况等。

2. 调查对象

市场调查的对象一般为消费者、零售商、批发商,零售商和批发商为经销调查产品的商家,消费者一般为使用该产品的消费群体。在以消费者为调查对象时,要注意到有时某一产品的购买者和使用者不一致,如对婴儿食品的调查,其调查对象应为孩子的母亲。此外还应注意到一些产品的消费对象主要针对某一特定消费群体或侧重于某一消费群体,这时调查对象应注意选择产品的主要消费群体,如对于化妆品,调查对象主要选择女性;对于酒类产品,其调查对象主要为男性。

3. 调查内容

调查内容是收集资料的依据,是为实现调查目标服务的,可根据市场调查的目的确定具体的调查内容。如调查消费者行为时,可按消费者购买、使用、使用后评价三个方面列出调查的具体内容项目。调查内容的确定要全面、具体,条理清晰、简练,避免面面俱到,内容过多,过于繁琐,避免把与调查目的无关的内容列入其中。

4. 调查表

调查表是市场调查的基本工具,调查表的设计质量直接影响到市场调查的质量。设计调查表要注意以下几点。

(1)调查表的设计要与调查主题密切相关,重点突出,避免可有可无的问题。

(2)调查表中的问题要容易让被调查者接受,避免出现被调查者不愿回答或令被调查者难堪的问题。

(3)调查表中的问题次序要条理清楚,顺理成章,符合逻辑顺序,一般可遵循容易回答的问题放在前面,较难回答的问题放在中间,敏感性问题放在最后;封闭式问题在前,开放式问题在后。

(4)调查表的内容要简明,尽量使用简单、直接、无偏见的词汇,保证被调查者能在较短的时间内完成调查表。

5.调查地区范围

调查地区范围应与企业产品销售范围相一致,当在某一城市做市场调查时,调查范围应为整个城市;但由于调查样本数量有限,调查范围不可能遍及城市的每一个地方,一般可根据城市的人口分布情况,主要考虑人口特征中收入、文化程度等因素,在城市中划定若干个小范围调查区域,划分原则是使各区域内的综合情况与城市的总体情况分布一致,将总样本按比例分配到各个区域,在各个区域内实施访问调查。这样可相对缩小调查范围,减少实地访问工作量,提高调查工作效率,减少费用。

6.样本的抽取

调查样本要在调查对象中抽取,由于调查对象分布范围较广,应制定一个抽样方案,以保证抽取的样本能反映总体情况。样本的抽取数量可根据市场调查的准确程度的要求确定,市场调查结果准确度要求越高,抽取样本数量应越多,但调查费用也越高,一般可根据市场调查结果的用途情况确定适宜的样本数量。实际市场调查中,在一个中等以上规模城市进行市场调查的样本数量,按调查项目的要求不同,可选择200—1000个样本,样本的抽取可采用统计学中的抽样方法。具体抽样时,要注意对抽取样本的人口特征因素的控制,以保证抽取样本的人口特征分布与调查对象总体的人口特征分布相一致。

7.资料的收集和整理方法

市场调查中,常用的资料收集方法有调查法、观察法和实验法,一般来说,前一种方法适宜于描述性研究,后两种方法适宜于探测性研究。企业做市场调查时,采用调查法较为普遍,调查法又可分为面谈法、电话调查法、邮寄法、留置法等。这几种调查方法各有其优缺点,适用于不同的调查场合,企业可根据实际调研项目的要求来选择。资料的整理方法一般可采用统计学中的方法,利用Excel工作表格,可以很方便地对调查表进行统计处理,获得大量的统计数据。

(三)工作计划

1.组织领导及人员配备

建立市场调查项目的组织领导机构,可由企业的市场部或企划部来负责,针对调查项目成立市场调查小组,负责项目的具体组织实施工作。

2.访问员的招聘及培训

访问人员可从高校中的经济管理类专业的大学生中招聘,根据调查项目中完成全部问卷实地访问的时间来确定每个访问员1天可完成的问卷数量,核定需招聘访问员的人数。对访问员须进行必要的培训,培训内容包括以下几个方面。

(1)访问调查的基本方法和技巧。

(2)调查产品的基本情况。

(3)实地调查的工作计划。

(4)调查的要求及要注意的事项。

3.工作进度

将市场调查项目的整个进行过程安排一个时间表,确定各阶段的工作内容及所需时间。市场调查包括以下几个阶段。

(1)调查工作的准备阶段,包括调查表的设计、抽取样本、访问员的招聘及培训等。

(2)实地调查阶段。

(3)问卷的统计处理、分析阶段。

(4)撰写调查报告阶段。

4.费用预算

市场调查的费用预算主要有调查表设计印刷费,访问员培训费、劳务费、礼品费,调查表统计处理费用等。企业应核定市场调查过程中将发生的各项费用支出,合理确定市场调查总的费用预算。

(四)实地调查

市场调查的各项准备工作完成后,开始进行问卷的实地调查工作,组织实地调查要做好两个方面工作。

1.做好实地调查的组织领导工作

实地调查是一项较为复杂繁琐的工作。要按照事先划定的调查区域确定每个区域调查样本的数量、访问员的人数、每位访问员应访问样本的数量及访问路线,每个调查区域配备一名督导人员,明确调查人员及访问人员的工作任务和工作职责,做到工作任务落实到位,工作目标、责任明确。

2.做好实地调查的协调、控制工作

调查组织人员要及时掌握实地调查的工作进度完成情况,协调好各个访问员的工作进度;要及时了解访问员在访问中遇到的问题,帮助解决,对于调查中遇到的共性问题,提出统一的解决办法。要做到每天访问调查结束后,访问员首先对填写的问卷进行自查,然后由督导员对问卷进行检查,找出存在的问题,以便在后面的调查中及时改进。

(五)整理分析

实地调查结束后,即进入调查资料的整理和分析阶段,收集好已填写的调查表后,由调查人员对调查表进行逐份检查,剔除不合格的调查表,然后将合格调查表统一编号,以便于调查数据的统计。调查数据的统计可利用 Excel

电子表格软件完成;将调查数据输入计算机,经 Excel 软件运行后,即可获得已列成表格的大量的统计数据,利用上述统计结果,就可以按照调查目的的要求,针对调查内容进行全面的分析工作。

（六）调查报告

撰写调查报告是市场调查的最后一项工作内容,市场调查工作的成果将体现在最后的调查报告中,调查报告将提交企业决策者,作为企业制定市场营销策略的依据。市场调查报告要按规范的格式撰写,一个完整的市场调查报告格式由题目、目录、概要、正文、结论和建议、附件等组成。

第二节 市场预测

预测是指对事物未来或未来事物的推测,是根据已知事件通过科学分析去推测未知事件。市场预测是在市场调查获得的各种信息和资料的基础上,通过分析研究,运用科学的预测技术和方法,对市场未来的商品供求趋势、影响因素及其变化规律所做的分析和推断过程。预测过程可视为一个输入、处理、输出的动态反馈系统。

一、市场预测

所谓市场预测,就是运用科学的方法,对影响市场供求变化的诸因素进行调查研究,分析和预见其发展趋势,掌握市场供求变化的规律,为经营决策提供可靠的依据。

预测为决策服务,是为了提高管理的科学水平,减少决策的盲目性,我们需要通过预测来把握经济发展或者未来市场变化的有关动态,减少未来的不确定性,降低决策可能遇到的风险,使决策目标得以顺利实现。

二、市场预测的四大原则

预测本身要借助数学、统计学等方法论,也要借助于先进的手段。对于企业的管理者而言,可能最先关注的是怎样形成一套有效的思维方式？以下几个原则可能会有些启发。

（一）相关原则

建立在"分类"的思维高度,关注事物(类别)之间的关联性,当了解(或假设)到已知的某个事物发生变化,再推知另一个事物的变化趋势。

最典型的相关有正相关和负相关,从思路上来讲,不完全是数据相关,更多的是"定性"的。

1. 正相关

正相关是事物之间的"促进",比如,居民平均收入与"百户空调拥有量";有企业根据"独生子女受到重视"推知玩具、教育相关产品和服务的市场;某地区政府反复询问企业一个问题:"人民物质文化生活水平提高究竟带来什么机遇",这实际上是目前未知市场面临的一个最大机遇,该地区先后发展的"家电业"、"厨房革命"、"保健品"应该是充分认识和细化实施的结果。这也体现企业的机遇意识。

2. 负相关

负相关是指事物之间相互"制约",一种事物发展导致另一种事物受到限制,特别是"替代品"。比如资源政策、环保政策出台必然导致"一次性资源"替代品的出现,像"代木代钢"发展起来的PVC塑钢,某地强制报废助力车,该地一家"电动自行车"企业敏锐地抓住机遇也是一样。

(二)惯性原则

任何事物发展具有一定惯性,即在一定时间、一定条件下保持原来的趋势和状态,这也是大多数传统预测方法的理论基础。比如"线性回归"、"趋势外推"等等。

(三)类推原则

这个原则也是建立在"分类"的思维高度,关注事物之间的关联性。

1. 由小见大

从某个现象推知事物发展的大趋势。例如现有人开始购买私家汽车,您预见到什么?运用这一思路要防止以点代面、以偏概全。

2. 由表及里

从表面现象推实质。例如"统一食品"在昆山兴建,无锡的"中萃面"应意识到什么?"海利尔"洗衣粉到苏南大做促销,"加佳洗衣粉"意识到可能是来抢市场的。换个最简单的例子来说,一次性液体打火机的出现,有的火柴厂没有意识到威胁。

3. 由此及彼

引进国外先进的管理和技术也可以从这一思路解释。记住一句话:发达地区被淘汰的东西,落后地区可能有市场。

4. 由远及近

比如国外的产品、技术、管理模式、营销经验、方法,因为可能比较进步,就代表先进的方向,可能就是"明天要走的路"。

5. 自下而上

从典型的局部推知全局,一个规模适中的乡镇,需要3台收割机,这个县有50个类似的乡镇,可以初步估计这个县的收割机可能的市场容量为150台。

6.自上而下

从全局细分,以便认识和推知某个局部。例如,我们想知道一个40万人的城市女士自行车市场容量,40万人中有20万女性,去掉12岁以下50岁以上,还有10万,调查一下千人女性骑自行车比率(假设为60%),即可能的市场容量为6万。对大致了解一个市场是很有帮助的。

(四)概率推断

我们不可能完全把握未来,但根据经验和历史,很多时候能大致预估一个事物发生的概率,根据这种可能性,采取相应措施。扑克、象棋游戏和企业博弈型决策都在不自觉地使用这个原则。有时我们可以通过抽样设计和调查等科学方法来确定某种情况发生的可能性。

三、市场预测的基本要素

(一)信息

信息是客观事物特性和变化的表征和反映,存在于各类载体,是预测的主要工作对象、工作基础和成果反映。

(二)方法

方法是指在预测的过程中进行质和量的分析时所采用的各种手段。预测的方法按照不同的标准可以分成不同的类别。按照预测结果属性可以分为定性预测和定量预测,按照预测时间长短的不同,可以分为长期预测、中期预测和短期预测。按照方法本身,可以分成众多的类别,最基本的是模型预测和非模型预测。

(三)分析

分析是根据有关理论所进行的思维研究活动。根据预测方法得出预测结论之后,还必须进行两个方面的分析:一是在理论上分析预测结果是否符合经济理论和统计分析的条件;二是在实践上对预测误差进行精确性分析,并对预测结果的可靠性进行评价。

(四)判断

对预测结果采用与否,或对预测结果依据相关经济和市场动态所作的修正需要判断,同时对信息资料、预测方法的选择也需要判断。判断是预测技术中重要的因素。

四、基本步骤编辑

预测应该遵循一定的程序和步骤以使工作有序化、统筹规划和相互协作。市场预测的过程大致包含以下几个步骤。

(一)明确目标

明确目标,是开展市场预测工作的第一步,因为预测的目标不同,预测的内容和项目、所需要的资料和所运用的方法都会有所不同。明确预测目标,就是根据经营活动存在的问题,拟定预测的项目,制订预测工作计划,编制预算,调配力量,组织实施,以保证市场预测工作有计划、有节奏地进行。

(二)收集资料

进行市场预测必须有充分的资料。有了充分的资料,才能为市场预测提供进一步分析、判断的可靠依据。在市场预测计划的指导下,调查和收集预测有关资料是进行市场预测的重要一环,也是预测的基础性工作。

(三)选择方法

根据预测的目标以及各种预测方法的适用条件和性能,选择出合适的预测方法。有时可以运用多种预测方法来预测同一目标。预测方法的选用是否恰当,将直接影响到预测的精确性和可靠性。运用预测方法的核心是建立描述、概括研究对象特征和变化规律的模型,根据模型进行计算或者处理,即可得到预测结果。

(四)分析修正

分析判断是对调查收集的资料进行综合分析,并通过判断、推理,使感性认识上升为理性认识,从事物的现象深入到事物的本质,从而预计市场未来的发展变化趋势。在分析评判的基础上,通常还要根据最新信息对原预测结果进行评估和修正。

(五)编写预测报告

预测报告应该概括预测研究的主要活动过程,包括预测目标、预测对象及有关因素的分析结论、主要资料和数据,预测方法的选择和模型的建立,以及对预测结论的评估、分析和修正等。

五、市场预测的主要内容

(一)容量变化

市场商品容量是指有一定货币支付能力的需求总量。市场容量及其变化预测可分为生产资料市场预测和消费资料市场预测。生产资料市场容量预测是通过对国民经济发展方向、发展重点的研究,综合分析预测期内行业生产技术、产品结构的调整,预测工业品的需求结构、数量及其变化趋势。消费资料市场容量预测重点有以下几个方面。

(1)消费者购买力预测。预测消费者购买力要做好两个预测:第一,人口数量及变化预测,人口的数量及其发展速度,在很大程度上决定着消费者的消费水平;第二,消费者货币收入和支出的预测。

(2)预测购买力投向。消费者收入水平的高低决定着消费结构,即消费者的生活消费支出中商品性消费支出与非商品性消费支出的比例。消费结构规律是收入水平越高,非商品性消费支出会增大,如娱乐、消遣、劳务费用支出增加,在商品性支出中,用于饮食费用支出的比重会大大降低。另外,还必须充分考虑消费心理对购买力投向的影响。

(3)预测商品需求的变化及其发展趋势。根据消费者购买力总量和购买力的投向,预测各种商品需求的数量、花色、品种、规格、质量等等。

(4)不同地区和不同消费群体的消费水平、消费习惯、消费方式及其变化,以及对酒店服务产品供需的影响。

(5)市场供应情况及变化趋势。酒店服务产品结构的变化、相关产业产品和上下游产品的情况及其变化,以及对酒店各类服务产品供需的影响。

通过供应预测、需求预测、供需平衡分析来预测未来的市场容量,最终目标是分析酒店产品可能占有的市场份额。

(二)价格预测

企业生产中投入产品的价格和产品的销售价格直接关系到企业盈利水平。产品价格是计算酒店投资项目的基础,也是影响项目效益的关键因素,是项目决策分析与评价阶段中可行性研究工作的一项重要内容。在商品价格的预测中,要充分研究劳动生产率、生产成本、利润的变化,市场供求关系的发展趋势,货币价值和货币流通量变化以及国家经济政策对商品价格的影响。对项目效益估算的准确性和评价结论的可靠性有着至关重要的影响。

(1)价格预测需考虑的因素。

应充分考虑影响价格的各种因素,主要有房价及酒店其他服务产品价格的变动趋势、所处地域对上述价格的影响、生活水平和消费习惯改变、某些因素导致生产成本的变化以及经济政策的变化等。

(2)价格预测的要求。

价格预测中应特别强调稳妥原则,避免因人为高估产出品价格或低估投入品价格而导致评价结果失真。

在市场经济条件下,市场定价产品价格一般以均衡价格为基础,供求关系是价格形成的主要影响因素。

价格预测的可靠程度既与采用的方法有关,也与历史数据的采集有关。为了提高可靠性,应尽可能提高收集数据的可信度。

(三)变化趋势

对生产发展及其变化趋势的预测,这是对市场中商品供给量及其变化趋势的预测。

六、市场预测方法

(一)时间序列

在市场预测中,经常遇到一系列依时间变化的经济指标值,如企业某产品按年(季)的销售量、消费者历年收入、购买力增长统计值等,这些按时间先后排列起来的一组数据称为时间序列。依时间序列进行预测的方法称为时间序列预测。

(二)回归

1. 回归的含义

回归是指用于分析、研究一个变量(因变量)与一个或几个其他变量(自变量)之间的依存关系,其目的在于根据一组已知的自变量数据值,来估计或预测因变量的总体均值。在经济预测中,人们把预测对象(经济指标)作为因变量,把那些与预测对象密切相关的影响因素作为自变量。根据两者的历史和统计资料,建立回归模型,经过统计检验后用于预测。回归预测有一个自变量的一元回归预测和多个自变量的多元回归预测,这里仅讨论一元线性回归预测法。

2. 回归分析的基本条件

应用一组已知的自变量数据去估计、预测一个因变量之值时,这两种变量需要满足以下两个条件。

(1) 统计相关关系。

统计相关关系是一种不确定的函数关系,即一种因变量(预测变量)的数值与一个或多个自变量的数值明显相关但却不能精确且不能唯一确定的函数关系,其中的变量都是随机变量。经济现象中这种相关关系是大量存在的。例如粮食亩产量 y 与施肥量 x 之间的关系,两者明显相关但不存在严格的函数关系,亩产量不仅与施肥量有关,还与土壤、降雨量、气温等多种因素有关,这样亩产量 y 存在着随机性。

(2) 因果关系。如果一个或几个自变量 x 变化时,按照一定规律影响另一变量 y,而 y 的变化不能影响 x,即 x 的变化是 y 变化的原因,而不是相反,则称 x 与 y 之间具有因果关系,反映因果关系的模型称为回归模型。

(三)定性定量

另一种分类市场预测的分类方法一般可以分为定性预测和定量预测两大

类。对于企业营销管理人员来说,应该了解和掌握的企业预测方法主要有以下两种。

1. 定性预测法

定性预测法也称为直观判断法,是市场预测中经常使用的方法。定性预测主要依靠预测人员所掌握的信息、经验和综合判断能力,预测市场未来的状况和发展趋势,也称直观预测。这类预测方法简单易行,特别适用于那些难以获取全面的资料进行统计分析的问题。因此,定性预测法在市场预测中得到了广泛的应用。定性预测方法又包括专家会议法、德尔菲法、销售人员意见汇集法、顾客需求意向调查法。

2. 定量预测法

定量预测法是利用比较完备的历史资料,运用数学模型和计量方法,来预测未来的市场需求,或利用事物发展的因果关系等预测未来的方法。定量预测法基本上分为两类,一类是时间序列模式,另一类是因果关系模式。

(四)组合预测法

组合预测法是指采用两种以上不同预测方法的预测。它既可以是几种定量方法的组合,也可以是几种定性方法的组合,但实践中更多的是利用定性方法与定量方法的组合。

第三节　　竞争力分析

对于酒店投资项目而言,项目竞争力分析是研究拟建或拟投资酒店项目在一定区域市场竞争中获胜的可能性和获胜能力,也是确定营销策略的基础。进行竞争力分析,既要研究项目自身的竞争力,也要研究竞争对手的竞争力,并进行对比,据此进一步优化项目的技术经济方案,扬长避短,发挥竞争优势。

一、企业竞争力

企业竞争力是指在竞争性市场条件下,企业通过培育自身资源和能力,获取外部可寻资源,并综合加以利用,在为顾客创造价值的基础上,实现自身价值的综合性能力;在竞争性的市场中,一个企业所具有的,能够比其他企业更有效地向市场提供产品和服务,并获得赢利和声望的能力。

二、企业竞争力的三个层面

第一层面是产品层,包括企业产品生产及质量控制能力、企业的服务、成本控制、营销、研发能力。

第二层面是制度层,包括各经营管理要素组成的结构平台、企业内外部环境、资源关系、企业运行机制、企业规模、品牌、企业产权制度。

第三层面是核心层,包括以企业理念、企业价值观为核心的企业文化、内外一致的企业形象、企业创新能力、差异化个性化的企业特色、稳健的财务、拥有卓越的远见和长远的全球化发展目标。

第一层面是表层的竞争力,第二层面是支持平台的竞争力,第三层面是最核心的竞争力。

企业核心竞争力是建立在企业核心资源基础上的企业技术、产品、管理、文化等的综合优势在市场上的反映,是企业在经营过程中形成的不易被竞争对手仿效并能带来超额利润的独特能力。在激烈的竞争中,企业只有具有核心竞争力,才能获得持久的竞争优势,保持长盛不衰。

三、企业核心竞争力的识别标准

(一)价值性

这种能力首先能很好地实现顾客所看重的价值,如能显著地降低成本,提高产品质量,提高服务效率,增加顾客的效用,从而给企业带来竞争优势。

(二)稀缺性

这种能力必须是稀缺的,只有少数的企业拥有它。

(三)不可替代性

竞争对手无法通过其他能力来替代它,它在为顾客创造价值的过程中具有不可替代的作用。

(四)难以模仿性

核心竞争力还必须是企业所特有的,并且是竞争对手难以模仿的,也就是说它不像材料、机器设备那样能在市场上购买到,而是难以转移或复制的。这种难以模仿的能力能为企业带来超过平均水平的利润。

四、竞争优劣势分析

竞争力分析可以依据波特的五力竞争模型或普拉哈拉德与哈默尔的核心竞争力理论进行。

(一)优劣势评估

(1)认清企业相对于竞争者具有的竞争优势。
(2)展示企业如何与竞争者对抗,认清企业的竞争优势和竞争劣势。
(3)发现企业在哪里处于优势,哪里处于劣势。
(4)发现可能的进攻机会(以自己的优势攻击对手的劣势)。
(5)发现可行的防御措施(扭转竞争劣势)。

（二）优劣势分析的具体内容

酒店投资项目的优劣势分析内容具体包括以下几个方面。

(1) 自然条件：空气和采光等气候条件、自然景观条件。

(2) 技术和装备：客房面积、卫生设施、隔音设施、冷暖设施、安全设施。

(3) 规模：客房数量。

(4) 管理与服务：规范化管理程度、个性化服务、标准化服务、超值服务。

(5) 配套服务项目：网球场、游泳池。

(6) 价格：市场化定价、优惠价格策略。

(7) 品牌：国际品牌、国内本土品牌。

(8) 区位：交通的可达性。

(9) 人力资源：管理团队。

(10) 其他因素：酒店投资者与经营团队的社会资源等。

五、企业市场的竞争地位分析

竞争地位分析需要选择目标市场范围内占市场份额较大、实力较强的几家竞争对手，将项目自身条件与竞争对手条件的优势、劣势对比并排序。

（一）市场竞争力

竞争对手的市场竞争力主要由其区位、管理和服务、安全性、舒适度、价格与营销策略以及前述优劣势影响因素决定。酒店投资者应通过各种方式或途径收集竞争对手近几年经营活动的有关素材，确定竞争对手的产品特性、市场份额、市场营销手段和市场地位等，并在此基础上确定拟投资酒店项目自身在市场中的竞争位置。

（二）关键成功因素

1. 概念

关键成功因素指的是对企业成功起关键作用的因素，是以关键因素为依据来确定系统信息需求的一种 MIS(Management Information System)总体规划的方法。在现行系统中，总存在着多个变量影响系统目标的实现，其中若干个因素是关键和主要的（即成功变量）。通过对关键成功因素的识别，找出实现目标所需的关键信息集合，从而确定系统开发的优先次序。

2. 步骤

一个完整的 KSF 分析方法主要有五个步骤：公司定位、识别、收集 KSF 情报、比较评估 KSF、制订行动计划。

3. 来源

关键成功因素有 4 个主要的来源。

一是个别产业的结构。不同产业因产业本身特质及结构不同,而有不同的关键成功因素,此因素取决于产业本身的经营特性,该产业内的每一公司都必须注意这些因素。

二是竞争策略、产业中的地位及地理位置。企业的产业地位是由过去的历史与现在的竞争策略所决定的,在产业中每一公司因其竞争地位的不同,而关键成功因素也会有所不同,对于由一或两家大公司主导的产业而言,领导厂商的行动常为产业内小公司带来重大的问题,所以对小公司而言,大公司竞争者的策略,可能就是其生存的竞争的关键成功因素。

三是环境因素。企业因外在因素(总体环境)的变动,都会影响每个公司的关键成功因素。如在市场需求波动大时,存货控制可能就会被高阶主管视为关键成功因素之一。

四是暂时因素。部分是源于组织内的特殊因素,这些是在某一特定时期对组织的成功产生重大影响的活动领域。

4.构成

关键成功因素的重要性置于企业其他所有目标、策略和目的之上,寻求管理决策阶层所需的信息层级,并指出管理者应特别注意的范围。若能掌握少数几项重要因素(一般关键成功因素有 5—9 个),便能确保相当的竞争力,它是一组能力的组合。如果企业想要持续成长,就必须对这些少数的关键领域加以管理,否则将无法达到预期的目标。

对于酒店企业而言,关键成功因素构成主要有产品质量、酒店声誉和形象、生产能力、技术与流程、销售网络、新产品开发、经济实力、相对成本地位、顾客服务能力等九个方面。

第四节 STP 战略

STP 战略中的 S、T、P 三个字母分别是 Segmentation、Targeting、Positioning 三个英文单词的缩写,即市场细分、目标市场和市场定位的意思。STP 法则是整个营销建设的基础,STP 法则对各自的市场进行了细分,并选择了自己的目标市场,传达出各自不同的定位。

一、目标营销

STP 即目标市场营销,STP 战略即目标市场营销战略。

企业面对着成千上万的消费者,他们的消费心理、购买习惯、收入水平和所处的地理环境和文化环境等都存在很大的差别。对于这样复杂多变的大市场,任何一个企业,不管它的规模多大、资金实力多雄厚,都不可能满足整个市场上全部顾客的所有需求。在这种情况下,企业只能根据自身的优势,从事某方面的生产营销活动,选择力所能及的、适合自己经营的目标市场,开展目标市场营销。

二、S——Segmentation(市场细分)

确定市场细分因素,描述细分市场特征。

市场细分的概念是美国市场学家温德尔·史密斯(Wendell R. Smith)于20世纪50年代中期提出来的。市场细分是指营销者通过市场调研,依据消费者的需要和欲望、购买行为和购买习惯等方面的差异,把某一产品的市场整体划分为若干消费者群的市场分类过程。每一个消费者群就是一个细分市场,每一个细分市场都是具有类似需求倾向的消费者构成的群体。

市场细分以消费者需求的某些特征或变量为依据,将整体市场区分为具有不同需求的消费者群体的过程。经过市场细分,同类产品市场上,就某一细分市场而言,消费者需求具有较多的共同性,而不同细分市场之间的需求具有较多的差异性。

(一)最好途径

营销人员的目标是将一个市场的成员按照某种共同的特性划分成不同的群体。市场细分的方法经历过几个阶段。最初,因为数据是现成的,调研人员采用了基于人口统计学信息的市场细分方法。他们认为不同的人员,由于其年龄、职位、收入和教育的不同,消费模式也会有所不同。后来,调研人员增加了消费者的居住地、房屋拥有类型和家庭人口数等因素,形成了基于地理人口统计学信息的市场细分方法。

后来,人们又发现基于人口统计学的方法做出的同一个市场细分下,还是存在着不同的消费模式。于是调研人员根据消费者的购买意愿、动机和态度,采用了基于行为科学的方法来进行分类。这种方法的一个形式是基于惠益的市场细分方法,划分的依据是消费者从产品中寻求的主要惠益。另一种形式是基于心理描述图的市场细分方法,划分依据是消费者生活方式的特征。

有一种更新的成果是基于忠诚度的市场细分,把注意力更多地放在那些能够更长时间使企业获得更大利润的客户身上。

总之,市场细分分析是一种对消费者思维的研究。对于营销人员来说,谁能够首先发现新的划分客户的依据,谁就能获得丰厚的回报。

(二)市场利基

利基存在于所有市场。营销人员需要研究市场上不同消费者对于产品属性、价格、渠道、送货时间等方面的各种要求。由此,购买者将被分成不同的群体,每一个群体会对某一方面的产品/服务/关系有特定的要求,每一个群体都可以成为一个利基,企业可以根据其特殊性提供服务。

（三）酒店市场细分

由于受年龄、性别、收入、文化程度、地理环境、心理诸因素的影响,不同的酒店消费者通常有不同的欲望和需要,因而有不同的购买习惯和行为。因此,酒店投资者可以按照这些因素把整个市场细分为若干不同的子市场。

(1)按地理变量细分酒店市场,即根据客人来自不同的国家、地区和主要城市来细分市场,这是较基本的,也是较常用的划分方法之一。

(2)按住宿动机变量细分酒店市场,可以分为公务旅游市场和休闲观光市场。

(3)按购买方式变量细分酒店市场,可以分为团队客人和零散客人两大类。团队客人由于一次性购买量大,酒店通常会给予相应的价格折扣和其他优惠,而散客对酒店而言则意味着较高的房价和较少优惠以及由此而带来的较高的盈利。团队客人和散客各自又可以分出不同的亚市场类型,而各个亚市场对酒店产品的需求也不尽相同。

不同的细分市场具有不同的消费特征。如团队旅游市场中的公司类细分市场,其特点是没有季节性,能给酒店带来常年稳定的生意;相比较于其他市场,取消预订率低;一旦顾客对某酒店留下良好印象或有过愉快的经历,便有可能成为这家酒店的回头客和常客;因为采取现金和旅行支票现场支付方式,因而极少出现拖欠款或跑账现象。

三、T——Targeting（目标市场选择）

评价各细分市场,选择目标细分市场。

目标市场选择的优点是在产品设计或宣传推销上能有的放矢,分别满足不同地区消费者的需求,可增加产品的总销售量,同时可使公司在细分小市场上占有优势,从而提高企业的竞争能力,在消费者心中树立良好的公司形象。但也有缺点,就是会增加各种费用,如增加产品改良成本、制造成本、管理费用、储存费用。

根据各个细分市场的独特性和公司自身的目标,共有三种目标市场策略可供选择。

（一）无差异性市场战略

这是指公司只推出一种产品,或只用一套市场营销办法来招徕顾客,当公司断定各个细分市场之间只有很少差异时可考虑采用这种大量市场营销策略。企业把整个市场作为自己的目标市场,只考虑市场需求的共性,而不考虑其差异,运用一种产品、一种价格、一种推销方法,吸引更可能多的消费者。采用无差别市场策略,产品在内在质量和外在形体上必须有独特风格,才能得到多数消费者的认可,从而保持相对的稳定性。

这种策略的优点是产品单一,容易保证质量,能大批量生产,降低生产和销售成本。但如果同类企业也采用这种策略时,必然要形成激烈竞争。

(二)密集性市场战略

这是指公司将一切市场营销努力集中于一个或少数几个有利的细分市场。在个别少数市场上发挥优势,提高市场占有率。采用这种策略的企业对目标市场有较深的了解,这是大部分中小型企业应当采用的策略。

能集中优势力量,有利于产品适销对路,降低成本,提高企业和产品的知名度。但有较大的经营风险,因为它的目标市场范围小,品种单一。如果目标市场的消费者需求和爱好发生变化,企业就可能因应变不及时而陷入困境。同时,当强有力的竞争者打入目标市场时,企业就要受到严重影响。因此,许多中小企业为了分散风险,仍应选择一定数量的细分市场作为自己的目标市场。

(三)差异性市场战略

这是指公司根据各个细分市场的特点,相应扩大某些产品的花色、式样和品种,或制订不同的营销计划和办法,以充分适应不同消费者的不同需求,吸引各种不同的购买者,从而扩大各种产品的销售量。

针对每个子市场的特点,制定不同的市场营销组合策略。这种策略的优点是能满足不同消费者的不同要求,有利于扩大销售、占领市场、提高企业声誉。其缺点是由于产品差异化、促销方式差异化,增加了管理难度,提高了生产和销售费用。目前只有力量雄厚的大公司采用这种策略。

四、P—— Positioning(市场定位)

为各细分市场定位,向市场传播和送达市场定位信息。

市场定位(Market Positioning)是指企业针对潜在顾客的心理进行营销设计,创立产品、品牌或企业在目标顾客心目中的某种形象或某种个性特征,保留深刻的印象和独特的位置,从而取得竞争优势。

市场定位是 20 世纪 70 年代由美国学者阿尔·赖斯提出的一个重要营销学概念。所谓市场定位就是企业根据目标市场上同类产品竞争状况,针对顾客对该类产品某些特征或属性的重视程度,为本企业产品塑造强有力的、与众不同的鲜明个性,并将其形象生动地传递给顾客,求得顾客认同。市场定位的实质是使本企业与其他企业严格区分开来,使顾客明显感觉和认识到这种差别,从而在顾客心目中占有特殊的位置。

传统的观念认为,市场定位就是在每一个细分市场上生产不同的产品,实行产品差异化。事实上,市场定位与产品差异化尽管关系密切,但有着本质的区别。市场定位是通过为自己的产品创立鲜明的个性，从而塑造出独特的市场形象来实现的。一个产品是多个因素的综合反映，包括性能、构造、成分、包装、形状、质量等，市场定位就是要强化或放大某些产品因素，从而形成与众不同的独特形象。产品差异化乃是实现市场定位的手段，但并不是市场定位的全部内容。市场定位不仅要强调产品差异，而且要通过产品差异建立独特的市场形象，赢得顾客的认同。

需要指出的是，市场定位中所指的产品差异化与传统的产品差异化概念有本质区别，它不是从生产者角度出发单纯追求产品变异，而是在对市场分析和细分化的基础上，寻求建立某种产品特色，因而它是现代市场营销观念的体现。

第五节　酒店投资区位分析

任何一个投资项目最终都要布局在一定的地段上。对于酒店投资项目，在已进行的市场调查与预测、投资环境、市场定位、建设规模等项分析工作完成之后，就应为酒店投资项目选择合适的地区和场址。投资额较大的酒店投资项目应当从比较广泛的范围内选择几个地区，并在一个地区内详细调研几个可供选择的场址，在进行综合比选、深化选址的技术经济分析的基础上，提出场址的推荐意见。

酒店投资项目一般可以划分为两类：一类可能是新建的投资项目，一类可能是收购已有的物业并对已有物业进行改扩建的投资项目。无论是哪一种类型的投资项目，其选址都应考虑一些共有的影响因素，并满足相关的基本原则与要求。当然，在实际的选址过程中，由于酒店规模、星级或类型的差异，对于不同类型的酒店投资项目，需要考虑的选址因素与要求可能会存在一些具体的差异，但其中的基本原则与要求应该是不变的。

一、项目选址应考虑的因素

（一）自然因素

自然因素主要包括自然资源和自然条件。前者如山水景观、温泉等自然资源，它们本身就是某些酒店未来的经营性资产。后者则包括地形地貌、水文、气候和工程地质条件等，这些要素更多的是影响酒店的建筑设计与工程施工，从而影响酒店的建设成本。

自然资源同时也是吸引异地消费者流动的重要因素，因此也是酒店增加客源考虑的要素。

(二)经济技术因素

经济技术因素包括拟选地址及其所在区域的经济实力与经济活动、人口素质与数量、市场竞争状况、基础设施与配套设施等。

一定区域或地段的经济实力与经济活动是支撑酒店运营的基础,经济实力越强、经济活动类型广而频繁,则酒店的市场潜力越大,酒店投资效益有可能会越好。因此,在考察酒店选址时,首先就要调查了解该区域是否有大量的贸易会、展览会等商业活动,是否有各种大型集会、会议或学术交流会等会议与文体娱乐活动,同时,还要了解所在区域的观光旅游与休闲旅游活动是否发达。

人口素质越高、人口密度越大,一方面意味着该区域酒店消费市场越大,另一方面有可能增加探亲、交友活动机会,从而使酒店的潜在顾客群扩大。

市场竞争状况包括拟选地周边地区各类酒店的分布密度及其品牌效应、服务、质量、环境、价格、出租率等情况,选址时一定要考虑如何避开竞争对手的威胁。

基础设施包括水、电、气等酒店经营的必备条件,如果水、电、气供应不正常,将影响酒店的经营状况。

配套设施则是指在拟选地周边地区是否齐备的文化、娱乐、体育与商业服务设施,如连锁超市、药店、银行、餐厅、咖啡店、茶艺馆、酒吧、学校、邮局、杂志和报刊零售店、洗衣店、冲印店、加油站等。

(三)交通区位因素

交通区位条件可以反映酒店与顾客接触的机会与潜力,是选址需要考虑的首要条件之一。

交通区位条件可以用可达性或可及性来衡量,它是指利用一种特定的交通系统从某一给定区位到达活动地点的便利程度。交通条件分为大交通和小交通。大交通是指城市间的高速公路、机场、高铁和轻轨等长距离交通条件;小交通是指城市内部通行交通条件,如拟选地段及其附近是否有地铁站;在没有地铁的地区或城市中,选址点附近是否有多条能通达商业中心、机场、车站、码头的公交站线;是否有邻近城市交通道路且具有可停留性;是否具有良好的可视性和可进入性。

(四)社会政治因素

酒店本身作为一定区段的投资环境与生活环境的构成要素之一,一般情况下会容易受到所在社区的支持。但由于酒店的投资建设有可能给所在社区带来热能效应和噪声等环境污染,甚至因流动人口的增加会带来各种社会治安隐患,并非所有的社区居民都持支持态度。因此,对于所在社区是否接受酒店的投资兴建,也是酒店选址时理应考虑的因素。政治因素方面主要涉及地方政府的区域规划及其开发投资政策。地方政府的区域规划往往会涉及有关投资的优惠政策、限制政策以及对土地征用的具体规定。对于酒店投资者来讲,首先需考虑的是所选地块是否涉及改造和拆迁,如果盲目确定地址,开业后遇到拆迁和重建,不仅会造成一定的经济损失,还会丢失部分客源;其次是了解地块的权属是否清晰、地块性质是否为商业服务业用地或可改变为该用途。如果是投资收购既有的建筑物,同样也要考虑该物业的权属与用途。

二、项目选址的原则与要求

结合上述酒店选址应考虑的主要因素,酒店投资项目的选址应遵循以下4个方面的基本原则。

(一)经济性原则

投资的目的是获得投资收益。由于酒店投资回收期越来越长,因此在选址时,应充分评估那些影响酒店投资费用以及有可能影响酒店建成后运营费用的要素。这些要素包括土地费用、基础设施费用、劳动力成本、原材料供应成本、各种税费等。如果在可预测的酒店经营收入一定的前提下,应尽可能地选择使总成本费用最低的地段。

(二)市场性原则

酒店选址应尽可能方便目标客源,并且与目标客源所属地区吻合。

如对于经济型酒店,尽可能选择位于商业活动比较发达的大中城市,以更好地为商务旅游顾客提供服务;对于度假酒店,尽可能选址于风景区或疗养胜地,以更好地为休闲度假游客提供服务。

(三)可达性与可见性原则

根据这一原则,酒店的选址应尽可能在交通可达性较好的地段。如在特大城市市区,应尽可能选择靠近地铁站点或附近有多条能通达商业中心、机场、车站、码头的公交站线。同时,交通流动性要好,进出口便利宽敞。

从可见性方面看,则要求具有良好的可见度,最好是位于十字路口,且有一定的广告位,使顾客能够从几个方向直接观察到。

(四)安全性原则

选址应尽可能在经济和治安比较稳定的区域,重点还要考虑所选地点在预期经营期内不能受到城市扩建、改造、违章的影响。用地性质符合城市总体规划布局中相容的用地性质,与周边性质相符;避开与项目性质不符或不相容的城市公益设施现有或规划用地。选址不能造成对环境的污染和破坏,应符合地区环保、防疫、消防、交通、绿化,以及防洪、防震、防地质灾害等方面的要求。

第六节 酒店市场营销组合

营销组合指的是企业在选定的目标市场上,综合考虑环境、能力、竞争状况对企业自身可以控制的因素,加以最佳组合和运用,以完成企业的目的与任务。营销组合是企业市场营销战略的一个重要组成部分,是指将企业可控的基本营销措施组成一个整体性活动。

一、市场营销组合

市场营销组合是指企业针对目标市场的需要,综合考虑环境、能力、竞争状况,对自己可控制的各种营销因素(产品、价格、分销、促销等)进行优化组合和综合运用,使之协调配合,扬长避短,发挥优势,以取得更好的经济效益和社会效益。

市场营销组合是制定企业营销战略的基础,做好市场营销组合工作可以保证企业从整体上满足消费者的需求。市场营销组合是企业对付竞争者强有力的手段,是合理分配企业营销预算费用的依据。

二、4Ps 组合

1960 年,麦卡锡(E.J.McCarthy)在《基础营销学》一书中提出了著名的 4P 组合。麦卡锡认为,企业从事市场营销活动,一方面要考虑企业的各种外部环境,另一方面要制定市场营销组合策略,通过策略的实施,适应环境,满足目标市场的需要,实现企业的目标。

麦卡锡绘制了一幅市场营销组合模式图(见图 7-1),图的中心是某个消费群,即目标市场,中间一圈是四个可控要素:产品(Product)、价格(Price)、渠道(Place)、促销(Promotion),即 4Ps 组合。在这里,产品就是考虑为目标市场开发适当的产品,选择产品线、品牌和包装等;价格就是考虑制定适当的价格;渠道就是要通过适当的渠道安排运输、储藏等把产品送到目标市场;促销就是考虑如何将适当的产品,按适当的价格,在适当的地点通知目标市场,包括销售推广、广告、培养推销员等。图的外圈表示企业外部环境,它包括各种不可控因素,包括经济环境、社会文化环境、政治法律环境等。麦卡锡指出,4Ps 组合的各要素将要受到这些外部环境的影响和制约。

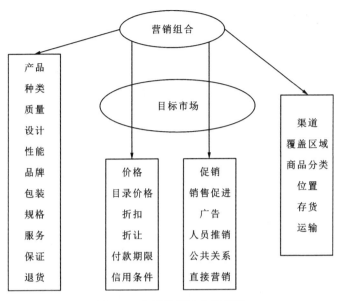

图 7-1 市场营销组合模式图

三、6Ps 和 10Ps 组合

以后,市场营销组合又由 4Ps 发展为 6Ps,6Ps 是由科特勒提出的,它是在原 4Ps 的基础上再加政治(Politics)和公共关系(Public Relations)。6Ps 组合主要应用于实行贸易保护主义的特定市场。随后,科特勒又进一步把 6Ps 发展为 10ps。他把已有的 6Ps 称为战术性营销组合,新提出的 4Ps:研究(Probing)、划分(Partitioning)即细分(Segmentation)、优先(Prioritizing)即目标选定(Targeting)、定位(Positioning),称为战略营销。他认为,战略营销计划过程必须先于战术性营销组合的制定,只有在搞好战略营销计划过程的基础上,战术性营销组合的制定才能顺利进行。

菲利浦·科特勒在讲到战略营销与战术营销的区别时指出:"从市场营销角度看,战略的定义是企业为实现某一产品市场上特定目标所采用的竞争方法,而战术则是实施战略所必须研究的课题和采取的行动。"现在,战略营销与战术营销的界线已日趋明朗化。到后来,又有人认为,包括产品、价格、销售渠道、促销、政治力量和公共关系的 6Ps 组合是战术性组合,企业要有效地开展营销活动,首先要有为人们(People)服务的正确的指导思想,又要有正确的战略性营销组合(市场调研 Probing、市场细分 Partitioning、市场择优 Prioritizing、市场定位 Positioning)的指导。这种战略的 4Ps 营销组合与正确的指导思想(People)和战术性的 6Ps 组合就形成了市场营销的 11P 组合。

四、4Cs 营销理论

4Cs 营销理论(The Marketing Theory of 4Cs),也称"4C 营销理论",是由美国营销专家劳特朋教授(R.F. Lauterborn)在 1990 年提出的,与传统营销的 4Ps 相对应的 4Cs 理论。它以消费者需求为导向,重新设定了市场营销组合的四个基本要素,即消费者(Customer)、成本(Cost)、便利(Convenience)和沟通(Communication)。它强调企业首先应该把追求顾客满意放在第一位,其次是努力降低顾客的购买成本,然后要充分注意到顾客购买过程中的便利性,而不是从企业的角度来决定销售渠道策略,最后还应以消费者为中心实施有效的营销沟通。

(一)顾客

顾客(Customer)主要指顾客的需求,是针对 4Ps 中的产品(Product)而提出的,强调企业必须首先了解和研究顾客,根据顾客的需求来提供产品。同时,企业提供的不仅仅是产品和服务,更重要的是由此产生的客户价值(Customer Value)。

零售企业直接面向顾客,因而更应该考虑顾客的需要和欲望,建立以顾客为中心的零售观念,将"以顾客为中心"作为一条红线,贯穿于市场营销活动的整个过程。零售企业应站在顾客的立场上,帮助顾客组织挑选商品货源;按照顾客的需要及购买行为的要求,组织商品销售;研究顾客的购买行为,更好地满足顾客的需要;更注重对顾客提供优质的服务。

(二)成本

成本(Cost)不单是企业的生产成本,或者是 4Ps 中的 Price(价格),它还包括顾客的购买成本,同时也意味着产品定价的理想情况,应该是既低于顾客的心理价格,又能够让企业有所盈利。此外,这中间的顾客购买成本不仅包括其货币支出,还包括其为此耗费的时间、体力和精力消耗,以及购买风险。

顾客在购买某一商品时,除耗费一定的资金外,还要耗费一定的时间、精力和体力,这些构成了顾客总成本。所以,顾客总成本包括货币成本、时间成本、精神成本和体力成本等。由于顾客在购买商品时,总希望把有关成本包括货币、时间、精神和体力等降到最低限度,以使自己得到最大限度的满足,因此,零售企业必须考虑顾客为满足需求而愿意支付的顾客总成本。努力降低顾客购买的总成本,如降低商品进价成本和市场营销费用从而降低商品价格,以减少顾客的货币成本;努力提高工作效率,尽可能减少顾客的时间支出,节约顾客的购买时间;通过多种渠道向顾客提供详尽的信息,为顾客提供良好的售后服务,减少顾客精神和体力的耗费。

(三)便利

便利(Convenience),即为顾客提供最大的购物和使用便利,是针对 4Ps 中的渠道(Place)而提出的。4Cs 营销理论强调企业在制定分销策略时,要更多地考虑顾客的方便,而不是企业自己的方便。要通过好的售前、售中和售后服务来让顾客在消费的同时,也享受到便利。便利是客户价值不可或缺的一部分。

最大限度地为消费者提供便利,是目前处于过度竞争状况的企业应该认真思考的问题。如上所述,企业在选择地理位置时,应考虑地区抉择、区域抉择、地点抉择等因素,尤其应考虑"消费者的易接近性"这一因素,使消费者容易到达消费场所。即使是远程的消费者,也能通过便利的交通接近消费场所。同时,在设计和布局上要考虑方便消费者进出、上下,方便消费者参观、浏览、挑选,方便消费者付款结算等等。

(四)沟通

沟通(Communication)则被用以取代 4Ps 中对应的促销(Promotion)。4Cs 营销理论认为,企业应通过同顾客进行积极有效的双向沟通,建立基于共同利益的新型企业/顾客关系。这不再是企业单向的促销和劝导顾客,而是在双方的沟通中找到能同时实现各自目标的途径。

(五)4Cs 理论与 4Ps 理论的关系

1. 升级关系

4Cs 理论可以说是 4Ps 理论的升级版。4Cs 的基本原则是以顾客为中心进行企业营销活动的规划设计,从产品到如何实现顾客需求的满足,从价格到综合权衡顾客购买所愿意支付的成本(Cost),从促销的单向信息传递到实现与顾客的双向交流与沟通(Communication),从通路的产品流动到实现顾客购买的便利性(Convenience)。

相对于 4Ps 理论,4Cs 就是"4 忘掉,4 考虑":忘掉产品,考虑消费者的需要和欲求(Consumer wants and needs);忘掉定价,考虑消费者为满足其需求愿意付出多少(Cost);忘掉渠道,考虑如何让消费者方便(Convenience);忘掉促销,考虑如何同消费者进行双向沟通(Communication)。

2. 互补关系

有人甚至认为在新时期的营销活动中,应当用 4Cs 来取代 4Ps。但许多学者仍然认为,4Cs 的提出只是进一步明确了企业营销策略的基本前提和指导思想,从操作层面上讲,仍然必须通过 4Ps 为代表的营销活动来具体运作。所以 4Cs 只是深化了 4Ps,而不是取代 4Ps。4Ps 仍然是目前为止对营销策略组合最为简洁明了的诠释。其实,4Ps 与 4Cs 是互补的而非替代关系。如 Customer,是指用"客户"取代"产品",要先研究顾客的需求与欲望,然后再去设计、生产和销售顾客确定想要买的服务产品;Cost,是指用"成本"取代"价格",了解顾客要满足其需要与欲求所愿意付出的成本,再去制定定价策略;Convenience,是指用"便利"取代"渠道",意味着制定分销策略时要尽可能让顾客方便;Communication,是指用"沟通"取代"促销",沟通是双向的,促销无论是推动策略还是拉动战略,都是线性传播方式。4Ps与4Cs两者之间的关系参见表7-1。

表7-1 4Ps与4Cs的相互关系对照表

类别		4Ps		4Cs	
阐释	产品(Product)	服务范围、项目、服务产品定位和服务品牌等	客户(Customer)	研究客户需求欲望,并提供相应产品或服务	
	价格(Price)	基本价格、支付方式、佣金折扣等	成本(Cost)	考虑客户愿意付出的成本、代价是多少	
	渠道(Place)	直接渠道和间接渠道	便利(Convenience)	考虑让客户享受第三方物流带来的便利	
	促销(Promotion)	广告、人员推销、营业推广和公共关系等	沟通(Communication)	积极主动与客户沟通,寻找双赢的认同感	
时间	20世纪	60年代中期(麦卡锡)	20世纪	90年代初期(劳特朗)	

因此,4Cs理论并不能完全取代4Ps理论,从企业经营管理的操作角度,4Ps理论对企业的经营与管理仍具有很强的指导价值。

3. 4Cs理论的不足

在4Cs理念的指导下,越来越多的企业更加关注市场和消费者,与顾客建立一种更为密切的和动态的关系。

但从企业的实际应用和市场发展趋势来看,4Cs理论依然存在不足。首先,4Cs理论以消费者为导向,着重寻找消费者需求,满足消费者需求,而市场经济还存在竞争导向,企业不仅要看到需求,而且还需要更多地注意到竞争对手。冷静分析自身在竞争中的优劣势并采取相应的策略,才能在激烈的市场竞争中立于不败之地。其次,在4Cs理论的引导下,企业往往被动适应顾客的需求,令它们失去了自己的方向,为被动地满足消费者需求付出更大的成本,如何将消费者需求与企业长期获得利润结合起来是 4Cs 理论有待解决的问题。

因此市场的发展及其对 4Ps 和 4Cs 的回应，需要企业从更高层次建立与顾客之间的更有效的长期关系。于是出现了 4Rs 营销理论，4Rs 营销理论不仅仅停留在满足市场需求和追求顾客满意上，而是以建立顾客忠诚为最高目标，对 4Ps 和 4Cs 理论进行了进一步的发展与补充。

五、4Rs 营销理论

（一）概念

4Rs 营销理论即关联（Relevancy）、反应（Reaction）、关系（Relationship）、报酬（Reward），该理论是在 4Cs 营销理论的基础上提出的。

4Rs 营销理论是以关系营销为核心，注重企业和客户关系的长期互动，重在建立顾客忠诚。它既从厂商的利益出发又兼顾消费者的需求，是一个更为实际、有效的营销制胜术。

4Rs 营销理论是根据市场日趋激烈的竞争形势，着眼于企业与顾客建立互动与双赢的关系，不仅积极地满足顾客的需求，而且主动地创造需求，通过关联、关系、反应等形式建立与它独特的关系，把企业与顾客联系在一起，形成独特的竞争优势。

（二）四要素

4Rs 理论的营销四要素具体如下。

（1）关联（Relevancy），即认为企业与顾客是一个命运共同体。建立并发展与顾客之间的长期关系是企业经营的核心理念和最重要的内容。

（2）反应（Reaction），在相互影响的市场中，对经营者来说最难实现的问题不在于如何控制、制订和实施计划，而在于如何站在顾客的角度及时地倾听和从推测性商业模式转化成为高度回应需求的商业模式。

（3）关系（Relationship），在企业与客户的关系发生了本质性变化的市场环境中，抢占市场的关键已转变为与顾客建立长期而稳固的关系。与此相适应产生了 5 个转向：从一次性交易转向强调建立长期友好合作关系；从着眼于短期利益转向重视长期利益；从顾客被动适应企业单一销售转向顾客主动参与到生产过程中来；从相互的利益冲突转向共同的和谐发展；从管理营销组合转向管理企业与顾客的互动关系。

（4）报酬（Reward），任何交易与合作关系的巩固和发展，都是经济利益问题。因此，一定的合理回报既是正确处理营销活动中各种矛盾的出发点，也是营销的落脚点。

（三）理论特点

(1)4Rs营销理论的最大特点是以竞争为导向。

4Rs营销理论在新的层次上概括了营销的新框架,根据市场不断成熟和竞争日趋激烈的形势,着眼于企业与顾客的互动与双赢,不仅积极地适应顾客的需求,而且主动地创造需求,运用优化和系统的思想去整合营销,通过关联、关系、反应等形式与客户形成独特的关系,把企业与客户联系在一起,形成竞争优势。其反应机制为互动与双赢、建立关联提供了基础和保证,同时也延伸和升华了便利性。回报兼容了成本和双赢两方面的内容,追求回报,企业必然实施低成本战略,充分考虑顾客愿意付出的成本,实现成本的最小化,并在此基础上获得更多的市场份额,形成规模效益。这样,企业为顾客提供价值和追求回报相辅相成。

(2)着眼于企业与顾客建立互动与双赢的关系。

4Rs营销理论提出了如何建立关系、长期拥有客户、保证长期利益的具体操作方式,这是关系营销史上的一个很大的进步。

（四）理论缺陷与弥补

4Rs营销同任何理论一样,也有其不足和缺陷。如与顾客建立关联、关系,需要实力基础或某些特殊条件,并不是任何企业可以轻易做到的。但不管怎样,4Rs营销提供了很好的思路,是经营者和营销人员应该了解和掌握的。

4Rs之外的+0.5R,几乎所有的市场营销理论都是在强调如何抢占市场和争取客户,夺取利润为最大目标,但市场行为本身就是一种风险博弈,也可以说在市场上什么都是可变的,只有利润和风险是永恒的。所以建议学习该理论时候能再加上0.5R,即Risky Control,相信能够把握好风险控制的管理者才能拥有更长久的发展动力和空间。

（五）操作要点

1.紧密联系顾客

企业必须通过某些有效的方式在业务、需求等方面与顾客建立关联,形成一种互助、互求、互需的关系,把顾客与企业联系在一起,减少顾客的流失,以此来提高顾客的忠诚度,赢得长期而稳定的市场。

2.提高对市场的反应速度

多数公司倾向于说给顾客听,却往往忽略了倾听的重要性。在相互渗透、相互影响的市场中,对企业来说最现实的问题不在于如何制订、实施计划和控制,而在于如何及时地倾听顾客的希望、渴望和需求,并及时做出反应来满足顾客的需求。这样才利于市场的发展。

3.重视与顾客的互动关系

4Rs营销理论认为,抢占市场的关键已转变为与顾客建立长期而稳固的关系,把交易转变成一种责任,建立起和顾客的互动关系。而沟通是建立这种互动关系的重要手段。

4.回报是营销的源泉

由于营销目标必须注重产出,而达成回报是动力的源泉,注重企业在营销活动中的回报,所以企业要满足客户需求,为客户提供价值,不能做无用的事情。一方面,回报是维持市场关系的必要条件;另一方面,追求回报是营销发展的动力,营销的最终价值在于其是否给企业带来短期或长期的收入能力。

六、传媒整合营销理论

(一)概念

整合营销理论即 4I 理论,即趣味(Interesting)、利益(Interests)、互动(Interaction)、个性(Individuality)的组合。整合营销理论产生和流行于 20 世纪 90 年代,是由美国西北大学市场营销学教授唐·舒尔茨(Don Schultz)提出的。整合营销就是"根据企业的目标设计战略,并支配企业各种资源以达到战略目标"。

传媒整合营销作为整合营销的分支应用理论,是近些年兴起的,是当代大众传媒呈现出的一种新的传播形式,简而言之,就是从"以传者为中心"到"以受众为中心"的传播模式的战略转移。

网络营销界中,传统的营销经典已经难以适用。整合营销倡导更加明确的消费者导向理念,因而,整合营销理论对我国新的改革形势下传媒业的发展具有重要指导意义和实用价值。

(二)四要素

1.趣味(Interesting)

互联网的本质是娱乐属性的,因此互联网中广告、营销也必须是娱乐化、趣味性的,趣味性是吸引互联网流量的重要因素。

2.利益(Interests)

网络是一个信息与服务交融的领域,营销活动不仅要为目标受众提供利益,更需要为潜在的目标提供利益收获并吸引其关注,才能创造更大的目标群体。

在网络上提供利益的方式包括有用的信息、资讯,实用功能或服务,心理满足,或者荣誉,实际物质/金钱利益等。

3.互动(Interaction)

网络媒体区别于传统媒体的另一个重要的特征是其互动性,区别于传统广告的单向性和强制性。只有充分挖掘网络的交互性,充分地利用网络的特性与消费者交流,才能扬长避短,让网络营销的功能发挥到极致。

数字媒体技术的进步使消费者们参与到网络营销的互动变得容易起来,消费者亲自参与互动与创造的营销过程,会在大脑中刻下更深的品牌印记。把消费者作为一个主体,发起其与品牌之间的平等互动交流,可以为营销带来独特的竞争优势。未来的品牌将是半成品,一半由消费者体验、参与来确定,关键是需要营销人找到能够引领和主导两者之间互动的方法。

4.个性(Individuality)

个性是网络营销中的目标主体的重要特征,参与者将个性当作个人专属的特性而乐于表现出来;个性同样意味着精准。个性化的营销,让消费者心理产生"焦点关注"的满足感,个性化营销更能投消费者所好,个性显然更容易俘获消费者的心,更容易引发互动与购买行动。网络个性化营销相比传统营销而言,其实现的成本要低得多。网络营销中数字流的特征让这一切变得简单、便宜,细分出一小类人,甚至一个人,做到一对一营销都成为可能。

第八章
酒店筹建

  酒店筹建一般主要包括可行性调查与立项，酒店定位、规划与设计，酒店工程设计与建造，酒店团队与机构筹建，酒店管理模式筹建，酒店营业筹建等方面。本章将从酒店功能与空间设计、酒店组织机构和组织筹建、酒店筹资等方面进行讨论。

第一节　酒店筹建步骤

  酒店主要的筹建步骤包含上述的六个部分，具体如下。

一、可行性调查与立项

  可行性调查是对投资地区进行全面的项目论证，主要包括项目选址是否可行、项目市场容量与消费特点、市场价格分析、项目定位与构思、项目区位与选址分析、项目投资与回报测算等方面。项目可行性调查完成并通过内部决策后，开始进入立项程序，立项主要是向政府有关部门报建和获得许可的程序，主要包括规划审批、立项报批、筹备人员到位、工程报建。

二、酒店定位、规划与设计

  酒店定位包括酒店的等级选择、酒店的文化品位、酒店风格设计、酒店的投资规模以及酒店的市场定位等方面；酒店的产品设计主要包括酒店功能设计、产品规格、产品规模、业态选择等方面。

三、酒店工程设计与建造

酒店工程设计包括酒店规划设计、建筑方案设计、室内设计、灯光设计（直接光照、间接光照）、智能化设计与场景设计、美学设计、功能布局（如大堂、宴会厅、多功能厅等大空间，及餐饮、客房、会议厅、公共空间、娱乐、SPA等比例；人流、物流设计）等方面；酒店工程建造包括基建招投标、土建合同与施工、结构建造、装饰施工、样板房、机电施工、园林绿化、室内外装修等方面，及后期的电气、暖通、强弱电、给排水、消防系统、家具及配饰安装等。

四、酒店团队与机构筹建

酒店团队筹建包括投资合伙人与酒店人力资源筹建两部分；酒店机构筹建包括酒店组织框架布局设计、酒店人力资源编制配比、酒店人力资源招聘培训、酒店建章立制等方面。

五、酒店管理模式筹建

酒店管理模式筹建是酒店经营管理机制的选择，即解决由谁来管理的问题。主要的管理模式有自主管理、特许经营、委托管理等形式。

六、酒店营业筹建

酒店营业筹备主要包括人员到位、物资采购、申办营业执照、市场推广、试营业、正式开业等方面。

第二节　酒店功能与空间设计

酒店是综合性强、商业性功能最多的公共空间，被称为时代技术水平和艺术思潮的窗口，所以它在功能性、审美性和时代性方面的装饰特征设计上，比一般空间设计有更高、更特殊的要求，因此作为一个综合性的独立设计越来越显现出它的重要性。

酒店空间环境主要包括公共活动空间设施、各项设备、装修水平及所处街区地段的环境、风景绿化情况等，等级越高，对空间环境要求越高。除了空间功能和风格设计外，酒店设计还需要考虑人流、物流路径与容量设计。

一、大空间布局

现代酒店除了满足住宿需求外，在功能性上有很大的提升，特别体现在公共区域方面，体现在大堂、宴会厅、多功能厅等大空间的优先布局。

(一)酒店大堂及公共区

1.大堂功能设计

酒店的大堂是酒店在建筑内接待客人的第一个空间,也是使客人对酒店产生第一印象的地方,是酒店对外展示的橱窗,成为酒店形象的浓缩与升华。

大堂是体现酒店等级和档次的重要空间,大堂也是酒店提供给客人相对公共的一处空间,它的特殊在于肩负着满足顾客多方位需求的重任,即其功能是综合性的,它既是酒店迎送客人的场所,同时也是客人在此等候、休息的空间。作为酒店的接待部分,其风格特征会给客人留下深刻的印象。

2.空间布局

由于大堂空间的公共性及多功能性,所以空间应为开敞式,客人对每个功能区一目了然。为了提高空间的使用率,可以对不同功能的活动区进行划分,包括服务区、休息区、商店、电梯厅、辅助设施等。

酒店大堂的主要功能定位于接待,其空间布局需要包含入口、总台、礼宾、行李间、商务中心、大堂吧、等待区以及办公后台区域,其中总台(前台)、礼宾、大堂吧和等待休息区通常位于大堂范围内,行李间、办公区为后台区域,商务中心可独立设置。图8-1所示为标准大堂功能方案示例图。

(1)入口。

入口是酒店的内外交界处,包括雨棚和大门,雨棚是方便宾客进出酒店时遮风避雨而设置的。其正面宽度应能够平行停放两台以上的车辆,并需要预留一定的行人空间,高度以大型客车能方便通过为宜,还应为高龄客人和特殊病人设置平缓坡道。地面材料一般可采用花岗岩或室外广场砖铺贴,要注意防滑,便于清扫;顶部可以采用石材、玻璃等防水装饰材料,照明应充足。

大门的设计既要方便宾客,又要便于行李出入,同时还要有防风、减少室内空气外溢的功能。门的种类有自动门、旋转门、手推门等,一般自动门有利于防风、节约人工,一侧应设推拉门以备不时之需;旋转门适于寒冷地区,可防寒风侵入门厅,因携带行李出入不便,应在一旁设置推拉门;高级酒店设手动门,门前会有专人拉门迎候客人,以表欢迎与尊重。

(2)服务总台与前台办公室。

总服务台是大堂设计上的主要构成因素,功能包括入住、咨询、结账退房等。位置应处于明显且避免直对电梯门的地方。其造型多为长条式、L式或分设式、圆形等。总服务台的大小应与酒店的规模、等级相一致。

前台办公室一般设在总服务台附近,它的功能包括办理电话预约、财务等,方便管理;大堂副理主要是解决客人在酒店或大堂出现的问题,其值班区应安置在安静并且可以观察到大堂每个区域的部位。可以通过地毯进行区域分割,并配以座椅围合空间。

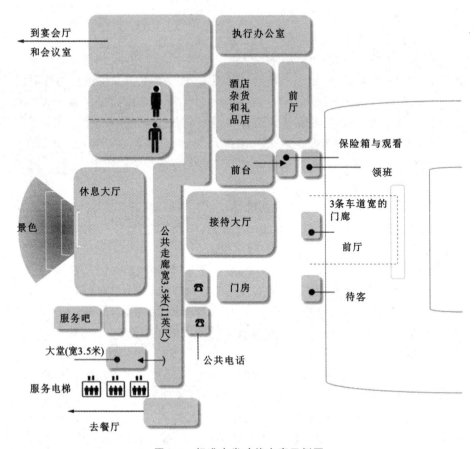

图 8-1 标准大堂功能方案示例图

(3) 交通区。

交通区应包括从入口到楼梯、电梯厅、总服务台及休息区的空间,这部分应有足够的面积保证通行。为了保证每个区域都能够正常使用,交通流线的划分就尤为重要。

从入口开始,通往其他设施的连接方法,必须采用容易识别的空间构成。对称的大堂常按中轴线加强空间感,自由式布局可以通过吊顶、台阶、栏杆或标示来引导人员流动到另一空间。

(4) 休息区。

休息区一般设置在偏离主要人流的区域,以减少干扰,按照国际惯例,一般设置单独的免费休息座椅和茶几。如果大堂空间宽敞,又希望提高经济效益,可再设置消费休息区,最常见的手法是用地毯、沙发、茶几、绿化围合成一个安静舒适的小空间;也可采用升高地面或降低的方法,既保证大堂的完整性又有自身的特色,同时也可通过添加雕塑或水景来增加氛围。

(5)大堂吧。

一般设置在大堂附近,是一个可供所有人会面的地方,不同的客人在这里会见、相聚、休息、工作,在不同的时间都可以在这里休息。此处可提供咖啡、甜品小吃和酒水软饮,供客人短暂休憩。大堂吧的主要特征是开阔、舒适,也要摩登、明亮和温暖。需要说明的是,大堂吧空间位于大堂,但部门通常隶属于餐饮部。

(6)辅助设施。

大堂辅助设施的布局应适当,不必过于暴露,切勿喧宾夺主。对于豪华酒店来说,这些设施是必不可少的,如行李或小件寄存、购物店、花店、书店、邮政、银行、卫生间等。

商店的位置必须有较好的使用功能,要尽可能缩短旅客和工作人员往返的距离,设立橱窗,以出售各种工艺品、手工制品或其他日常用品等。

卫生间的数量可按规范来定,应每100位男客设置2个小便斗及1个大便器,每100位女客设置3个大便器,还应设置残疾人专用厕所。高级酒店中还应设有各种现代技术设备的服装整理室,尤其是女性专用房间的空间要略微宽敞些。

在高级酒店中,旅客的行李搬运是不经过门厅的,而是从门厅旁边的行李出入口进出。行李出入口附近要有行李存放室,主要存放尚未办好入住手续的或是退房准备离开的宾客们的行李。行李存放室与客房层有直接联系的垂直交通工具。

(二)会议及宴会厅

1.功能设计

会议及宴会厅现如今不单单有会议和宴会的功能,更兼具了各种活动的宴会前厅、休息室、化妆室、多功能厅、更衣间等功能,而通常情况下,宴会厅和会议室的比率是1∶1。因为会议及宴会厅的强大功能,通往会议厅的动线设计就要求便利地通往客房、电梯、餐厅甚至还有大堂,甚至我们要格外考虑是否有设置单独入口的必要性。现代酒店通常建设多功能厅,融会议与宴会功能于一体。

2.空间设计

多功能宴会厅空间布局应包括大厅、门厅、衣帽间、贵宾室、音像控制室、家具储藏室、公共化妆间、厨房等构成。

(1)门厅设在大厅与外界环境之间,门厅内布置一些供客人休息的沙发或其他座椅。门厅最好紧邻大玻璃窗户,有较好的自然采光和值得欣赏的室外景色。其面积一般为宴会厅的1/6、1/3,或者按每人0.2—0.3平方米计算。

(2)衣帽间设在门厅入口处,随时为客人提供存储衣帽服务。其面积可按 0.04 平方米/人计算。衣帽间也可与贵宾休息室设计相连,衣帽间通常主要提供给贵宾使用。

(3)贵宾室设在紧邻大厅主席台的位置,有专门通往主席台大厅的通道。贵宾室里应配置高级家具等设施和专用的洗手间。

(4)音像控制室、辅助设备用房主要保证宴会的声像设置的需要,设备包括调音台、均衡器、全频音箱、超低音音箱、功放、反馈音箱、卡座、分频器、反馈抑制、功效器、压线器、各式麦克风等。音像设备调试员应能在音像控制室内观察到宴会厅中的活动情况,以保证宴会厅内使用中的声像效果的良好状态。

(5)宴会厅附近应设有一定容量的家具储藏室,存放不用或暂时闲置的座椅。

(6)宴会厅应按一定的标准设置公共洗手间。洗手间宜设在较隐蔽的位置,并有明显的图形符号标志,洗手间设置不应破坏宴会厅的完整性,通常设置在宴会厅外。

(7)宴会厅一般设舞台,供宴会活动发言时使用。舞台应靠近贵宾休息室并处于整个大厅的视觉中心的明显位置,应能让参加宴会的所有人看见,但舞台不能干扰客人动线和服务动线。当前多用移动舞台,在不需要时可以挪走,从而增加宴会厅使用空间和提高审美完整性。

(8)宴会厅应设相应的厨房,其面积为宴会厅面积的 10%—30%。厨房与宴会厅应紧密联系,但两者之间的间距不宜过长,最长不要超过 40 米,宴会厅可设置配餐廊代替备餐间,以免送餐路线过长,功能还可用作茶水间。

(9)大型宴会厅通常应配套 3～5 间中型和小型商务会议室,用于大型活动的附属活动的开展,或者中小型活动的使用。

(三)餐饮

1.功能设计

餐饮含早餐厅、宴会厅、大堂吧、中餐厅、自助餐厅等。西餐厅通常与早餐厅、自助餐厅设计合一,主要为入住客户提供早餐、下午茶和自助餐等营业功能,偶尔可单独作为举办活动的场所。中餐厅通常根据酒店区位和菜系流派,提供独特风格的用餐。

2.空间设计

(1)西餐厅。

西餐厅内部需要设置一部分独立敞开的吧台或者明档设计,可以直接作为敞开式厨房使用,用于现场烹饪(如粉面、煎烤、刺身等)。西餐厅通常分布有甜点、水果、饮料、冷盘、热菜、粉面、海鲜、煎烤等食物,另外需要配备收银、餐具收纳、垃圾回收车、洗碗间和后厨空间(包括饼房、水果间、冷菜间、热菜间等)。

(2)中餐厅。

中餐厅主要以厅堂和包间形式呈现。包间需要含餐厅、备餐间、卫生间等功能,当包间偏大时可以用带有分隔特性吊挂折扇,隔成多重包间。

(3)餐饮流线设计。

餐厅属于顾客消费和酒店生产同步的部门,因此要求设计顾客和服务两条不同的流线。

其中,顾客流线设计需要从客人乘电梯或走步行梯开始,经餐厅门厅从餐厅主入口进入,通过宾客通道直接到达就餐餐座线路,起始点都在餐厅主入口。

服务流线从服务员将菜肴从厨房备餐间端出开始,通过服务通道传送菜到每个餐座,然后将宾客就餐餐具送到洗碗间线路,起点是备餐厅出口,终点是洗碗间入口。

3.后厨

厨房区通常包括中餐厨房和西餐厨房,两者完全独立,都安置在各自的餐厅后区。中餐区通常应设置炒锅区、砧板区、面点区、蒸柜、烧腊区(味部)、水槽和刺身。西餐通常包括热菜区、饼房、水果间、冷菜区、刺身等。中餐和西餐均会配置洗碗间、洗菜区、粗加工区和雪库冰柜。

近年来,各大酒店对采购实施"零库存"改革,所采购的厨房易耗品和原材料通常不再另外设置仓储,而是每日采取即时物资盘点,掌握物资流量,及时采取物资采购。仓库仅用来储藏硬件、贵价物品(酒水等)和家私。

(四)酒店行政酒廊

高星级酒店在行政楼层通常设有行政酒廊,行政酒廊是专为VIP级别客人提供一站式服务的场所,可以在此办理入住、退房、用餐等基本服务内容,类似于酒店中的酒店。行政酒廊全天免费提供全自助的咖啡、茶、果汁饮料及小吃等餐饮服务,正餐时间还会提供正餐食物和服务。行政酒廊的座席区配备完善的办公设备,包括电脑、打印机、扫描仪、复印机等,并提供无线网络,因此许多VIP喜欢在这里聊天、休闲和办公。这里的设计要符合娱乐休闲的场景化,通常配备微型厨房和传菜间,用于现烤和现炒食品制作,并将厨房运来的食物分装或装盘。

二、独立空间布局

现主要介绍酒店客房的空间布局。

(一)客房功能和空间设计

客房功能以住宿为主,但随着消费者需求提升,客房功能已经拓展到包括传统住宿休息在内的,涵盖了休闲娱乐、商务办公、会见接待、对外联系等多方面的功能。需要根据不同功能设计相对独立而开放的空间。

休息功能空间的设施有床位、洗澡间、厕所及相关用品,对外联系与工作功能的空间设施有电视、电话、写字台、宽带、电脑,接待功能空间的设施有接待桌椅、独立接待客厅,娱乐休闲功能空间的设施有泡浴冲浪间、棋牌间、综合娱乐间,延伸安保助理功能空间包括保安间、秘书间、工作间、会议室、暗道等。

现代豪华酒店普通客房通常独立设有浴室、浴缸、厕所、衣帽间、睡卧区、商务办公区、茶座休闲区,有条件的酒店还设置独立阳台。

(二)客房面积

客房面积是酒店设计中的核心标准,尤其是在中国市场,消费者的固有观念都还限定在客房面积一定是与酒店档次成正比的,所以不论是业主还是酒店管理公司都非常关注这一核心指标。

通常情况下,对于国际五星级酒店来说,一间标准客房面积会$\geqslant 45 m^2$(不包括阳台面积),而总统套房大小通常为4个或4个以上的自然间。

(三)客房配套

要想满足客房的高服务质量,酒店客房的配套设施也得跟上,通常情况下,每30间房需配备$20 m^2$的服务间;每80间房需要配备一部客梯;每120~150间房需配备一部服务电梯。图8-2所示为客房标准层布置方案示例。

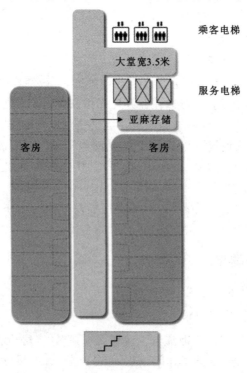

图8-2 客房标准层布置方案示例

(四)客房房型

当前酒店客房房型主要包括单人间或大床房(Single room)、标准间(Standard room)、豪华间(Deluxe room)、商务间(Business room)、行政间(Executive room)、套间(Apartment；Zotheca；Flat；Suite)、多套间(Domitory)、高级套间(Deluxe suite)等。应该适当考虑不同人群的房型消费偏好，比如青年比较偏爱情侣房，家庭适用亲子房等。

为降低消费者成本和满足会议及团队接待需求，酒店通常以双床标准间为主要产品。随着人们生活水平的提高，消费者更加在意住宿的隐秘性，近年来出现单人房和大床房消费需求上升趋势。

(五)走廊设置

走廊是酒店客房的楼层通道，其单双廊布置有着自身的要求，通常单侧客房走廊净宽≥1.5m，双侧客房走廊净宽≥1.6m。随着酒店消费需求的提升，近年来，新建酒店为提升顾客体验品质，并考虑对门客房的隔音等问题，走廊出现不断拓宽的趋势。

走廊设置还需要考虑不同酒店的实际特点和要求，商务型酒店更多需要考虑顾客的通行距离，即出入步行距离不宜过长；而度假型酒店更多考虑景观和休闲因素，近年来出现单向走廊布置及单侧客房布置，较大水平提升了隐秘性和隔音水平，同时有利于景观和休闲需求，但也同时出现走廊过长或者楼层平面布局过于复杂而不利于顾客寻找自己的房间。

(六)服务中心

总机是客房服务的中枢，住宿顾客通常通过总机提出需要酒店解决的问题和需求，这些需求通过电话传递到总机，再通过总机将任务分解到客房中心和其他相关部门，并做登记。客房中心负责有关房务方面的工作落实。总机和房屋中心的设立使得房务服务专业化和集中化，极大地提升了顾客住房体验质量。

三、休闲娱乐设施

(一)功能设计

休闲娱乐设施作为五星级酒店的一个独特卖点，通常由健身房、SPA、游泳池等设施组成。

(二)空间设计

这些休闲娱乐功能需要同时设置配套设施如接待处、男女更衣室、淋浴间、洗手间等。

(三)流线设计

顾客进入康乐健身区域的常见的流程大概为,出电梯到接待处,然后以房卡换钥匙,再到更衣区更衣,最后去往各个功能区(健身、SPA、游泳)。

四、后勤区

城市范围内的后勤区通常设置于酒店负楼层,城郊和度假区的后勤区通常设置于酒店主楼的裙楼或者附楼。

后勤区的主要功能包括办公区域、员工培训室、员工餐厅、员工更衣室、员工活动中心、布草储藏室、厨房仓库、收货、粗加工和地下停车场等。后勤区按服务对象主要分为员工服务部分和为酒店客人服务部分:其中员工服务部分又可分为工作区和生活区,为酒店客人服务部分主要分为洗衣房、垃圾回收、食品加工区、工程部等。员工服务区设置单独出入口,包括人事部、考勤室、保安办公室、员工培训、员工宿舍、员工厨房、餐厅及员工更衣室等。

为酒店客人服务的后勤区、洗衣房,由于设置噪声比较大,尽量远离客房区,一般设置在地下室。洗衣房通常包括但不限于洗衣房(车间)、污秽布草仓库、干净布草仓库、制服房、化学品储藏室、压缩机房等。

垃圾处理区在布置时应注意其独立和隐蔽性,垃圾装卸平台注意与食物装卸平台隔开,避免洁污流线交叉。

食物加工区由于面积限制,一般将其布置在酒店地下室,缩短了卸货区与粗加工区之间的距离,方便两者之间联系,同时,粗加工区通过邻近布置食梯和服务电梯等垂直交通系统与各层厨房餐厅联系。

酒店工程部因不与客人直接接触,多布置在地下室与设备房相邻。

地下停车场也方便酒店货车运送货品,通过仓库可直接储藏和冷库保鲜。然后通过垂直的货运电梯直接送往各层厨房区域。表8-1 所示为酒店公共区及服务区面积计算参考表。

表 8-1　酒店公共区及服务区面积计算参考表

位　　置	平方米/每位	说　　明
餐饮区		
主要餐厅	1.8	每台不少于 2 位
特色餐厅	2.0	包括主题式餐厅
咖啡厅、酒吧	1.6	包括酒水服务台
夜总会	2.1	包括舞池
公共式酒吧、大堂吧	1.5	主题式或常规酒吧

续表

位　　置	平方米/每位	说　　明
餐饮区		
鸡尾酒廊	1.6	自助餐式
大堂休息区	2.0	有长沙发的
娱乐酒廊(有表演的)	1.6	封闭式座位,包括小舞台
员工餐厅	1.4	快餐式
多功能厅		
宴会厅		
一般宴会	1.2	1.0~1.4平方米,依据设计调整
自助餐	0.8	0.7~1.0平方米,依据设计调整
接待	0.6	站立式
前区	0.3	准备区或间休区
团体用餐	1.6	圆桌式
大型会议		
剧场式	0.9	封闭式排列摆位
课堂式	1.6	含有书写条桌
宴会式	2.0	10~20张圆桌
服务区	按餐饮客人总数量	
存衣间	0.04	
流通区	0.2	20%的调整量,依据设计
家具设备库房	0.14	
主厨房	0.8	0.5~1.0平方米,依据设计调整
附属厨房	0.3	由主厨房供应
宴会厨房备餐室	0.2	主厨房的附加部分
客房送餐备餐室	0.2	每室为30间客房服务
餐饮食品库	0.2	依据全部餐饮座位计算

五、机电部位

机电设备主要包括酒店空调供气和通风系统、给排水系统、供电系统、垂直交通系统、消防系统、报警系统、弱电集成系统、建筑防雷系统、办公智能化系统、会议音响和智能化系统、酒店标识系统等方面。各机电系统均需配备相应机房和操作间。

六、停车区

酒店停车一般分为两个部分，即地面停车和地下停车。地面停车也分为两个部分，靠近主入口附近设置小车位，主要方便访客短时停车，靠近团体客人接待出入口附近设计大巴车位，方便游客上下车使用。由于场地面积有限，大部分停车位设在地下室。地下车库尽量形成环路，方便车辆掉头出库。客人停完车，通过楼梯或者电梯上到酒店大堂。

酒店为了给客人提供舒适、高效服务，酒店交通流线必须清晰、明确，尽量做到布局紧凑、流线快捷有效、互不干扰。酒店交通流线对于酒店整体功能发挥十分重要。因此，在酒店规划设计阶段就必须综合考虑酒店各方面功能要求。图8-3所示为员工流线示例图。

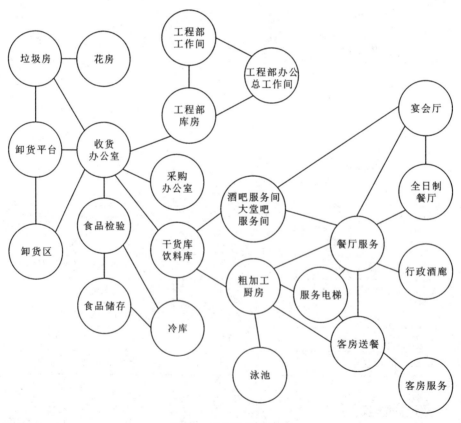

图8-3 员工流线示例图

第三节　酒店机构与组织筹建

酒店筹建分为硬件和软件两个方面，硬件筹建通常指的是工程筹建，软件筹建通常被称为筹备，包括酒店组织结构、人员选拔和管理制度筹备等方面。本节主要介绍酒店软件筹建。

一、搭建酒店机构

酒店组织机构，是指酒店为了有效实现酒店发展目标而筹划建立的酒店内部各组成部分及其关系。酒店筹备，首先是确定落实酒店组织架构，这是今后筹备酒店美好蓝图的基础。

(一)酒店组织框架

酒店组织框架也称为组织结构，是指酒店部门和组成的划分，各部门在组织系统中的位置、集聚状态及互相联系的形式。组织结构从形式上看由两大部分所构成，一是酒店内各部门的划分，二是在系统中各部门的组合形式。酒店的组织结构反映了管理者的经营思想、管理体制，直接影响经营的效率和效益。组织结构是在遵循组织原则的基础上根据酒店的实际情况形成的。

酒店机构各部分的划分是根据酒店的组织原则和酒店的业务特点进行切块和分层的。可以分为上级机构、业务机构和员工机构等。

所谓的上级机构是指酒店的投资者，也称为"业主"，它对产权有最终决策权，并以所有者的身份监督并约束经营者的经营管理行为。

酒店内业务部门分为前台部门和后台部门，前台部门是指处于一线为宾客提供面对面服务的部门，主要有销售部、公关部、前厅部、客房部、餐饮部、康体部等。后台部门是指处于二线不直接和宾客接触，间接向宾客提供服务的部门，主要有人事部、财务部、工程部、保安部、采购部、办公室等。部门的划分也不是绝对的，它是根据组织原则，综合各种因素而确定的。

除此之外，还有员工机构工会等组织。工会是职工代表大会的常设机构，工会通过职工代表大会的形式使职工行使民主管理的权利，监督酒店的活动，维护广大职工的利益。

(二)酒店组织结构的形式

酒店组织结构主要有两种不同的形式：直线型组织结构和扁平化组织结构。

直线型组织结构顾名思义是按直线垂直领导的组织形式。它的特点是组织中各个层次按垂直系统排列，酒店的命令和信息是从酒店的最高层到最低层垂直下达和传递,各级管理人员对所属下级拥有直接的一切职权,统一指挥兼顾各种业务。

扁平化组织结构是通过减少行政管理层次,裁减冗余人员,从而建立一种紧凑、干练的组织结构。这种组织结构形式改变了原来层级组织结构中的企业上下级组织和领导者之间的纵向联系方式,减少管理失误,降低管理费用,面对市场环境的瞬息万变,企业组织必须做出快速反应和迅速决策以保持企业的竞争优势。因此,组织结构的扁平化无疑增强了组织快速反应的能力。

随着人力薪酬和福利水平的不断提升,劳动力成本问题逐渐浮现到酒店管理人员的日常工作计划中。同时,由于组织结构层级较多,酒店一线服务人员往往不能对客户提出的需求采取及时的举措。对于这些问题,组织架构扁平化为酒店寻得了出路。

二、酒店人员定编

人员编制是酒店各岗位人员配备的依据,人力资源部要根据各部门、各岗位的工作程序,制定合理的岗位人数、职级等。既要控制人数,又要能满足岗位工作需要,在制定编制前,要对各岗位的工作做全面的调研,与部门充分讨论,结合酒店的经营情况,不能一味节约人力,影响服务质量,也不能毫无节制地招聘,增加酒店人力成本。

(1)酒店定岗定编应遵循扁平化组织体系进行科学设计,按照人本、多能、精简、高效的原则进行合理定岗定编,杜绝出现机构臃肿、人浮于事的现象。人员配置比例可按客房总数量60%入住率的1∶1.5比例配置。

(2)定岗定编没有一个绝对的固定模式,科学合理的定岗定编需要结合酒店的实际情况,以酒店的战略发展目标和业务模式为依据,主要从定性、定量两个方面进行分析定岗定编。定性分析包括部门职能的岗位分工分析、岗位设置使命与职责现状分析和岗位设置原则与特性分析三方面,是岗位的初步确定过程中比较重要的环节。定量分析即对工作结构与工作量进行分析,将影响岗位设置的准确性。

(3)科学的定岗定编,酒店需要理清工作流程,找出流程中的关键环节,设置岗位,赋予职责,并对岗位的结构、工作量、工作强度的合理性进行定量分析,最后还需要考虑岗位的任职要求、数量能否与现有人员匹配。具体实践中,酒店的HR需要通过收集岗位与编制的现有信息,分析岗位目标与部门职能是否匹配、岗位设置的依据是否充分、岗位的工作结构是否合理、在部门职能中的重要性等等,对部门内部的岗位进行初步判定,对于不合适的岗位提出调整意见。岗位设置和调整遵循岗位目标与部门职能一致、岗位划分依据和工作结构合理、岗位数量适度及职责兼容、工作量饱满且分布合理的原则。在分析岗位工作结构与工作量时，酒店HR首先需要明确岗位工作的类别，是日常性的部门职能工作还是阶段性的部门内部工作，并在此基础上展开分析。对于日常性职能工作，针对工作对象、内容、发生频率、单位工作时间、全年工作量、工作量饱满度等展开具体分析，对于阶段性工作，则要考虑工作内容、工作或项目周期、工作量发生的特点等。根据实际人员情况调整岗位分工与设置是定岗流程的最后一个环节，需要充分考虑酒店员工能力并有效做到人岗匹配。

（4）人员定编工作中还需要制定各级管理人员及员工的待遇与福利。

（5）人员定编还要适当考虑淡旺季的不同人员需求与规模，并做好旺季帮工额度预留和预备。

三、招聘管理

完成酒店组织结构和人员定编后，需要着手人员招聘工作，人员招聘包括招聘管理、薪资管理、考勤管理、培训管理等方面。

（一）招聘管理

1.招聘途径

招聘途径包括社会招聘与校企合作两种。社会招聘是以老员工介绍新员工、网络发布招聘信息、人才市场现场招聘等形式，多渠道招聘。校企合作是与一些酒店管理专业大专院校合作，招聘半年、一年的实习生，解决用工问题，甚至与学校合作，采取半工半读的形式，学生来酒店两年，第一年半天上课，半天培训，第二年全职工作，这是一种全新的合作模式，既能解决酒店用人困难，学生还能将理论与实践相结合。招聘时应明确社会招工和面向学校招工的人员比例。

2.招聘方式

招聘方式需要确定招工时间、招工地点、招工程序、招工方法、广告途径等问题，并确定初试时间、复试时间、入职时间、接待安排、欢迎广告等工作安排。

3.员工入场

招聘人员到位后，要做好员工须知工作，做好入职工作制服押金、水电、卫生、打卡制度、开大课时间、用餐时间、晚上外出回宿舍时间、违规违纪行为、管理人员签名模式等准备工作。

（二）薪资管理

酒店应制定和熟悉酒店员工的薪资体系，薪资体系通常由职级工资、绩效、考勤、工龄四个方面构成，酒店应做好薪资每一方面的核算，确保每一部分薪资与实际表现相符，并善于通过薪资差异奖勤罚懒。同时，应准确计算员工社保和公积金的上缴额度。

同时应根据市场情况,不断调整薪资方案,使酒店薪资具备市场竞争力,利于人员招聘。每年人力资源部都要对薪资状况进行同行业调查,通过对比完善薪资方案,并根据政府要求,对社保、住房公积金等基数进行调整。

(三)考勤管理

建立考勤和请假管理制度,使用指纹考勤机,加强员工考勤管理,并严格执行请假管理制度,规范员工行为。

考勤管理不应仅依赖考勤机器,还应组织人员即时抽查员工在岗情况,确保良好的考勤状况。

(四)培训管理

酒店对新进员工应开展系统培训工作。新进员工培训应包括职业技能培训、劳动纪律与道德培训和企业管理制度与企业文化培训等方面。要根据工作需要,制订《新员工入职培训手册》、《员工培训手册》、《服务质量检查手册》等。培训应兼顾统一和分散培训相结合、理论与实践培训相结合、课堂培训和课外培训相结合。

做好培训管理需要制订科学的培训计划,每一次培训要落实好师资队伍、培训教材、培训场地、培训用具。

酒店应与正式员工签订《劳动合同》,规范劳动管理,应组织广大员工认真学习《劳动法》,规避用工风险。一旦出现劳动纠纷,能通过相关途径,妥善处理。

四、落实员工宿舍及员工饭堂计划

许多酒店员工因为住房和生活条件差而纷纷跳槽;而有的酒店工资虽然不高但食宿条件较好,员工往往愿意留下。所以,酒店必须做好全面的员工后勤保障工作,员工后勤保障工作主要包括员工宿舍、员工食堂、员工更衣室和冲凉房建设等方面。

(一)员工宿舍管理

宿舍管理首先要制定管理制度,要定期安排宿管员进行卫生清洁和管理,完善宿舍设施设备,保障宿舍安全,为员工提供一个良好的居住环境,成立宿舍管理委员会,定期对宿舍卫生环境进行检查,并提出改善方案。

(二)员工食堂管理

在做好食品安全管理的基础上,尽可能丰富菜品,尽可能考虑到各地员工口味,适时调整菜品,节假日和重大庆祝活动应适当丰富员工用餐。应成立膳食委员会,定期召开会议,对食堂菜品提出意见和建议,监督食堂菜品的改进和员工浪费现象。

(三)员工更衣室和冲凉房管理

首先应确保更衣室员工物品安全；其次要做好更衣室和冲凉房设施设备的维护，出现故障及时维修；再者要保障冲凉房热水的供应，最后做好更衣室和冲凉房卫生清洁，保持干净卫生的环境。

员工后勤保障还需关注细节方面，应考虑空调（规定电费），来客接待房，员工饮用水（热水器），员工宿舍窗帘、晾衣绳、毛巾架、洗衣房、仪容仪表镜，清洁用的铲刀、扫把、拖把、垃圾桶、大垃圾袋等人性化配置，均要及时到位，争取用员工的口碑去冲击当地的人力资源市场，达到招聘到更多优秀人才的效果。

五、企业文化活动建设

企业文化或称组织文化，是一个组织由其价值观、信念、仪式、符号、处事方式等组成的其特有的文化形象，是企业在经营活动中形成的经营理念、经营目的、经营方针、价值观念、经营行为、社会责任、经营形象等的总和。简单而言，就是企业在日常运行中所表现出的各方面。企业文化是一个企业的灵魂，是企业个性化的根本体现，它是企业生存、竞争和发展的灵魂。

企业文化通过文化活动开展和营造，需要通过员工关怀、制度建设、文化活动等多方面开展建设，通过这些活动激发员工的使命感、归属感、责任感、荣誉感和成就感。

(一)制度建设

酒店管理制度是酒店为求得最大效益，在经营管理实践活动中制定的各种带有强制性义务，并能保障一定权利的各项规定或条例，包括酒店的人事制度、生产管理制度、民主管理制度等一切规章制度。酒店管理制度是实现酒店目标的有力措施和手段，它作为员工行为规范的模式，能使员工个人的活动得以合理进行，同时又成为维护员工共同利益的一种强制手段。因此，酒店各项管理制度，是酒店进行正常的生产经营管理所必需的，它是一种强有力的保证。优秀酒店企业文化的管理制度必然是科学、完善、实用的管理方式的体现。制度建设主要包括以下三种类型。

1.员工手册

员工手册是员工在该酒店应遵守的基本要求和纪律规定，应该涵盖酒店组织架构、企业文化、劳动待遇、规章制度（比如考勤制度、价格体系、营业时间等）、奖惩条例等基本内容，好的员工手册不仅是劳动合同的企业制度的具体阐述，更应该是凝聚人心、适应发展的纲领。

2.岗位职责

岗位职责是规范某个岗位工作的基本要求和工作内容，岗位职责需要设计好每一个职位的主要职责，要明白哪些工作是自己的岗位职责，这里面有共性的职责,也有专责工作,也就是明白告诉每一个职员,哪些工作是他要履行的职责。

岗位职责中还包括一些应知应会的内容,比如基本的行业知识、酒店知识、旅游知识、英语知识,以及酒店功能布局、电话号码、服务时间、价格等,好的应知应会能够迅速提高员工对行业的认识,以及对酒店的了解。

3.作业规程和质量标准

作业规程对工作流程和注意事项做了详细的要求,是某个岗位技术操作的规范,质量标准是该岗位操作的技术标准、服务标准和产品标准。对于每一项工作具体标准步骤分解就是操作流程,主要是讲解怎么做,达到什么标准,例如摆台、做房。

一些基础岗位的每个班次每个时间段做什么工作,需要用操作日志进行明确,以确保每一位员工能够懂得在自己上班的任何时候明白做什么工作。

制度建设不仅仅是完善好制度体系,还需要保证所建立制度的可行性和操作性,并符合本酒店的实际情况;同时应明确某一制度的执行主体和监督主体,责任到位才能够保证制度的严格实施。

(二)员工文化活动管理

员工文化活动包括为开发企业员工智力和培养员工的创造性和成就感,开展的技术创新活动;为培养和提高企业员工艺术审美水平和艺术创造能力开展的文学艺术活动;为丰富企业员工的精神生活和陶冶员工情操开展的娱乐活动;为培养企业员工拼搏精神和增强体质开展的体育竞技活动;为使员工增强对企业的感情,加深对企业福利环境和文化氛围的依恋开展的福利性活动;为使员工树立起主人翁意识,强化和确立共同理想和企业意识开展的思想性活动,等等。

作为企业功能文化,酒店员工文化活动大体上可分为娱乐性活动、福利性活动、技术性活动、思想性活动四大类型。

1.娱乐性活动

这是酒店内部(也包括部分以企业名义)开展和组织的文艺、体育等娱乐活动,如举办和组织员工之家、工人俱乐部、电影放映晚会、录像放映、电子游艺、图书阅览、征文比赛、摄影比赛、书法比赛、周末舞会、文艺演出、春秋季运动会、各种球类比赛、射击打靶、游泳、滑冰、野游、游园、钓鱼比赛、自行车比赛等。经常举行交流、比赛、辅导、展览等活动,不仅满足了不同层次员工对文化生活的需要,而且形成了适应现代化生产经营的社会进步要求的文明、健康、科学的生活方式和积极向上的文化氛围。这种文化氛围滋养着企业特有的优良传统和精神风貌。

2.福利性活动

这主要是酒店从福利方面关心的各种活动。酒店通过这些活动,在员工中,在企业内外,形成浓厚的人情味,形成有利于企业发展的"人情场",使员工加深对酒店的感情,加深对这种福利环境和文化氛围的依恋感。

3.技术性活动

在常规的企业生产、经营之外,围绕企业的生产、经营、技术和智力开发等问题,由企业倡导或员工自发组织进行的技术革新、管理咨询、技能竞赛、教育培训等活动。这类文化活动可以激发员工的创造欲和成就感,使员工看到自己的价值和责任;同时,它又是企业结合生产经营,在生产经营过程之外培育和开发员工素质的一个基本途径,而这些活动每一次的圆满结果和获得成功、取得成果,又都可以使人产生一种满足感,从而持久地促进企业健康向上、积极进取文化环境的生成和发展。

4.思想性活动

这类活动首要的是一些政治性的文化活动,如开展形势教育、法制教育、理想教育、道德教育、政治学习和其他有关的思想政治工作。其次,还有一些像新书报告会、生活对话会、沙龙等。

酒店的企业文化活动应及时通过文化标语、公告栏、微信公众号、微信群等途径做好宣传,传播正能量。

(三)员工关怀

随着人力资源成本的不断提升,加上"新生代"员工较为注重个性化,酒店员工流失问题成为威胁酒店正常经营的重要问题,较早关注员工关怀的酒店在这一轮的竞争中明显赢得竞争优势。员工关怀近年来受到各大酒店管理层的高度重视,员工满意率也成为诸多酒店集团对旗下酒店进行评比的重要指标。因此,如何开展员工关怀、减少员工流失率、提高员工满意度成为酒店企业文化建设的重要内容。

当前人力资源新形势下,需要从四个方面做好员工关怀工作。

1.关心员工成长与发展

人通常有三种核心的需要,即生存、受尊重和自我实现。生存只需要满足基本物质生存需求,主要体现在员工的薪酬福利方面;受尊重主要体现在社交和人际交往的需求中;自我实现主要体现在个人谋求成长与发展的内在愿望。生存、受尊重和自我实现的三个核心需求是不断递进的关系,生存是最低需求,自我实现是最高需求。因此,酒店必须关注员工的自我实现需求,关心员工的成长与发展,给员工提供看得见和能实现的愿景和发展目标。

2.完善激励机制

激励理论认为员工在常规的"工作环境、管理措施、人际关系、工资、福利"

等因素中获得保障后,需要"获得赏识、有挑战性的工作、成长和发展的机会"等激励性因素。这一理论告诉我们,酒店需要注意利用"激励因素",完善员工激励机制,激发员工的热情和积极性。

完善的激励机制主要体现在科学的奖励体系中,主要体现在科学的考核、系统的奖励和晋升机制。

(1)考核机制。

科学的考核机制主要建立在完善考核系统和客观全面的考核方式上。

完善的考核体系必须综合考核员工的劳动道德、技能水平、劳动热情和业绩等方面,员工学习和成长也被认为是员工的重要能力之一。

考核方式要力求客观和公正,必须兼顾上下级和同级评价,兼顾业务部门和人事部门的综合评价,兼顾平时表现与重大表现等。

(2)奖励机制。

酒店应明确奖励机制的目的和意义,奖励机制的制定需要考虑到不同性质的岗位,需要考虑不同级别的管理者和员工,需要考虑长期考核和短期考核,需要考虑部门考核和个人考核等方面的问题。

3.重视员工关怀细节

(1)保障员工假期。酒店由于服务行业的特殊性,节假日需要加班,因此酒店应严格执行节假日加班的工资或时间补偿,对待酒店管理层安排的员工加班应严格执行劳动法相关规定给予补偿。

(2)赋予员工权利空间。员工在服务一线遇见的问题应给予一定的处理权限,给予员工充分的信任。

(3)做好季节性关怀。酒店应充分考虑到员工由于季节气候等原因带来的劳动困难,并给予关怀。比如冬季送温暖,如保暖设备、加湿设备、晾衣设施、热饮设备等,预防呼吸病等;夏日送清凉,如为户外员工"送清凉"、室内员工做好通风、预防空调病等;节日送祝福,如员工的入职纪念日、生日、结婚纪念日、生儿育女祝福等;紧急送问候,台风、暴雨、社会重大事件等预警问候,员工伤病探望、亲属离世慰问等。

(4)关怀员工后方阵营。酒店不但要关心员工个人,还应该关心员工的家庭和后方阵营。要关心员工的婚姻生活,关心员工的父母,关心员工的子女教育和成长,为员工的后方阵营提供有力支援,赢得员工的归属感和忠诚度。

近年来出现不少酒店员工关怀的代表案例,如洲际酒店集团"锦鲤还乡"计划。鲤鱼,有着逆流回溯产卵的习性,所以人们常将它与"回家"联系到一起。在中国,还有"鲤鱼跃龙门"的典故及美好寓意。"锦鲤还乡"计划寓意不但能与家人团聚,更可以在事业上取得飞跃。"锦鲤还乡"是洲际酒店集团发起的吸引人才回流招聘项目,是在IHG中国区全国酒店网络庞大的体系支持下,让员工获得更多地域间流动、自我提升的机会。依托洲际酒店集团在中国辐射至二、三线城市的强大酒店网络,为异乡员工提供其他集团甚至行业无法比拟的返乡工作机遇。员工可将已有的工作经验带回家乡,在新的岗位上有新的突破,不断创造更卓越的人生。

还有希尔顿酒店的"喊你回家上班"关爱行动,即希尔顿集团内部调动政策。该政策是希尔顿提供给员工在职业生涯的发展机会。无论你身在何处,员工可以申请希尔顿酒店内部的空缺职位。该政策是希尔顿酒店网络庞大的体系支持下,依托希尔顿酒店不断发展的辐射网络,为异乡员工提供更多的返乡工作机遇及发展。无论你是一个普通员工、一个团队的负责人,甚至是酒店的管理层都可将已有的工作经验带回家乡,成就事业的同时,能够共享天伦。

第四节　酒店筹资

酒店筹资是关系酒店成败的关键因素,随着金融产业的发展,现代酒店投资中的融资形式变得多样化,除传统的股东自筹资金和银行贷款外,还出现了众筹、吸收风投、上市公募等多个渠道。

一、合伙人投资

合伙人在法学中是一个比较普通的概念,通常是指以其资产进行合伙投资,参与合伙经营,依协议享受权利,承担义务,并对企业债务承担无限(或有限)责任的自然人或法人。合伙人应具有民事权利能力和行为能力。

(一)合伙人权责

一般而言,合伙人的权利为经营合伙企业,参与合伙事务的执行,享受企业的收益分配;义务为遵守合伙协议,承担企业经营亏损,根据需要增加对企业的投入等。由于合伙企业是人合企业,合伙人的权利义务主要由合伙协议予以约定,对于一些特定的权利义务也可以在事后由全体合伙人共同确定。但对有些合伙人的特定权利义务,法律也进行了一些必要的规范。

(二)合伙人投资合伙

《中华人民共和国合伙企业法》第十六条规定:"合伙人可以用货币、实物、土地使用权、知识产权或者其他财产权利出资;上述出资应当是合伙人的合法财产及财产权利。对货币以外的出资需要评估作价的,可以由全体合伙人协商确定,也可以由全体合伙人委托法定评估机构进行评估。经全体合伙人协商一致,合伙人也可以用劳务出资,其评估办法由全体合伙人协商确定。"

合伙人投资是直接融资的其中一种形式。

二、间接融资

(一)概念

间接融资是指资金盈余单位与资金短缺单位之间不发生直接关系,而是分别与金融机构发生一笔独立的交易,即资金盈余单位通过存款,或者购买银行、信托、保险等金融机构发行的有价证券,将其暂时闲置的资金先行提供给这些金融中介机构,然后再由这些金融机构以贷款、贴现等形式,或通过购买需要资金的单位发行的有价证券,把资金提供给这些单位使用,从而实现资金融通的过程。间接融资主要有银行融资和P2P形式。

(二)特点

(1)间接性。在间接融资中,资金需求者和资金初始供应者之间不发生直接借贷关系;资金需求者和初始供应者之间由金融中介发挥桥梁作用。资金初始供应者与资金需求者只是与金融中介机构发生融资关系。

(2)相对的集中性。间接融资通过金融中介机构进行。在多数情况下,金融中介并非是对某一个资金供应者与某一个资金需求者之间一对一的对应性中介;而是一方面面对资金供应者群体,另一方面面对资金需求者群体的综合性中介,由此可以看出,在间接融资中,金融机构具有融资中心的地位和作用。

(3)信誉的差异性较小。由于间接融资相对集中于金融机构,世界各国对于金融机构的管理一般都较严格,金融机构自身的经营也多受到相应稳健性经营管理原则的约束,加上一些国家还实行了存款保险制度,因此,相对于直接融资来说,间接融资的信誉程度较高,风险性也相对较小,融资的稳定性较强。

(4)全部具有可逆性。通过金融中介的间接融资均属于借贷性融资,到期均必须返还,并支付利息,具有可逆性。

(5)融资的主动权主要掌握在金融中介手中。在间接融资中,资金主要集中于金融机构,资金贷给谁、不贷给谁由金融中介决定。

(三)类型

1.银行融资

银行融资是以银行作为中介金融机构所进行的资金融通形式。这是酒店项目投资常见的融资形式,这种融资方式受到资质、抵押等诸多因素的限制,具备一定的融资壁垒。

2.P2P互联网金融点对点借贷平台

P2P是英文person-to-person(或peer-to-peer)的缩写,意即个人对个人(伙伴对伙伴)。又称点对点网络借款,是一种将小额资金聚集起来借贷给有资金需求人群的一种民间小额借贷模式。属于互联网金融(ITFIN)产品的一种,属于民间小额借贷,借助互联网、移动互联网技术的网络信贷平台及相关理财行为、金融服务。

三、众筹

众筹也称为"大众筹资"或"群众筹资",是指用团购+预购的形式,向网友募集项目资金的模式。众筹利用互联网和社交网络传播的特性,让小企业、艺术家或个人对公众展示他们的创意,争取大家的关注和支持,进而获得所需要的资金援助。众筹是近年来出现的新型筹资形式,一出现便在全国各行各业都掀起了众筹风。

相对于传统的融资方式,众筹更为开放,能否获得资金也不再是由项目的商业价值作为唯一标准。只要是喜欢的项目,都可以通过众筹方式获得项目启动的第一笔资金,为更多创意和投资项目提供了无限的可能。现在众筹已经运用在工业、企业、产品生产、房地产投资等方面,酒店投资也开始出现众筹投资形式。

在这个资金为王的时代,酒店业的投资者们投资一个酒店,动辄几千万到几亿的投入,资金成本的压力越来越大,这时"众筹"也就顺理成章地走入人们的视线,从某方面来讲,众筹极大地减轻了投资者的资金压力,不过众筹更多的意义在于使更多的潜在客户成为酒店的合伙人,把客户和股东互为转化。

众筹形式主要分为线上众筹、线下众筹、第三方众筹。

1.线上众筹

线上众筹指通过互联网特定的众筹平台发布筹款项目并募集资金的筹资方式。这种方式具有极大的开放性,不受地域边界的限制,为众筹项目提供无限可能。

2.线下众筹

线下众筹主要是向社交圈范围发布筹资项目筹集资金的方式。这种筹资方式一定程度上受到地域和社交范围的限制,受众数目有限,但相比线上众筹而言,其受众可信度更高,成交率也更高。

3.第三方众筹

第三方众筹主要是委托第三方金融和信贷机构,面向固定范围筹集资金的方式。这种筹集众筹通常不是一个投资项目,更可能是一款金融产品,投资者收到的是定额的固定收益,通常不参与投资项目的股权收益分红。

例如,2015年7月15日,亚朵酒店推出会员专享的60天理财产品"亚朵天天盈"理财产品,预期年化收益率8%,5000元起投,50000元封顶,单期产品购买金额满10000元获一张亚朵酒店房券,最高可获得5张,价值约3250元。计划募集的330万元9分钟完成。

2015年11月1日,逸柏酒店集团在苏宁众筹平台发起众筹项目,以筹建途客中国新店、升级酒店集团的各种设施及公区建设为目的,项目发起3天筹措金额超过一百万元。

总之,众筹目前在酒店业中的使用,已经从过去的小规模试水阶段发展到了大集团的战略性发展中,已经有越来越多的酒店集团加入其中,但众筹需要可信和可靠的品牌和产品是不变的规律。

四、风险投资与天使投资

(一)风险投资

风险投资简称风投,又称为创业投资,主要是指向初创企业提供资金支持并取得该公司股份的一种融资方式。风险投资是私人股权投资的一种形式。风险投资公司是专业的投资公司,由一群具有科技及财务相关知识与经验的人所组合而成,经由直接投资被投资公司股权的方式,提供资金给需要资金者(被投资公司)。风投公司的资金大多用于投资新创事业或是未上市的企业,并不以经营被投资公司为目的,仅是提供资金及专业上的知识与经验,以协助被投资公司获取更大的利润为目的,所以是一个追求长期利润的高风险高报酬事业。

风险投资之所以被称为风险投资,是因为在风险投资中有很多的不确定性,给投资及其回报带来很大的风险。一般来说,风险投资都是投资于拥有高新技术的初创企业,这些企业的创始人都具有很出色的技术专长,但是在公司管理上缺乏经验。另外一点就是一种新技术能否在短期内转化为实际产品并为市场所接受,这也是不确定的。还有其他的一些不确定因素导致人们普遍认为这种投资具有高风险性,但是不容否认的是风险投资一旦成功便具有更高的回报率。

(二)天使投资

天使投资是权益资本投资的一种形式,是指由个人出资协助具有专门技术或独特概念的原创项目或小型初创企业,进行一次性的前期投资。它是风险投资的一种形式,根据天使投资人的投资数量以及对被投资企业可能提供的综合资源进行投资。

天使投资与风险投资的融资方式不同。天使投资属于直接融资的范畴,即投资者的资金是直接投入被投公司的。而风险投资则是介于间接融资与直接融资之间的一种融资方式,即风险投资是从其他人那里融资过来,然后进行投资。简单地说,风险投资是进行代理投资。

天使投资与风险投资的投资额度不同。天使投资属于个人行为,因此对单个项目的投资额通常不会很大,一般以300万~500万元这个区间为主。而风险投资属于机构行为,因此它的单笔投资一般不会低于1000万元,但多家机构合投除外。通常情况下,单个项目的投资额在3000万~5000万元居多,不排除会有超过1亿元的投资额度。

天使投资与风险投资选择投资的关注点不同。天使投资人在选择投资目标的时候,一般不会去关注公司的收入、利润等财务指标,因为对于初创公司而言,一般也没有什么收入和利润。而是更多地关注投资目标的现金储备情况、每月现金消耗情况等。而风险投资则更多地关注投资目标的市场地位、影响力、占有率等,看其是否在同类公司中具有竞争力,看其估值是否存在一定的上升空间。

天使投资与风险投资获得投资回报的方式不同。天使投资主要是靠"价值投资"来获取回报。即天使投资人通过投资具有发展潜力的公司,以此来获得公司价值增长的钱。而风险投资除了靠"价值投资"来获取投资回报外,还会通过不同的估值体系来获得回报。所谓的不同估值体系就是风险投资人通过投资私人公司,让私人公司变为上市公司。那么在私人公司变成上市公司后,被投资公司就会在此过程中产生溢价的机会。只要风险投资人抓住这样的机会,就可以从中赚得一份回报。

1.案例一:阿里巴巴筹资之路

1999年9月,马云带领下的18位创始人在杭州的公寓中正式成立了阿里巴巴集团。一个月后,阿里巴巴集团从数家投资机构融资500万美元;三个月后,阿里巴巴集团从软银等数家投资机构融资2000万美元。阿里巴巴正是通过风投资金来源成就电商帝国,其成功后又反过来成为风投的投资方,以2014年为例,阿里巴巴动用了60亿到70亿美元,投资或并购了36家公司,平均下来,每家公司能从阿里巴巴拿到约10亿元人民币。从范围上看,这36家公司的分布广阔到几无"章法",这些公司包括新浪微博、陌陌、IE浏览器、友盟、美团、穷游网、在路上、丁丁网、快的打车、高德地图、优酷土豆等等,几乎涵盖了互联网和移动互联网的各个领域。

2.案例二:饿了么——一起"饿"出来的创业

2008年的一个夜晚,正在上海交通大学读研一的张旭豪和室友一边打游戏一边聊天,突然感到饿了,打电话到餐馆叫外卖,或者打不通,或者不送。创业就这样从不起眼的送外卖服务开始了。张旭豪和同学康嘉、汪渊、曹文学一起,将交大附近的餐馆信息搜罗齐备,在交大校园内做起了送外卖的生意。2015年1月,饿了么完成E轮3.5亿美元融资。

五、企业上市

(一) 上市概念

上市即首次公开募股(IPO),指企业通过证券交易所首次公开向投资者增发股票,以期募集用于企业发展资金的过程。认购的投资者期望可以用高于认购价的价格售出。在中国环境下,上市分为中国公司在中国境内上市或上海、深圳证券交易所上市(A股或B股)、中国公司直接到境外证券交易所(比如纽约证券交易所、纳斯达克证券交易所、伦敦证券交易所等)上市(H股)以及中国公司间接通过在海外设立离岸公司并以该离岸公司的名义在境外证券交易所上市(红筹股)三种方式。

(二) 上市流程

企业上市流程涉及企业改制、发行上市等阶段。一般在企业聘请的专业机构的协助下完成。企业首先要确定券商,在券商的协助下尽早选定其他中介机构。股票改制所涉及的主要中介机构有证券公司、会计师事务所、资产评估机构、土地评估机构、律师事务所、征信机构等。

(三) 上市利弊

1. 优点

(1) 改善财政状况。

通过股票上市得到的资金是不必在一定限期内偿还的,另一方面,这些资金能够立即改善公司的资本结构,这样就可以允许公司借利息较低的贷款。此外,如果新股上市获得很大成功,以后在市场上的走势也非常之强,那么公司就有可能今后以更好的价格增发股票。

(2) 利用股票来收购其他公司。

上市公司通常通过其股票(而不是付现金)的形式来购买其他公司。如果你的公司在股市上公开交易,那么其他公司的股东在出售股份时会乐意接受你的股票以代替现金。股票市场上的频繁买进卖出为这些股东提供了灵活性。需要时,他们可以很容易地卖出股票,或用股票做抵押来借贷。

(3) 利用股票激励员工。

公司常常会通过认股权或股本性质的得利来吸引高质量的员工。这些安排往往会使员工对企业有一种主人翁的责任感,因为他们能够从公司的发展中得利。上市公司股票对于员工有更大的吸引力,因为股票市场能够独立地确定股票价格从而保证员工利益的兑现。

(4) 提高公司声望。

公开上市可以帮助公司提高其在社会上的知名度。通过新闻发布会和其他公众渠道以及公司股票每日在股票市场上的表现,商业界、投资者、新闻界甚至一般大众都会注意到你的公司。投资者会根据好坏两方面的消息才做出决定。如果一个上市公司经营完善,充满希望,那么这个公司就会有第一流的声誉,这会为公司提供各种各样不可估量的好处。如果一个公司的商标和产品名声在外,不仅仅投资者会注意到,消费者和其他企业也会乐意和这样的公司做生意。

2.弊端

(1)失去隐秘性。

一个公司因公开上市而在产生的种种变动中失去"隐私权"是最令人烦恼的。美国证监会要求上市公司公开所有账目,包括最高层管理人员的薪酬、给中层管理人员的红利,以及公司经营的计划和策略。虽然这些信息不需要包括公司运行的每一个细节,但凡是有可能影响投资者决定的信息都必须公开。这些信息在初步上市时就必须公开披露,并且此后也必须不断将公司的最新情况进行通报。

失去隐秘性的结果是公司此时可能不得不停止对有关人员支付红利或减薪,本来这些对于一家非上市公司来说是正常的,对上市公司来说则难以接受的。

(2)管理人员的灵活性受到限制。

公司一旦公开上市,那就意味着管理人员放弃了他们原先所享有的一部分行动自由。非上市公司一般可以自己做主,而上市公司的每一个步骤和计划都必须得到董事会同意,一些特殊事项甚至需要股东大会通过。

股东通过公司效益、股票价格等来衡量管理人员的成绩。这一压力会在某种程度上迫使管理人员过于注重短期效益,而不是长远利益。

(3)上市后的风险。

许多公开上市的股票的盈利没有预期那么高,有的甚至由于种种原因狂跌。导致这些不如意的原因很可能是股票市场总体上不景气,或者是公司盈利不如预期,或者公众发现他们并没有真正有水平的专家在股票上市时为他们提供建议。股票上市及上市后的挫折会严重影响风险投资的回收利润,甚至使风险投资功亏一篑。因此在决定上市与否时,风险投资家和公司企业家会综合权衡其利弊。

第九章
酒店工程设计与筹建

酒店工程筹建是酒店硬件的建造过程,更是对酒店文化特色和独特风格的打造过程,是代表酒店最具竞争力的产品部分。因此,必须做好酒店工程筹建管理和工程筹建施工。

第一节 酒店工程设计

酒店工程设计是酒店从构想到现实的蓝图和规划,所有创意都必须通过设计体现出来,并在施工中得以实现。酒店工程设计首先必须选择建筑设计院和酒店室内设计公司,逐一完成酒店平面的规划、建筑方案及施工图、室内方案设计及装饰施工图。

酒店工程设计包括酒店规划设计、建筑方案设计、室内设计、灯光设计(直接光照、间接光照)、智能化设计与场景设计、美学设计、功能布局(如大堂、宴会厅、多功能厅等大空间,及餐饮、客房、会议厅、公共空间、娱乐、SPA等比例、人流、物流设计)等方面。

一、建筑设计和酒店设计公司

建筑设计是酒店成功与否的关键环节,但很多人往往只注重建筑外观是否好看,从而忽略了其酒店建筑的内部布局是否符合酒店的经营,是否符合星级酒店评定标准。因为大部分建筑设计院对于酒店的流程及其功能都不是十分了解,所以酒店的建筑设计首要就是酒店平面规划设计,这就需要根据前期所做的酒店可行性分析报告,由业主、建筑设计院专业酒店设计公司和酒店管理团队来共同完成。其中酒店设计公司非常重要,但又常常没有得到很多业主的重视,以为那是建筑设计做完以后的事情,所以就会出现重新改造的现象。让专业的酒店设计公司参与到前期酒店建设中来。

首先,能够有更合理的空间布局,酒店设计师对酒店各功能空间的关系,对相应空间的客人的需求以及对其他空间什么时候有不同的影响及心态都有一定的掌握。能更准确地确认空间所需要的大小、高度及形态位置,让每个空间都有较好的舒适性,又不浪费空间。

其次,能够建立更合理的通道,包括客人通道、员工通道、货物进出通道,也包含垃圾运输通道等。

最后,可以做出更有创意的空间,为以后的室内设计打下基础,比如柱网的大小就决定客房的形式,为以后客房带来更有创意的空间。特别是公共区域,如大堂、楼梯等空间,如果做得有思想,那就为酒店的成功添加精彩的一笔。所以酒店室内设计师参与到酒店前期的设计中作用非常关键,不但可以节约成本还能做出更好的效果。

酒店设计需要适当地跳出传统固定的功能和产品思维模式。首先,试着站在使用者的角度观察,思考每一个酒店管理公司的特色和需求,对各知名酒店管理集团的风格特点和企业文化也要有一定的理解。

其次,我们在建筑设计阶段就要思考坪效问题。很多既有酒店的低坪效问题,其实源于当初酒店设计时对于运营动线的思考不足,好的建筑设计是成就酒店传世成功之本。所以,想要做好酒店设计,不仅要有技术方面的钻研,也要有对人文的探索,更要有对于酒店坪效的深刻理解,才能知己知彼,百战不殆。

二、酒店平面规划

酒店平面规划是酒店筹建筹备的关键一步,也是酒店以后的运营是否成功的关键因素。在平面规划上主要是从以下几个方面着手:首先是对酒店的整体规模进行规划,精确的整体规模规划可以使各团队共同合作,创造合理规模和比例的酒店项目;其次是大空间优先布局,大空间优先布局指的是酒店大堂、宴会厅以及多功能厅等场地的优先布局,大空间优先布局可以更好地利用场地,确定整个建筑的形成,同时还要考虑酒店各功能空间,如餐饮场地、客房、会议厅、公共空间、娱乐、SPA等之间的比例;最后是酒店的人流、物流以及最新的酒店标准要求等内容。总之,完整合理的酒店平面规划是检验设计团队水平的标准,同时也是酒店未来建设决定的第一步。

三、建筑方案及施工图

在酒店平面规划的基础上,进行酒店建筑外观的设计,是酒店的"面子"工程,酒店建筑外观设计也相当重要,除了一些时尚酒店外,尽量不要采用时尚的元素,要显得大气一点。这个工作可以由建筑设计公司来做,也可以给酒店设计公司来做,接下来是由建筑设计院来完成建筑施工图,这也需要酒店设计公司来参与。比如卫生间的位置,需要做沉降,又如厨房,需要做地沟等等,这就要有其他专业的公司来共同参与。所以酒店建筑施工图的制作是需要各专业的公司共同来参与的。

四、室内方案设计

酒店室内设计应交给专业的酒店设计公司来完成。在酒店平面方案设计阶段,酒店管理公司参与其中是非常重要的。同时,还要有相应的机电人员参与,设计师要多和业主方沟通,这是设计是否成功的关键,业主方一定要尊重设计师的设计思想,应尊重设计师的方案,据我们的经验,业主方改的越多效果越差。所以建议业主方尊重设计师的思想是非常关键的。

五、室内施工图和各专业的协调

在做室内施工图期间,消防、强弱电、给排水、供暖各专业一定要协调一致,各专业的天花总图最好做个叠加图,以便天花布局更加合理,以达到室内设计的最佳效果。要求施工前图纸会审,各负其责,相互配合,尽其完美。

六、灯光设计

灯光是运营酒店氛围的关键因素,其所在设计中的比例可以占1/3,照度和色温都需要合理的设计,局部照明要体现照明需要相互搭配,直接光照和间接光照的互补来运营不同环境的氛围,甚至还可以和智能化连起来配合做出不同的灯光场景。所以灯光设计需要由专业的团队来完成。

七、现代化科技利用——智能化设计

智能化设计能给人以科技感,智能化产品能利用现代技术对于传统设施设备进行更好的改良利用。智能化主要是控制灯光、窗帘、空调、卫浴等,不但给客人温馨体贴的享受,还可以节约能源和管理成本,它也需要由专业的团队来完成。利用现代设备代替部分传统产品要多考虑真正的人性,以及通用性、合理性、美观性等。例如,某公司全面打造科技智能化酒店房间,每间造价20万元,结果不人性,经营一个季度有余便全面拆掉改装,可想而知,当初出发点没错,错在没有深刻考虑高科技产品与人的结合,不可反其道而为之。

八、检验样板房的施工

在设计方案完成后,可以做样板房。样板房的作用有以下几个方面。

(1)检验设计的效果。
(2)检验施工方的水平。
(3)核算成本造价。
(4)有一个调整的机会,配置的东西一定要和酒店开业后的配置一样,这样才会比较全面。

酒店装饰设计不是单纯模仿某一家酒店或综合模仿多家酒店,而是要为顾客创造多种文化,如建筑文化、历史文化、服务文化和管理文化等。一家酒店要有自己独特的 DAN,假如你不知道产品的核心,将来怎么给客户带来舒适的环境。一家酒店要有核心产品、形式产品、期望产品、延伸产品、潜在产品。但是,现在很多新建酒店过分追求时尚,将大量资金、新产品和新材料进行堆砌和拼凑,缺乏设计主题,使整个设计毫无特色、没有灵魂。例如,设计不能很好地反映我国历史文化和当地风俗,局部装饰与酒店整体氛围不协调也是常有的现象。此外,大部分酒店用品都没有经过专业的系统设计,而是由供应商设计或直接从市场上采购来的,因此多为通版产品,通版产品虽然能够满足产品的基础功能,但却无法形成特有的产品文化。所以,酒店装饰设计不仅要因地制宜,还要满足酒店经营者和消费者的多元化需求。

随着酒店设计业的日臻完善,"轻装修重装饰"的概念也得到了进一步认证。酒店中的地毯、窗帘、挂画、雕塑和摆设等,大多数都不是现成的产品,而是经过设计师精心设计和挑选的,并根据设计图纸定位做的。所以,很多业主去家具厂选家具的概念是错误的,家具厂并没有现成的家具供你选择,只能说去家具厂考查其透明实力而已。软装设计和采购的精心安排是酒店设计逐步发展和完善的重要力量,因此,在酒店设计过程中,应继续积极推广"轻装修重装饰"的理念,使越来越多的投资者接受这一理念,并从中得到实惠。

酒店筹备有着其特有的特殊性。从规划、设计、施工、开业和运营全过程,都是酒店投资的系统工程。每一个步骤都需要专业化的思考,由专业化人员的认真实行,并且要严格统筹各个专业间的亲密结合,以及筹建筹划的周到性和现场管理的科学性。因此,酒店设计在追求现代化、高科技的同时,还应注重设计本身的含义,将设计融入生活,以口碑张扬品牌,不断满足消费者对美感和实用价值的双向需求。

第二节 酒店工程筹建管理

酒店工程建造包括基建招投标、土建合同与施工、结构建造、装饰施工、样板房、机电施工、园林绿化、室内外装修等方面,及后期的电气、暖通、强弱电、给排水、消防系统、家具及配饰安装等。

一、酒店工程筹建工作的基本原则

酒店的建设不同于一般的建筑工程项目,有着自身的特殊性,表现在规划、设计、施工、开业、运营的全过程,都是酒店投资的系统工程,每一个步骤都需要专业化的思考和专业化人员的认真实施,并且要严格兼顾各专业间的密切联系。

酒店建造项目投资巨大,投资回收周期漫长,又涉及规划、设计、建筑学、结构学、人体工学、美学、环保、管理、装饰学、美学、声光学、心理学、材料学等诸多学科,因此需要很好地加以研究和系统总结。

同时,行业与企业发展战略、发展绿色建筑、人才队伍建设、提升建设工程项目管理水平、智能化酒店等方面的实际工作也都需要系统的、科学的理论来指导,需要职业经理人专业地去实施。因此,星级酒店必须遵循以下基本原则。

(一)筹建计划的周密性

酒店工程设计包括酒店规划设计、建筑方案设计、室内设计、灯光设计(直接光照、间接光照)、智能化设计与场景设计、美学设计、功能布局(如大堂、宴会厅、多功能厅等大空间,及餐饮、客房、会议厅、公共空间、娱乐、SPA等比例,人流、物流设计)等诸多方面,工程繁杂,计划稍有考虑不慎,可能会付出惨重的成本进行返工和补漏。因此,酒店项目筹建计划必须考虑周全,计划缜密。

(二)总体设计的前瞻性

随着人们生活水平和审美水平的提升,消费者对酒店产品的需求不断升级,酒店产品设计必须具备一定的前瞻性,否则可能面临酒店还没建好产品设计就已经落伍的尴尬局面。当前酒店产品出现个性化和多样化趋势,标准化与非标住宿共同发展,酒店设计者必须紧跟新时代市场消费趋势,打造独具特色的酒店IP,提升产品质量。

(三)功能设置的特色性

对于消费者而言,在酒店消费中往往会期待用更少的成本获得比其他酒店更多的体验,因此酒店之间产品设计会更注重功能设计,于是出现新型注重社交体验和生活场景设计的新功能酒店产品。

(四)区域布局的合理性

酒店布局必须做到更加科学和合理,酒店空间布局应符合消费者的生活和消费习惯,方便顾客消费和体验。同时,也需要考虑酒店服务流线的合理性,通过空间和区域布局的合理化改进,对缩短服务流线起着非常关键的作用,并给酒店的运营节约成本。

(五)现场管理的科学性

由于酒店工程筹备中项目繁多,涉及规划、设计、建筑学、结构学、人体工学、美学、环保、管理、装饰学、美学、声光学、心理学、材料学等诸多学科,又涉及酒店规划设计、建筑方案设计、室内设计、灯光设计(直接光照、间接光照)、智能化设计与场景设计、美学设计、功能布局多方面内容,存在多工种同场施工,且工期有限,因此需要科学的现场管理,才能保证各施工线按质按时完成各自施工任务。

现场管理必须首先要求各施工单位在合同工期要求内,完成施工任务,以实现企业经营目标的需要,控制施工进度,履约合同工期是主要的工作内容。编制施工进度计划时,必须做好工程项目施工准备,主要拟对所用人力、施工设备、资源供应、施工方案的选择能否满足完成计划工程的需要,工作程序选择的合理、实用,设备的配套,供应资源的合理,工作空间布置、时间等做统筹安排,材料供应和周转等方面都会对施工进度计划有所影响。因此,科学和严谨的管理显得十分重要,并注意分析影响工程进度的风险,采取风险管理措施,以减少进度失控的风险。

二、酒店筹建组织架构

酒店筹备通常需要设立筹备机构,配置筹备团队。酒店筹建团队分两类:一类是负责筹建酒店,一类是负责开业筹备,各设一名副组长,整个团队设一名组长。负责筹建的专业工程技术人员需求如下。

(1)土建工程师:要求具有高星级酒店建筑施工经验,能够处理现场施工问题。

(2)结构工程师:要求具有高层建筑结构施工经验,能在符合规范的前提下,最大限度地控制钢含量,对建筑设计院的结构图能够提出优化建议。

(3)给排水工程师:要求具有高星级酒店给排水施工经验,熟悉酒店中水系统,知晓相应施工材料,能够处理现场施工问题。

(4)暖通工程师:要求具有高星级酒店暖通施工经验,熟悉中央空调各类品牌,熟悉管道材料及末端设备的选型、基本市场价格,能够处理现场施工问题。

(5)电气工程师:要求具有高星级酒店电气施工经验,熟悉配发电、中央空调、电梯、泵房设备等大功率设备的用电配置,餐饮、会议、客房等经营场所的规范用电标准与实际需求的差距经验等等。

(6)弱电工程师:要求具备高星级酒店弱电系统设计、施工经验,熟悉高星级酒店的弱电项目配置,熟悉综合布线、计算机网络、程控交换机、楼宇自控、火灾自动报警及消防联动、安全监控报警、客房 RCU 智能控制(含 VOD 点播)、停车场管理、电子巡更、无线对讲、卫星电视、电子信息显示、多媒体会议、酒店管理等各系统的功能、配置、常用产品性价比。

三、酒店工程的总体计划

酒店工程筹备计划是保证项目顺利完成的纲领性文件和安排,是各方面必须遵守的施工进度要求。酒店工程筹备计划包括总体计划和各方面专门的计划。

(一)设计总体计划

(1)根据项目的竣工时间计划,要求土建、装修方做出详细的、切实可行的施工计划横道图,并做出奖惩约定。

(2)要求消防、给排水、强电、弱电(含楼控、安全监控、客房智能控制、会议设备、综合布线等)、暖通末端安装等施工方,根据项目要求的竣工计划及土建、装修的施工计划做出自己的详细可行的施工计划。

(3)要求设备厂家,如中央空调、电梯、锅炉、水蓄冷设备、游泳池、桑拿、洗衣设备等厂家,做出设备安装预埋、到场、安装、调试的计划。

(4)由甲方召集所有乙方,统一根据其各自制作的施工计划,综合进行调整,最终制定出一份同意的工程施工时间计划表,同时附带奖惩内容,并由各相关负责人签字确认、复印分发。

(二)酒店土建工程控制进度节点计划

1.按项目组成分解,确定各单位工程开工及动用日期

各单位工程的进度目标在工程项目建设总进度计划及建设工程年度计划中都有体现。在施工阶段应进一步明确各单位开工和交工动用日期,以确保施工总进度目标的实现。

2.按承包单位分解,明确分工条件和承包责任

在一个单位工程中有多个承包单位参加施工时,应按承包单位将单位工程的进度目标分解,确定出各分包单位的进度目标,列入分包合同,以便落实分包责任,并根据各专业工程交叉施工方案和前后衔接条件,明确不同承包单位工作面交接的条件和时间。

3.按施工节段分解,划定进度控制分界点

根据工程项目的特点,将其施工分成几个阶段,如土建工程分为基础、结

构和内外装修阶段。每一阶段的起止时间都要有明确的标志,特别是不同单位承包的不同施工阶段之间,要更明确划定时间分界点,以此作为进度控制的标志,从而使单位工程动用目标具体化。

4.按计划期分解,组织综合施工

将工程项目的施工进度控制目标按年度、季度、月度进行分解,并用实物工程量、货币工作量等表示,将更有利于现场工程师明确对各单位的进度要求。同时,还可以据此监督其实施,检查其完成情况。计划期越短,进度目标越细,进度跟踪就越及时有效,发生进度目标偏差的时候就更可以有效地采取措施予以纠正。这样,就形成一个有计划、有步骤的协调施工,长期目标对短期目标自上而下地逐级管理,短期目标对长期目标自下而上地逐级保证,最终达到工程项目按期竣工交付使用。

(三)酒店机电、水电、弱电工程控制进度节点计划

内容略。

(四)室内装修工程节点进度控制计划

内容略。

(五)安装工程计划

内容略。

四、工程控制

工程进度控制的依据是开工前施工组织设计中工程进度计划安排,通常这个进度计划是在满足工期要求的前提下,由施工单位根据企业的施工能力和项目的具体情况来编制的。

监理在工程进度监控中要及时掌握工程进度,与事先审批通过的进度计划进行对比,对滞后严重的要进行书面的警告,可要求施工单位增加人员、设备等的投入以提高工程进度,确保按时交工。对于工期严重超前的,要根据情况,增加对工程质量的监控,以避免因追求速度而影响质量的情况发生。

第三节 酒店工程筹建实施

酒店工程建造包括基建招投标、土建合同与施工、结构建造、装饰施工、样板房、机电施工、园林绿化、室内外装修等方面,及后期的电气、暖通、强弱电、给排水、消防系统、家具及配饰安装等。

一、基建装修主要内容

(一)主要筹建筹备内容

施工要求、土建、设备安装督导、室内外装修装饰、道路管网工程、环保工程、基建数据归档等。

(二)参与团队组成

酒店建设者、监理、内外装修装饰设计及施工人员、酒店筹建人员。

(三)项目管理内容

采购计划和招标及实施,合同签订和执行及监督,各种实施计划,安全计划,项目进展报告,进度、费用、质量、安全的控制,范围变更控制,生产管理,现场管理及环境控制。漏水问题是日后维保较头痛的问题,必须严格把控质量关。

(四)重点问题

(1)检查防水处理是否严实、天面管道井与消防管连通接口是否有问题,伸缩缝隔音处理是否完成,卫生间防水处理是否严密,水渍净化处理系统是否符合客房和餐饮部客用。

(2)电量测算是否够负荷,发电机变压器及高低压配电房安装及防鼠、防水、防潮是否存在问题。

(3)中央空调系统的机房和水塔节能问题。

(4)电梯开关位和盘机位是否操作方便,高层建筑不能长期占用电梯,是否需要配备圆筒布草槽。

(5)消防管道是否渗漏,监控设备是否清晰,报警系统可否复位,烟感灵敏度不可太高,喷淋嘴是否被施工损坏,水带、水枪、灭火器及箱标记是否明确,消防试水建议在没铺地毯、没贴墙纸、没进家私之前进行,走火通道的防火门及隔离墙是否灵活,指示牌箭头及灯的插座位是否按标准安装。

(6)灯光音响系统调试后是否做好防尘措施,地下电缆、电脑系统(点歌点菜系统、客房软件系统、财务管理系统、考勤系统)、交换机、广播系统、会议系统、有线电视线路、手机信号测试、电话线路、宽带网络与超长放大器、内网连通是否正常。

(7)地下油库、管道煤气、热水锅炉房、电房安装后,是否已经确定安全措施和巡查制度,泳池设备设施和水循环系统及清洁池是否能正常使用。

(8)不要忽略对酒店假山、园林、浮雕、喷泉、仿真花木、停车场车库系统、水族观赏设备的保护,特别是有台风的地区,园林树木在没生根前,绝对不能只为了美观而提前撤掉支架;不要忘记给员工配备娱乐设施,如网球场、台球设备、羽毛球设备、篮球场、上网场地等。上网是目前员工的需求,酒店配备"员工电子阅览室",可以减少员工外出上网存在的不确定安全隐患。

(9)户外大型宣传广告及公路路牌,必须在酒店正式确立试营业日期后再面市,因为酒店筹备开张日期一般都会因为工程问题一拖再拖,决不能给外界造成说话不算数的印象。

(10)安排酒店内部星评小组成员,在筹备期间对照《酒店星级申请报告》进行逐项检查,填写酒店建筑结构和设计施工单位及设施设备来源等,并逐项检查配套设施是否符合要求,比如洗手间(厕纸架、浴缸扶手、烘干机插座、毛巾架、浴帘、挂式电话、地漏渗水)、残疾人洗手间(扶手架、推车斜坡),在残疾人房测试推车用的洗手间可否转弯,很多酒店在施工时,大堂门口都忘记留残疾人通道,直到星评前才切开大理石重做,先不谈浪费的问题,这是严重缺乏服务意识的表现。

二、工程筹建步骤

(1)规划审批和立项审批。

(2)酒店设计。

① 建筑设计:委托设计、概念设计及概算、施工图设计、扩初设计、机电和技术设计配套等及预算。

② 平面方案设计单位招标、投标、定标、设计方案定稿。

③ 机电人员、设计师、业主方沟通;电气、给排水、消防系统、智能化设计、家具及配饰设计。

(3)图纸审查、优化、确定及所有合格证的办理,消防、暖通、强弱电、给排水等专业协调。

(4)工程报建。

(5)土建:土建招标、土建施工合同签订;水、电、消防系统确保管道位置和房间布局吻合。

(6)道路管网与设备安装工程(包括水电、消防等):设备、设施的选择、比价、定购;设备、设施安装。

(7)土建各单项工程验收及综合验收。

(8)园林绿化与内外装饰。

① 灯光设计：直接光照、间接光照、智能化场景。

② 样板房：检验设计效果，检验施工水平，核算成本造价，确定调整方案。

③ 装饰施工：内装修设计招投标、设计方案确定、内装修安装进场；家具及配饰的设计、定制、布场；地毯、窗帘、挂画、雕塑、摆设协调。

三、土建建设

酒店筹备中的土建建设有大量的实际工作要做，但主要无非是内外两大方面。

外土建主要指建筑外形与外围建设，有了企业文化为主题，产品策划也到位，土建就是实际去搭建梦想的舞台了。酒店的外形框架形象彰显的是企业文化，高端酒店的外形无不高大雄伟或者结构巧妙，早期的白天鹅酒店、建国酒店，现在新出的吴宫喜来登、云南丽江的悦榕山庄，甚至国外迪拜的帆船酒店等等，细细考究，无不在土建外形上将豪华奢侈或区域文化体现得淋漓尽致，这就要求我们在规划土建时要将酒店的建筑外形设计好，表达的主题造型清楚，结构明显，能让宾客一看就留下深刻的印象。

外土建其次还要做好店外的园林景致设计，园林是绿叶，主建筑是红花，再好的红花没有绿叶陪衬就会逊色三分，特别是景区休闲酒店的园林就更需要认真考究了，既要注意功能化的合理性，如车流、停车等功能化的安排，又要有艺术品位，力争做到一步一景。与建筑主题相一致，起到良好的陪衬作用。

内土建主要是强调功能化的土建粗胚，比如层高、消防通道、房间面积、避难楼层、会议预留、电梯井等等，这就要求土建规划时按照企业文化与产品设计的要求，来合理安排好每层建筑的内部关系，不能出现在重要地方无法改动（主结构是不能动的），造成后来的被动。笔者曾经被邀约至长沙一个酒店担任顾问，土建出来了，投资方要打造所在区域的最好酒店，说按照五星装饰，做成一家豪华四星级酒店，当我们实地考察完再看平面图发现，酒店客房面积只有17平方米左右，又无法改动。这就是一个很好的案例，投资方连酒店星级标准的基本要求都不懂就嚷嚷做豪华四星级，说明在土建规划时没有认真研究产品设计，也没有认真研究星级标准，到后来才发现走了大弯路，造成不可估量的损失。

四、装饰设计

土建是由外向里，装饰是由里向外，所以如果土建与装饰事前不能同步策划沟通，后来出现设计上的矛盾是必然的，酒店投资需要在第一步就应该请到酒店专业管理者,在土建规划之时,要集中专家和各方面工作人员一起策划,以降低后来的误差率。

(一)装饰关键因素

酒店装饰内容很多,关键要做好以下几点。

(1)装饰主色调及文化解释:主色调是整个装饰的色彩定位与基调,同时主色调必须蕴含与酒店一致的文化,能体现酒店的企业精神,表达酒店的企业文化。

(2)装饰主结构及文化解释:主结构是表达设计的手法,结构明显,易于宾客留下深刻印象,建议简单、轻快,不宜过于复杂。

(3)装饰主图案及文化解释:装饰主图案必须与酒店的店徽相结合,与酒店的企业文化相结合,要高贵典雅、主题突出、便于记忆,好的装饰主图案是酒店文化的重要符号。

(4)装饰材料及文化解释:装饰材料是表达企业文化的基本素材,用什么样的材料,为什么用这样的材料都是一个科学与艺术的处理过程。

(5)功能布局的人性化:装饰时一定要从宾客体验的角度来进行功能布局,许多时候,业主方与装饰方基于经济上的考虑,没有从宾客角度考虑,在装饰设计上不顾消费者实际需求,很容易造成流线上、使用上的不方便,这一点,是许多酒店易犯的一个错误。

做好酒店装饰设计还要选择好装饰公司,签订规范的装饰合同,审核装饰报价,做好现场监工、及时沟通协调等等,装饰工作有很多具象的工作,但只要沉下心来,积极协调,努力工作,做好酒店的装饰工作不是一件很难的事情。

(二)装修设计内容

1. 外观

对整体外观提出装修设计要求,包括但不限于外立面、窗户、灯箱(霓虹灯)、大堂正门、屋顶、外围绿化、停车场、垃圾房等。

2. 大堂

对大堂内功能区的装修设计描述及附属设施清单,包括但不限于总服务台、礼宾台、贵重物品保险室、大堂副理、休息区、公用电话、公共卫生间、商店以及灯光、照明、插座等。

3. 餐厅

对各类型餐厅包括中餐、西餐、酒吧的定位,色彩搭配,风格,流线设计,通风和排烟,灯光照明,艺术设计,功能配置以及家具等。

4.客房

(1)客房包括隔音要求、客房面积、入户门、门锁、插座、照明开关、衣橱、活动家具、床型、迷你吧、智能化系统(如有)等。

(2)客房卫生间包括卫生间面积、五金件、洁具、洗脸台、马桶、灯具/照明、淋浴间、浴缸以及灯光、照明、排风、天花、地面等。

(3)客房走廊包括走廊的装饰、灯光照明、标识照明、地面墙面、插座等。

(4)客房服务间包括储藏间、消毒间和卫生间。

(5)总统套房包括面积、平面结构、装饰风格、家具选择、软装饰等。

(6)防火楼梯是消防硬性要求和指标。

5.其他方面

(1)库房和机房的设置应远离客房和消费区。

(2)灯光环境设计和应急照明系统。

(3)残疾人系统。

(4)背景音乐系统。

(5)标识系统。

(6)家具选择。

(7)员工服饰系统。

(8)会议音响系统,需要由专业公司设计安装。

(9)厨房设计,需要专业公司设计安装。

第十章
酒店营业筹备

酒店营业筹备就是正式接受业主方委托,酒店管理团队根据酒店开业筹备需要和酒店相应的规格要求,以进驻现场的方式,全方位协助业主筹备酒店开业前的从工程验收到开业庆典的一切工作。

本章将着重介绍酒店管理模式、酒店开业物资采购与证照手续办理、开业市场推广与品牌拓展和营业筹备等方面。

第一节 酒店管理模式

酒店营业之前首先必须选择合适的管理模式,确定管理主体和品牌选择,才能根据不同的管理模式和管理文化进行营业筹备。酒店管理模式是指酒店建好以后由谁来管理、使用什么品牌的问题。酒店管理模式通常有以下六种模式。

一、自主管理

自主管理模式是国内外酒店集团较常用的管理模式,酒店投资者不与任何外部公司产生任何关系,采用自己经营管理的方式运营酒店,也就是选择单体酒店(Independent Hotel)的存在方式。这种单体酒店的经营方式在我国最为常见,目前大量的国有酒店、地方资金投资的酒店和房地产商开发的酒店大都采用了这种方式。它们拥有自己的酒店品牌,自己负责全权管理,大部分房地产企业下的酒店集团通常也会考虑以自主管理的方式管理自有品牌。

（一）优势

自主管理的优势在于酒店管理方拥有酒店管理运营的决策权,减少了许多投资人和管理集团之间的矛盾摩擦甚至法律纠纷,与其他投资方的合作相对稳定,比较容易达成初期的运营目标。

另外,自主经营的模式还为酒店投资人节约了高昂的管理费。

这一模式成功与否的关键是人才问题,如果酒店投资者拥有良好的管理人才,酒店就可以获得良好的发展,他们就会为所管理的酒店制定出最合适、最具个性化的管理和服务的政策和程序。只要投资人给予管理团队宽松的环境,这些管理人才就会表现出对酒店较高的忠诚度,因为这样组合的管理团队以当地人为主,所以管理的稳定性较强,不会像一些委托管理的酒店,只要管理公司撤出,酒店的管理就会出现断档,效益严重滑坡,酒店从此一蹶不振。

（二）劣势

自主管理的劣势在于酒店无法获得通过网络化和连锁经营实现的规模经济,在提高酒店品牌知名度和扩大营销渠道方面存在一定的困难。对于国际酒店集团来说,其发展会受到一定的制约,因此,国际酒店集团中选择自主管理模式的较少,国内房地产企业因为自身拥有大量的资金会多数选择自主管理模式。

选择自主管理的酒店案例有半岛酒店和香格里拉酒店。

二、委托管理

委托管理模式是国内外酒店集团的主流管理模式,通过酒店业主与酒店管理集团签署管理合同来约定双方的权利、义务和责任,以确保管理集团能以自己的管理风格、服务规范、质量标准和运营方式来向被管理的酒店输出专业技术、管理人才和管理模式,并向被管理酒店收取一定比例的基本管理费和奖励管理费的管理方式。

酒店委托管理的核心是酒店管理合同,它是双方权利与义务得以实现的保证。

作为代理人,酒店管理公司以酒店业主的名义,拥有酒店的经营自主权,负责酒店日常经营管理,定期向酒店业主上交财务报表和酒店经营现金流,并根据合同约定获得管理酬金。

作为委托人,酒店业主提供酒店土地使用权、建筑、家具、设备设施、运营资本等,并承担相应的法律与财务责任。近年来,一批批规模不同、档次不一的现代化酒店在国内和国外品牌酒店管理公司的委托管理下,其管理理念、经营模式和管理水平已渐渐接近欧美发达国家的酒店业水平,委托管理可谓是功不可没。

（一）优势

委托管理的优势在于管理团队拥有较强的酒店管理经验和能力，对下属酒店进行紧密的控制与管理，同时减少投资风险，利润较高。

（二）劣势

1. 业主方所需承担的人力成本较高

聘请专业的酒店管理公司往往需要支付高昂的管理费用和管理人员的开支，使酒店的经营利润受到严重侵蚀。

2. 业主方与酒店管理公司容易引起纠纷

近年来，国内的酒店业主已经逐渐意识到了国际酒店管理品牌的高成本和外派人员与本土员工在文化等方面的差异，而业主方与酒店管理公司起纠纷的事件也层出不穷。所以，不少业主方采取短期委托管理模式以确保酒店走上经营轨道。

3. 减弱业主方对酒店的控制权

这种管理形式的缺点还在于投资者必须将酒店的管理权让给管理公司，因而对酒店经营管理的控制大大降低。

中国当前酒店业的管理水平整体上与世界酒店集团管理水平还存在一定的差距，一些大中型城市特别是省会城市的极少数豪华大型酒店，有必要聘请国外著名品牌的酒店管理公司来管理，甚至有必要聘请国外一流的酒店设计大师来设计酒店，帮助我们在酒店建设和管理方面积累先进经验，为创立和发展我国自己的酒店品牌提供借鉴和帮助。但这类酒店的投资者必须具备较强的经济实力，且酒店的预期效益能支撑住高额的管理费和外聘人员的工资福利待遇。需要注意的是，聘请的国外人才一定是一流的，购买的管理服务必须是最先进的，所花的钱必须用在刀刃上。

三、特许经营

特许经营模式在国外比较流行，但在国内发展受限，是以特许经营权的转让为核心的一种经营方式，是利用管理集团自己的专有技术、品牌与酒店业主的资本相结合的方式来扩张经营规模的一种商业发展模式。

通过认购特许经营权的方式将管理集团所拥有的具有知识产权性质的品牌名称、注册商标、定型技术、经营方式、操作程序、预订系统及采购网络等无形资产的使用权转让给受许酒店，并一次性收取特许经营权转让费或初始费，以及每月根据营业收入收取浮动的特许经营服务费（包括公关广告费、网络预订费、员工培训费、顾问咨询费等）的管理方式。

（一）优势

1. 节约管理成本

和委托管理相比，投资人无须向酒店管理集团缴纳高额的管理费和付给管理团队大笔的人员工资福利费，从表面上来看，能够节约一大笔费用，可以有效地进行低成本扩张和品牌输出，减少直接投入和资金风险。

2. 保住酒店控制权

酒店的管理权仍在自己手中，满足了一些中国人喜欢自己说了算的虚荣心理。

3. 提高酒店知名度

能让酒店披上一件光彩夺目的外衣，为提高企业形象、提升酒店知名度走了捷径，有助于提高品牌影响率与市场占有率。

（二）劣势

特许经营的缺点在于品牌输出方对成员酒店缺乏直接经营管理权，服务质量可能失去控制，引起顾客的不满，同时存在一定的潜在投资与负债风险。

对于加盟酒店自身而言，实行特许经营以后，酒店的一切经营活动均受到一定限制，其只能按照酒店集团总部授予的经营模式进行经营，从而限制了自己的创造力，更谈不上创立自己的品牌。酒店集团总部的政策和决策万一失误，还会影响加盟酒店的经营。

所以，特许经营的出让方在选择受让方时需考虑企业的长期利益，不能为了扩张市场而降低加盟条件和资格，受让方在选择酒店品牌时应考虑周全，避免功利主义错误的发生。

（三）案例

由于特许人不需要像委托管理那样组织庞大的管理队伍，没了寻找优秀管理人才的负担，所以这种管理形式的扩张速度特别迅猛。许多国际酒店集团在中国的扩张也采用了特许经营模式，获得了迅速发展。如温德姆旗下的华美达，近年来以特许经营的方式在中国攻城略地，在武汉、大连、苏州、广州、杭州等地都发展了加盟店，并以每年10至20家新加盟店的速度扩张。温德姆、天天集团、豪生和最佳西方等集团每年也以5至10家的速度扩张。

温德姆酒店集团旗下16个品牌7645家酒店中，7585家酒店采用特许经营（加盟）的模式，58家酒店采用委托管理模式，有2家酒店是自有的。温德姆酒店集团为特许经营酒店提供管理系统、培训系统和检验机制来保证品质。

温德姆酒店集团在中国有7个品牌，分别为：温德姆花园酒店、温德姆至尊酒店、温德姆酒店及度假酒店（以上品牌由温德姆酒店集团营运）、华美达酒店、豪生酒店、戴斯酒店、速8酒店。

华美达品牌,创立于 1954 年美国亚利桑那。在中国的特许经营具有优势,是因为特许经营费是客房收入的 5%,而不以酒店全部营业收入计。

四、合作经营

这种管理形式的特点是,让委托管理方成为酒店的股东,简称带资管理。选择带资管理合同,意味着酒店管理公司参股酒店,和酒店业主成为联合投资人。

带资管理是管理咨询界很常用的方式,就是资本和管理同时进行,这种带资管理的方式主要体现在国际或国内的品牌酒店管理公司。其中最典型的是香格里拉集团,在国内管理的 28 家酒店都是带资管理。国内的锦江集团、华天集团的扩张在很大程度上依赖于这种带资管理的方式。

带资管理的方式严格地说不是国际上的通行方式,但却是现在中国市场上比较时髦的产物,通过控股或参股或间接投资方式来获取酒店经营管理权,并对其下属系列酒店实行相同的品牌标识、服务程序、预订网络、采购系统、组织结构、财务制度、政策标准、企业文化以及经营理念。

(一)优势

这种管理方式的优点是,管理公司和酒店业主的利益捆绑到了一起,防止管理公司做出不利于业主的决策。

酒店管理公司参股后,就会在经营管理方面更加尽心,在用人、用钱方面会更加用心,在制定政策和决策时会更加细心和小心。同时,管理公司通过对酒店的参股或控股,可以提高对被托管酒店的控制力,加强在制订酒店战略计划和设计经营管理方面的话语权,促进管理公司平稳健康的发展。

因此,对于那些资金不足而又缺乏管理经验和管理资源的酒店业主,合作经营不失为一种较好的选择,往往能达到双赢的良好效果。

(二)劣势

对于酒店业主而言,酒店将损失一定的股权,并在利益分配中损失部分利润。

现在业主多数还控股,只能派少数代表监督管理,所以,未参加主要经营管理的一方总会担心参股的酒店管理方做手脚,让自己的应得利益受损。

五、租赁管理

酒店租赁管理是物业方和租赁方双方签订租赁契约,依法对酒店物业租赁的主体和客体、租金与契约进行的一系列管理活动。酒店租赁给他人经营,其原因是多种多样的,或是因为自有建设资金不足,或是因为没有管理酒店的人才和经验,或是因为需筹集资金建设其他项目,或是因为自己经营亏本。

(一)建筑主体租赁

有些建筑建设方已将机电安装做完,那么承租人只需投入室内装修。这种租赁期应在十年或十年以上,若是期限过短,承租人一般不会租赁,因为酒店的回报并不高,要收回投入的建设成本,还要有利可图,所以这种租赁方式的期限一般在十至十五年,且考虑到物价上涨因素,在租赁的第二年起或第四年起有个租金上涨幅度。

若是租赁期为十年,承租人一般会在中间时段对酒店改造一次,若租赁期为十五年,承租人一般会对酒店改造两次。另外,租赁人应考虑到酒店的设计和建设周期,给予承租人合理的安装和装修时间,在此期间不收租金。

这种租赁方式优点很多,比较可取。首先由于承租人需带资建设,投入较多,避免了租赁经营中常会出现的短期行为。其次,承租人可以按照自己的使用要求进行设计和建设,方便日后的经营和管理,易于酒店产生效益,租赁人就可以收到租金。最后,由于这种方式的租赁期较长,所以承租人会尽心尽力设法经营好酒店,无形中使整个物业保值增值,为租赁方创造财富。

(二)酒店装修完成出租

有些业主本来想自己经营,把酒店建成后,发现找不到合适的管理人才,又担心自己经营不好;或是因为其他项目缺乏资金,于是决定把酒店租赁出去。有些业主原本自己经营,但年年亏损,又找不到扭亏转盈的人才或办法,所以无奈之下把酒店打包出租。

投资人在采用这种租赁方式时要特别谨慎。首先租赁期不宜长,一般应在三年至五年。其次,要看承租人的经济实力如何,合同中应写明一定数额的抵押金和起码提前半年租金预付。再次,承租人经营口碑较好,有同类酒店管理经验者为宜。最后,承租人最好有自己的酒店品牌。

总之,酒店投资人在出租自己酒店物业时,不要一味追求租金的多少,重点考查承租人的口碑、经济实力,以及有无同类酒店成功经营管理的经验。这种方式可用于较小规模、较低档次的酒店,那些规模较大、档次较高的酒店不宜采用这种经营方式。

六、营销联盟

(一)立鼎世

1928年,一群独具开创精神和前瞻视野的欧洲酒店业主,创立了酒店联盟集团立鼎世(The Leading Hotels of the World,LHW),专门吸纳个体五星级酒店为成员。创立伊始,立鼎世酒店集团旗下拥有38家成员酒店,当时被称作"欧洲及埃及奢华酒店组织"。第一家立鼎世办公室成立于纽约,其目标是更加充分、全面地与旅行社合作,并在美国市场推广立鼎世酒店,为前往欧洲的美国公民提供服务。如今,立鼎世已发展为全球大规模的奢华酒店集团,在全球80余个国家拥有400多家酒店。

集团有销售团队、呼叫中心和市场推广,由不同的管理方来管理,每年缴纳管理费便能获得立鼎世的销售和推广。

立鼎世每年对成员酒店的每间客房收取600美元管理费,这在立鼎世总收入中占比超过一半,立鼎世对于成员酒店的挑选涉及1000多个条款,通过立鼎世呼叫中心、网站和全球分销系统渠道预订房间,立鼎世可获提成。

立鼎世会员每年付1200美元的年费,立鼎世对富豪会员实行邀请准入的制度,宣布为5万个限定名额。

立鼎世在全球有24个销售办公室,立鼎世纽约总部有一个30人的团队专门负责策划这类吸引游客入住的推广计划,立鼎世每年会推出超过100个促销主题,成员酒店可以挑选适合自己的项目参与。立鼎世和20多家诸如私人管家、游艇、演艺等第三方公司合作。

(二)小型奢华酒店联盟

1989年,全球小型豪华酒店联盟(SLH)成立,拥有遍及70多个国家的520多家酒店,SLH要求旗下成员酒店除了独具个性和魅力,饱含当地特色,还要在每一个方面都能提供最高标准的服务。SLH每隔一年派出秘密考察员,对所有的酒店进行再考核。会员被分为Special(特别)、Loved(宠爱)和Honoured(尊容)三个等级。

与传统的五星级酒店不同,Small Luxury Hotels of the World旗下的成员酒店都是独立经营,许多都拥有酒店主人个人独特的风格。一般SLH的酒店拥有50间左右的客房,因此服务人员可以为宾客提供富有个性的体验,让每一位宾客都感受到贴心的享受。同时,与那些拥有几百间客房的酒店不同,这些酒店对所在的环境以及社区不会带来很大的影响,相反,这些酒店关注周边文化,与邻近社区相结合,为客人提供最地道的当地体验。这也就是人们一直在强调的小酒店,大体验。

SLH本身并未拥有资产或是员工,而是全部酒店成员所共有的非营利性组织。选出的董事会成员代表全世界各地酒店成员的利益。HGA是负责小型全球豪华酒店全球事务管理的公司,负责SLH的战略咨询。

(三)酒店推广组织World Hotels

1970年,World Hotels的前身,Steigenberger订房系统在法兰克福诞生,后也称为国际独立酒店集团世尊国际酒店及度假村集团,在全球170多个国家和地区拥有36000多家住宿物业。Hostel world Group是全球最大的在线主机预订平台,在全球范围内引发了社交体验,是一个为千禧一代和其他精打细算的旅行者寻求冒险和社交旅行体验的领先品牌。

HSW 是全球青年旅社的一个重要分销渠道，提供了一个市场领先的以主机为中心的在线预订平台。与大多数其他大型在线旅行社相比，HSW 为住宿提供商提供了更低的成本分销渠道。住宿供应商也有机会在 HSW 的网站上提升他们的知名度，以推动床位的销售。住宿提供商还可以使用 HSW 的在线物业管理系统，这是一种预订引擎技术，可以用来管理日常业务，从入住到库存管理。

World Hotels 集团将全球会员酒店按照豪华系列（Deluxe Collection）、头等系列（First Class Collection）及舒适系列（Comfort Collection）三个等级分类，各加盟会员，无论在硬件设施及软件服务上必须达到与之相对应的严格质量标准，以保证通过 WORLDHOTELS 预订酒店的客人可以在全球享受到一贯的服务品质。

第二节　证照办理与物资采购

酒店作为面向市场参与经营与竞争的企业，必须按照国家管理企业的法律法规合法经营，因此酒店开业前必须完成证照的办理。企业开业中除硬件建筑和装饰完成外，运营和生产过程中还需要一些物资，用于酒店的正常运作。本节将分别介绍酒店开业前的证照办理和物资采购的内容。

一、申报证照

酒店经营需要办理的证照较多，主要包括营业执照、税务登记证、特种行业许可证等。

（一）营业执照

营业执照是工商行政管理机关发给工商企业、个体经营者的准许从事某项生产经营活动的凭证。其格式由国家工商行政管理局统一规定。其登记事项为：名称、地址、负责人、资金数额、经济成分、经营范围、经营方式、从业人数、经营期限等。营业执照分正本和副本，二者具有相同的法律效力。正本应当置于公司住所或营业场所的醒目位置，营业执照不得伪造、涂改、出租、出借、转让。没有营业执照的工商企业或个体经营者一律不许开业，不得刻制公章、签订合同、注册商标、刊登广告，银行不予开立账户。具体办理流程如下。

1.核准名称

核准名称主要是对酒店拟提出的名字进行重名和规范的核准，以免出现与已注册的企业重名或者所申请的名称不符合相关规定。

核准名称需要提供全体投资人的身份证复印件、注册资金的额度及全体投资人的投资额度、公司名称(最好提供5个以上)、公司大概经营范围给工商管理部门办理。

2.验资

核准名称后,凭工商所核发的查名核准单及银行询证函去银行办理注册资金进账手续,办理完后从银行领取投资人缴款单和对账单,随后由会计师事务所办理验资报告。

3.办理营业执照

办理营业执照需要提供公司董事长或执行董事签署的公司设立登记申请书、公司申请登记的委托书、股东会决议、董事会决议、监事会决议、章程、股东或者发起人的法人资格证明或自然人身份证明、董事监事经理董事长或者董事的任职证明、董事监事经理的身份证复印件、验资报告、住所使用证明(租房协议、产权证)、公司的经营范围中属于法律法规规定必须报经审批的项目的批准文件等材料。资料齐全后报工商局审批,随后核发营业执照。

4.其他事项

领取营业执照后,并不能马上开业,还必须办理以下事项。

(1)刻章等事项。

凭营业执照,到公安局指定刻章点办理公司公章、财务章、合同章、法人代表章、发票章,至此,一个公司注册完成。

(2)办理银行基本户。

公司注册完成后,需要办理银行基本户开户。基本户是公司资金往来的主要账户,经营活动的日常资金收付以及工资、奖金和现金的支取都可以通过这个账户来办理。每个公司只能开一个基本户。

(3)记账报税。

完成公司注册后,需先办理税务报到,报到时需提供一名会计的信息(包括姓名、身份证号、联系电话)。公司成立后一个月起,需要会计每月记账并向税务机关申报纳税。企业准备好资料到专管所报到后,税务局将核定企业缴纳税金的种类、税率、申报税金的时间以及企业的税务专管员。企业日后将根据税务部门核定的税金进行申报与缴纳。

(4)缴纳社保。

公司注册完成后,需要在30天内到所在区域管辖的社保局开设公司社保账户,办理《社保登记证》及CA证书,并和社保、银行签订三方协议。之后,社保的相关费用会在缴纳社保时自动从银行基本户里扣除。

(5)申请税控及发票。

如果企业要开发票,需要申办税控器,参加税控使用培训,核定申请发票。

完成申请后,企业就可以自行开具发票了。

(6)企业年报。

根据《企业信息公示暂行条例》规定,每年1月1日至6月30日,企业应当报送上一年度年度报告,内容包括公司基本情况简介、主要财务数据和指标、股本变动及股东情况等等。

为了获得酒店的营业资格,业主必须事先获得《公共场所卫生许可证》、《餐饮服务许可证》、《特种行业许可证》。

(二)办理税务登记证

税务登记证,是从事生产、经营的纳税人向生产、经营地或者纳税义务发生地的主管税务机关申报办理税务登记时,所颁发的登记凭证。除按照规定不需要发给税务登记证件的外,纳税人办理开立银行账户、申请减税、免税、退税等事项时,必须持税务登记证件。纳税人应将税务登记证件正本在其生产、经营场所或者办公场所公开悬挂,接受税务机关检查。

2015年10月1日起,将企业依次申请的工商营业执照、组织机构代码证和税务登记证实行三证合为一证,提高市场准入效率;"一照一码"则是在此基础上更进一步,通过"一口受理、并联审批、信息共享、结果互认",实现由一个部门核发加载统一社会信用代码的营业执照。

(三)酒店开业需要的其他证件

1.《消防安全合格鉴定书》

《消防安全合格鉴定书》发证机关:消防部门。酒店需要通过获得《消防安全合格鉴定书》来证明其达到防火标准,该证通常发给业主。

2.《特种行业许可证》

《特种行业许可证》发证机关:公安部门。通常发给业主。由于住宿业被公安部门视为特种行业之一,因此开设酒店必须获得《特种行业许可证》。酒店为了申请《特种行业许可证》需要提交如下材料:《房屋所有权证书》或租约、《房屋质量安全鉴定书》、《消防安全合格鉴定书》等。

3.《公共场所卫生许可证》

《公共场所卫生许可证》发证机关:卫生局。通常发给业主。公司经营住宿、游泳池、洗浴中心或公共文化娱乐场所需要获得《公共场所卫生许可证》。特别需要指出的是,如果酒店有住宿、游泳池、洗浴中心和公共文化娱乐场所,则酒店每一个经营场所均需要一个《公共场所卫生许可证》。

4.《食品卫生许可证》

《食品卫生许可证》发证机关:卫生局。通常发给业主。酒店经营餐饮业需要事先获得《食品卫生许可证》,酒店可以为每一个经营餐饮的餐饮点申请一个《食品卫生许可证》。比如一个酒店拥有3个餐厅、2个酒吧、1个咖啡厅,则酒店可以申请6个许可或仅申请一个覆盖6个店面的许可。在实际操作中,最好每一个餐饮点办理一个独立的食品卫生许可证;如果所有餐饮点都办理一个统一的食品卫生许可证,那么如果一个餐饮点违规操作被停牌,其他所有餐饮点都被停牌而不能经营。

5.《文化经营许可证》

《文化经营许可证》发证机关:文化管理部门。通常发给业主。包括保龄球馆、棋牌室和经营性舞厅在内的公共娱乐场所均需要获得《文化经营许可证》,但如果酒店中的酒吧希望邀请乐队或者歌手来表演,应当由乐队或歌手的经纪人向文化管理部门提出申请,申请《营业性演出经营许可证》,而不是由酒店方申请。

6.《进口酒类销售许可证》

《进口酒类销售许可证》包含《进口货物许可证》、《海关专用缴款书》、《卫生证书》。发证机关:商务主管部门。通常发给酒店非法人分支机构。如果酒店销售进口酒类,需要获得具备上述三项证明文件,但酒店销售国产酒类则无需此要求,但要到有关部门备案。从事酒类零售的单位应当在取得营业执照后60日内,按属地管理原则,向登记注册地工商行政管理部门的同级商务主管部门办理备案登记。

7.《烟草专卖零售许可证》

《烟草专卖零售许可证》发证机关:烟草专卖局。通常发给酒店非法人分支机构。酒店销售香烟或者雪茄需要从烟草专卖局获得《烟草专卖零售许可证》,通常按一店一证原则办理。

8.《经营性停车场许可证》

《经营性停车场许可证》发证机关:市政管理委员会。通常发给业主。如果经营公共停车场则需要获得《停车场许可证》。办理《经营性停车场许可证》需要提供《营业执照》和《税务登记证》。

9.《个人本外币兑换特许业务经营许可证》

《个人本外币兑换特许业务经营许可证》发证机关:外汇管理局地方分支机构和有能力经营外汇兑换业务的商业银行。通常发给业主。如果酒店希望为客人提供外汇兑换服务,则需要和有资格经营外币兑换服务业务的商业银行签订设立外币代兑点的协议,并且这个协议还需要向国家外汇管理局当地分支机构备案。需要注意的是:① 设立外币代兑点的协议在外汇管理局的地方分支机构备案前,酒店的外币代兑点是不能经营的;② 酒店要在代兑点的明显处悬挂"×××商业银行授权的外币代兑点"的字样。

10.《广播电视视频点播业务许可证》

《广播电视视频点播业务许可证》发证机关:国家新闻出版广电总局地方

分支机构。通常发给酒店非法人分支机构。任何需要经营视频点播运营业务的机构必须获得该许可。酒店的视频点播运营许可证分甲种许可和乙种许可,其中乙种许可适用于三星或更高级别的酒店。需要注意的是:① 酒店只能进行《许可证》上明确列明的视频点播业务;② 该许可不会批准在中国禁止播放的节目;③《广播电视视频点播业务许可证》有效期为3年,自颁发之日起计算。

11.《接收卫星传送的境内电视节目许可证》

《接收卫星传送的境内电视节目许可证》发证机关:国家新闻出版广电总局地方分支机构。通常发给酒店非法人分支机构。任何单位均可申请设置卫星地面接收设施接收卫星传送的境内电视节目。卫星地面接收设施安装完毕,经审批机关检验合格后由其发给《接收卫星传送的境内电视节目许可证》,并报省、自治区、直辖市广播电视行政部门、国家安全部门备案。

12.《接收卫星传送的境外电视节目许可证》

《接收卫星传送的境外电视节目许可证》发证机关:国家新闻出版广电总局地方分支机构。通常发给酒店非法人分支机构。国家对卫星地面接收设施的生产、进口、销售、安装和使用实行许可制。只有三星或更高的涉外酒店可以获得此项批准。卫星地面接收设施安装完毕,经审批机关检验合格后由其发给《接收卫星传送的境外电视节目许可证》,并报省、自治区、直辖市广播电视行政部门、国家安全部门备案。酒店通过卫星接收和使用节目的方式、内容、目的需要依照许可证内容的规定。

13.《电梯安全运行使用许可证》

《电梯安全运行使用许可证》发证机关:技术监督部门、劳动行政部门。通常发给酒店非法人分支机构。电梯的业主应向相关技术监督部门和劳动行政部门提出申请,电梯在获得该批准前不能运营。需要注意的是:①《电梯安全运行使用许可证》应当悬挂在电梯内的醒目处;② 许可期限是1年,因此许可每年必须更新。

以上是截止至现时为止一般情况下酒店开业和经营所需要的主要证照。如果酒店从事或提供另外一些特殊的服务或业务,需要获得更多的相关证照。另外,在不同的行政区域内,个别证照的办照程序或要求可能会有所不同。可能还会涉及的证件有:《治安许可证》(公安局)、《消防许可证》(消防支队)、《排污许可证》(环保局)、《锅炉使用登记证》(压力容器检验所)、《环境保护许可证》(环保局)、《收费许可证》(物价局)、《健康证》(卫生防疫站)等方面。

上述证照绝大部分都应该是业主有责任去申请和获得的,但酒店在移交给管理方后,维持该证照的有效性则更多的是管理方的责任。

(四)水电煤气等资源开户

酒店筹备期间,需要与自来水公司、电力公司和燃气公司协商酒店能源系统的构建问题,并准备好相关资料办好开户手续。

二、物资采购

物资采购是酒店筹备里很重要的一项工作,做好物资采购工作不仅可以降低企业成本,更能够提高酒店的服务质量。做到高效的物资申购,需要坚持三条采购原则,即与产品设计相一致、多使用智能化产品、多使用环保节能产品。从工作程序来说分为部门申购、酒店审核和采购三个方面。

(一)酒店申购三原则

1.与产品设计相一致

与产品设计相一致指的是各部门要深刻领会酒店的企业文化与产品策划,申购物品时要围绕产品设计去体现,不能陷入同质化的物品申购里面。

2.多使用智能化产品

当今世界,科技日新月异,酒店新产品很多,特别是智能化产品,要多研究市场,申购时可以多考虑智能化甚至可以委托研发智能化的产品,从而快速提高酒店的服务质量。

3.多使用环保节能产品

这项在工程体现中最为重要,从供热、供电、制冷、开关等方面都有节能环保的产品,也许初期投资感觉多一些,但在后期的经营中就会发现其实可节约很多。在一些景区酒店、度假酒店要特别注意使用节能产品,这样在淡季时成本才能得到很好的控制。

(二)采购的工作程序

1.部门申购

各部门根据部门职责和工作要求编制采购物资清单,例如,客房一次性易耗品、客房布草、餐饮布草、办公用品、酒店管理软件等等。我们在申购时,经常犯一些经验错误,这是值得我们认真反思的。部门在申购物资时一定要深入现场,进行实地核算,合理进行物品配置,精细核算采购物资的规格,以防物品物资申购出现误区或差错。

2.酒店审核

部门物资申购表汇总以后,酒店要组织认真审核,不能简单行事,最好召开部门物资申购审核会,每个部门做汇报,由部门经理讲解为什么申购、配备的标准、用途等等。这样,在一个公开、透明的场合来科学决策部门申购的合理性。某酒店总经理造出一个物资申购单,通过审核,去掉了其中三分之一甚至更多,试想一下,如果当时把关不严,流失的资金就是以百万为单位了。

酒店物资申购不但需要专业,更需要职业道德。我们从物资采购的过程中可以看出申购者的专业能力,更能体现申购者的职业操守。做好物资采购,为酒店经营创建基础,更为个人品牌树立品牌。

3.采购执行

采购执行通常需要成立专门的部门、配备专门的人员负责。酒店采购需要经过制订资金预算计划、询价、招投标、签订采购合同、验货和收货、入库等严格程序执行。

(三)采购的项目

在物品采购前,首先要列出物品采购清单,按部门列明细,如布草类、餐具类、办公用品类、工程用品类、日杂类、厨具类、酒吧类房号、门牌号、大堂广告牌、电梯广告牌、客房指示牌、对讲机频道、清洁用品、各部门单据印刷品(单据、表格、员工手册)、电视、酒店点歌菜系统、酒店管理系统、灭火器、防毒面具、员工制服、鞋(保安训练鞋和升旗鞋、员工鞋)、保安旗杆、各类旗等,并列出每一项品名及数量,通过进一步核对后落实全酒店物品采购清单,同时还要计划涉及其他配套的方面。

(1)酒店工程设备:发电机、变压器、高低压配电房、中央空调系统、电梯、云梯、消防系统、电缆线、玻璃、钢材、石材、管道煤气、脚手架等。

(2)酒店厨房设备:冷库、雪柜、炉具、抽油烟机、烘烤设备、锌盆、燃气具、制冰机、消毒柜、搅拌机、洗碗机、热水器、饮料机、层架、海河鲜装养设备、其他厨房设备等。

(3)酒店家私设备:会议台椅、沙发茶几、床、电视柜、床头柜、行李柜、餐桌餐椅、迎宾台、家私柜、办公台椅、文件柜、其他家私等。

(4)酒店灯饰设备:吊灯、壁灯、筒等、射灯、落地灯、台灯、床头灯、水晶灯、探照灯、感应灯、霓虹灯、灯带艺术灯饰、其他灯饰等。

(5)酒店卫浴设备:蒸汽浴缸、按摩浴缸、浴缸、马桶(恭桶)、小便器、洗脸盆、浴室配件、其他卫浴设备等。

(6)酒店智能设备:IC卡门锁、监控设备、报警设备、广播系统、会议系统、有线电视、宽带、VOD点播、KTV点歌、酒水、客房软件系统、餐饮点菜系统、财务管理系统、考勤系统、交换机系统、子母机、对讲机、床头控制板、保险箱、数码相机、电脑设备、其他智能产品等。

(7)酒店电器设备:分体空调、投影幻灯、电冰箱、电视、碎纸机、电话、传真、扫描、打印机、其他电器等。

(8)酒店洗衣房设备:全自动洗衣机、干洗机、大熨机、光面夹机、绒面夹机、人像夹机、卧式洗衣机、烘干机、手工烫台、单背烫机、走溃机、其他洗涤设备等。

(9)餐饮部用品:瓷器、金银器、不锈钢制品、玻璃器皿、塑料器皿、茶具、转盘、转子、鲍鱼车、酒水车、点心车、收餐车、托盘、筷子、自助餐设备、其他餐饮用品等。

（10）酒吧部用品：调酒器、玻璃器皿、果汁机、咖啡机/炉、饮水机、冰激凌机、磨豆机、水柜、雪柜、虹试吸管、陈列柜、酒吧刀具、制冰机、冰桶、冰夹、啤酒酿造设备、平板车、其他酒吧用品等。

（11）布草类用品：地毯、窗帘、客房布草（床单、被套、枕套、床裙/床尾巾、床罩、浴袍、浴巾、中巾、方巾、地巾、靠垫、保护垫）、餐饮布草（台布、台裙、席巾、杯垫、口杯布、桌垫）、桑拿布草、沐足巾类布草、会议台裙类、酒店员工制服、技师服装、演出服类、被褥/枕芯、其他纺织品等。

（12）一次性用品：拖鞋、鞋拔、衣架、牙刷、牙膏、洗发液、香皂、皂盒、剃须膏、剃须刀、浴帽、护发液、淋浴露、梳子、润肤露、护手霜、消毒垫、鞋油、擦鞋纸、一次性笔、钥匙手牌等。

（13）管家部清洁用品：高压清洗机、吸水吸尘机、地毯抽洗机、抛光机、洗地机、榨水车、电梯地毯、面蜡、底蜡、擦亮剂、清洁剂、除垢剂、洗手液、消毒液、洁厕剂、金属清洁剂、办公家具清洁剂、厨房清洁剂、地面清洁剂、外墙清洁剂、石材护理清洁剂、空气净化器、自动擦鞋机、喷香机、告示牌等。

（14）房务其他杂项：电热水壶、防滑垫、电吹风、手电筒、健康秤、壁画、油画、工艺品摆放、标示牌、世界钟、电视转盘、冰桶、冰夹、木藤制品、雨伞架、服务车、行李车、果皮箱、火机、火柴、干手机、服务指南、烟盅、房务其他等。

（15）桑拿、沐足用品：桑拿设备、沐足设备、足日用品、麻将机、泳池设备、美容美发用品等。

（16）康体用品：健身器材、网球设备、台球设备、羽毛球设备、游泳池设备、其他康乐用品等。

（17）娱乐用品：乐器、舞台灯光音响、色盅色子、麦/麦套、渣壶玻璃器皿、蛋糕车、酒水车、喷香机、亚克力（纸巾盒、手机架、插卡盒）、手拍、荧光棒、口哨、气球、托盘等。

（18）酒店配套设施：仿真花草树木园艺、假山、浮雕、喷泉、停车场车库系统、感应门、旋转门、水族观赏、旗杆/旗、酒店礼品、酒店标牌等。

（19）酒店外包业务：承包服装店、承包精品、承包商务中心、承包卖花、酒水包场、承包节目部、承包饭堂、承包洗手间、承包垃圾、其他承包业务。

第三节　市场推广与品牌拓展

酒店开业前需要向市场提前推广酒店产品与品牌，为开业后的产品销售做好推广和铺垫。开业前的市场推广和品牌拓展需要完成产品策划、市场推广和品牌拓展三个方面的工作。

一、产品策划

酒店的产品策划需要建立在诸多前提下,需要结合酒店项目投资立项时的市场调研、酒店定位等方面的因素,并考虑酒店建好后的市场和竞争变化情况。酒店开业前的产品策划主要考虑微观执行层面的问题,需要解决酒店面向市场的具体产品形式、包装、功能和价格等方面具体的问题。

酒店产品无外乎客房、餐饮、会议、娱乐、休闲、健身这些内容,现在有些酒店延伸到户外比如高尔夫、垂钓、拓展、室外网球等等。新开业酒店一定要突出自身的特色,要在市场中树立独特的一面,要让消费者一想到做什么就想到那个酒店,这就说明产品设计的到位。如国内的番禺长隆酒店,以欢乐谷、水上乐园、野生动物园为依托,每到"六一"或其他假期,一些家长自然想到带孩子去长隆;深圳华侨城里面不但有酒店,还有民俗村,酒店成为一个人造旅游目的地,这都是产品设计优秀的代表。

(一)产品策划的原则

首先产品策划应该结合市场需求。市场需求是客房、餐饮还是娱乐或其他,这样在土建装饰的时候就可以放大容量,突出重点。满足市场的消费需求,给公司带来效益最大化。

其次就是产品策划要结合区域文化。中国是个多民族、文化底蕴深厚的国度,每个地区都有一些民俗文化,酒店需要在产品设计上联系本地区的文化特点,不同文化彰显的风格与特征是不一样的,比如恒大西藏林芝酒店就能够完全结合当地藏文化特色对酒店进行文化包装,使之具有鲜明的地方文化特色。

产品策划还需结合企业文化。企业文化制定以后必然要在产品里突出个性,都可以用一种符号来表达,只要用心策划,实现这些是不难的。

(二)产品策划内容

产品策划需要从产品、质量、价格、服务四大方面落实策划工作。有关产品的形式与质量要求在酒店内部进行严格的培训,并通过一定的考核手段对相关人员实施考核,确保各岗位在开业后对产品、流程和服务熟练掌握。

1.产品与质量

首先,要结合酒店的实际情况和市场情况逐一完成酒店所有的产品梳理。将产品的形式、特点和风格进行包装和解读,为市场推广提供素材和支撑。

对于客房、餐饮、康体产品和公共设施等有形产品而言,需要统计各类产品的数量、特点和形态,对每种产品进行逐一解读和包装,并通过文字、图片视频等多角度完成包装,要结合酒店项目的原有定位,做好各类产品内涵和特色的解读、包装和渲染。

其次,要对服务品质、举措、氛围和文化概念进行深刻挖掘,并尽可能通过文字、图片和视频等多种形式实现渲染。

最后,要严格制定各类产品的质量标准,要明确产品质量必须达到什么标准,并制定可行的举措保障产品达标。对于核心产品的质量标准一定要高要求,要超出市场的标准,要给予宾客惊喜,只有这样,才能体现核心产品的价值。

2.产品定价

产品价格是开业后需要推向市场的主要信息,也是市场购买的主要因素,产品价格对产品的销售业绩直接形成影响。

产品价格制定首先需要核算成本,制定利润空间和折扣空间。通常酒店餐饮毛利最低应达到四成水平,客房产品毛利最低应达到六成水平。

产品定价时应善于利用各类定价策略,酒店产品定价中主要考虑成本加成法,即主要考虑成本因素,其次考虑竞争因素和市场占有因素。但产品组合中可适当考虑采用多种价格策略组合。

产品定价还需要针对不同的销售渠道制定相应的价格水平,以平衡不同渠道的销售特点和合作权限。要研究制定零售和批发商的价格差异、前台与OTA价格差异、散客与协议大客户的价格差异。

产品定价还要初步制定不同季节和特殊节庆的价格折扣和优惠政策。要考虑黄金周与平时的价格差异、周末与平日的差异、重大节事活动与平日的差异、旺季与淡季的差异。

产品策划是一种激情,产品策划是一种专业,产品策划更是一种创意,如果能够将创意做成事业,取得市场效益,带来的事业成就是同行不可复制也将是一辈子难以忘记的。

3.服务

服务对酒店而言实际上主要指的是生产流程的构建和梳理,对于酒店企业来说,服务流程实际上也是一种产品,服务流程是酒店无形产品质量的重要表现。因此服务流程研发非常重要,一杯水由一个专业化的服务员与非职业化的服务员呈给客人可能会产生两种不同的结果。所以服务是酒店赖以生存的核心,对于核心产品的服务研发要更加细化量化,具有标准性与统一性,保障服务的优质化,从而提升产品本身价值的含金量。

服务流程具备五个方面的特征:可靠性、响应性、保证性、移情性、有形性。

可靠性是可靠地、准确地履行服务承诺的能力。可靠的服务行为是顾客所期望的,它意味着服务以相同的方式、无差错地准时完成。可靠性实际上是要求企业避免在服务过程中出现差错,因为差错给企业带来的不仅是直接意义上的经济损失,而且可能意味着失去很多的潜在顾客。

响应性是指帮助顾客并迅速有效提供服务的愿望。让顾客等待,特别是无原因的等待,会对质量感知造成不必要的消极影响。出现服务失败时,迅速解决问题会给质量感知带来积极的影响。对于顾客的各种要求,企业能否给予及时的满足将表明企业的服务导向,即是否把顾客的利益放在第一位。同时,服务传递的效率还从一个侧面反映企业的服务质量。研究表明,在服务传递过程中,顾客等候服务的时间是一个关系到顾客的感觉、顾客印象、企业形象以及顾客满意度的重要因素。所以,尽量缩短顾客等候时间,提高服务传递效率将大大提高企业的服务质量。

保证性是指员工所具有的知识、礼节以及表达出自信和可信的能力。它能增强顾客对企业服务质量的信心和安全感。当顾客同一位友好、和善并且学识渊博的服务人员打交道时,他会认为自己找对了公司,从而获得信心和安全感。友好态度和胜任能力两者是缺一不可的。服务人员缺乏友善的态度会使顾客感到不快,而如果他们的专业知识懂得太少也会令顾客失望。保证性包括如下特征:完成服务的能力、对顾客的礼貌和尊敬、与顾客有效的沟通、将顾客最关心的事放在心上的态度。

移情性是设身处地地为顾客着想和对顾客给予特别的关注。移情性有以下特点:接近顾客的能力、敏感性和有效地理解顾客需求。

有形性是指有形的设施、设备、人员和沟通材料的外表。有形的环境是服务人员对顾客更细致的照顾和关心的有形表现。对这方面的评价可延伸到包括其他正在接受服务的顾客的行动。

二、市场推广

酒店筹备装饰审核完毕,物资采购到位,员工培训有序,接下来就是市场拓展这一步了,市场拓展是酒店向外展示的一步,是品牌建设的一步。在筹备期间市场拓展要做好以下主要工作。

(一)销售团队建设

销售团队是销售推广执行的主要力量,必须专门设置酒店营销部门,招聘和选拔有力的销售团队。

组建强有力的销售团队首先要选好销售领头人,销售总监需要较为丰富的酒店销售经验,具有较为丰富的社会阅历和社会关系,具有一定的管理经验,具备较强的市场开拓能力。

其次是销售队伍的管理,良好的团队管理与氛围是销售队伍管理的核心,营销成员应考虑成员外向型性格,应选拔具备一定的市场开拓能力的成员,要求对酒店产品和价格体系较为熟悉。销售团队关系酒店的销售网络的稳定性,因此需要一定的稳定性。

再次是绩效考核,销售队伍的绩效是销售积极性的保障。通常销售人员的薪资中必须包含一定比例的业绩考核和奖励。

最后是销售培训,销售队伍的培训是最重要的培训,建立积极的激励培训文化是销售培训的重点。

(二)科学计划销售目标

专业的销售计划包含酒店长期战略市场营销计划、年度市场销售计划、年度市场开拓计划、季度营销计划、客户管理计划、客户市场渗透计划、团队绩效计划、团队管理计划等。长期战略市场营销计划涉及酒店销售规模的预测和投资回收的周期预期;年度市场销售计划是本年度销售的预算和目标,年度计划通常会根据一年中的淡旺季节情况大致划分为季度和月度任务量,酒店通常会按月对销售目标进行考核。客户管理计划、客户市场渗透计划、团队绩效计划、团队管理计划实际上是销售执行的方法性计划。

销售计划的管理需要落实到销售控制管理上,控制管理是检验计划是否科学、执行是否到位的重要体系,控制管理做得到位可以弥补计划的缺陷与加强执行的不足,酒店销售的控制管理通常包含营销计划分析、专题营销分析、销售收益分析、专项销售活动分析,同时还涉及一些制度建设、执行规范等等。控制管理一般的表现形式就是会议、沟通、激励、处罚。

(三)构建销售渠道

销售渠道是指酒店产品从酒店供应向消费者或用户转移过程中所经过的一切取得所有权的商业组织和个人,即酒店产品所有权转移过程中所经过的各个环节连接起来形成的通道,是产品销售的路线和路径的呈现。酒店的销售渠道分为散客、团队、政务和企业、在线预订、会议、婚庆等方面。酒店应根据自身的销售渠道的重要程度,分配对应的销售力量,以做好销售渠道的开拓和维护。

销售渠道的维护和开拓需要销售人员拥有良好的客户管理能力。客户管理能力是赢取市场的重点,客户管理是营销工作之重点,如何激活客户管理达到老客户不断增强忠诚度、新客户对产品有信心是客户管理的核心,为做好客户管理工作,通常的工作包含与客户沟通交流,提供增值服务、个性化服务,重视客户意见(修正缺陷)等。

(四)实施有效销售推广

销售推广是用以刺激消费者和分销渠道在短期内迅速或最大限度地购买

某项产品或服务的营销手段。运用的方式包括消费者推广（如赠送样品、免费试用、优惠券、现金折扣、降价促销、买一送一、抽奖、无理由退货和产品展示活动等）、分销商推广（如销售返利、广告和展台折扣、免费样品等）和业务销售人员推广（如贸易展览会、销售员业绩竞赛等）。企业在使用销售推广时，必须建立促销目标，选择促销工具，制定方案，预试方案，实施与控制方案，并评价效果。

开业销售推广属于事件销售推广性质，常用的推广手段有折扣、赠送纪念品和会员制等。开业推广对酒店尤为重要，因此必须加大宣传力度，力争一炮而红。

应善于运用竞争策略，即筹备期间要制订适合酒店的市场竞争计划。竞争策略是连接市场与企业的桥梁与手段，通过良好的竞争策略能够使产品以最快、最好的方式展现在客户面前，减少成本。酒店常采用的竞争策略包含广告（户外媒体、电视媒体、电台媒体、报纸广告）、网络、促销、打折、直销、合作销售等。

三、品牌建设

品牌是一种无形资产，品牌就是知名度，有了知名度就具有凝聚力与扩散力，就成为发展的动力。企业品牌是城市经济的细胞，企业品牌是带动城市经济的动力。品牌建设是指品牌拥有者对品牌进行的规划、设计、宣传、管理的行为和努力。品牌建设包括品牌定位、品牌规划、品牌形象、品牌主张和品牌价值观等。

品牌建设是酒店经营的终极目的，懂得企业经营的人都明白一个道理：品牌比利润更重要。酒店筹备从一开始就要注重品质，特别是高星级酒店，如果不注重酒店的外在形象，将会错失良好的广告宣传机会，筹备中的酒店应在它的外围广告中充满对品牌的宣传塑造。酒店品牌的建设，要以诚信为基础，以产品质量和产品特色为核心，才能培育消费者的信誉认知度，酒店的产品才有市场占有率和经济效益。

首先是树立积极的企业文化。企业文化不但要确定好，还需要以良好的平台向外展示，让宾客都了解企业，起到树立品牌的作用。

其次是设计统一的视觉形象。酒店从牙签到大型设备，都要有统一的视觉形象，统一的视觉形象能够让宾客记住酒店，认同酒店的文化。统一的视觉形象包括酒店详细的标识系统和户外广告设计；视觉形象还包括酒店的系列宣传资料，这些资料包括文字宣传品、酒店宣传图册、折页、酒店视频宣传资料、酒店各部门的产品介绍、菜谱、礼品盒、礼品袋等系列宣传资料。这些宣传资料将用于各类推广交流活动、宣传推介活动、商务洽谈活动、顾客消费指引等方面。

再次，是打造稳定的产品质量。要做到维护品牌形象，质量稳定是前提，不但要有优质的产品质量，更需要长期稳定的产品质量，这样才能保障品牌的质量。

随后，就是设计酒店核心产品。打造品牌就一定需要核心产品，没有核心产品的品牌是低级的，入住你的酒店，你酒店的核心竞争力在哪里，有什么样的东西能打动宾客，这是最主要的，而且不是打动一个宾客，而是一大群足以支撑酒店主要收入的宾客，这就需要我们认真审视我们的产品设计，打造出具有市场领先的核心产品来，从而确保品牌的竞争力。

此外，还需策划带有社会效益的事件营销。做好酒店品牌事件营销是很好的点，比如大型招聘会、开业仪式、助学活动、文艺晚会等等社会活动都是事件营销，把事件营销策划好，对酒店的品牌建设有很大的帮助，通过集中宣传来充分展示酒店的市场形象，其效率与效果要远远高于长线的营销，所以，酒店筹备期间，酒店筹备当局要认真策划每一次的事件营销。

最后就是设计品牌的渗透策略。品牌就像一个人，为什么别人喜欢长期和你交往，说得好听就是值得交，通俗一点就是和你交往有什么好处，这里面就有一个渗透的问题。渗透的方法有很多，比如香格里拉的贵宾服务计划、喜达屋的贵宾卡都属于这类方式，关键要有一个长期、战略的渗透计划，这样才能确保酒店品牌的忠诚度，让老客户更忠诚，新客户愿意来。

第四节 营业筹备

营业筹备是指完成人员招聘和培训、物资采购、证照办理等筹备工作后，准备开业的最后一关，主要包括场地接收与验收、酒店开荒、设备调试、模拟运营和开业庆典筹备等内容。

一、场地接收与验收

场地接收是指将施工完成酒店工程项目移交给酒店管理方的程序。场地接收要制订详细的接收计划，编制各部门的交接检查表，制订各部门场地接收时间计划，逐一开展实地场地接收工作。

场地验收要按照预订的标准实施验收工作，验收中存在的问题做好详细的记录，并与工程方制定解决问题的方案和措施，并限定返工完成时间和标准，确保酒店能够按时交付使用，并在规定期限能与工程方再次组织验收。

二、酒店开荒

场地移交和验收后，标志着酒店管理方必须正式入场，并开始进行开荒工作,所谓开荒工作主要是完成酒店的卫生和准备工作。

开荒工作需要制订详细的开荒计划、分配好开荒任务、安排好开荒进度,为保证开荒工作顺利开展,酒店还需要准备好开荒工具。即使酒店另外聘请开荒公司进行开荒之后,酒店在事后仍需再次执行开荒程序,以保证酒店能够完全进入试营业状态。

在开荒工作正式开始之前,酒店必须实施开荒培训工作,对开荒的工作流程和验收标准做详细的布置,避免开荒过程对酒店装饰和设备造成不必要的损伤。开荒培训中还要对开荒工作中可能面临的困难事先做好思想引导和心理准备。开荒工作需要按照原定计划和步骤严格实施,并组织人员专门验收。

三、设备调试

酒店在组织开荒过程中或者开荒结束后,需要对酒店的所有设备进行调试。设备调试的目的是检验单台机器和生产装置的制造、安装质量、机械性能或系统的综合性能,能否达到生产出合格产品的要求。

(一)设备调试过程

设备调试阶段分为单机调试、联动调试、负荷调试等阶段。前一阶段调试是后一阶段的准备,后一阶段的调试必须在前一阶段完成后进行。

1.单机调试

单机调试指现场安装的驱动装置的空负荷运转或单台机器模拟负荷调试。酒店设备设施单机调试是指冷热水供应、管道系统、空调设备、厨房设备、自动控制系统、垂直升降系统、冷藏系统等单系统独立调试,以检查各个机电系统是否能够正常运转。

2.联动调试

联动调试指对酒店整体范围内所有的机器、设备、管道、电气、自动控制系统等,在各自达到调试标准后,整体联动调试,以测试酒店各系统能否同时运转正常。

3.负荷调试

负荷调试是指对酒店整个装置按设计文件规定的介质打通生产流程,进行指定装置的首发衔接的调试,以检验其除生产产量指标外的全部性能,并生产出合格产品。负荷调试是调试的最终阶段,自装置接受原料开始至生产出合格新产品、生产考核结束为止。

(二)设备检测内容

(1)认真检查整个酒店用电量、A 与 B 盘配电柜的负荷、消防、水路(水泵)、水塔、电路、空调(机房、水塔)、电梯(开关位、盘机位)、走火通道(防火门、指示灯牌位、插座位)、地下油库、变压器容量、高低压配电房(防老鼠和防水潮湿)、电缆线等是否偷工减料,是否按规定施工,是否会影响到日后的正常营业等。

(2)认真检查煤气管道、土建防水处理、消防管与天面管道井(伸缩缝)连通接口是否连好;水渍的净化处理系统、热水锅炉房(油泵)、消防(管道、监控系统停车场位置、消防报警、烟感、喷淋、水带、水枪灭火器箱)等是否符合要求。

(3)对有线电视接口与走线(按放大器)、酒店广播系统、茶水间(来去水道、洗手盆位置、抽风、回风口、洗手盆、应急灯插座、热水器)、酒吧台(来去水接口、洗手盆、明渠沟、水柜、冰粒机、陈列柜、榨汁机、咖啡炉电位、灯位)等进行检查。

(4)检查洗手间(厕纸架、浴缸扶手、烘干机插座、毛巾架、浴帘、挂式电话)、残疾人洗手间(扶手架、推车进门斜坡)、办公室物品配备、网线(酒吧打印机、收银系统、中西餐厨房打印机和电脑、商务中心等是否能正常使用;前台办公室、客房和商务楼层、前台、咨客台电脑、OK房点歌、电脑房、总机房、DJ房、办公电脑、财务办公、总办、董事会、仓库电脑)、收银台(格柜、台面格架、警铃)、行李房(客房保险柜)、各通道位置、操作间、客房楼层消毒间(镀锌盆、消毒柜、橱物吊柜)、客房楼层员工洗手间、客房楼层布草间、员工宿舍带洗手间(镜子、烘干机、厕纸架/盒、应急灯插座、电话、一次性用品盆、毛巾架、浴巾杆)等营业位置和具体设备设施的落实。

(5)饭堂(电视、台、凳、不锈钢盆、碗、筷子、消毒柜、自助餐台、桌、饭堂厨具)、仓库、车场、出租车收费、直通巴士方案、订阅报刊(数量、价格)、酒店杀虫、出租场地等配套问题的跟进。

(6)检查各画类摆放、各种盆花类摆放位置(数量)、各库房货架、吊柜(锁)、员工饮水杯架、OK房(房间电视柜、家什柜、酒水车、消毒柜、饮水机、衣架、沙发、茶几、小圆凳、水壶、茶壶、红酒杯、白酒杯、啤酒杯、洋酒杯、开瓶器、托盘、抹布、吧巾、扎壶)数量、厨房设备摆放、厨房与酒吧明渠、厨房抽油烟机、厨房抽风(吹风口)、厨房水位(热水器、洗碗间、点心部、油鸡档、冻库、试炉要煤气房与厨具一起)、煤气房下面通风(液化、汽化问题)、酒吧柜(电路、酒架)、家什柜(门锁)、磁卡房卡、总机房操作系统、电脑网线与超长放大器(80米)。

(7)酒店管理系统、点酒水与点歌系统、电话系统、监控系统与监控室(监控、消防、公用广播)、工作车、鲍鱼车(炉头)、布草房(货架、缝衣台、制服窗口)、布草房/休息室/洗手间/化妆间(镜子、窗帘、家什柜、饮水机、化妆台、凳子、空调等)、客房圆筒垃圾通道、客房圆筒布草槽、各办公室房间库房制作间空调抽风、窗帘遗留位置量尺寸、铁架与桌台面跟进。

四、模拟运营

酒店模拟运营是针对非正式顾客开展的运营行为,如餐饮部门的试菜和客房部的试住。模拟运营过程中除顾客不是正式的顾客外,其他所有流程的运作均要求是正式的,模拟运营与正式运营一样也需要材料的消耗、人员的上岗和设备的运转。

酒店开展模拟运营需要制订详细的计划,并确定模拟运营中的客户和消费者名单,第一批模拟运营客户通常会安排酒店的管理层或者酒店业主方组织的代表。

酒店模拟运营中,要征求模拟消费者的消费意见和建议,并详细整理和分析模拟运营中尚存在的问题,并在限定的期限能迅速解决和调整好,并反复演练,确保面向市场试业后万无一失。

五、开业庆典

酒店试业完成后,需要着手准备开业庆典和正式试业。

(一)制定开业庆典活动方案和任务分工

开业庆典是酒店的首场秀,要求活动内容创新、喜庆、经济、热烈。因此需要首先成立筹备小组,制定活动方案和工作分工。

活动方案主要包括活动的时间、地点、出席人员名单、主持人、活动流程、经费预算等。

工作分工是根据活动方案内容落实活动内容的任务分解和工作分工。首先要对庆典筹备工作进行分解,并将筹备人员按照任务的分类组成不同的小组。这些小组通常包括对外联络组(负责落实和邀请嘉宾)、物资筹备组(负责庆典所有物资)、交通组(负责嘉宾交通接送)、现场接待组(负责嘉宾现场接待、指引和礼仪工作)、会务组(负责现场会场布置工作)、新闻宣传组(负责联络、接待媒体人员和后期新闻跟踪)、保卫组(负责现场秩序维护和安保工作)等。

(二)开业庆典工作筹备和检查

庆典活动筹备工作需要制定任务进程和完成时间要求,并在筹备的过程中随时检查进度、解决出现的问题。

筹备工作需要根据不同的分工和分组分别开展,具体如下。

对外联络组需要落实出席活动的嘉宾名单,通过合适的渠道发出邀请函,并落实受邀请的嘉宾是否能出席活动,然后将最终确定的名单交给现场主持和交通组。

物资筹备组需要做好现场物资和材料的准备工作,包括邀请函、台牌、礼品袋、出席证、纪念品和礼品、酒店宣传画册和宣传资料、领导讲话稿、主持词、庆典背景、音响灯光设备、鲜花盆景、饮用水、现场舞台造型等。

交通组需掌握最终需要接送的名单,并安排好接送车辆和司机人员,还需要规划好车辆接送的停放位置。如果活动中需要移步第二场景或去其他地方用餐时,要安排好车辆接送。

现场接待组需要在现场入口设置接待台,准备好签到本或者签名墙,准备好签名笔、胸花、茶水、礼品盒等物品,并做好引导和接待负责嘉宾现场接待、指引和礼仪工作。

新闻宣传组需要提前联系好相关媒体,并提前准备好各媒体平台所需要的新闻通稿和宣传资料,活动中要做好媒体人员的接送、接待等工作,活动结束后做好新闻报告的跟踪和整理工作。

会务组负责庆典活动的现场布置工作并做好音响灯光等设备的调试工作,还需要做好活动现场的摄影和录像安排,以及活动过程中需要的配合。会务组要详细研究庆典活动的各个议程和环节所需要的准备工作,确保活动顺利举行。

保卫主要负责现场秩序维护、疏导和安保工作,防止活动受到人为破坏,并做好活动中的应急工作。对主要嘉宾应重点做好安保工作。

(三)开业庆典彩排

为确保庆典活动的顺利开展,需要提前做好彩排工作,彩排工作除正式活动受邀嘉宾外,其他人员均须到场,并对所有环节进行完整彩排,彩排工作主要保证所有流程准备妥当,让所有工作人员能够熟悉本人所在岗位和任务,并保证时间基本与计划相符。

如果活动安排在室外需考虑天气问题,做好室内备案,并做好电力保障和备案。

庆典活动也可以由第三方承办,所有的工作应与第三方交接好并确保责任到位。

(四)开业庆典

开业庆典活动之前,要确保庆典议程中的人员到位、设备完好,并做好现场管控。现场管控的关键是要确保统一指挥和通信通畅(通常佩戴对讲机),当某个环节出现问题时第一时间能够安排力量弥补和解决。庆典中所有工作人员应佩戴工作证或者统一标识,便于顾客和嘉宾需要帮助时能及时找到工作人员。

（五）庆典结束后工作

庆典结束后，要做好撤场和清理工作，同时各组应保留和整理活动资料，制作完整的宣传资料和录像，并持续做好宣传工作。庆典活动时应保证酒店正常业务的正常开展。

六、试营业

试营业是企业的一种经营方式，主要是经营者向消费者告知该营业场所刚开张，管理可能不周密，服务可能有欠缺、正在完善，但绝不是指可以不用交税或可以在没有办理相关证照的情况下先尝试营业。试营业是经营者在经营初期的一种普遍说法，但是需要注意的是，在现行法律法规中，并没有设定"试营业"这样一种概念。所以，只要经营者发生经营行为，就必须符合法律的要求，取得有关行业部门的许可审批或工商部门核发的营业执照，否则，就是无照经营行为。

试营业实际上是酒店面向市场真实客户进行真实的营业过程，要求所有人员和设备必须正式生产和经营，试营业是正式营业的磨合阶段，是对酒店的硬件系统、软件系统和组织机构的检验阶段。

试营业期间执行的价格系统相比正式营业有一定的折扣和优惠，试营业期间酒店可能尚未完成个别业务的开放，试营业最长通常不超过一年。

试营业期间针对发现的问题应及时记录和研究，并研究科学的解决方案和办法。

七、正式开业

在试营业结束后酒店便会过渡到正式营业阶段，在正式营业阶段，酒店的生产和经营更加顺畅，酒店产品的价格可能会回复到原价。正式营业表现在酒店的组织管理系统、酒店经营管理和酒店后勤保障系统均全面正常运转。

（一）酒店组织管理系统正常运转

酒店组织管理就是指根据酒店的经营目标，建立组织机构，合理分配人员，明确责任和权利，协调各种关系，促进酒店经营目标实现的过程。酒店组织建立起来后，要维持并促进组织的运作与发展，酒店必须按照职务和岗位的内在要求来制定相应的组织管理体系，以保证酒店组织的正确运转方向，在稳定中实现动态的平衡。

酒店组织管理是由计划、组织、指挥、协调、控制五个因素构成，即现在常说的管理五大职能。酒店管理过程中同样离不开这五大职能。酒店管理的核心就是管理者通过执行管理职能来实现酒店的经营目标。执行管理职能是酒店管理者的主要职责,酒店管理职能贯穿于酒店管理全过程。

1. 计划职能

在所有的管理职能中,计划职能是酒店管理的首要职能,也是最基本的一项职能。计划管理涉及酒店经营管理活动的各个方面,是各项酒店管理工作的基础。其他任何管理职能都离不开计划,否则会无的放矢。

酒店管理的计划职能是指酒店通过调查研究、分析预测,并进行决策,以此为基础确定未来一定时期内,酒店经营应该达到的目标,并确定实现目标所应采取的方法和措施。计划工作的核心是确定目标。

计划能够为酒店的经营管理提供方向和目标,可以将酒店中全体员工的行动统一到实现组织目标上来;计划能够为酒店确定一个明确的行动方案,减少行动的盲目性,有效地利用现有资源,实现酒店的最佳效益;同时,计划又是检查行动的尺度,衡量成绩的标准。因此在酒店管理中,首先要制订科学合理的计划。

2. 组织职能

酒店是一个综合性的企业,包括一系列不同类型的工作部门。为了保证酒店计划目标的实现,酒店就要通过发挥组织职能,充分有效地利用这个组织的每个职能单位、每项设备、每个员工,使其在酒店经营活动中协调一致地发挥功能和作用。酒店管理的组织职能就是管理者对酒店组织的管理,具体来讲,酒店的组织职能包含两个含义:一是建立酒店的组织结构和组织管理系统,即确定酒店管理机构的设置、各管理层次的职能权限、人员分工及相互关系;二是合理而有效地组织和调配酒店的人、财、物、信息、时间等资源,形成接待能力,有效地开展各项业务活动。

酒店组织管理是否有效,其结果将直接影响到整个酒店的经营成果。所以,组织职能是实现计划的重要保证,是酒店管理的核心职能。

3. 指挥职能

酒店要实现目标,需要有力的指挥职能。酒店指挥职能是指管理者凭借权力和权威,根据决策计划的要求对所属指挥对象发出指令,进行领导和调度,使之服从管理者意志,并付诸行动,齐心协力地实现酒店的预定目标的管理活动。指挥作为一种职能,首先表现为管理者的意志,但绝不是管理者个人意志的简单反映,而是酒店决策计划在管理者个人身上的一种表现。

指挥职能发挥得好坏取决于两个重要因素:一是酒店决策计划的合理性;二是管理者自身的素质高低。指挥职能是计划职能和组织职能的延伸和继续,计划是指挥的依据,组织是指挥的保证。

4. 协调职能

酒店协调职能是指调整和改善管理过程中所有的人、群体组织及各环节、各要素之间的关系,使组织系统的各方面都能配合、协调发展,以实现管理目标。其目的是改善酒店内外各种关系,建立良好的工作环境,使各部门或个人认识一致、步调一致,为实现酒店的计划目标而共同努力。酒店协调职能包括外部协调和内部协调两大类。酒店外部协调可分为酒店与客人之间的协调和酒店与社会之间的协调。酒店内部协调主要是指酒店内部各项工作、各种人员之间的调节,一般分横向协调与纵向协调。横向协调是指酒店内各部门之间、本部门内各环节之间的协调。纵向协调是指酒店上下级之间、上级部门和下级部门之间的协调。

5.控制职能

酒店控制职能是指酒店根据计划目标和预定标准,对酒店业务的运转过程进行检查、监督,发现偏差,纠正偏差,以确保目标任务完成的管理活动。控制职能对酒店管理具有重要的作用,表现在两个方面:一是预防作用。酒店通过实施控制职能,可有效地防止差异的出现,使实际结果与计划目标之间的差异减少到最低限度;二是补救作用。控制职能的实质是对酒店业务的实际运行活动的反馈信息做出反应。这种反馈信息可以帮助管理者及时了解酒店业务工作有无偏离计划目标,一旦出现偏差,管理者可及时采取相应措施进行调节,从而避免更大的损失。

(二)酒店经营管理系统

经营管理系统是指企业经营管理的各个方面和整个过程,即把人员、设备、资金、材料、信息、时间等有限资源,合理地组织起来,最大限度地发挥它们的作用,以求达到某些经营性目标的企业系统。是对整个企业从头到尾的业务,是从原材料供应到生产制造与产品销售的完整产业链,把企业、供应链和业务连接在一起的实时管理系统。

现代企业经营管理系统是一个复杂的、多目标的系统,既要致力于提高产品和服务质量,又要致力于提高资本运营质量,降低质量成本,提高质量效益,提高资本增值盈利等多重目标。正是由于企业目标的多元性及其核心问题是质量问题,所以企业的生产经营和资本运营活动从本质上看就是质量效益的经营活动。

经营管理系统按其职能主要分为生产和销售两类。与这两类职能相适应的还有财务职能和人事职能。生产职能表示创造经济财富的过程,是投入生产要素(如原材料等),经过加工转换的过程,制造出作为商品的产品。销售职能是将产品投放市场,直接与顾客、用户接触并进行与销售交易有关的活动。财务职能包括资金的筹集和使用等。人事职能包括劳动力的调配和利用等。

（三）后勤保障系统

酒店后勤保障系统主要包括酒店物资保障体系、酒店设备保障体系、员工后勤保障体系、安全保卫体系等方面。后勤保障体系从人物、物力和安全保障等方面保障酒店的正常经营。

1.酒店物资保障体系

酒店物资报账系统是酒店从物资采购、验收、入库、使用的基本流程和系统。物资管理需要制定经济合理的物资消耗定额，编制物资消耗计划，加强物资使用管理，加强库房管理。物资采购要确定采购程序、选择适合的采购方法、加强采购品质管理，采购工作首先要保证及时性，其次是尽可能降低采购成本和提高物资供应质量。物资仓储管理要做好入库到出库的过程管理和控制，从物资验收开始，将各类物资合理分类、存放，保证物资在库存之间的数量和质量安全，严格控制物资的发放和领用，仓库管理要做好货物编码和存储，做好分类并科学养护，物资入库后要做好保鲜工作，要定期盘点、做好库存账目，并设置货物有效期预警机制。物资发放要坚持先进先出、保证经营、补料审批、以旧换新和退库审核的做法，做好审批、执行、发货、交接等过程的监控和记录。

2.酒店设备保障体系

酒店设备保障体系是酒店冷热水系统、强弱电系统、燃气设备、空调系统、垂直升降系统、厨房设备、家具设备、通信计算机设备、康乐设备、消防报警系统等方面的维护和保障工作，还包括酒店建筑装潢的日常保养和维修工作。酒店设备保障体系的主要任务是正确选购和配置设备，保持设备完好，制定设备安全操作规程和维修保养制度，减少安全生产事故，做好设备更新改造工作等。应注重设备的实用性和适用性、针对性和成套性、安全性和节能环保性。要注意购置合同的管理，包括订货合同、协议书、附件、补充材料、订货过程中的往来电函、订货凭证、单据等。做好设备使用前的准备，配备合格的操作者，根据设备需要提供良好的工作环境，并建立设备使用规章制度。

3.员工后勤保障体系

员工后勤保障体系是员工满意度和忠诚度的重要决定因素，也是降低员工流失率的重要举措。员工后勤保障体系包括员工餐厅、员工更衣室、员工宿舍、员工生活思想状况等方面的保障和管理。要做好定期保养和日常维修工作。

4.安全保卫体系

安全保卫体系（简称安保体系）包括门卫安保、内保警卫、监控系统和消防安全等方面的工作。安保体系需要保障顾客安全、员工安全和酒店安全；要建立和完善安全管理制度,积极实行岗位责任制;加强安全和法制教育,开展业务培训,提高员工安全意识;加强酒店内部管理,预防事故的发生;加强重点和要害部门的安全管理,妥善处理安全事故;协助公安机关查处重特大事故和一般事件的处理;做好昼夜巡逻、公共场所保安、客房区保安和重要客人的安全保卫工作。

5.酒店卫生保障体系

首先是个人卫生管理,要做好员工的个人身体状况、个人仪容仪表、个人卫生习惯等教育和引导工作;做好酒店公共卫生管理工作,包括前厅大堂、客房区、停车场、楼顶平台、庭院、花园、电梯、办公区、更衣室、公共厕所、酒店周围等区域;做好餐饮卫生管理工作,包括餐饮操作卫生管理、厨房卫生管理、餐具和设备卫生管理;做好客房区域的卫生管理工作,包括客房地面、墙面卫生管理,客房家具用具卫生管理,客房客用物品卫生管理,客房清洁用品卫生管理。

第十一章
酒店收益管理

收益管理把科学的预测技术和优化技术与现代计算机技术完美地结合在一起,将市场细分、定价等营销理论深入应用到了非常细致的水平,形成了一套系统的管理理念和方法,目的就是通过调整出租率或房价的方法来提高收入。

第一节 酒店收益管理概述

一、收益管理的定义

收益管理,又称产出管理、价格弹性管理,也称效益管理或实时定价,它主要通过建立实时预测模型和对以市场细分为基础的需求行为分析,确定最佳的销售或服务价格。其核心是价格细分,也称价格歧视,就是根据客户不同的需求特征和价格弹性向客户执行不同的价格标准。这种价格细分采用了一种客户划分标准,这些标准是一些合理的原则和限制性条件。

在酒店业,由于收益管理系统对公司决策和创利的巨大影响,世界许多著名酒店集团,特别是欧美的主要酒店集团管理层都对收益管理高度重视,先后建立了专门的收益管理部门,并配置了能进行大量数据分析和实时优化处理的计算机系统,即在微观的层面预测实时顾客需求的科学和艺术,它使价格尽可能地最大化和使客房尽可能多地出租。

众所周知,在房价一定的情况下,出租率越高收入也就越高,反之亦然;同样的道理,在出租率一定的情况下,房价越高,收入也就越高。但房价太高客房可能销售不出去,房价太低酒店可能不赚钱,甚至亏本。而收益管理就是要让酒店把恰当的产品,以恰当的价格,在恰当的时期,卖给恰当的顾客。

二、收益管理的来源

"收益管理"一词最早由美国航空公司的泰勒先生在一次研讨会上提出来,当时他是这样表述收益管理的:"决定接受多少预订。"这句话的意思就是接受多少预订才能避免可能的"NO SHOW"。今天我们把这种方法叫作超预订。历史上第一个采用收益管理的公司是美国航空公司(American Airlines)和三角洲航空公司,那是在 1985 年。因此,美国航空公司的汤姆·库克和三角洲航空公司的罗伯特·克劳斯被称为"公司收益管理"之父。由于美国政府在当时取消了对航空业的管制,于是竞争开始了。为了迎接挑战,美航率先在航空业推行了收益管理,并大获成功。从 1989 年至 1991 年的三年时间里,营业收入增加了 114 亿美金,净利润增加了 8.92 亿美金。与此同时,拒绝与时俱进的人民航空(People)和泛美航空(PanAm)则先后倒闭。

从那之后,航空业兴起了一场革命,新的收益管理的方法和工具不断涌现。收益管理的成功甚至吸引了美国可口可乐公司,它根据季节的变化来调节价格,即根据气温来调节价格,价格随气温的上升而上升。

同样的故事在中国重演。据《中国经营报》报道,2005 年 1 月 31 日,中国民航局副局长李军说:"中国民航全行业 2004 年全年运送旅客 1.2 亿人次,比 2003 年增长了 38%。2004 年中国民航全行业利润达到了 86.9 亿元,相当于前 10 年的利润总和,其中航空公司实现利润 62.3 亿元。"而这巨额利润的背后的主要原因竟然是——打折。2004 年民航业内部进行了多项体制改革,特别是运价改革后,票价体系更加灵活,各航空公司纷纷开始利用打折吸引更多的旅客,各公司客座率明显提高。据业内人士介绍,全国航班客座率每提高一个百分点,就多运送旅客 140 万人,增加收入近 10 亿元。原来民航客座率一直在 66% 以下,2004 年则达到 70% 左右,仅此一项就为航空公司增加了 60 多亿元的收入,而增加的收入中有近 80% 转化成了利润。

收益管理的巨大成功,使得它迅速被服务型行业,尤其是酒店业广泛采用。这是因为酒店业和航空业几乎具有一样的特征:不可存储的产品、高的固定成本、低的可变成本、可事前预订、季节性、可细分的客源市场等。

三、收益管理的重要性

玛丽奥特国际酒店董事长兼首席执行官比尔·玛丽奥特曾说,"收益管理不仅为我们增加了数百万美元的收益,同时也教育了我们如何更有效地管理"。运用收益管理的企业,在没有重大支出的情况下,收益增加了3%~7%,利润增加了50%~100%。甚至有人认为,"那些忽视运用收益管理使收益和利润最大化的企业将失去竞争力"。《华尔街》杂志认为,在当前出现的商业策略中,收益管理是排在第一位的,并称收益管理为一种有待探索、前途光明的实践。目前,美国假日酒店、希尔顿酒店、凯悦酒店、洲际酒店、威斯汀酒店、玛丽奥特国际酒店、中国国际航空公司、东方航空公司、北京东方君悦大酒店、中国大酒店、香格里拉酒店、王府酒店、北京国际俱乐部、北京金域万豪酒店等全球顶级管理集团的旗下航空公司和酒店已经将收益管理作为本企业在市场竞争中的制胜法宝。

当代较具影响力的E商业25人之一的Hal Varian博士说:"当我们进入新世纪,多元价格已经成为一种规则,这个规则就是收益管理。"Scott Phillips也认为:"当企业努力提升他们的ERP和客户关系解决方案,收益最大化将掀起软件行业的又一次浪潮。"Bank of America Securities的Bob Austrian曾说:"未来最激动人心的事就是收益管理。"AMR调查机构也认为:"收益管理将成为几乎所有行业的竞争战略。"

据美国华尔街日报报道,价格和收益管理将是21世纪较重要的、回报率较高的边缘产业之一。普鲁斯收益管理首席科学家兼高级副总裁E.Andrew Bovd则宣称,收益管理可以提高2%~10%的营业收入。

四、酒店的最佳出租率

酒店专家魏小安认为,"一般来说,酒店最佳的年平均出租率是75%~80%,极限出租率是85%。全年的平均出租率达到85%,就意味着旺季一定会超过100%。在一定意义上,超过85%的出租率,酒店就是在破坏性经营"。

锦江之星神话、如家的神话,都是建立在100%出租率的基础上的。上海和北京两地,出租率没有达到100%的酒店不算好的酒店。经济型酒店的最佳出租率是100%,只有这样才能有高的投资回报率。在某经济型酒店连锁,如果一家店的出租率在一定的时间内不能超过85%,那么店经理就要下岗。

当然,各大经济型酒店之所以要维持高出租率的另一个原因是,经济型酒店的目标客户群,多数是对价格敏感的客人。所以,房价不能定得太高,而且升幅有限,在这种情况下,要想提高收益,获得高回报,只有一种办法——维持高出租率。此外,高出租率有利于品牌酒店抢占市场份额。

第二节 酒店成本控制

酒店各项成本控制的目的是酒店效益最大化。在竞争激烈而又微利的酒店业,成本管理的加强,必然能带来经济效益的提升,从而为提高酒店竞争力、创造利润最大化创造条件。酒店成本控制要求酒店管理者在成本管理上,有更系统、成熟的方式和方法。从酒店成本形成来看,涉及业务经营的各个环节、各个方面,甚至涉及每一个细小的管理和服务行为,因此要以系统、成套的制度,有效、规范的监督,来达到对生产经营全过程、全方位管理的目的。

一、成本控制

(一)概念

成本控制就是指以成本作为控制的手段,通过制定成本总水平指标值、可比产品成本降低率以及成本中心控制成本的责任等,达到对经济活动实施有效控制的目的的一系列管理活动与过程。

成本控制应是全面控制的概念,包括全员参与和全过程控制。成本控制和成本保证的某些活动是相互关联的。

成本控制的过程是运用系统工程的原理对企业在生产经营过程中发生的各种耗费进行计算、调节和监督的过程,也是一个发现薄弱环节,挖掘内部潜力,寻找一切可能降低成本途径的过程。

(二)成本控制的目的

开展成本控制活动的目的就是防止资源的浪费,使成本降到尽可能低的水平,并保持已降低的成本水平。

成本控制是成本管理的一部分,致力于满足成本要求,满足成本要求主要是指满足顾客、最高管理者、相关方以及法律法规等对组织的成本要求。科学地组织实施成本控制,可以促进企业改善经营管理,转变经营机制,全面提高企业素质,使企业在市场竞争的环境下生存、发展和壮大。

(三)成本控制过程与任务

成本控制根据估算对实际成本进行检测,标记实际或潜在偏差,进行预测准备并给出保持成本与目标相符的措施。

成本控制的对象是成本发生的过程,包括设计过程、采购过程、生产和服务提供过程、销售过程、物流过程、售后服务过程、管理过程、后勤保障过程等所发生的成本控制。

成本控制的主要任务包括:① 监督成本执行情况及对发现实际成本与计划的偏离;② 将一些合理改变包括在基准成本中;③ 防止不正确、不合理、未经许可的改变包括在基准成本中;④ 把合理改变通知项目涉及方。在成本控制时,还必须和其范围控制、进度控制、质量控制等相结合。

(四)预先成本控制

成本控制反对"秋后算账"和"死后验尸"的做法,提倡预先控制和过程控制。因此,成本控制必须遵循预先控制和过程方法的原则,并在成本发生之前或在发生的过程中去考虑和研究为什么要发生这项成本?应不应该发生?应该发生多少?应该由谁来发生?应该在什么地方发生?是否必要?决定后应对过程活动进行监视、测量、分析和改进。

二、酒店成本控制

酒店的成本流程管理是通过建立酒店成本管理控制体系为基础,建立制度化、标准化的管理流程,将酒店的成本管理从事后控制转化为事前及事中的控制。有效的成本流程管理可以提高酒店参与、管理和响应经营变化的能力,同时还可以通过减少重复工作来提高效率和减少失误,帮助酒店尽可能地捕捉更多利润空间。

(一)做好项目成本管理

项目成本管理是酒店通过对相关专业课题,制订相关项目成本控制操作流程和制度,从而达到酒店对专项项目成本控制的目的。有效地推行酒店项目成本管理形式,将更有助于提高酒店专项成本的控制能力,结合酒店特定环境、特定需求、特定能力来实施控制内容和项目,使成本控制的有效性得到充分体现。

酒店各项设施及配件标准通常较高,如酒店餐饮的餐具配置是采用高档的骨质瓷、进口玻璃器皿、进口不朽钢器具,各种物件配置都非常昂贵,对破损的控制就显得尤为重要。

对餐具破损的管理是各酒店损耗管理中的一个重要项目。我们可以对餐饮中餐厅餐具管理流程进行专项的设计,通过对中餐厅餐具管理的专项分析,针对酒店的中餐厅餐具实际分布特点,推行餐厅餐具的管理试行管理操作流程,制定酒店餐饮餐具的三级管理体系。一是建立三级控制流程方案:一级控制部门——部门管事部,二级控制部门——中餐厅各班组负责人,三级控制部门——各班组人员。二是建立三级区域责任管理制度:一级责任人——部门管事部,二级责任人——中餐厅各班组负责人,三级责任人——各班组直接责任人。针对各级责任中心,细化餐具破损的原因,对中餐厅实行详细破损原因分析比对、定向管理,如从员工打破的过程中进行细化,将其分为摆台期间损坏、跑菜过程损坏、烹饪过程损坏、洗涤过程损坏。帮助餐饮部了解破损的比例，及时制定应对餐具破损的方案，修改相关餐具操作流程，规范餐饮餐具管理的流程，为酒店建立标准的餐饮餐具管理模式。

在企业目标清晰的情况下，每个项目及任务都是为实现目标所服务的。项目立项分析后，可以把目标不明确的项目与任务削减掉。

（二）全面成本核算

酒店的全面成本管理体现成本管理中的"三全性"——全员、全面、全过程。从产品生产管理组织流程的每一个环节、每一个工艺、每一个部门，甚至产品制作现场的每一位操作员工，都能参与到成本管理中；同时强调成本管理的科学性与发挥全员参与改善的主动性相结合，通过成本管理的科学性与全员参与改善的主动性，来达到经营层的要求同各级部门追求的一致性。推行全面成本管理不但要体现"三全性"，还要将科学性、主动性、一致性融入其中。

因此，全面成本管理就是：以成本管理的科学性为依据，建立由全员参与、包含业务管理全过程的、全面的成本管理体系，并汇集全员智慧，发挥全员主动性，让各部门全体员工自主改善不断降低成本，使经营层与各部门员工具有降低成本的一致性，谋求在最低成本状态下，进行经营管理与组织运作。

1. 将成本控制数字化

没有数字进行的标准量化，就无从谈及节俭和控制。随着成本控制计划出台的是一份数字清单，包括可控费用（人事、水电、燃油、耗材等）和不可控费用（固定资产折旧、原料采购、利息、销售费用等）。每月、每季度都由财务汇总后发到管理者的手中，超支和异常的数据就用红色特别标识。在月底的总结会议中，相关部门都必须对超支的部分做出合理的解释。

2. 从成本中占比例高的方面入手

控制成本自然是要控制产出的全部成本，从成本产生的全过程、全方位来控制成本，包括预算、采购、营销与管理等各个环节都要置于企业成本控制范围内。若企业不大，可以将成本的控制面扩大和细化。

3. 从创新方面入手

每家企业都会采用各种方法来控制成本，消耗定额、限额领料、指标分解等，方法层出不穷。企业成本控制，除保持成本不上升外，可能更大的是希望成本每年都有一定幅度的降低，但成本降低总有一个限度，到了某一个限度后，如果不是创新技术、增加或改进设备等，成本很难再降低，管理上稍一松懈还有可能反弹。成本降低到一定阶段后，企业只有从创新作手段来降低成本。

4.从关键点入手

形成产品成本的各个环节、各个点在成本中的作用可能不同,有些环节点对成本的形成起关键作用,有些环节点对成本的形成起的作用较小,企业成本控制应从关键点入手,抓住成本关键点,往往能起到事半功倍的效果。

(三)目标成本管理

目标成本是酒店在生产经营活动中的某一时期要求实现的目标成本指标。控制好目标成本,是为了把生产经营过程中形成产品成本的各种消耗控制在事先预算的成本指标之内,从而确保降低产品成本,实现酒店的目标利润。

目标成本是根据目标利润制定的,如果目标成本不能实现则企业的目标利润就没有实现的基础。围绕目标利润对组成成本项目的指标进行分析,充分挖掘生产经营中各环节的潜力,制定出先进、合理的目标成本指标,并在日常的经济活动中坚决贯彻落实。

酒店在结合自身经营特点,依据酒店重点控制项目,适时采用目标成本管理法进行及时有效的管理,酒店在人力成本管理、能源成本管理、餐饮成本管理、员工餐厅成本管理中建立相应的目标成本管理体系。

如酒店在能源成本管理中,因酒店开业初期对高层建筑的酒店能耗量的估量不足,导致能源消耗量极大,酒店及时全面了解和分析能耗状况后,便开始全面推行能源成本目标管理制度,通过每月对各项能源成本的专项分析,分区域进行能源耗用比例的核定,建立各部门在能源成本管理的目标,以充分发挥各级管理层的作用,同时将管理责任落实到各部门和各区域,使酒店能源目标管理在酒店能源成本管理中发挥较大的作用。

酒店通过充分挖掘生产经营中各环节的潜力,制定出先进、合理的目标成本指标,通过事前的目标成本预测控制、中途的目标成本计划控制和事后的实际成本核算与目标成本比较分析控制,把生产经营过程中形成项目成本的各种消耗控制在事先预算的成本指标之内,从而确保降低项目成本,实现酒店的目标利润,促进酒店经济效益的提升。

(四)落实责任意识,加强成本核算

1.明确并落实各部门的成本任务

酒店应依据上一年的经营情况,制定成本标准,成本标准首先包括成本计划中规定的各项指标。然后明确本年度各项费用的最高限额,分解落实到各部门,再由部门分解落实到小组与个人,并与奖惩挂钩,使责、权、利统一,最终在整个企业内形成清晰明确的目标成本管理体系。

酒店应改变成本分析会的形式，从以往由财务部综合进行成本分析汇报改为每月各部门对本部门发生的成本费用开支情况——进行汇报，在月度成本分析会上各部门全面分析本部门当月的成本费用项目，通过分析会的形式来培养各部门对本部门重要管控点控制的能力，由此来引导酒店各级员工全员参与。如餐具损耗分析、客耗品率分析、电话费分析、办公费用分析、水果赠送费用分析、棋牌经营性赠品分析、库存量分析、员工餐厅成本分析等等，通过酒店成本管理面与点的有效结合，充分发挥酒店全面成本管理的作用。

2.加强成本核算

首先，一切费用预算在开支以前都要经过申请审核、批准手续后才能支付，即使是原来计划上规定的或批准的，也要经过申请和批准。其次，应加强各项成本费用的日常控制，一要把好进货关，二要把好领用关，三要把好使用关。最后应完善各项费用实际发生情况的收集、记录、传递、汇总和整理工作。通过成本控制数据的收集和汇总整理，使有关管理人员可以随时了解企业在控制期内的成本水平是否达到预算成本的要求，为合理进行成本分析、实施成本控制提供依据。

（五）及时纠正偏差

酒店应建立每月一次的成本分析会制度，来逐步引导酒店各级管理层来参与成本管理的全过程。首先酒店财务对成本分析内容进行改进，从以往单纯的经营成本内容，扩展到了酒店广义的成本项目内容，分析内容涵盖酒店全部成本费用，使酒店成本管理内容更具全面性，酒店从餐饮成本到能源成本、人力成本、市场推广、经营性费用、维修支出、行政管理费支出，全面分析和阐述酒店各项成本，使各部门高度重视酒店全面成本管理工作，同时也培养各部门的全面成本管理和控制意识。

酒店还要根据控制标准，对成本形成的各个进程，经常地进行检查、评估和监督。不仅要检查指标本身的执行情况，而且要检查和监督影响指标的各项条件，如设备、工具、员工技能技巧水平、工作环境等。同时，针对成本差异发生的原因，还要查明责任者，分清情况以及轻重缓急，提出改进措施，加以贯彻执行。

三、酒店隐性成本控制

（一）酒店开业前

1.定位错误造成的隐性成本

如果酒店周边的目标消费群，与酒店客房数和餐厅餐位数的容量不匹配，势必造成每日客房大量闲置，餐厅就餐人数稀稀拉拉。如在一个县级市，要建近200米高的摩天大厦，就会造成定位与当地发展实际不相符而造成定位差距，最终会造成巨大成本浪费。当然定位错误还包括定位落后造成的产品不符合消费升级需求的情况。

2.位置偏差造成的隐性成本

很多情形下，建造酒店的位置，非随心所愿，往往会因房地产项目地块的位置而定。然而，酒店的经营特点，是有辐射圈的。就一家酒店的客源市场来说，按车程计算，半小时消费圈为基础消费群，一小时消费圈为争取消费群，三小时消费圈为机会消费群。因此，经济发展水平不高和地理位置偏远的中小城市并不适合建设大规模高星级酒店。

3.建筑设计造成的隐性成本

该有的功能分区没有，不该有的却很多。比如会议型的酒店，会议室的位置留有大量的柱子，如森林一般，怎么接待会议，再比如，酒店的后台功能，如果没有采购收货区及运输线路、存储位置，没有总仓及运输线路，洗衣房远离锅炉房等，则既达不到规范的要求，又多出很多成本。

4.装饰设计造成的隐性成本

如没有高度重视酒店客房的设计，只当成是标准图例的简单组合，客房家具等也都没有进一步的详细配套设计。酒店很可能运营后就要开始敲敲打打，不断地形成不该花费的改造成本或"二次投入"。

(二)酒店建造期

1.隐蔽工程偷工减料造成的隐性成本

隐蔽工程虽然不能直接被看到，但是其质量偷工减料，可能会导致更大的维修和维护成本，如埋在墙里面的电线，如果质量不好，可能会带来用电和消防安全问题，如冷热水管质量不过关，就会影响酒店在日常经营中的供水问题，另外还有冷暖气系统和电梯等设备的质量问题，如果偷工减料都会给后期经营造成较大的困难。

2.过量或不合理采购造成的隐性成本

酒店厨房设备比较容易造成过量和不合理采购问题，有些酒店在筹备的时候力求大而全，采购设备的部分和人员并非使用的部分和人员，通常采用机械的采购清单实施采购，就会造成许多设备采购回来后并没有用处，尤其是不同的菜系和不同的菜品可能使用不同的设备，因而造成后期经营的浪费和不科学。酒店在建设过程中还会大量采购灯光设备，有些酒店采购部门为了节省采购成本而不选择LED灯泡，会给酒店经营过程带来更高的电费成本。也有的酒店在房间内选择安装射灯，致使灯管所射位置温度较高，降低顾客住宿体验质量。除了采购成本，后续的管理成本和保管成本也不容忽视，有的酒店在开业前印刷了大量表格，种类繁多，开业后大多没有使用，躺在仓库里，酒店厨师的更换也可能导致所采购的干货或者贵价菜的过期和浪费现象，这些问题都需要杜绝。

（三）酒店运营期

运营期的隐性成本真是太多了，只要细细观察，能发现很多，常见成本如下。

1.沟通成本

会议是沟通常见的方式之一，酒店解决问题和发布指令基本靠会议，但是会议也是一个高成本的经营活动。因为这个活动往往是很多管理者参与的集体活动，每过一分钟，意味着与会人员总数的分钟数。如果管理人员并未掌握开会的技巧，存在"会前无准备，会中无主题，会后无执行，与会无必要，时间无控制，发言无边际"的六无现象，那么这些时间成本就非常昂贵。

2.加班成本

员工在下班后"废寝忘食"的"加班"是一种敬业现象吗？殊不知，这可能隐含着很高的成本。理由有如下三点。

第一，加班的原因并不一定是因为工作任务太重，而是员工的工作效率低下造成，加班意味着低效率。

第二，加班耗费更多的员工精力和体力，严重透支员工的健康，长期下去，会让一些重要员工不能长期发挥其效能，并且有为酒店带来负担的隐患。

第三，加班员工并不一定"务正业"，有些员工在下班之余，名为加班，利用酒店的资源，从事其个人事情，同时还领取酒店的加班费，很多酒店的重要损失、数据丢失等都发生在下班时间，而加班成为酒店"藏污纳垢"的死角。

3.员工流失成本

每一个员工的离开对酒店都是一笔成本，因为酒店要承担对这个员工的培训费等前期投入，还要承担新招聘该岗位员工的前期成本，此外，还要承担新员工是否适合岗位的风险，而老员工及骨干员工的离职可能会流失重要的内部资料或信息，而其离职后，很可能会进入自己的竞争酒店。

所以，员工特别是老员工及骨干员工的流失无疑会给酒店带来高出其收入很多倍的支出。员工流失率居高不下的酒店所要承担的离职成本不可估量，我们称之为恐怖的离职成本。

4.企业文化成本

企业文化成本主要反映在酒店各部门的"风气"问题上。我们会发现一些酒店的员工精神萎靡,做事效率极其低下,无论多么优秀的员工只要进入,不久要么离开,要么也变成那样,这是"风气"问题。而这个"风气"正是企业文化的成本反映。这种成本会导致酒店的执行力下降、管理效率低下等问题。

5.信用成本

信用成本是容易被企业忽略的方面,但实际上会给酒店经营造成一定的影响,并且这种影响会持续较长时间并很难清除。比如酒店不能按期给供应商结账,供应商就会在后面的供应中提高供应价格,如果酒店反对提高采购价格,供应商可能会断供或者要求立即结账,致使企业陷入被动。总之,供应商一定会将信用风险算在其报价中,这类酒店无法采购到最低价格的原料或服务以及无法争取到最优的现金流。

此外,信用成本还反映在拖欠员工工资、拖欠酒店物业租金、拖欠银行贷款、拖欠工程费等方面。如酒店拖欠员工薪资,就涉嫌违背劳动法规,有被惩罚的危险,并降低员工工作的积极性和主动性。拖欠物业租金可能会被业主告上法庭。拖欠银行贷款,克扣他人,会给其信用度大打折扣,并为今后的融资问题增加难度。拖欠工程款,可能会导致酒店后期维修和保养工程得不到及时施工。

第三节 酒店投资项目的投资估算

项目投资评估,是站在投资者的角度,研究酒店的整个开发过程,对项目的总投资成本、营业收益情况进行估算,并依此计算项目的投资利润,编制各期的净现金流量,对酒店项目的财务盈利能力、资金平衡情况进行分析。

酒店投资项目的投资估算是在给定的酒店建设规模、酒店产品方案和工程技术方案的基础上,对项目建设所需费用(项目投入总资金)的估算。项目投入总资金包括建设投资、建设期利息和流动资金。酒店投资项目的收益估算是在给定的酒店产品方案的基础上,通过对项目寿命期内酒店销售收入与相关费用的配比,对项目投资收益的估算。

一、酒店项目投资的投资构成

我国《建设项目总投资组成及其他费用规定》提出,建设项目总投资由建设投资、建设期利息、流动资金和固定资产投资方向调节税(暂停征收)组成,其中建设投资又包括固定资产费用、无形资产费用、其他资产费用(递延资产)和预备费组成,如表11-1所示。

表 11-1 建设项目总投资组成表

科研阶段	费用组成			初设阶段
建设项目估算总投资	建设投资	固定资产费用	建筑工程费	第一部分 工程费用
			设备购置费	
			安装工程费	
		固定资产其他费用	建设管理费	第二部分 工程建设其他费用
			可行性研究费	
			研究试验费	
			勘察设计费	
			环境影响评价费	
			劳动安全卫生评价费	
			场地准备及临时设施费	
			引进技术和引进设备其他费	
			工程保险费	
			联合试运转费	
			特殊设备安全监督检验费	
			市政公用设施建设及绿化费	
		无形资产费用	建设用地费	
			专利及专有技术使用费	
		其他资产费用 递延资产	生产准备及开办费	
			其他费用	
		预备费	基本预备费	第三部分 预备费
			价差预备费	
	建设期利息			第四部分 专项费用
	流动资金(项目报批总投资和概算总投资中只列铺底流动资金)			

按照国际关于工程项目投资费用的划分原则和我国的会计财务制度,结合考虑酒店企业的实际情况,这里将酒店企业投资项目的投资简化为固定投资和流动资金投资两个部分。而从投资资金的来源看,项目投资又可划分为自有资金和负债资金两部分。

（一）固定投资

固定投资是指形成酒店企业固定资产、无形资产和递延资产的投资。

固定资产是指使用期限超过一年的房屋、建筑物、机器、机械、运输工具，以及其他与经营活动有关的设备、工具、器具等。这些资产的建造或购置过程中所发生的全部费用都构成固定资产投资。如果投资者以现有的固定资产作为投入品，则按照评估确认或者合同约定的价格作为投资额；对于以融资租赁方式投入的设备等固定资产，则以租赁合同确定的价款加上相关的运输费、保险费和安装调试费等作为投资额。

无形资产投资是指投资者以土地使用权、专利权、商标权以及非专利技术和商誉等形式注入的投资。

递延资产投资是指不能全部计入当期损益，应当在以后年度内分期摊销的各项费用，包括开办费、租入固定资产的改良支出以及摊销期限在一年以上的长期待摊费用等。开办费是企业在投资项目筹建期间实际发生的各项费用，包括项目筹建期间人员的工资、差旅费、办公费、员工培训费、印刷费、注册登记费、调研费、法律咨询费及其他开办费等。但在项目筹建期间为取得流动资产、无形资产或购进固定资产所发生的费用不能作为开办费。

除上述固定投资的实际支出形成固定资产、无形资产和递延资产的原值外，项目建设期间所发生的借款利息和汇兑损益（如果酒店投资项目涉及设备和器具的进口），凡与构建固定资产或无形资产相关的部分应计入相应的资产原值，其余部分都应计入开办费形成递延资产原值。

（二）流动资金投资

在项目建设期间，流动资金投资是指项目的铺底流动资金。对于酒店企业而言，铺底流动资金是酒店建成初期，为保证酒店进行试运转所必需的流动资金（以支付人工、购货、水、电、电话、膳食等开支），一般按酒店建成后正常运营所需全部流动资金的30%计算。根据商业银行的规定，新上项目或更新改造项目的投资者必须拥有30%的自有流动资金，其余部分可申请贷款。

从酒店财务管理的角度，流动资金是指为维持酒店运营所占用的全部周转资金，在数量上等于流动资产与流动负债之间的差额。流动资产包括各种必要的现金、存款、应收账款、预付账款和存货。流动负债主要是指应付账款。

需要指出的是，这里所说的流动资产是指为维持一定规模经营活动所需的最低周转资金和存货，流动负债只包含正常经营情况下平均的应付账款（不含短期借款）。

(三)自有资金和负债资金

自有资金是指投资者因项目投资而缴付的出资额,包括资本金(即注册资金)和资本溢价。

负债资金是指投资者因项目投资而发生的借款,又可分为长期负债(包括长期借款、长期债券发行收入和融资租赁所引起的长期应付款)和流动负债(这里主要指短期借款)。如果用联系的视角来考察,在酒店投资项目的投资投入阶段,项目的资金来源、投资的构成与投资所形成的资产这三者之间存在图 11-1 所示的关系。

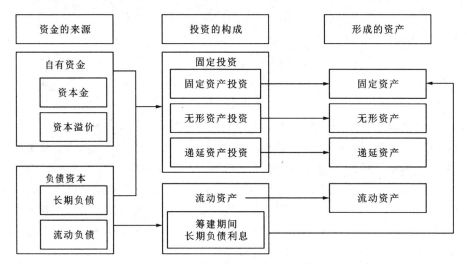

图 11-1　项目资金来源、投资构成与投资形成资产之间的关系

二、固定资产投资的估算

(一)固定资产投资的组成

固定资产投资包括与构建固定资产有关的一切费用,如图 11-2 所示。

(1)建筑工程费与安装工程费:建筑工程费与安装工程费合称建筑安装工程造价。按照设计的深度,其投资可分估算、概算和预算造价。建筑安装工程造价估算的内容包括直接费、间接费和利润与税收。

直接费:指与建筑工程直接相关的人工费、材料费、施工机械使用费和其他直接费。

间接费:指建筑施工企业的管理费和其他间接费用。

利润与税收:指建筑施工企业的利润和应交营业税、城市维护建设费、教育费附加等。

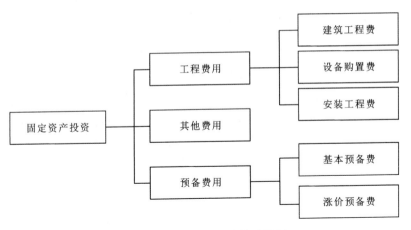

图 11-2　固定资产投资的分解图

(2)设备购置费:设备购置费为设备原价与设备运杂费之和。进口设备的购置费还应包括设备到岸价、外贸手续费、关税、增值税和国内运费。如果设备价是按离岸价计算的,则还应加上国外运输费和保险费。进口设备和货物的增值税可按下式估算:

增值税额＝(进口货物完税价格＋关税＋消费税)×增值税率

(二)固定资产投资的估算方法

在投资决策的前期阶段,如投资机会研究、项目建议书和可行性研究阶段,只能对这些投资费用进行估算。不同的研究阶段所具备的条件和掌握的资料不同,估算的方法和准确程度也不相同。目前常用的方法是生产能力指数法、设备费用比例估算法和投资估算指标法。一般而言,通常希望在投资项目决策前的估算误差在 10% 以内。

估算指标是以独立的建设项目、单项工程或单位工程为对象,综合项目全过程投资和建设中的各类成本和费用,反映其扩大的技术经济指标,具有较强的综合性和概括性。

投资估算指标分为建设项目综合指标、单项工程指标和单位工程指标三种。

建设项目综合指标一般以酒店项目的综合生产服务能力单位投资表示,如元/间房。单项工程指标一般以单项工程生产服务能力单位投资表示,如元/平方米。单位工程指标按规定应列入能独立设计、施工的工程项目的费用,即建筑安装工程费用,例如管道区别不同材质、管径,以元/米表示。

(三)固定资产投资的分项估算

1.建筑工程费用的估算

一般来说,具体包括客房、大堂,对单体酒店而言,这里的建筑工程主要是指客房、大堂、餐厅、会议中心、后勤功能配套等功能区域的土建工程。

2.安装工程费用的估算

单体酒店的安装工程也指装修工程,其费用的估算也包括客房、大堂、餐厅、会议中心、后勤功能配套等功能区域的安装和装修费用。

3.设备购置费的估算

一般性质的单体酒店必须具备以下设备或系统:公共基础设备系统、客房设备系统、餐饮设备系统、会议设备系统、康乐设备系统和其他辅助设备设施。对于一些具有特殊性质的酒店,如温泉度假酒店,除上述设备设施外,还应购置相应的温泉泡池或泳池设备或设施。

第四节 酒店投资项目的收益估算

一、投资收益的来源

酒店建成并投入经营后,投资者最为关心的是,如何才能尽可能迅速地收回投资并获取尽可能多的盈利。因此,应首先明确投资收益包括哪些内容,以及通过哪些途径才能正确地对投资收益进行估算。

按照财务会计制度,企业在生产经营期的收入和利润的核算有如图 11-3 所示的关系。

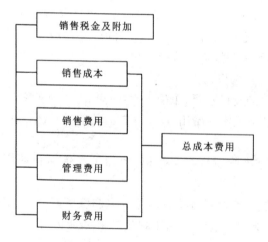

销售收入－总成本费用＝销售利润－营业外净支出＋其他投资收益－
利润总额－所得税
＝税后利润

图 11-3 收入、成本和费用的关系示意图

但是，现行的财务会计制度是按成本项目进行成本和费用的核算，即由若干个相对独立的成本中心或费用中心分别核算生产成本（为简化起见，在进行项目评估分析时，假定当期生产的产品被全部销售，其销售成本就等于生产成本）、销售费用和管理费用。同一项投入要素分别在不同的成本费用项目中加以记录和核算。这种核算方法简化了核算过程，便于成本核算的管理，但是，其缺点是看不清各种投入要素的费用比例。

因此，有必要按成本要素分列总成本费用。图11-4即反映了按照成本要素分列的总成本费用与销售收入和利润分配之间的关系。对投资新建的酒店项目而言，由于可以忽略营业外收入与支出，也不必考虑酒店企业的其他投资收益，因此在这里利润总额就等于销售利润。

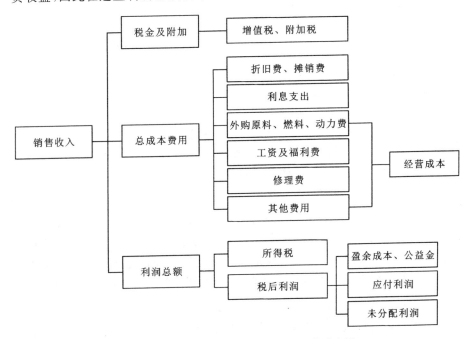

图11-4 投资项目的总成本费用与经营成本图

到目前为止，我们的讨论仍然还不能解释项目投资收益的来源。但是，至少可以明确的是，项目投资收益并不完全等于税后利润或利润总额。因为，在总成本费用中，折旧费和摊销费不是一种经常性的实际支出，而是以前一次性投资支出的分摊。在按年计算成本费用、利润和所得税时，显然应该将其作为成本费用的一部分。但从项目整个投资周期来看，固定投资（固定资产、无形资产和递延资产）都已作为一次性的支出，因而不能再把折旧和摊销看成是支出，否则就会出现重复计算。

此外，利息支出也不是一种实际支出，在进行投资项目经营成本的计算时，同样要将其剔除。因为，现行的财务会计制度实行的是税后还贷，借款本金（包括融资租赁的租赁费）要用税后利润和折旧来归还；而经营期的利息可计入财务费用。因此，在考察项目全部投资时，利息也是投资收益的一个部分而不能再将其作为支出。根据上述分析，项目投资分析中的经营成本可以定义为：在项目总成本费用中剔除折旧费、摊销费和利息支出后留存的经营性实际支出。

从项目整个投资周期看，项目经营期可以看作全部投资的收益的大小，即项目投资收益＝销售收入－经营成本－销售税金及附加－所得税，或项目投资收益＝税后利润＋折旧费＋摊销费＋利息支出。

在分析项目自有资金的投资收益时，因利息归债权人所有，并要从全部投资收益中扣除借款本金的偿还，所以这时的项目投资收益＝销售收入－经营成本－增值税及附加税－所得税借款利息支出和本金偿还，或项目投资收益＝税后利润＋折旧费＋摊销费－借款本金偿还。

二、经营成本的估算

前面已经介绍，项目经营成本是指在项目总成本费用中剔除折旧费、摊销费和利息支出后留存的经营性实际支出。由图11-4可知，这些支出具体包括外购原料、燃料、动力费、工资及福利费、修理费和其他费用。

（一）外购原料、燃料、动力费

这些费用包括经营过程中外购的原材料、辅料、备品配件、半成品、燃料、动力、包装物及其他材料等。估算时，一般按各年或者各月的生产负荷算出各项目消耗的数量乘以单价得到，或按主要消耗品的消耗定额乘以单价再加上一定比例的辅料费用得到，也可按销售产品价值中的内含比例估算。

（二）工资及福利费

工资包括直接从事生产经营、管理和销售的人员的工资、奖金、津贴和补贴。估算时，按照酒店定员人数乘以各类人员年或者月工资标准得到。员工福利费一般按工资总额的一定比例进行估算，这个比例通常在10%～20%。

（三）修理费

修理费指的是酒店的经营部门、管理部门和销售部门所发生的固定资产的修理费用。理论上，一般按折旧费的一定比例或按照固定资产原值的一定比例估算。但实际操作中通常按照年度维修计划实施管理预算，并以实际发生维修总额纳入计算。

（四）其他费用

其他费用是指总成本费用中除上述成本费用以及折旧费、摊销费和利息支出后的其他所有费用,包括办公费、差旅费、运输费、保险费、工会费、员工培训费、咨询费、业务招待费、坏账损失以及在成本费用中列支的税金(房产税、车船使用税、土地使用税、印花税等)、租赁费(非融资租赁)、广告费和销售服务费等,其他费用一般按外购原料、燃料、动力费与工资和福利费以及修理费三项费用的一定比例估算。

三、折旧费、摊销费和所得税的估算

(一)折旧费

折旧费是指企业所拥有的或控制的固定资产按照使用情况计提的折旧费用。计算折旧的方法多种多样,由于固定资产用途不同、性能不同,可以选用不同的折旧方法。

对于一般性固定资产,可采用平均年限法(或称直线折旧法);一些专用设备和汽车,可采用工作量法。对于酒店资产来说,折旧年限通常较短,通常按照10—15年期进行折算。实际上,酒店装修和设计每隔10年就需要重新装修和翻新。

(二)摊销费

摊销费是指无形资产和递延资产等一次性投入费用的分摊,其性质和固定资产折旧费相同。

无形资产从开始使用之日起,在有效使用期限内平均计算摊销费递延资产包括开办费和以经营租赁方式租入的固定资产的改良支出等。开办费从酒店开始营业起,按照不短于五年的期限平均摊销;以经营租赁方式租入的固定资产改良支出,在租赁有效期内分期平均摊销。

(三)税收

税收在营改增后,酒店通常作为一般纳税人,主要税收由原来的营业税、附加税、所得税改为增值税、附加税和所得税等,同时代扣代缴个人所得税。营改增税收政策允许企业的交税基数扣除经营中的水电、燃气、电话费和易耗品等营业成本,较大幅度地降低了企业税务负担。

当采用成本要素核算时,酒店投资项目在营业期内:总成本费用=经营成本+折旧费+摊销费+利息支出,年利润总额=年销售收入-总成本费用-销售税金及附加;所得税=应纳税所得额×所得税率。

四、利润、投资收益的估算

酒店企业缴纳所得税后的利润基本上就是投资者的投资收益,但投资者真正能拿到的现金形式的收益(分配利润)还要从税后利润中扣减以下部分。

(1)被没收的财物损失、支付各项税收的滞纳金和罚款。

(2)弥补以前年度亏损。

(3)提取法定盈余公积金(一般按税后利润扣除前两项的10%提取,达到注册资本50%时可不再提取)。

(4)提取公益金。

投资者的利益分配有两种形式:第一种就是经过上述计算得到的利润分配(在借款本金未还清以前,必要时要用税后利润偿还借款本金,再分配利润),这是已经变现了的现金;第二种就是酒店企业的盈余资金,包括盈余公积金、公益金、折旧费和摊销费等扣除借款本金偿还以后的余留部分。这些盈余资金虽然不能分配给投资者,但投资者可按照规定用于弥补亏损或转增资本金或用于再投资,或至少可以存入银行获取利息。

如果把以上两种形式的利益和权益都视作投资者的投资收益,则完整的投资收益可表述为:投资者投资收益=销售收入经营成本-销售税金及附加-所得税-借款本金偿还借款利息支出,或投资者投资收益=税后利润(或亏损)+折旧费+摊销费-借款本金偿还。

五、现金流量表

(一)投资项目计算期的确定

一个完整的投资过程是从第一笔资金投入到项目不再产生收益为止。作为实业性投资,这个周期至少要几年甚至几十年。在投资决策分析阶段,出于决策评价分析的方便,一般要事先估计一个投资周期,称为计算期或研究期。其起点可以定在投资决策后开始实施的时点上。

酒店投资项目的计算期一般指的是酒店投资项目从投资建设开始到最终清理结束整个过程的全部时间,包括建设期和运营期(营业期)。其中,建设期是指资金正式投入酒店建设开始到酒店建成开始试营业为止所需要的时间。在实践中,通常应参照酒店建设的合理工期或酒店的建设进度计划合理确定建设期。酒店项目计算期的最后一年的年末称为终结点,假定项目最终报废或清理均发生在终结点(但更新改造除外)。从酒店建成投入试营业到终结点之间的时间间隔称为运营期(营业期)。

计算期的长短取决于投资项目的性质,但在决策评价时,项目计算期一般不超过20年。

(二)现金流量表

现金流量表是财务报表的三个基本报表之一,也叫账务状况变动表,所表达的是在一固定期间内,一个企业的现金(包含现金等价物)流入或流出的数量。这里的现金泛指资金或可以变现为资产的货币量。现金流量表的出现,主要是要反映出资产负债表中各个项目对现金流量的影响,并根据其用途划分为经营、投资、融资三个活动分类。

在项目投资决策的分析评价中,项目计算期的现金流量可以刻画整个项目投资活动的资金运动情况。根据这些资金流量的变化可以估算投资的盈利性指标。

根据项目投资分析的角度不同,现金流量表可以划分为两种,全部投资的现金流量表和自有资金投资的现金流量表。

1. 全部投资的现金流量表

全部投资的现金流量表是站在项目全部投资的角度,对项目各年的现金流量所进行的系统的表格式的反映。它把用于投资的债权人的贷款也看成现金流出,而把利息和借款的偿还看作投资的回收(即现金的流入)。

全部投资的现金流量表中主要包括以下几个内容。

(1) 现金流入。

现金流入由销售收入、回收固定资产余值和回收流动资金三项内容构成。产品销售收入是项目建成后对外销售产品或提供劳务所取得的收入。在计算时,一般是假定生产出来的产品全部售出,也就是销售量等于生产量。

回收固定资产余值一般是在项目计算期的最后一年进行,其中固定资产余值回收额应按照给出的固定资产折旧方法计算。

回收流动资金也是在项目计算期的最后一年。要注意流动资金回收额为项目的全部流动资金。

(2) 现金流出。

现金流出由固定投资、流动资金投资、经营成本、销售税金及附加、所得税五部分内容构成。

固定投资又称固定资产投资总额,包括固定资产投资、预备费、建设期间利息、投资方向调节税四个内容。在固定资产投资的计算中,要注意建设期利息的计算。一般来讲,对于分年均衡发放的总贷款,其利息的计算原则是当年贷款按半年计息,上年贷款按全年计息。

流动资金投资额来自投资计划与资金筹措表的有关项目。在编制现金流量表时要注意的是流动资金投入的年份,一般是在项目投产的第一年开始投入流动资金。

经营成本是指总成本费用中扣除折旧费、摊销费和贷款利息以后的余额。计算经营成本时要注意的是,在经营成本中不包括利息支出。这是因为在全部投资现金流量表中,是以全部投资作为计算基础的,因此利息支出就不再作为现金流出。

销售税金及附加、所得税的计算均按有关规定进行,其中所得税额是在项目营运当年的应纳税所得额不为零的情况下,根据应纳税所得额乘以所得税税率的公式计算出来的。

(3)净现金流量。

项目计算期各年的净现金流量为各年现金流入量减去对应年份现金流出量,而累计净现金流量为本年及以前各年净现金流量之和。表 11-2 是全部投资现金流量表的一个示例。

表 11-2 全部投资现金流量表

序号	项目	建设期		营业期					合计
		0	1	2	3	4	…	n	
1	现金流入								
1.1	销售收入								
1.2	回收固定资产余值								
1.3	回收流动资金								
2	现金流出								
2.1	固定投资								
2.2	流动资金								
2.3	经营成本								
2.4	销售税金及附加								
2.5	所得税								
3	净现金流量(1—2)								

注意,表中的年份指的是该年年末。"0"指第 1 年年初。

2.自有资金投资的现金流量表

全部投资的现金流量表反映的是全部投资者在项目投资上的资金投入和收入的情况。投资既包括了投资者的出资部分,也包括了负债资金。为考察投资者出资部分的投资收益与投资效果,有必要站在投资者角度,编制自有资金投资的现金流量表,如表 11-3 所示。

表 11-3 自有资金投资现金流量表

序号	项目	建设期		营业期					合计
		0	1	2	3	4	…	n	
1	现金流入								
1.1	销售收入								
1.2	回收固定资产余值								

续表

表 11-2 和表 11-3 相比有两点差异:一是现金流出的投资中只包括自有资金;二是在现金流出中,增加了借款的本金偿还和借款利息的支付。实际上,从表 11-2 中把借款的投资去掉,同时也去掉债权人的收益(利息收入和本金的回收),就得到了表 11-3。

自有资金投资是指项目投资者的出资额,并假定债务资金投资(包括融资租赁的固定资产投资)与自有资金之和等于全部投资。借款本金偿还中还包括融资租赁的租赁费。

(三)损益与利润分配估算表

上述分析表明,在投资项目的计算期内,投资者可用于回收投资的收益不仅仅只有税后利润。但税后利润却又是反映企业每年财务绩效的重要指标,如果企业年年亏损或者利润达不到一定数量标准,那么项目投资者可能连投入的本金也会收不回来。

此外,由于利润是计算所得税的基础,因而项目利润的计算也是投资项目应缴所得税的估算以及利润分配的估算的基础。因此,在进行投资项目的收益估算时,往往也要对项目投资损益与利润分配进行估算,并编制相应的损益与利润分配估算表,如表 11-4 所示。实际上,现金流量表中的所得税一项的具体数据就是来自上面的分析。

表 11-4　项目投资损益与利润分配估算表

序号	项目	营业期						合计
		1	2	3	4	…	n	
1	销售收入							
2	销售税金及附加							
3	总成本费用							
4	利润总额(1—2—3)							
5	所得税							
6	税后利润(6—5)							
7	盈余公积金							
8	应付利润							
9	未分配利润							
10	其中:偿还借款							

参考文献

[1]段正梁.酒店投资决策分析方法与应用[M].北京:中国水利水电出版社,2011.

[2]黄妙娟.饭店管理基础[M].北京:科学出版社,2016.

[3]杨柳主.解读中国餐饮产业发展报告[M].北京:社会科学文献出版社,2011.

[4]沈兴生.怎样开好一家餐馆[M].北京:化学工业出版社,2009.

[5]周志宏,熊丽娟.酒店概论[M].长沙:湖南大学出版社,2009.

[6]刘叶飙.酒店营销学[M].北京:高等教育出版社,2004.

[7]荆京.做酒店民族品牌的探路者[N].环球旅游周刊.2018-09-26.

参考公众号

[1]旅游圈公众号.

[2]合纵酒店顾问公众号.

[3]酒店高参公众号.

[4]酒店头条号公众号.

[5]酒店投资指南公众号.

[6]旅游酒店投资公众号.

[7]迈点公众号.

[8]赵焕焱公众号.

参考网站

[1]百度百科.https://baike.baidu.com/.

[2]雪球网.https://xueqiu.com/.